Christiane Germann, Wolfgang Ainetter

Social Media für Behörden

Wie Bürgerkommunikation heute funktioniert

Liebe Leserin, lieber Leser,

Ihre Behörde wünscht sich einen starken Social-Media-Auftritt, doch Sie merken schnell, mit »einfach mal etwas posten« ist es nicht getan? Dieses Buch ist das Update für Ihre Bürgerkommunikation. Treten Sie mit der Bevölkerung in Dialog, statt nur Meldungen abzusetzen. Zeitgemäße Kommunikation ist für öffentliche Institutionen ein Muss – und läuft heute über die sozialen Medien. Für manche mag das heißen, sich notgedrungen ein paar Posts aus den Fingern zu saugen, für unsere Autor*innen bedeutet dies eine Chance auf Dialog, Teilhabe und natürlich Reichweite.

Von der Personal- und Budgetplanung über die praktische Umsetzung bis zu den speziellen Verhaltensregeln für Behörden im Internet: Wolfgang Ainetter und Christiane Germann geben ihnen das Wissen aus Ihrem reichen Erfahrungsschatz an die Hand. Orientieren Sie sich an Praxisbeispielen aus verschiedensten Bereichen – von der Landespolizei bis zur Stadtbibliothek – und schaffen Sie das perfekte Social-Media-Konzept für Ihre Behörde.

Dieses Buch wurde mit großer Sorgfalt lektoriert und produziert. Sollten Sie dennoch Fehler finden oder inhaltliche Anregungen haben, scheuen Sie sich nicht, mit mir Kontakt aufzunehmen. Ihre Fragen und Änderungswünsche sind jederzeit willkommen.

Ich wünsche Ihnen viel Spaß und Erfolg!

Ihr Stephan Mattescheck
Lektorat Rheinwerk Computing

stephan.mattescheck@rheinwerk-verlag.de
www.rheinwerk-verlag.de
Rheinwerk Verlag · Rheinwerkallee 4 · 53227 Bonn

Auf einen Blick

Für Milla, Romy und Paula

Wir hoffen, dass Sie Freude an diesem Buch haben und sich Ihre Erwartungen erfüllen. Ihre Anregungen und Kommentare sind uns jederzeit willkommen. Bitte bewerten Sie doch das Buch auf unserer Website unter **www.rheinwerk-verlag.de/feedback**.

An diesem Buch haben viele mitgewirkt, insbesondere:

Lektorat Stephan Mattescheck, Fynn Koretz
Korrektorat Ralf J. Klumb, Berlin
Herstellung Maxi Beithe
Typografie und Layout Vera Brauner, Maxi Beithe
Einbandgestaltung Julia Schuster
Coverbild iStock: 1219548660 © baona; Shutterstock: 1730075320 © Roman Samborskyi
Satz III-Satz, Husby
Druck mediaprint solutions GmbH, Paderborn

Dieses Buch wurde gesetzt aus der Linotype Syntax (9,25/13,25 pt) in FrameMaker.
Gedruckt wurde es auf chlorfrei gebleichtem Offsetpapier (90 g/m²).
Hergestellt in Deutschland.

Bibliografische Information der Deutschen Nationalbibliothek:
Die Deutsche Nationalbibliothek verzeichnet diese Publikation in der Deutschen Nationalbibliografie; detaillierte bibliografische Daten sind im Internet über *http://dnb.dnb.de* abrufbar.

ISBN 978-3-8362-8377-9

1. Auflage 2021
© Rheinwerk Verlag, Bonn 2021

Informationen zu unserem Verlag und Kontaktmöglichkeiten finden Sie auf unserer Verlagswebsite **www.rheinwerk-verlag.de**. Dort können Sie sich auch umfassend über unser aktuelles Programm informieren und unsere Bücher und E-Books bestellen.

Inhalt

TEIL V   So werde ich Behörden-Influencer

TEIL VI   Best Practice: Von den besten Ämtern lernen

Vorwort

Relativ oft hört man in Behörden: »Wenn wir noch Kapazitäten frei haben, können wir ja etwas twittern oder posten.« Dieser Satz impliziert die Denke: Social Media ist »nice to have« – kann man machen, muss man aber nicht. Doch Social Media ist in unserer digitalen Zeit nicht »nice to have«, sondern ein absolutes Must-Have!

Ein großer Teil der Deutschen und Österreicher – mittlerweile sind das zwei Generationen – informiert sich ausschließlich über Social Media. In der jüngeren Zielgruppe hat fast niemand mehr Lust auf bedrucktes Papier oder lineares Fernsehen. Die unter 40-Jährigen erreichen wir nicht mehr über die klassischen Medien, sondern nur noch über Twitter, Facebook, Instagram, YouTube oder TikTok.

Wenn Behörden erfolgreich mit Bürgerinnen und Bürgern kommunizieren wollen, müssen sie den Medienwandel begreifen. Die Gesamtauflage aller deutschen Tageszeitungen ist in den vergangenen zehn Jahren von 28 Millionen Exemplaren auf unter 15 Millionen geschrumpft. Gleichzeitig sind 43 Millionen Deutsche auf Social Media: Im Jahr 2020 nutzten

- 78 % der Bürgerinnen und Bürger (über 14 Jahre) mindestens einmal pro Woche WhatsApp,
- 26 % Facebook,
- 20 % Instagram,
- 9 % Snapchat,
- 5 % Twitter,
- jeweils 4 % Xing und LinkedIn,
- je 3 % Twitch und TikTok.

Bei den 14- bis 29-Jährigen sind sogar 95 % auf WhatsApp, 44 % auf Facebook, 65 % auf Instagram, 41 % auf Snapchat, 8 % auf Twitter, 4 % auf Xing, 6 % auf LinkedIn, 12 % auf Twitch und 9 % auf TikTok. (Quelle: ARD/ZDF-Onlinestudien 2018–2020)

Wer auf Social Media nicht präsent ist, ist für Millionen Menschen nicht existent. Ohne die digitalen Plattformen verlieren die Behörden den Kontakt zu ihren Bürgern. Die Medienlandschaft hat sich radikal verändert. Deshalb muss sich auch die Behörden-Kommunikation radikal verändern! Twitter, Facebook und Co. sind das neue Amtsdeutsch.

Unser Ratgeber, liebe Leserinnen und Leser, hilft Ihnen ganz konkret, die Kommunikation Ihrer Behörde neu zu ordnen und sie fit für Social Media zu machen. Sie finden Antworten auf die wichtigsten Fragen: Wie sieht die perfekte Social-Media-Strategie für meine Behörde aus? Welche sozialen Netzwerke passen für mein Amt am besten? Wie viel Personal brauche ich? Und wo finde ich Top-Leute? Wie organisiere ich mein Kommunikationsteam? Brauche ich einen Newsroom? Wie geht gutes Community Management? Wie reagiere ich auf Hass-Kommentare? Wie mache ich auf Social Media professionelle Krisenkommunikation? Soll ich die Nutzerinnen und Nutzer duzen oder siezen?

Wir zeigen Ihnen auch, wie Sie dank Storytelling sogar trockene Themen spannend erzählen – und wie Sie Inhalte erstellen, die Ihre Follower begeistern. Sie finden zudem zahlreiche Best-Practice-Beispiele von großen und kleinen Behörden – und können so von den besten Ämtern lernen.

In die 423 Seiten, die vor Ihnen liegen, haben wir die gesamte Erfahrung aus unserer Behördenzeit eingebracht. Wir, die Autoren, haben jahrelang in Bundesministerien und anderen Ämtern gearbeitet. Auch aus unserer Berater-Tätigkeit wissen wir, wie schwer es für Social-Media-Verantwortliche in Ämtern manchmal sein kann, konservative Abteilungsleiter*innen von einer modernen Kommunikation zu überzeugen. In diesem neuen Standardwerk, das für alle öffentlichen Verwaltungen geeignet ist, bekommen Sie reichlich Argumentationshilfe.

Wir wünschen Ihnen viel Freude beim Lesen, Twittern und Posten!

Herzlichst,
Ihr Wolfgang Ainetter
Ihre Christiane Germann

PS: Dieses Fachbuch ist ein kommunikativer Ratgeber. Bei rechtlichen Fragen können Ihnen die Juristinnen und Juristen in Ihrem Haus oder die zuständigen Datenschutzbeauftragten helfen.

Teil I

Wie mache ich meine Behörde fit für Social Media?

Kapitel 1

»Wie viel Personal kostet das?« – Die drängendste Frage der Behördenleitung

Social Media ist aufwendiger als viele denken. Für Behörden ist es meist schwierig, mehr Stellen zu bekommen. Die Frage darf jedoch nicht sein, ob Sie als Amt die notwendigen Ressourcen bereitstellen – sondern wie Sie das schaffen. Wir zeigen Ihnen, wie es geht.

Häufig erzählen uns verzweifelte Behörden-Mitarbeiter: »Unsere Chefs möchten, dass wir Social Media machen – zusätzlich zu unseren anderen Aufgaben. Aber wir haben jetzt schon so viel zu tun, dass wir das nicht mehr schaffen.« Sprechen wir mit einer Behördenleiterin oder einem Behördenleiter, bestätigt sich dies. Sie fragen immer als erstes: »Wie viel Personal kostet das?« Oder auch: »Wie gelingt es uns, dass wir mit dem vorhandenen Personal unsere digitalen Kanäle bedienen?«

Fakt ist: Social Media ist echte und harte (Kommunikations-)Arbeit – und keine Freizeitbeschäftigung nach dem Motto »Das bisschen Twittern und Posten …«. Der Job des Social-Media-Managers in einer Behörde ist vergleichbar mit dem des Pressesprechers – qualitativ und zeitlich. Viele Ämter werden jedoch von »analogen« Chefs geleitet, die noch an Broschüren und Pressemitteilungen glauben und denken, »dieses Social Media« bestehe aus einem täglichen Facebook-Post und der Beantwortung eines User-Kommentars am darauffolgenden Tag. Solche Vorgesetzte betrachten soziale Netzwerke als Zweitverwertungskanäle und stellen sich vor, dass sie eins zu eins mit recycelten Inhalten aus der Website bestückt werden. Das hat mit professioneller Social-Media-Arbeit jedoch nichts zu tun.

Was bedeutet »Social Media machen« also wirklich? Welche konkreten Aufgaben hat jemand, der oder die in einer Behörde für Social Media zuständig ist? Und wie viele Menschen braucht es dazu?

Die folgenden Ausführungen ersetzen nicht die formelle Personalbedarfsermittlung[1], können aber als eine Grundlage herangezogen werden.

1.1   Was tun Social-Media-Verantwortliche in Behörden? Eine Aufgabenbeschreibung

Die folgende Übersichtsgrafik (Abbildung 1.1) zeigt, welche Aufgaben im Alltag eines Social-Media-Verantwortlichen anfallen – und welche Tätigkeiten wie viel Prozent der Arbeitszeit beanspruchen. Über die Möglichkeit, einen Teil der Arbeit an Dienstleister abzugeben, schreiben wir in Abschnitt 1.3.

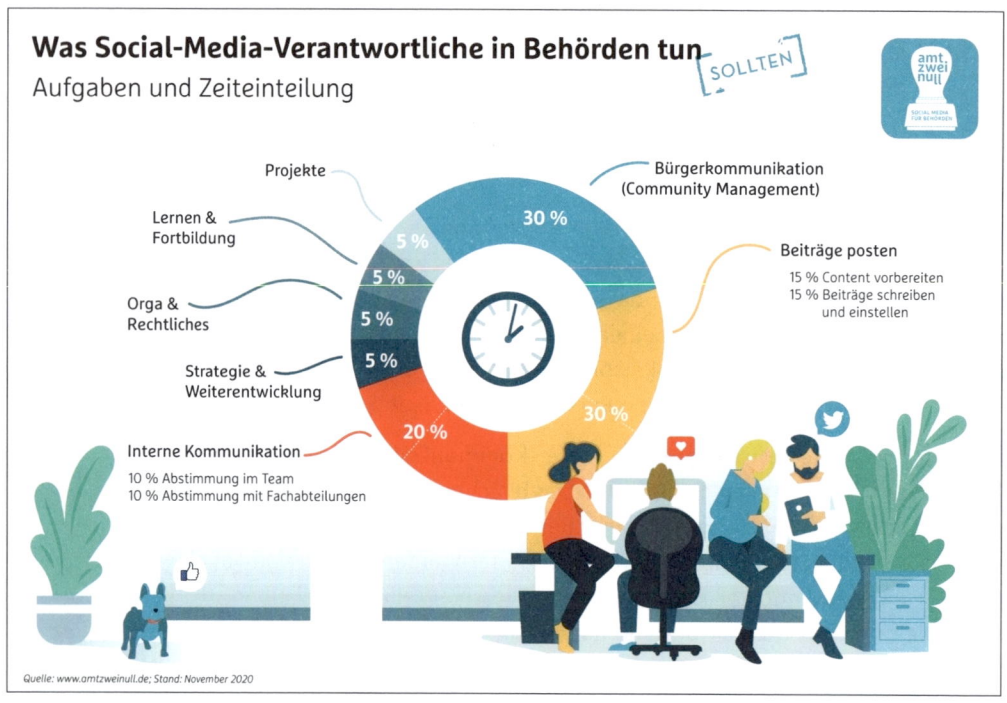

Abbildung 1.1 Aufgaben (mit Zeitanteilen) behördlicher Social-Media-Verantwortlicher

Sie sehen, dass das Posten von Inhalten auf den Social-Media-Kanälen nur ein knappes Drittel der Arbeitszeit ausmacht. Das ist für viele, die sich mit Social Media nicht auskennen, überraschend – denn man könnte als Laie denken, dass der Job-

---

1   Wer sich in diese Thematik näher einlesen möchte, wird in Kapitel 5 des kostenlos abrufbaren Organisationshandbuches des Bundesministeriums des Innern, für Bau und Heimat fündig: *http://www.orghandbuch.de/*

Alltag allein aus Posten besteht. Richtig und wichtig ist: Mehr als 30 % kann und darf dieser Anteil nicht betragen, damit noch genügend Ressourcen für die anderen wichtigen Aufgaben bleiben.

Was die Grafik zeigt: Etwa die Hälfte der Zeit muss für Hintergrundarbeiten – beispielsweise Redaktionssitzungen, Besprechungen mit Fachbereichen oder Besuche von Social-Media-Fachkonferenzen – investiert werden. Was man auf den digitalen Kanälen Ihrer Behörde als fertigen Post, Tweet oder Story sieht, ist selten das Ergebnis eines spontanen Einfalls oder eines Fünf-Minuten-Werks, sondern basiert auf intensiver Vorarbeit.

Nehmen wir ein Beispiel aus der behördlichen Pressearbeit als Vergleich: Geht eine Pressemitteilung raus, so hat meist der oder die Presse-Verantwortliche mit der Behördenleitung zuvor strategisch besprochen, wie und wann etwas gesagt werden soll (die sogenannte Sprachregelung). Eine Fachabteilung hat den Textentwurf mit allen Fakten zugeliefert, dieser wurde dann im Presse-Referat noch mal aus dem Amtsdeutsch in verständliche Sprache übersetzt und der Behördenleitung vorgelegt. Gibt diese das Okay, wird die Pressemitteilung per E-Mail verschickt und auf die Website gesetzt. Die Vorarbeit hat mehrere Menschen einige Stunden Arbeit gekostet. Und ganz ähnlich entstehen auch Social-Media-Posts!

Damit die Arbeit einer/eines Social-Media-Verantwortlichen noch nachvollziehbarer wird, schlüsseln wir im folgenden Teil auf, wie viel Zeit (in Prozent) sie/er für die jeweiligen Aufgaben verwenden sollte.

1.1.1 Community Management (30 %)

Social Media heißen *Social* Media, weil sie keine reinen Mitteilungskanäle sind. Sie zu nutzen bedeutet, den direkten Dialog mit Ihren Zielgruppen nicht etwa als lästigen Nebeneffekt hinzunehmen (leider denken einige Behördenleitungen so), sondern *aktiv zu suchen* und strategisch für die eigene Behörde zu nutzen. Ihre Zielgruppen können die Bürgerinnen und Bürger Ihrer Stadt sein, zukünftige Mitarbeiterinnen und Mitarbeiter, Nachwuchskräfte, Touristen oder eine bestimmte Gruppe, die Sie mit Ihrer behördlichen Kommunikation ansprechen wollen. Wie Sie herausfinden und abgrenzen können, wer Ihre Zielgruppen sind, erklären wir ausführlich in Kapitel 11, »Meine Zielgruppen besser kennenlernen«.

Erfolgreich sind Sie nur dann in sozialen Netzwerken unterwegs, wenn Sie den Usern zuhören (also ihre Kommentare und Nachrichten lesen), sich mit ihnen austauschen, ihre Ideen und Meinungen wertschätzend behandeln und das kostbare Feedback für die ganze Behörde nutzen. In der Social-Media-Fachsprache heißt das Community Management. Während wir uns diesem Thema in Teil II dieses Buches ausführlich widmen, steht fest: Community Management kostet ein knappes Drittel der Arbeitszeit eines/einer Social-Media-Verantwortlichen.

1.1.2   Beiträge vorbereiten und posten (30 %)

Etwa gleich viel Zeit nimmt das Erstellen und Posten von Beiträgen in Anspruch. Jeder Profi weiß, dass man nicht so nebenbei twittern und posten kann. Einfach einen Link auf Facebook, Twitter, Instagram und Co. zu stellen, funktioniert schon lange nicht mehr. All diese Kanäle sind heute multimediale Plattformen mit Video- und Story-Formaten.

Das bedeutet: Sie und Ihr Team müssen in der Lage sein, Videos zu drehen oder sich dabei von Dienstleistern helfen zu lassen. Das Bewegtbild ist heute elementar für gute Social-Media-Kommunikation. Videos (selbstverständlich mit Untertiteln) und Erklär-Grafiken sind zeitintensiv: Selbst ein kurzer Clip nimmt oft einen ganzen Tag in Anspruch, wenn er liebevoll und professionell gemacht ist. Falls Sie keine zentrale Video-Einheit im Haus haben (was derzeit noch in den meisten Behörden der Fall ist), müssen sich Ihre Social-Media-Verantwortlichen um Bewegtbild-Content für die Kanäle kümmern. Das Gleiche gilt für Text-, Foto- und Grafik-Posts: Auch diese Formate sind anspruchsvoll und müssen geplant, getextet, gestaltet und technisch umgesetzt werden.

Doch selbstverständlich ist nicht nur die Hülle, sondern auch der Inhalt wichtig. In Kapitel 13 »Trockene Behörden-Themen spannend erzählen«, gehen wir auch ausführlich darauf ein, welche Inhalte auf behördlichen Social-Media-Kanälen funktionieren, weil sie Ihre Fans und Follower *wirklich* interessieren. Davon gibt es viele, da Behörden schließlich für spannende Themen zuständig sind. Vorab sei jedoch gesagt: Wenn Sie – wie leider zu viele Ämter – nur austauschbare Polit-Phrasen, Pressemitteilungen und Website-Artikel einstellen, werden Sie nur wenige Fans gewinnen können und selbst die wenigen Follower schnell wieder verlieren. Die Reichweite bleibt unter der Wahrnehmungsgrenze. Dann können Sie es eigentlich auch gleich sein lassen. Nur wenn Ihre Fans und Follower Ihre Inhalte spannend, lehrreich, informativ und berührend finden, werden sie diese auch lesen und darauf reagieren – und die Reichweite Ihrer Botschaften steigt.

Eine Illusion ist, dass man auf allen Plattformen die gleichen Inhalte posten kann. Twitter, Instagram, LinkedIn und Co. unterscheiden sich extrem, was Nutzerschaft, Zielrichtung, Sprache und Posting-Formate angeht (mehr dazu in Kapitel 12, »Welches soziale Netzwerk passt zu meiner Behörde?«). Wenn Sie Social Media richtig machen, wissen Sie das und denken daher jede der Präsenzen für sich. Die Inhalte können sich mal überschneiden, müssen es aber nicht. Und wenn, dann sollte mindestens das Format an jede Plattform angepasst werden. Die Social-Media-Verantwortlichen sind also knapp ein Drittel ihrer Arbeitszeit damit beschäftigt, die Inhalte für die einzelnen Kanäle zu planen und vorzubereiten (15 %) und schließlich zu posten (15 %).

In vielen Behörden begleiten die Social-Media-Verantwortlichen die Hausleitung auf Termine, um davon anschließend zu posten. Oft erledigen sie vor Ort auch andere Aufgaben, beispielsweise schreiben sie Zitate für Website-Artikel oder Pressemitteilungen mit. Aus unserer Sicht sollten Terminbegleitungen nicht Aufgabe der Social-Media-Verantwortlichen sein und sind deshalb in unserer Zeitberechnung nicht enthalten.

Warum? Zum einen stehen wir »Terminbegleitungs-Posts« in sozialen Medien generell skeptisch gegenüber. Für das anspruchsvolle Social-Media-Publikum sind Meet-and-Greet-Beiträge schlicht langweilig. Ausnahmen bestätigen die Regel, doch meist bieten sie wenig inhaltlichen Mehrwert und erhalten durchschnittlich wenige Likes. Zeitökonomisch binden sie (zu) viele Ressourcen. Falls also Social-Media-Verantwortliche ihre Chefinnen und Chefs auch zu Terminen begleiten müssen, braucht es entsprechend mehr Personal. Wir empfehlen deshalb, diese Aufgaben zu trennen.

1.1.3   Interne Kommunikation (20 %)

Wir kennen sie alle aus unserem Arbeitsalltag: Besprechungen, Referatsrunden, Marathon-Konferenzen. Natürlich müssen auch Social-Media-Verantwortliche an zahlreichen Meetings teilnehmen. Wir setzen für interne Kommunikation 20 % der Arbeitszeit an und sind überzeugt davon, dass diese Zeit gebraucht wird. Die Hälfte davon benötigt das Social-Media-Team für die Kommunikation mit den Fachabteilungen. Von dort kommt der fachliche Input, den die Kommunikatoren für Ihre Beiträge in den sozialen Netzwerken und das Community Management unbedingt benötigen. Social-Media-Verantwortliche müssen folglich mit den Fachbereichen der Behörde eng und vertrauensvoll zusammenarbeiten.

Viele Social-Media-Teams kommen mit folgendem Problem auf uns zu: »Unsere Fachbereiche liefern uns nur selten etwas. Sie sind auch nicht begeistert, wenn wir anrufen. Wie können wir es schaffen, dass das besser funktioniert?« Wir gehen auf das Thema »Zusammenarbeit mit den Fachabteilungen« in Kapitel 5 »Social Media ist auch interne Kommunikation«, ausführlich ein, aber ein Satz vorweg: Häufig investieren Kommunikatoren zu wenig Zeit in die Kontaktpflege mit ihren Kolleg*innen aus den Fachbereichen: 10 % der Gesamtarbeitszeit sind genau dafür dringend zu empfehlen – weil das Arbeitsergebnis dadurch deutlich besser wird.

Weitere 10 % der Arbeitszeit sind für die Kommunikation mit dem eigenen Team und den Bereichen Presse, Öffentlichkeitsarbeit und Internet-Redaktion notwendig – konkret für Redaktionssitzungen, den Austausch zu zweit oder zu dritt im Büro, auf dem Flur, per Mail oder telefonisch. In der Corona-Zeit sind auch in Behörden digitale Teambesprechungen Standard geworden, manche Teams tauschen sich auch über WhatsApp- oder Threema-Gruppen oder Kollaborationstools (wie Microsoft Teams oder Zoom) aus.

Wie ein behördliches Redaktionsteam optimal zusammenarbeitet, erörtern wir in Kapitel 4, »Wie organisiere ich mein Social-Media-Team?«, ausführlich.

1.1.4   Strategie und Weiterentwicklung (5 %)

Wer als Behörde erfolgreich in sozialen Netzwerken kommunizieren möchte, braucht eine gute Social-Media-Strategie. Dem Thema Strategie widmen wir uns ausführlich in Teil III dieses Buches. Diese Arbeit fällt nicht immer an. Meist wird eine Strategie über einen Zeitraum von einigen Wochen oder Monaten entwickelt und bindet in dieser Zeit viele Ressourcen. Anschließend sollte die Strategie etwa jedes halbe Jahr überprüft und möglicherweise überarbeitet werden.

In der täglichen Arbeit, selbst wenn es noch so stressig sein sollte, darf man die Strategie nie aus den Augen verlieren. Taucht ein neues soziales Netzwerk oder ein neues Format in einem etablierten sozialen Netzwerk auf, fragen sich kompetente Social-Media-Verantwortliche sofort, ob und wie die Behörde dies nutzen sollte. Im Herbst und Winter 2020 haben gleich mehrere Social-Media-Riesen neue Funktionen präsentiert. LinkedIn führte auf seiner Plattform erstmals das Story-Format ein, Twitter ebenso (und nannte es »Fleets«). Instagram reagierte mit »Reels« auf den neuen Shootingstar TikTok und führte außerdem die blog-ähnliche Funktion »Guides« ein. Social-Media-Profis in Behörden erkennen schnell mögliche Auswirkungen auf die bisherige Strategie.

Zur Arbeitszeit für die Aufgabe »Strategie und Weiterentwicklung« zählen wir auch die Beratung der Behördenspitze in Social-Media-Fragen (dazu mehr in Kapitel 3, »Social-Media-Manager sind genauso wichtig wie Pressesprecher«). Insgesamt macht das Strategie-Thema damit 5 % der Arbeitszeit von Social-Media-Verantwortlichen aus.

1.1.5   Organisation und Rechtliches (5 %)

Wer in einer Behörde für Social Media zuständig ist, bekommt immer wieder auch Vorgänge aus den folgenden Bereichen auf den Tisch:

- Verträge mit Dienstleistern oder Lizenzgebern
- Ausschreibungen und Vergaben
- interne Beschaffungen (beispielsweise Arbeitsausstattung des Teams)
- datenschutzrechtliche Fragen
- Fragestellungen rund um Urheber- und Nutzungsrechte sowie das Recht am eigenen Bild

- Formulierung von Richtlinien (beispielsweise *https://www.amtzweinull.de/2020/09/28/vier-schriftliche-basics/*)

- parlamentarische Anfragen (vorrangig auf Bundesebene)

Zwar können Sie bei diesen Aufgaben mit der Unterstützung von Querschnittsämtern (beispielsweise Vergabestelle, Personalreferat oder Rechtsabteilung) rechnen. Dennoch müssen Sie als Social-Media-Verantwortliche oder Verantwortlicher etwa 5 % Ihrer Arbeitszeit dafür blocken.

1.1.6   Lernen und Fortbildung (5 %)

Kaum ein Fachgebiet ist schnelllebiger als Social Media. Neue Entwicklungen mitzubekommen und immer auf dem aktuellen Stand zu sein, gehört zum Kerngeschäft der Social-Media-Verantwortlichen. Den Job kann nur jemand machen, der die jüngsten Entwicklungen und Trends genau kennt.

Glücklicherweise gibt es jede Menge Möglichkeiten, sich Social-Media-Wissen anzueignen. Wir sind täglich fasziniert davon, wie viele qualitativ hochwertige Fortbildungen und Fachtagungen mittlerweile zu einem Thema stattfinden, das vor fünfzehn Jahren im Job so gut wie keine Rolle spielte (damals ausschließlich im privaten Bereich). Wer möchte, kann jeden Tag eine Veranstaltung oder ein Netzwerktreffen zu Social Media besuchen, und zwar von günstig bis teuer. Wir raten dazu, mindestens eines dieser Angebote pro Quartal mitzunehmen. Auf Social-Media-Tagungen und in Seminaren lernt man meist nicht nur viel, sondern trifft auch Social-Media-Verantwortliche aus Behörden und Unternehmen. Sie können wertvolle Kontakte knüpfen, um sich auch nach Veranstaltungen weiter auszutauschen.

Zudem können Sie ihr Social-Media-Wissen auch im Büro oder Homeoffice updaten: Neben Büchern wie diesem existiert eine Fülle an Fachblogs und Newslettern, die man kostenlos oder für kleines Geld abonnieren kann. Wir empfehlen, nicht nur auf reine Social-Media-Angebote zu achten, sondern sich auch mit Fachzeitschriften oder Podcasts zur Kommunikation allgemein zu beschäftigen (zum Beispiel Pressearbeit). In ihnen wird das Thema Social Media mit behandelt, da beides nicht mehr zu trennen ist. Der Blick für das große Ganze ist wichtig für die tägliche Arbeit im Kommunikationsteam einer Behörde.

Rund 5 % der Arbeitszeit müssen folglich reserviert sein für

- das Lesen von Newslettern, Blogs, Fachzeitschriften und Büchern,

- den Besuch von Tagungen und Kongressen,

- das Netzwerken und den Austausch mit Social-Media-Verantwortlichen aus anderen Behörden,

- das Ausprobieren und Üben von neuen Plattformen, Funktionen und Tools.

1.1.7   Projekte (5 %)

Hierzu zählen wir vorübergehende oder spezielle Aufgaben, die nicht immer und auch nicht in jeder Behörde anfallen. Beispiele können sein:

- Personalakquise für das Social-Media-Team
- Corporate-Influencer-Programm
- Kampagnen
- größere Gewinnspiele
- Serien (z. B. Instagram Takeover)
- Social-Media-Veranstaltungen (z. B. Instawalk)

1.2   Wie ermittle ich den Personalbedarf für meine Behörde?

Wir wissen nun: Der Job eines oder einer Social-Media-Verantwortlichen ist vielfältig. Auch deshalb ziehen wir in diesem Buch ständig den Vergleich mit Pressesprecher*innen. Zu beiden Berufen gehört als Job-Description auch die Bereitschaft, im Falle einer Krise oder eines außergewöhnlichen Ereignisses Überstunden zu machen oder am Wochenende erreichbar zu sein (mehr dazu in Kapitel 14, »Was unterscheidet Krisenkommunikation vom Social-Media-Tagesgeschäft?«).

Vor allem aber dürfte klar geworden sein: Social Media kann man nicht kurz nebenbei erledigen. Wir kennen Social-Media-Verantwortliche, bei denen das Thema in der Stellenbeschreibung allen Ernstes mit zehn oder zwanzig % der Arbeitszeit veranschlagt ist – bei einer einzigen Person wohlgemerkt. Dass das nicht funktionieren *kann*, ist hier deutlich geworden. Unser Appell: Geben Sie als Behördenleitung dem Thema die zeitlichen Ressourcen, die es braucht.

Unsere Empfehlung: Sie sollten in Ihrer Behörde für die Arbeit eines Social-Media-Managers etwa gleich viele Stunden veranschlagen wie für einen Pressesprecher-Job.

Konkret bedeutet dies: Wenn Ihre Behörde mit einer Stelle für die klassische Pressearbeit auskommt (ohne weitere Aufgaben wie Internet, Intranet, Redenschreiben oder ähnliches), braucht auch Social Media eine Stelle. Arbeiten Sie in einer kleinen Behörde und haben eine 50 %-Pressesprecherin mit noch anderen Aufgaben, ist höchstwahrscheinlich auch für Social Media eine halbe Stelle nötig. Haben Sie mehrere Sprecher*innen, wird auch Ihr Social-Media-Auftritt mehrere Stellen erfordern. Dies klingt nach einer Milchmädchen-Rechnung – unserer Erfahrung nach stimmt sie jedoch immer.

Leider sieht die Realität in den meisten Ämtern (noch) anders aus: Das Presse-Team ist oft mit rund doppelt so vielen Stellen ausgestattet wie das Social-Media-Team. Falls also auch Sie Ihre Behördenleitung erst überzeugen müssen, hilft Ihnen vielleicht die folgende Aufzählung. Diese Faktoren spielen bei der Ermittlung des genauen Personalbedarfs eine Rolle:

- *Größe der Behörde*

  Sind Sie eine Stadt mit 70.000 Einwohnern, werden Sie weniger Stellen für Social Media brauchen als ein Bundesministerium – aber mehr als eine Kommune mit nur einem Zehntel an Einwohnern.

- *Aktualität der Behördenthemen*

  Wie viel Arbeit Social Media ist, hängt immer auch von der politischen Großwetterlage ab. Sind Sie in der Corona-Krise ein Gesundheits- oder Schulministerium, werden Sie viel Zeit und demnach Personal in Social Media stecken müssen. Sind Sie hingegen das Bundesamt für Kartographie und Geodäsie oder eine andere Fachbehörde jenseits der derzeit schlagzeilenträchtigen Themen, ist Ihr Aufwand für Social Media tendenziell geringer.

- *Anzahl der Social-Media-Präsenzen*

  Sie sind bei Facebook, Twitter und Instagram aktiv, haben außerdem einen Behörden-Blog und jetzt möchte Ihr Personalreferat, dass Sie bei XING und LinkedIn auf Recruiting-Tour gehen? Je mehr Plattformen Sie bedienen, desto mehr Aufwand entsteht. Wir empfehlen, sich bei begrenzten Ressourcen auf wenige Kanäle oder sogar nur eine Plattform zu konzentrieren (mehr dazu in Kapitel 12, »Welches soziale Netzwerk passt zu meiner Behörde?«).

- *Größe Ihrer Community*

  Der Aufwand pro Plattform wird mit wachsender Community größer. Hat eine Präsenz in sozialen Netzwerken 1.000 Fans oder Follower, fallen für das Community Management viel weniger Arbeitsstunden an, als wenn Ihnen dort bereits 50.000 oder mehr Menschen folgen und sich regelmäßig zu Wort melden.

- *Notwendigkeit eines Wochenend-Dienstes*

  Ob und welche Behörden auch am Wochenende ihre Social-Media-Kanäle bedienen sollten, erklären wir in Kapitel 6, »Müssen wir da etwa antworten?«. Vorab: Die meisten Behörden richten außerhalb von Krisen eine Wochenend-Bereitschaft für Social Media ein, für die ein paar wenige Überstunden anfallen. Ein kleiner Teil der Ämter (beispielsweise einige Polizeibehörden) bespielen die Kanäle am Wochenende genauso aktiv wie an Werktagen. Je mehr Arbeitszeit Sie am Wochenende investieren, desto höher der Personalbedarf.

- *Einbindung von Dienstleistern*

  Sie brauchen als Behörde Social Media nicht komplett selbst zu machen. Einige der eingangs genannten Aufgaben lassen sich sehr gut an Agenturen, Freelancer und ähnliche Dienstleister outsourcen. Vielen Behörden ist diese Möglichkeit kaum bewusst, deshalb gehen wir in Abschnitt 1.3 ausführlich darauf ein. Klar ist: Je mehr Sie outsourcen, desto mehr Arbeitszeit sparen Sie bei Ihrem eigenen Personal.

- *Social-Media-Ziele*

  Last but not least hängt Ihr Personalbedarf von den Kommunikationszielen ab, die *Sie* als Amt mit Social Media verbinden. Denn Social Media ist kein Selbstzweck, sondern soll Ihrer Behörde einen messbaren Nutzen bringen. Wie Sie herausfinden, warum und wofür Sie Social Media eigentlich nutzen wollen, erklären wir ausführlich in Kapitel 10, »Wofür möchte meine Behörde Social Media nutzen?«. Je ambitionierter Sie sind, desto mehr müssen Sie investieren.

Beispiel: Sie sind eine Kleinstadt mit rund 10.000 Einwohnern. Falls Sie möchten, dass Social Media Sie ein wenig bei Ihrer Suche nach Auszubildenden unterstützt, dann werden Sie ein paar Ressourcen und gute Ideen investieren müssen. Haben Sie sich aber vorgenommen, bei jugendlichen Schulabgängern innerhalb eines halben Jahres der beliebteste Arbeitgeber im ganzen Bundesland zu werden, wird die Zielerreichung eine Menge Zeit (und wahrscheinlich auch Geld) kosten.

Gemeinsam mit Ihren für Organisationsfragen zuständigen Kolleginnen und Kollegen im Haus können Sie nun die Zahl der notwendigen Stellen ermitteln. Sehr oft müssen Stellen für Social-Media-Verantwortliche im Bereich Presse- und Öffentlichkeitsarbeit oder dem Leitungsstab neu geschaffen werden. Denn Social Media ist weder Ersatz für die klassische Pressearbeit noch für Info-Broschüren noch für Veranstaltungsmanagement, sondern ergänzt und bereichert die Kommunikation Ihres Amtes.

Falls Sie Sorge haben, für einen solchen Stellenaufwuchs von der Behördenleitung, dem Stadtrat oder sonstigen Entscheidern keine Zustimmung zu erhalten, empfehlen wir Ihnen, nicht mit Stellen »für Social Media« zu argumentieren. Viel zutreffender: Wir leben in einer Zeit des Medienwandels. Selbst wenn Sie es als Kommune in die »Tagesschau« schaffen, erreichen Sie nicht mehr alle Menschen, sondern nur einen Teil. Heute reicht es nicht mehr, in einem Medium präsent zu sein. Behörden müssen an alle Zielgruppen denken – auch an die Jungen, die sie ausschließlich auf Social Media erreichen können. In einer einzigen Familie werden heute diverse Medien konsumiert – vom Fernsehen bis hin zu YouTube. Als Behörde, die ihre Zielgruppen vollständig erreichen möchte, müssen Sie auf vielen verschiedenen Kanälen kommunizieren und die Inhalte für jeden davon separat aussuchen und aufbereiten. Das kostet mehr Personal als vor zehn oder zwanzig Jahren. Social Media ist lediglich als letztes dazugekommen. Mit neuen Stellen investieren Sie in moderne Behördenkommunikation von heute und morgen!

Falls zusätzliche Planstellen für Social Media nicht realistisch sind, der Genehmigungsprozess länger dauert und zudem kein Budget für Dienstleister da ist, bleibt Ihnen noch folgende schwierige, aber nicht unmögliche Variante: Sie bauen in Ihrer Behörde ein dezentrales Social-Media-Team auf. Ein Mitarbeiter oder eine Mitarbeiterin der Pressestelle würde gemeinsam mit Kolleg*innen aus den Fachbereichen die digitalen Kanäle bespielen. Räumliche Distanz ist für ein Team nie leicht. Mit der richtigen Organisation und der Unterstützung sowohl der Pressestelle als auch der Hausleitung ist aber dennoch ein professioneller Social-Media-Auftritt möglich.

Wovon wir abraten: Social Media Auszubildenden oder Praktikanten zu überlassen. Diese nutzen soziale Kanäle möglicherweise privat intensiv, verfügen aber nicht über die restlichen benötigten Qualifikationen (siehe Abschnitt 1.3). Azubis können Teil von einzelnen Social-Media-Projekten sein, aber niemals die Verantwortung tragen, die es braucht. Ämter, die Social Media ihren Auszubildenden oder Praktikanten zuschieben, zeigen, dass sie die strategische Wichtigkeit guter Social-Media-Kommunikation noch nicht verstanden haben.

Ebenfalls raten wir von der Variante »Unser Bürgermeister macht Social Media selbst!« ab. Damit wir uns richtig verstehen: Es ist absolut zu begrüßen, wenn Bürgermeister*innen, Landrät*innen, Minister*innen und Chef*innen von Bundesbehörden persönlich twittern, instagrammen, youtuben oder podcasten. Wir widmen dem Thema sogar das ganze Kapitel 18, »Behördenleiter-Kommunikation auf Social Media«.

Vorsicht Falle! Wir kennen Kommunen, die sagen: »Wir brauchen nicht selbst zu posten, weil unser Bürgermeister ohnehin schon auf seinem eigenen Account über die Themen der Stadt schreibt und alle Bürgeranfragen beantwortet.« Im ersten Moment mag das mit Blick auf begrenzte Ressourcen in kleineren Städten und Kommunen auch verständlich sein – aber nur im ersten. Stellen Sie sich vor, Ihre Behörde hätte keine eigene Internet-Seite und Ihre Bürgermeisterin würde auf der eigenen Website mit Namens-Domain aus dem letzten Wahlkampf nun eben auch über städtische Themen schreiben. Würde das aus Ihrer Sicht ausreichen? Mit Sicherheit nicht. Genauso verhält es sich auch mit Ihrer Social-Media-Kommunikation. Digital-affine Behördenleitungen sollten sich also erst recht dafür einsetzen, dass ihre Behörde fit für Social Media wird.

Falls Sie als Amt nicht bereit sind, ausreichend Stellen für Social Media zu schaffen, wird ein wichtiger Strang Ihrer Kommunikation nicht funktionieren.

1.3   Können mir Dienstleister bei der Arbeit helfen?

Kann man als Amt Social Media auch von einer Agentur machen lassen? Klar! Unser Eindruck: Insbesondere kleinen Behörden ist diese Option gar nicht richtig bewusst. Dabei greifen Ämter in anderen Bereichen der Presse- und Öffentlichkeitsarbeit bereits seit Jahren auf externe Dienstleister zurück. Das Design der Behörden-Website gestaltet und programmiert nicht die Referentin oder der Sachbearbeiter, sondern eine Agentur. Größere Broschüren lässt die Behörde außer Haus layouten und drucken. Image-Videos für die Website oder das örtliche Kino dreht nicht etwa der Leiter Stadtmarketing mit dem Smartphone, sondern ein Team aus Profis. Ob neues Logo oder Messewand: Hier ist »Do it yourself« keine Option, in solchen Fällen brieft die Behörde nur und liefert zu.

Beim Thema Social Media jedoch versuchen viele Behörden, alles selbst zu machen – und wirken dabei oft unprofessionell. Falls Sie die Expertise im eigenen Haus nicht haben, sollten Sie Hilfe von außen holen. Übrigens: Social-Media-Verantwortliche werden nicht umsonst neudeutsch als *Social-Media-Manager* bezeichnet. Sie bewerkstelligen nicht alles selbst, sondern steuern und delegieren, unter anderem an Dienstleister.

Unserer Ansicht nach eignen sich die folgenden Social-Media-Aufgaben gut, um mit Agenturen zusammenzuarbeiten:

- Bürgerkommunikation/Community Management
- Content-Erstellung (Foto, Grafik, Bewegtbild, Text)
- Strategie-Entwicklung
- Beratung bei der Team-(Re-)Organisation
- Fortbildung des Social-Media-Teams
- Einzelprojekte und -kampagnen

Warum nutzt diese Möglichkeit noch nicht jede Behörde? Folgende Gründe spielen eine Rolle:

- Das Thema Social Media ist verhältnismäßig neu und einige Behörden konnten schlicht noch keine Erfahrung sammeln, ob und wie man es outsourcen kann.
- Nicht alle Behörden wissen, dass es Social-Media-Dienstleister gibt und wie man sie findet.
- Die Behörde möchte Geld sparen.
- Es wurde nicht rechtzeitig Budget eingeplant – oder es gab bisher nie eines für Social Media.

- Die Behörde hat Angst vor Kontrollverlust. Sie befürchtet, dass ein Dienstleister ihr mit unbedachten oder fehlerhaften Veröffentlichungen Probleme bereiten kann – und ohnehin nicht richtig versteht, wie ein Amt tickt.

- Die Verantwortlichen stellen sich die Zusammenarbeit mit Dienstleistern kompliziert vor, nach dem Motto: »Zuerst muss ich ausschreiben und mich dann ständig mit jemandem abstimmen – ich habe also mehr statt weniger Arbeit am Hals. Nein danke!«

Diese Gründe können für Dienstleister sprechen:

- Sich übergangsweise oder zu besonderen Stoßzeiten Unterstützung ins Boot zu holen, ist besser, als Social Media halbgar oder schlecht zu machen.

- Das Einbinden von Dienstleistern geht viel schneller und einfacher, als Stellen zu schaffen, Menschen einzustellen oder intern auszubilden. Idealerweise sollte beides parallel laufen – Ihr Dienstleister kann Ihnen dabei helfen.

- Dienstleister bringen Know-how, sehr aktuelles Social-Media-Wissen und den Blick von außen auf Ihre Arbeit mit. Ihre Lern- und Erkenntniskurve steigt.

- Dienstleister müssen nicht fest angestellt werden: Sie können diese kurzfristig und auch für einzelne Stunden/Tage/Monate engagieren – und werden sie schnell wieder los, wenn der Bedarf vorbei ist. Beispiel: In der Corona-Krise mussten viele Ämter Tausende Kommentare mehr als sonst beantworten. Ohne Hilfe von Agenturen hätten sie das Community Management nicht geschafft.

- Dienstleister übernehmen genau diejenigen Aufgaben, die Ihnen persönlich am wenigsten liegen und die Sie abgeben möchten. Oder sie übernehmen unangenehme Zeiten, beispielsweise Abend- und Wochenendschichten.

- Die Zusammenarbeit mit Social-Media-Dienstleistern erfolgt in aller Regel remote. Sie können also Agenturen oder Freelancer beauftragen, die nicht in Ihrer Stadt sitzen – und brauchen weder Schreibtische noch Arbeitsmittel zur Verfügung zu stellen.

Wenn Sie sich dies vorstellen können, aber noch unsicher sind und zu wenig darüber wissen – hier die Antworten auf die wichtigsten Fragen:

Fragen und Antworten zum Thema Dienstleister

Habe ich beim Outsourcing weiterhin die Kontrolle darüber, was unsere Behörde auf Social Media schreibt und postet?

Klar! Falls Sie einen Dienstleister einsetzen, um etwa am Wochenende Bürgerfragen zu beantworten, dann ist der fachliche Inhalt vorab mit Ihnen abgesprochen. Ebenso wie Dienstleister eine Broschüre nur mit von Ihnen abgenommenen Texten drucken, geht auch in sozialen Netzwerken ausschließlich das online, was Sie zugeliefert oder freigegeben haben.

Was versteht man denn unter »Dienstleistern« im Social-Media-Bereich?

In Deutschland bieten zahlreiche Agenturen Social-Media-Dienstleistungen entweder als Schwerpunkt oder als Teil ihres Portfolios an. Auch viele Freiberufler*innen, die Social-Media-Profis sind, nehmen die Aufträge von Behörden gerne an.

Wie finde ich passende Dienstleister?

Hier haben Sie verschiedene Möglichkeiten – Sie können selbst im Netz recherchieren, ausschreiben oder andere Behörden nach persönlichen Empfehlungen fragen. Sinnvolle Kriterien für die Auswahl Ihres Dienstleisters sind:

- nachgewiesene Social-Media-Expertise (hierzu gehört auch ein überzeugender eigener Auftritt in den sozialen Medien)
- Behördenerfahrung (idealerweise eine Spezialisierung auf Behörden)
- ein gutes Preis-Leistungs-Verhältnis

Was kostet das?

Freie Social-Media- und Community-Manager sowie Agenturen nehmen durchschnittlich zwischen 50 und 150 € pro Stunde (zuzüglich Umsatzsteuer). Natürlich lassen sich auch Pauschalen vereinbaren. Der genaue Preis hängt von folgenden Faktoren ab:

- große Agentur, kleine Agentur oder Freelancer
- Ausbildung
- Erfahrung
- konkrete Tätigkeit bzw. Tätigkeitsbereich (Bürgerfragen beantworten, Text, Grafik, Video)
- Umfang/Dauer der Beauftragung/Zusammenarbeit

Müssen wir rechtliche Bedenken haben?

Nein. Ebenso wie in anderen Bereichen der Presse- und Öffentlichkeitsarbeit (Broschürendruck, Neugestaltung der Website, Logo-Design) ist Outsourcing im Bereich Social Media erlaubt. Natürlich muss das Vergaberecht eingehalten werden. Für rechtliche Fragen ist Ihre Rechtsabteilung zuständig.

Bei uns hat niemand Ahnung von Social Media. Können wir das Thema komplett outsourcen?

Nein. Dienstleister benötigen in der Behörde Social-Media-affine Ansprechpersonen, mit denen sie zusammenarbeiten können. Es ist jedoch möglich, deutlich über 50 % der Arbeit an Dienstleister abzugeben.

Kapitel 2

Welche Talente brauche ich für mein Social-Media-Team?

Social Media in einer Behörde ist wie Journalismus ein Handwerk, das man können und lieben muss. Oft arbeiten verborgene Talente in Ihrem Haus, ohne dass Sie das wissen. Wie Sie als Behörde intern oder extern gute Social-Media-Kommunikator*innen finden, lesen Sie hier.

Falls Sie, liebe Leserin, lieber Leser, in Ihrer Behörde bereits ausreichend Stellen für Social Media schaffen konnten – herzlichen Glückwunsch! Der erste Schritt ist getan. Der noch wichtigere zweite Schritt folgt nun:

Für richtig gute Social-Media-Arbeit Ihres Amtes brauchen Sie auf diesen Stellen die richtigen Menschen. Viele große und kleine Behörden in Deutschland haben beides geschafft und sind gerade deshalb sehr professionell in den sozialen Medien unterwegs.

Doch eignen sich treue und korrekte Beamtinnen und Beamte überhaupt für einen Job, der mit Gesetzen nur wenig zu tun hat, dafür aber mit Kommunikation, Kreativität und Kampagne? Oder müssen Sie für die Aufgabe Externe einstellen? Welche Ausbildung sollten Social-Media-Verantwortliche in einem Amt genossen haben, welche Fortbildungen müssen sie absolvieren, welche »Soft skills« sollten sie mitbringen? Sind sie im mittleren, gehobenen oder höheren Dienst angesiedelt? Zusammengefasst: Wie findet man unter Behörden-Bedingungen den oder die perfekten Social-Media-Verantwortlichen? Und zwar unabhängig davon, ob Sie intern oder extern suchen?

Die Ausgangsbedingungen sind:

1. *Social Media ist ein Job ohne einheitliches Berufsbild.*

    Es gibt in Deutschland kein einheitliches oder festgelegtes Berufsbild »Social Media« – wohl aber immer mehr Menschen, deren Hauptberuf Social Media ist.[1] Sie nennen sich Social-Media-Verantwortliche, -Manager oder -Berater. Sie

---

1 vgl. Vivian Pein: *Der Social Media Manager*, Rheinwerk Verlag, 4. Auflage, S. 41

arbeiten fest angestellt (etwa in Unternehmen, Medienhäusern, Agenturen und Behörden) oder auf eigene Rechnung. Sie alle haben gemeinsam, dass es ihren Job vor fünfzehn Jahren noch nicht gab und als einheitliches Berufsbild oder einheitliche Ausbildung wohl auch nie geben wird. Dazu ist das Thema zu schnelllebig (laufend neue Entwicklungen) und zu sehr Querschnittsthema (qualitative Bezüge zum Journalismus, zur Foto- und Videoproduktion, zum Marketing, zum Medienmanagement, zum Kommunikationsmanagement und anderen Disziplinen). Studiengänge mit Social-Media-Schwerpunkt gehören meist einer dieser Richtungen an, ein Beispiel ist »Social Media & Online Marketing (Bachelor of Arts)« an der Hochschule für angewandtes Management in Berlin. Social-Media-Zertifikatslehrgänge, wie sie beispielsweise von der Industrie- und Handelskammer (IHK) angeboten werden, ergänzen dagegen ein bereits absolviertes Studium oder eine Ausbildung.

2. *Social Media lernt man (noch) nicht in der Behörden-Ausbildung.*

In der Behörden-Ausbildung für den mittleren und den gehobenen Dienst spielt Social Media bislang ebenso wenig eine Rolle wie klassische Presse- und Öffentlichkeitsarbeit oder Stadtmarketing. In den Lehrplänen der Bachelor- und Masterstudiengänge an Verwaltungshochschulen sucht man vergeblich nach Unterrichtsstoff, der auf einen Job als Kommunikatorin oder Kommunikator in einem Presse- oder Social-Media-Team eines Amts vorbereitet. Unserer Ansicht nach ist das nicht mehr zeitgemäß: Behörden müssen heute in der Lage sein, professionell und modern zu kommunizieren, da sie ansonsten weder das Vertrauen der Bürgerinnen und Bürger gewinnen noch personellen Nachwuchs finden können. Medien- und Kommunikations-Skills gehören daher in die Verwaltungsausbildung und in die Verwaltungs-Studiengänge. Im höheren Dienst der Ministerien und Bundesbehörden werden vor allem Juristinnen und Juristen eingestellt, die in der Behörde rotieren und irgendwann auch im Bereich Presse- und Öffentlichkeitsarbeit landen – doch auch sie sind keine gelernten Kommunikatoren oder Mediengestalterinnen.

3. *Fort- und Weiterbildungen vermitteln notwendige Fachkenntnisse.*

Besser sieht es bei den Weiterbildungen aus: Verwaltungseigene Fortbildungsinstitute wie die Bundesakademie für öffentliche Verwaltung (BAköV) oder das Kompetenzzentrum für Verwaltungs-Management des Landes Schleswig-Holstein (»komma«) sind mit der Zeit gegangen und haben 2021 Kurse wie »Videoproduktion mit dem Smartphone« oder »Die Behörden-Redaktion: Wie Sie Ihre Presse- und Öffentlichkeitsarbeit inklusive Social Media intern organisieren« im Programm. Die Deutsche Hochschule der Polizei bietet sogar einen 15-tägigen internen Zertifikatslehrgang »Social Media Manager/in Polizei« an. Wer bei den behördeneigenen Anbietern nicht fündig wird, kann sich unter zahllosen guten Social-Media-Fortbildungen auf dem freien Markt entscheiden.

2.1   Welche Kompetenzen muss man haben, um in einer Behörde Social Media zu machen?

Braucht es also perfekt aus- und fortgebildete Social-Media-Fachkräfte, um als Amt bei Facebook, Twitter und Co. loslegen zu können?

Wenn wir die Personen hinter besonders guten Social-Media-Auftritten von Behörden – oder deren Vorgesetzte – nach ihrem Erfolgsrezept fragen, dann kristallisiert sich immer *eine* enorm wichtige Kompetenz heraus.

Wir hören dann nämlich Sätze wie:

- »Unser Team ist sehr engagiert. Die *leben* ihren Job und Social Media.«
- »Unsere Mitarbeiter sind jung, ehrgeizig und hängen sich voll rein.«
- »Ich schaue auch abends und am Wochenende in unsere Kanäle, das ist für mich selbstverständlich.«
- »Für uns ist weniger wichtig, ob jemand schon als YouTube-Experte oder Profi-Instagrammerin bei uns anfängt. Das kann man lernen. Viel wichtiger sind Loyalität, Verantwortungsgefühl, Teamgeist.«
- »Unsere Chefin lässt uns viel Beinfreiheit. Wir dürfen unsere kreativen Ideen umsetzen und müssen niemanden fragen.«
- »Im ersten Jahr war ich allein und jedes Wochenende für die Kanäle verantwortlich. Auch, wenn das kein Dauerzustand ist – ich fand es toll.«
- »Es ist für mich etwas Besonderes, unsere Polizei in der Öffentlichkeit repräsentieren zu dürfen. Das ist für gewöhnlich nur unseren Dienststellenleitern vorbehalten.«

Wir, die Autoren dieses Ratgebers, können das auch für uns selbst bestätigen: Als Christiane vor einigen Jahren Social-Media-Managerin im Bundesamt für Migration und Flüchtlinge (BAMF) wurde, war sie überzeugt davon, den spannendsten Job in der ganzen Behörde zu haben. Sie empfand es als Privileg, sich während ihrer Arbeitszeit mit sozialen Netzwerken beschäftigen zu dürfen – und gab in ihrem Job alles. Oft bildete sie sich in ihrer Freizeit und auf eigene Kosten fort. Wolfgang baute im Jahr 2018 das »Neuigkeitenzimmer« im BMVI auf (»Es war mein Baby«) und häufte in dem Jahr mehr als 600 Überstunden an.

Damit wollen wir nicht sagen, dass man sich überlasten soll. Um das zu verhindern, haben wir oben ja als erstes für ausreichend Personal plädiert. Wenn wir Führungskräften in Behörden jedoch nur *eine* wichtige Sache empfehlen dürften, dann wäre es: Finden Sie Menschen, die für Social Media brennen und sich reinhängen! Auch persönlicher Ehrgeiz einzelner Personen (oder aller) im Team ist ein Treibstoff, der zu sehr guten Social-Media-Ergebnissen für das Amt führen kann.

Natürlich sind aber auch die fachlichen Fähigkeiten wichtig. Um in einer Behörde einen guten Social-Media-Job zu machen, sollten Bewerberinnen und Bewerber folgende Kompetenzen mitbringen oder in der Einarbeitungsphase erwerben:

- kreatives Schreiben
- Storytelling-Kompetenzen (Gespür für Geschichten)
- Medienproduktion (Mediengestaltung, Grafik, Videoschnitt, …)
- Plattform-Kenntnisse
- Kenntnis des Hauses und seiner Themen, Politik, Verwaltung, Recht
- Führungs- und Beratungskompetenz (Führung eines Social-Media-Teams, Steuerung von Agenturen, Beratung der Hausspitze)
- politische Kommunikation
- Grundkenntnisse Marketing & PR

Die wichtigsten »Soft Skills« sind:

- Leidenschaft für Social Media und Kommunikation
- Engagement und Einsatzwille
- Loyalität zum Arbeitgeber/Dienstherrn
- Teamfähigkeit
- Verantwortungsbewusstsein
- Kreativität, geistige Flexibilität, Improvisationstalent, Neugier

Eine weitere wichtige Voraussetzung ist zeitliche Flexibilität. Social-Media-Manager müssen ebenso wie Presse-Verantwortliche einer Behörde bereit sein, manchmal außerhalb der gewöhnlichen Dienstzeiten zu arbeiten. Falls es in Ihrer Behörde ein Social-Media-Team gibt, ist der Job trotzdem familienfreundlich, da er zu großen Teilen aus dem Homeoffice gemacht werden kann und sich auch für einen Einsatz in Teilzeit eignet.

Das Alter ist unserer Ansicht nach kein brauchbares Auswahlkriterium. Manche Behördenchefs halten junge Mitarbeiterinnen und Mitarbeiter automatisch für prädestiniert, Social Media zu managen – oder glauben gar, dass Azubis am besten geeignet sind. Wie oben ausgeführt, gehört zu dem Job aber viel mehr, als virtuos das eigene Smartphone zu bedienen. Wir kennen 50-Jährige, die Social Media besser verstehen als manch 20-Jähriger – und umgekehrt. Machen Sie sich also frei davon, dass Social-Media-Verantwortliche jung sein müssen und setzen Sie auf Kommunikationsteams mit Altersmix.

Wie und wo findet man nun Menschen, die diese fachlichen und persönlichen Eigenschaften bereits mitbringen oder in kürzester Zeit erwerben können? Und wie wählt man sie aus? Wir unterscheiden in den folgenden Abschnitten danach, ob Sie die Stelle oder Stellen intern oder extern besetzen möchten und können.

2.2   Interne Personalsuche

Den Behördenchefs sind interne Besetzungen oft lieber, wenn es für Externe nicht ausreichend Planstellen gibt. Zudem sind externe Stellenausschreibungen aufwendig und dauern oft mehrere Monate. Häufig finden Sie Top-Leute für Ihr Social-Media-Team direkt in Ihrer Behörde: Der Sachbearbeiter, dem seine aktuelle Tätigkeit zu langweilig ist und der ein ausgesprochenes Foto- und Videotalent hat. Die Referentin, die gerade Stress mit dem Referatsleiter hat und auf dem privaten Account Kluges und Originelles twittert und postet.

Es gibt viele Beispiele für erfolgreiche Kommunikator*innen, die vorher etwas völlig anderes gemacht haben. Ob Jurist, Verwaltungsfachangestellte oder Diplom-Verwaltungswirt – in ihnen kann, aber muss kein Social-Media-Talent schlummern. Wie gesagt: Am wichtigsten ist die Leidenschaft. Das Know-how lässt sich erlernen. Die sehr erfolgreichen Social-Media-Kanäle der Stadtbibliothek Erlangen (Bayern) etwa werden von Bibliothekarinnen betreut, die sich im Laufe der Jahre zu wahren Social-Media-Profis entwickelt und weitergebildet haben (mehr zu diesem Best-Practice-Beispiel in Kapitel 24, »Stadtbibliothek Erlangen: Idee schlägt Budget«).

Auch Co-Autorin Christiane kam einst durch Zufall zu Social Media: Sie hatte sich von ihrem langjährigen Posten in der Presse- und Öffentlichkeitsarbeit eines Jobcenters in Nordrhein-Westfalen beim Bundesamt für Migration und Flüchtlinge (BAMF) beworben. Dort wurde sie zunächst im Grundsatzreferat Integrationskurse eingesetzt. Im Leitungsstab wusste man, dass die Diplom-Verwaltungswirtin in ihrer vorherigen Behörde Medien-Erfahrung gesammelt und berufsbegleitend Medienmanagement studiert hatte. Der zuständige Referatsleiter fragte Christiane, ob sie das BAMF unterstützen könne, eine Facebook-Seite zu erstellen. Wenig später wurde sie in den Leitungsstab beordert, um sich intensiv dem Aufbau von Social Media in der Bundesbehörde zu widmen.

Woher weiß ich als Amt, dass jemand aus einem Fachbereich gut in mein Social-Media-Team passen würde?

- Häufig kommen Mitarbeitende aus anderen Referaten oder Abteilungen von sich aus mit Ideen auf das Social-Media-Team zu. Oder sie fallen durch einen eigenen Blog oder einen kreativen Podcast auf.

- Falls Ihnen nicht ad hoc jemand einfällt, schreiben Sie auf der Intranet-Seite Ihrer Behörde, dass Sie sich personell verstärken wollen und kreative Kolleg*innen für die sozialen Kanäle suchen.

- Eine weitere Möglichkeit, intern gute Leute zu finden: Laden Sie einmal pro Woche/Monat zu einem Social-Media-Kaffee oder Social-Media-Stammtisch nach dem Motto »Wir suchen die besten Ideen für unsere Behörde« – und indirekt auch die besten Kolleg*innen.

Falls Sie die Stelle oder Stellen intern ausschreiben: Ermutigen Sie dann unbedingt die oben erwähnten Talente, sich zu bewerben.

2.3   Externe Personalsuche

Falls Sie die Möglichkeit haben, Ihre Social-Media-Stelle(n) extern zu besetzen, hat das einen großen Vorteil: Sie können gezielt nach Social-Media-Profis suchen, die zudem Berufserfahrung aus anderen Bereichen (beispielsweise Medienhäusern oder Agenturen) mit in Ihr Amt bringen.

Als Behörde kommt Ihnen zugute, dass Verlage in den letzten Jahren Stellen abgebaut haben. Deshalb finden sich in staatlichen Organisationen immer mehr Pressesprecher*innen, die ursprünglich aus dem Journalismus kommen. Journalistisches Schreiben und Storytelling sind absolute Basis-Qualifikationen für Social Media – deshalb lohnt es sich, für Ihr Social-Media-Team nach Menschen Ausschau zu halten, die vom Journalismus auf die andere Seite wechseln möchten.

Auch die folgenden Ausbildungen und Professionen sind eine perfekte Basis, in einer Behörde Social Media zu machen:

- Mediengestaltung, Medienproduktion, Grafikdesign, Fotografie
- Medienmanagement
- Marketing/Social-Media-Marketing

Ideal sind gemischte Teams. Wir empfehlen Ihnen eine behördliche Kommunikationseinheit (also Presse- und Öffentlichkeitsarbeit einschließlich Social Media), die aus Behörden-Gewächsen und Expert*innen von draußen besteht.

Im Newsroom des Bundesverkehrsministeriums arbeiten gelernte Journalisten, Juristen, ein Diplom-Verwaltungswirt, eine Game-Designerin, eine Videoredakteurin, ein Fotograf und Filmemacher, eine Politikwissenschaftlerin, eine Historikerin und Leute, die vorher in PR-Agenturen waren. Natürlich geht es auch viele Nummern kleiner: Ein behördliches Zweierteam aus einem ehemaligen Journalisten und einer Sachbearbeiterin mit eigenem Blog, die nun gemeinsam die Presse- und Social-Media-Arbeit machen, wäre ein ebenso gutes Beispiel.

Doch Vorsicht: Social-Media-Topkräfte zu gewinnen, ist kein Selbstläufer! Wir werden ständig gefragt, ob wir nicht gute Kandidat*innen kennen würden. In Berlin herrscht eine große Nachfrage nach Social-Media-Profis, die auch politische Kommunikation beherrschen. Ministerien, Verbände, Fraktionen, Politiker*innen – sie alle suchen solche Leute. Einige dieser begehrten Fachkräfte werden Sie als Amt nicht überzeugen können, bei Ihnen anzufangen, weil sie besser bezahlte Jobs in der Wirtschaft vorziehen. Oder sich ohnehin niemals fest anstellen oder verbeamten lassen würden, da ihnen das tägliche Freelancer-Leben im Coworking-Space und »Sankt Oberholz« in Berlin-Mitte viel besser gefällt.

Aber: Moderne Behörden können genauso attraktiv wie Unternehmen sein – und bieten einen sicheren und familienfreundlichen Arbeitsplatz.

Wir möchten Ihnen helfen, als Behörde die Besten zu gewinnen! Dorthin führen unserer Ansicht nach die folgenden Schritte.

1. Schritt

   Schaffen Sie eine Arbeitskultur, die zu Social Media passt und die Ihre Wunschkandidat*innen aus ihren vorherigen Jobs gewohnt sind.

   – Geben Sie Ihrem Social-Media-Team viel Freiheit. Jeder Tweet muss erst vorgelegt werden, bevor er raus darf? Das ist weder effizient noch motivierend. Gehen Sie davon aus, dass Ihre Bewerber*innen mehr Ahnung von Social Media haben als Ihre Behördenleitung – und lassen Sie lieber mal einen Fehler zu (dieser lässt sich wieder glattbügeln), als Ihren Kreativen zu enge Daumenschrauben anzulegen. Betonen Sie gegenüber Interessent*innen, dass diese sich innerhalb eines festgelegten Rahmens kommunikativ frei bewegen können.

   – Stellen Sie sicher, dass Ihre Social-Media-Verantwortlichen in der internen Hierarchie den gleichen Stellenwert wie die Pressesprecher*innen erhalten – das betrifft die Besoldungs- oder Vergütungsgruppe ebenso wie den Zugang zu Informationen, eventuell eine Führungsrolle und die Position, die Leitung in Social-Media-Fragen zu beraten (wir schreiben darüber ausführlich in Kapitel 3, »Social-Media-Manager sind genauso wichtig wie Pressesprecher«).

   – Bieten Sie mobiles Arbeiten/Homeoffice an. »Digital Natives« haben in Ihren vorherigen Jobs schon so gearbeitet und mögen keine starre Präsenzkultur. Verzichten Sie möglichst auch auf Kernzeiten: Kommunikator*innen müssen auch mal abends oder am Wochenende arbeiten – da passt es nicht, trotzdem jeden Werktag pünktlich um 9 Uhr wieder erscheinen zu müssen. Falls es in Ihrer Behörde noch Kernzeiten gibt, sprechen Sie mit dem Personalrat über eine Sonderregelung. Keine Sorge: Social-Media-Verantwortliche machen ihren Job mit Leidenschaft und werden eher zu viel als zu wenig arbeiten.

   – Um soziale Netzwerke betreuen zu können, ist eine Infrastruktur notwendig, die in Behörden nicht unbedingt zur Standardausstattung für Mitarbeitende gehört: Smartphone, Tablet, Kamera, Grafik-Tools. Der Arbeitsplatz in der

Behörde muss mit einem uneingeschränkten Internet-Zugang ausgestattet sein, für das Homeoffice braucht es zudem einen Laptop. Seit Corona wird an jedem Gerät eine Webcam und ein Headset benötigt – etwa für die Teilnahme an digitalen Besprechungen oder Webinaren. In unseren Schulungen treffen wir häufig auf Social-Media-Verantwortliche, die diese Punkte bemängeln. Zeigen Sie unbedingt Bereitschaft, die Arbeitsplätze Ihrer Wunschkandidat*innen so auszustatten, dass diese gut arbeiten können – und nicht verzweifelt ihre eigenen Geräte ins Amt mitbringen.

Die genannten Punkte sind in erster Linie keine Geldfrage, sondern verlangen nur ein Umdenken. Für externe Bewerber*innen mit Erfahrung aus anderen Jobs werden Sie so attraktiv – und auch Ihre jetzigen Mitarbeiter*innen wissen eine Social-Media-adäquate Arbeitskultur garantiert zu schätzen!

2. Schritt

Präsentieren Sie Ihre Behörde und die freien Jobs attraktiv nach außen.

– Werben Sie sympathisch und originell auf Ihrer Website und all ihren Kanälen – natürlich auch via Social Media – für eine Karriere in Ihrem Amt. Zwei gelungene Beispiele zeigen wir in Abbildung 2.1. Eine weitere Idee: Das Social-Media-Team kann sich und seinen Arbeitgeber in einem kurzen Video vorstellen: »Wir freuen uns auf dich! Bei uns erwartet dich …«.

– Vermeiden Sie Jobbezeichnungen wie »Sachbearbeiter/Referent für Social Media«. Ja, die Begriffe beschreiben die Laufbahn und müssen daher genannt werden. Sie klingen für diejenigen, die Sie suchen, aber maximal unsexy und gehören daher ins Kleingedruckte. Im Social-Media-Bereich spricht man von der Social-Media-Managerin, dem Social-Media-Redakteur oder von Social-Media-Verantwortlichen. Auch die Jobbezeichnung »Social Media Officer« haben wir (in einer Behörde!) schon entdeckt. Vermeiden Sie altbackene Bezeichnungen – zumindest in der Überschrift.

– Nutzen Sie Jobportale (bund.de, jobs-beim-staat.de, StepStone, Stellenanzeigen.de etc.) oder Recruiting-Plattformen (LinkedIn, XING). Auch hier gilt: Verzichten Sie auf phrasenhafte Formulierungen. Heben Sie sich mit Originalität vom langweiligen Behörden-Einheitssprech ab!

– Präsentieren Sie sich auf einer Berufsmesse für Abiturienten – und suchen Sie junge Kreative für Ihr Team.

– Wenn Sie in einer größeren Behörde arbeiten, eignet sich auch eine Online-Kampagne für die Personalsuche. Das Bundesministerium für Verkehr und digitale Infrastruktur beispielsweise hat für seine 50 Behörden (24.000 Beschäftigte) ein Karriere-Netzwerk gestartet: »Damit-alles-läuft.de«.

– Laut einer Recruiting-Studie nutzen 56 % der deutschen Unternehmen bei der Suche nach Kandidaten die Empfehlungen von Mitarbeitern. Das gilt selbstverständlich auch für Behörden. Die eigenen Kollegen sind oft die besten Headhunter. Fragen Sie vor allem Ihre Kommunikator*innen, ob sie jemanden kennen. Bestimmt hat auch Ihre Behördenleitung ein großes Netzwerk, das Sie diesbezüglich anzapfen könnten.

Abbildung 2.1 Mit diesen locker gestalteten Stellenanzeigen auf Facebook suchten die Polizei Sachsen und das Bundesministerium für Arbeit und Soziales 2020 nach Verstärkung fürs Kommunikationsteam. Einziger Wermutstropfen: Die unsexy Bezeichnungen »Sachbearbeiter« und »Referent« gehören für uns nicht in Bild-Text-Kacheln, sondern hinter den Link!

– Falls Sie mit Agenturen oder Freelancern zusammenarbeiten und ihnen dort jemand besonders auffällt: Sagen Sie dieser Person offen, dass Sie sie gerne in Ihrem eigenen Team hätten. Vielleicht gefällt ihr die Zusammenarbeit mit Ihnen ebenfalls so gut, dass Sie sie zu einer Bewerbung auf Ihre Stellenanzeige motivieren können.

- Falls Ihre Behörde tief im ländlichen Raum liegt und Sie partout niemand Geeigneten in Ihrer Umgebung finden: Denken Sie darüber nach und prüfen, ob nicht eine Person in Frage kommt, die überwiegend remote arbeitet. Der Kreis der möglichen Bewerber*innen wird dann automatisch größer.

3. Schritt

Unterscheiden Sie die Besten von den Blendern. Verlangen Sie als Teil der Bewerbungsunterlagen gerne Arbeitsproben aus vorherigen Jobs sowie Referenzen und Kundenstimmen, falls die Person derzeit als Freelancer arbeitet.

Wenn Sie die passenden Bewerber dann zum Bewerbungsgespräch eingeladen haben, denken Sie unbedingt an praxisbezogene Aufgaben. Zum Beispiel: »Formulieren Sie einen Tweet zu folgender Pressemitteilung«, »Bauen Sie eine Instagram-Story zum Thema X« oder »Gestalten Sie einen Facebook-Post zum Thema X«. Nicht immer sind die Kandidat*innen, die sich verbal am besten verkaufen, die besten.

Ebenso wichtig wie ein Praxistest ist die soziale Intelligenz. Wie gut passt der Kandidat oder die Kandidatin menschlich in unser Team? In eng zusammenarbeitenden Teams sind Einzelgänger mit Starallüren wie Dynamit.

Kapitel 3

Social-Media-Manager sind genauso wichtig wie Pressesprecher

Es ist so was von 2010, Social-Media-Manager gegenüber Presse-sprechern als Zweite-Klasse-Kommunikatoren abzuwerten. Im Web und auf allen digitalen Kanälen sprechen sie für ihre Behörden. Ein Plädoyer für Augenhöhe in behördlichen Kommunikationsteams! In diesem Kapitel geht es um Hierarchien in der behördlichen Presse- und Öffentlichkeitsarbeit.

Viele Pressesprecher*innen in Ministerien und anderen Behörden fühlen sich Social-Media-Managern überlegen. Im schlimmsten Fall dürfen Socials keinen harmlosen Tweet oder Post veröffentlichen, ohne vorher brav bei den Sprechern um Erlaubnis zu bitten. Sie bekommen von ihnen Sätze zu hören wie: »Hier habt ihr unsere Pressemitteilung. Die könnt ihr für Twitter und Facebook verwenden. Aber bitte nichts kürzen.« Doch was tun, wenn das Zitat in der PM gefühlt so lang wie ein Dostojewski-Roman ist? 2.000 statt 280 Zeichen? Was, wenn der verquaste Polit-Sprech auf den digitalen Kanälen, die nur mit einer verständlichen und kreativen Sprache funktionieren, sämtliche Follower vergrault?

In konservativen Ämtern sind oft ausschließlich die Sprecher*innen in alle wichtigen Meetings eingebunden. Sie erhalten dort sämtliche Inhalte und Sprachregelungen und geben sie (je nach Laune) nach unten – an die Internet-Redaktion und das Social-Media-Team – weiter. Damit wird folgende wichtige Funktion der Social-Media-Verantwortlichen negiert: ihre Beratungsrolle gegenüber der Behördenleitung. Wer, wenn nicht die Social-Media-Manager*innen der Behörde, können einschätzen, wie eine bestimmte Botschaft beim Netzpublikum ankommen wird und auf welchem Kanal man sie wie verbreiten sollte? Wenn sie die Behördenleitung jedoch nie sehen, können sie ihr auch nichts empfehlen. Eine Kommunikation zwischen der Hausspitze und dem Social-Media-Team ausschließlich *über* die Pressesprecher*innen führt automatisch zu schlechterer Kommunikation. Stattdessen müssen *beide* mit am Tisch sitzen und mit der Behördenspitze darüber fachsimpeln, wie und über welche Kanäle etwas rausgeht – oder auch, wie die Behörde auf etwas reagieren soll, das in der Zeitung steht oder im Netz verbreitet wird.

Tatsächlich ist die Behördenspitze auf das Fachwissen ihrer internen Social-Media-Experten angewiesen – und sollte es sich unbedingt zunutze machen. Zwei Beispiele:

- 2019 griff der bekannte YouTuber Rezo in einem selbst produzierten Video die Regierungspartei CDU an. Der Clip wurde innerhalb weniger Tage millionenfach abgerufen und avancierte nicht nur zum erfolgreichsten Web-Video des Jahres, sondern erhielt auch zwei renommierte Preise. Die CDU war offenkundig überfordert damit, ob und wie man auf solch ein Video gekonnt reagiert. Sie tat tagelang gar nichts und stellte dann ein ellenlanges Antwort-PDF auf ihre Internet-Seite. Die Folge: Spott und Hohn von »Digital Natives«, den Medien und der Opposition. Vor allem als heraus kam, dass ein humorvolles Antwort-Video geplant und sogar abgedreht war, doch der Bundesvorstand dieses ablehnte. Hätte man hier ausschließlich auf die eigenen Social-Media-Experten gehört, wäre das Antwort-Video mit Sicherheit veröffentlicht worden und die Reaktion der Partei damit souveräner ausgefallen.

- Das Bundesinnenministerium (BMI) handelte sich 2018 einen »Shitstorm« auf Twitter ein. Grund: Das BMI veröffentlichte ein Bild, auf dem neben dem Minister acht Staatssekretäre posierten – alle männlich (siehe Abbildung 3.1 und Abbildung 3.2). Zahlreiche User, darunter Prominente wie Anne Will, äußerten sich im sozialen Netzwerk zum Testosteron-Gruppenbild. Wer Twitter kennt, weiß, dass dort Fotos von Führungsriegen oder Podien mit niedrigem Frauenanteil oder gar ausschließlich Männern generell gnadenlos verrissen werden. Nun hatte das BMI damals bereits einen Twitter-Account nebst Social-Media-Team. Auch hier wäre es für die Behördenspitze wichtig gewesen, sich von den internen Expert*innen beraten zu lassen – dann wäre das Bild vermutlich nicht veröffentlicht worden.

In Zeitungsredaktionen wurden die »Onliner« früher belächelt, heute arbeiten sie längst mit den Print-Kolleginnen und -Kollegen auf Augenhöhe zusammen. Auch Behörden müssen diese innerhierarchische Bevorzugung von »Print« überwinden, die viele qualifizierte Kommunikator*innen im Online-Bereich der Behörden unzufrieden macht.

Abbildung 3.1 Bundesinnenminister Horst Seehofer und seine acht Männer:
Das Foto kam bei Twitter gar nicht gut an.

Unser Appell: Nennt sie Social-Media-Sprecher! In einer professionellen Kommunikationsabteilung müssen Chefs erkennen: Socials sind systemrelevant. Ihr Wissen über die digitale Netz-Welt und neueste Trends ist schon seit Jahren unverzichtbar. Wer das heute noch nicht erkannt hat, muss sich nicht wundern, wenn er nicht gehört wird. Darum: gleiche Rechte, gleiches Ansehen und gleiche Besoldung oder Eingruppierung[1] für Social-Media-Sprecher und Presse-Verantwortliche! Jeder, der Social-Media-Sprecher*innen auf Augenhöhe behandelt, wird schnell merken, wie erfolgreich ihre Kommunikation ist: Ein guter Tweet, ein origineller Post erzielt weit mehr Aufmerksamkeit als eine öde Pressemitteilung – auch bei Journalisten. Der Mindset im Neuigkeitenzimmer, dem Newsroom des Bundesministeriums für Verkehr und digitale Infrastruktur: Alle sprechen – die einen mit der Presse, die anderen auf Social Media. In Bild und Text.

---

[1] Bei der richtigen Eingruppierung von sowohl Presse- als auch Social-Media-Verantwortlichen hilft der kostenfreie Leitfaden des Bundesverbandes der Kommunikatoren (BdKom): *https://bdkom.de/medien/publikationen/servicebroschueren/leitfaden-fuer-eingruppierungen-der-presse-und*

Abbildung 3.2 Sogar die ARD-Tagesschau berichtete über die männliche Führungsriege im Bundesinnenministerium.

Kapitel 4

Wie organisiere ich mein Social-Media-Team?

Gute Social-Media-Arbeit braucht vor allem eines: ein gutes Team. Je nach Behörde besteht es aus einer oder mehreren Personen. Hier lernen Sie drei Varianten kennen, wie Sie Social Media intern organisieren können.

Nach der Lektüre der bisherigen Kapitel werden Sie als Behörde im Idealfall eine oder mehrere neue Stellen für Social Media schaffen. Doch in welcher Organisationseinheit? Macht es Sinn, ein gemeinsames Team aus Presse-, Social-Media- und Internet-Verantwortlichen zu bilden? Oder sollten dies drei separate Verantwortungsbereiche sein? Gehört Social Media in die Presse- und Öffentlichkeitsarbeit – oder möglicherweise ins Stadtmarketing? Vielleicht sogar in den Bürgerservice?

Wenn Sie, liebe Leserin, lieber Leser, sich entschieden haben, sind weitere Fragen zu klären: Wie funktioniert, wie arbeitet ein behördliches Social-Media-Team eigentlich? Wie sollten die Aufgaben verteilt werden, wie sind die Abläufe? Wie lässt sich Zeit sparen, wie Doppelarbeit vermeiden? Welche Voraussetzungen muss ich als Amt schaffen, damit das Team seine Arbeit gut machen kann?

All diese wichtigen Überlegungen korrespondieren miteinander. Die Frage nach der richtigen Organisationseinheit lässt sich nur beantworten, wenn Sie sich im Klaren sind, wie Sie Ihre behördliche Kommunikation künftig insgesamt aufstellen möchten. Die Schaffung von Social-Media-Stellen kann eine gute Gelegenheit sein, sich bestehende Strukturen noch einmal anzuschauen und auf ihre Zukunftsfähigkeit in Zeiten des Medienwandels zu überprüfen.

Fest steht: Es *ist* möglich, die vermeintlich neuen und exotischen Social Media perfekt in die bisherigen Organisations- und Arbeitsabläufe einer Behörde zu integrieren. Das beweisen die sechs Best-Practice-Behörden, die wir in Teil IV dieses Buches vorstellen (wir haben die Kommunikationsleiter*innen auch nach den perfekten Arbeitsabläufen gefragt). Wir, die Autoren dieses Buches, haben selbst in verschiedenen behördlichen Social-Media- und Internet-Redaktionen, Pressestellen und Newsrooms gearbeitet. Wir waren aber auch in Zeitungs- und Online-

Redaktionen sowie (im Rahmen von Beratungsprojekten) in Social-Media-Teams außerhalb des öffentlichen Dienstes tätig. Aus eigenem Erleben wissen wir, was funktioniert und was nicht. Unser Know-how geben wir weiter, damit Sie gute Erfahrungen direkt übernehmen können und Fehler erst gar nicht selbst machen müssen.

Drei Varianten, Social Media in Ihrer Behörde organisatorisch umzusetzen

1. Die beste und fortschrittlichste Option ist das *Newsroom-Prinzip*: Die Bereiche Presse, Social Media und Internet arbeiten in einem Team und (wenn möglich) in einem großen Raum zusammen. Mehr zum behördlichen Newsroom lesen Sie im folgenden Abschnitt 4.1.

2. Social Media kann ein *eigenes Team* oder sogar eine *eigene Organisationseinheit* sein, die mit den Bereichen Presse, Internet, Öffentlichkeitsarbeit und Bürgerservice eng kooperiert. Hierzu mehr in Abschnitt 4.2.

3. In kleineren Behörden ist häufig nur *eine Person* für Social Media zuständig. Wie kann man als Einzelkämpferin oder Einzelkämpfer die vielen Aufgaben schaffen? Wie Sie sich auf sich allein gestellt gut organisieren können, lesen Sie ausführlich in Abschnitt 4.3.

4.1   Der Behörden-Newsroom

Wer in Behörden das Wort *Newsroom* hört, assoziiert damit oft riesige Medienredaktionen in gigantischen Großraumbüros, Flachbildschirme mit Nonstop-News, gestresste Redakteur*innen, die bis in die späte Nacht an ihren Online-Storys arbeiten. »Und das in unserem kleinen, beschaulichen Amt? Bitte nicht!« denken sich wohl die meisten Behördenleiter*innen.

4.1.1   Was der Behörden-Newsroom nicht ist

Bei manchen Ämtern weckt allein die Bezeichnung »Newsroom« Misstrauen. »Unabhängig berichtende Medien verbreiten News aus einem Newsroom. *Wir* machen seriöse Behördenkommunikation! Also kann das nichts für uns sein«, so die Denke. Wir hören auch oft: »Das geht bei uns nicht, wir haben kein Großraumbüro.«

All diese Sorgen können wir Ihnen, liebe Leserin, lieber Leser, nehmen. Wenn Sie sich als Behörde entscheiden, Ihre Presse- und Öffentlichkeitsarbeit künftig nach dem Newsroom-Prinzip zu organisieren, brauchen Sie weder einen schicken neuen Glasbau mit Dachterrasse (wie der Springer-Verlag ihn 2020 in Berlin eröffnet hat) noch Nachtschichten.

Sie sollen auch nicht die Arbeit von Journalist*innen machen – oder vorgeben, dies zu tun. Der Begriff Newsroom ist längst nicht mehr exklusiv von Medienredaktionen besetzt. In Unternehmen, in Versicherungen und nun eben auch in Behörden gibt es längst Newsrooms. Der Begriff hat sich durchgesetzt. Wenn sie ihn als Amt so gar nicht mögen, folgen Sie einfach den folgenden Beispielen:

- Das Bundesministerium für Verkehr und digitale Infrastruktur nennt seinen Newsroom »Neuigkeitenzimmer«. Der Name ist mittlerweile zu einem echten Markenzeichen geworden.

- Die SPD-Parteizentrale im Berliner Willy-Brandt-Haus hat zwar einen Newsroom[1], verwendet diese Bezeichnung aber bewusst nicht mehr nach außen. Für viele Journalist*innen ist »Newsroom« nämlich ein redaktioneller Hoheitsbegriff, der in Parteien nichts verloren hat. Dahinter steckt die Sorge, Politiker*innen könnten mit einem Spin versehene Nachrichten an den klassischen Medien vorbei transportieren, etwa mit Talk-Formaten, die aussehen, als wären sie journalistischer Content.

Es ist am Ende also egal, ob Sie Ihren Newsroom »Newsroom« nennen oder nicht. Nach diesem Prinzip zu arbeiten, können wir Ihnen jedoch absolut empfehlen.

Und was ist mit dem Großraumbüro, das nicht jede Behörde ad hoc vorweisen kann? Dieses wäre zwar von Vorteil, ist aber nicht zwingend notwendig. Die Corona-Krise hat gezeigt, dass man sogar aus dem Homeoffice heraus zusammen in einem digitalen Newsroom arbeiten kann.

4.1.2   Was der Behörden-Newsroom stattdessen ist

Das Newsroom-Prinzip bedeutet, dass es in der Behörde nur *eine* Kommunikationseinheit gibt – also *ein* Team, das über die Presse, die sozialen Medien, Internet-Websites und eventuell über weitere Medienkanäle nach außen kommuniziert. Im Fokus steht dabei immer das Thema, die Botschaft, die Geschichte! Mitarbeitende eines Behörden-Newsrooms überlegen gemeinsam und strategisch, wie und auf welchen Medien ein spezieller Inhalt am besten funktioniert und wie ein Thema konkret umgesetzt wird. Im Newsroom gibt es zwar feste Zuständigkeiten, jedoch läuft nichts ohne die Kolleg*innen. Deshalb ist es sinnvoll, dass alle in einem Raum sitzen und sich stets austauschen. Aber selbst, wenn es nicht machbar ist, dass Ihr Kommunikations-Team ein Großraumbüro bekommt, können Sie die meisten Elemente des Newsroom-Prinzips umsetzen.

---

1   Quelle: Mohr leitet SPD-Newsroom, *https://www.politik-kommunikation.de/personalwechsel/ mohr-leitet-spd-newsroom-485563473*

In vielen Behörden sind Presse, Social Media und Internet in einer Organisations-einheit angesiedelt. Das allein macht aber noch lange keinen Newsroom aus. Oft konkurrieren diese Bereiche – oder kommunizieren kaum miteinander. Häufig stu-fen die Leiter*innen solch gemischter Teams die Pressearbeit am wichtigsten ein (da man sich hiermit intern am besten profilieren kann – oder den meisten Ärger befürchtet, wenn Fehler passieren). Die Social-Media-Manager und Internet-Ver-antwortlichen erfahren oft nicht dieselbe Wertschätzung, was verständlicherweise die Teamkultur vergiftet. Hinzu kommt die Ineffizienz: Wenn jeder Bereich für sich überlegt, mit welchen Themen er die vermeintlich »eigenen« Kanäle bespielen soll, kann das Amt schwerlich mit einer Stimme sprechen. Die Arbeit läuft unkoordi-niert, alles wird im Zweifel doppelt gemacht.

Gehören Pressesprecher*innen, Social Media und Internet-Redaktion unterschied-lichen Organisationseinheiten an, nehmen Doppelgleisigkeiten erst recht zu.

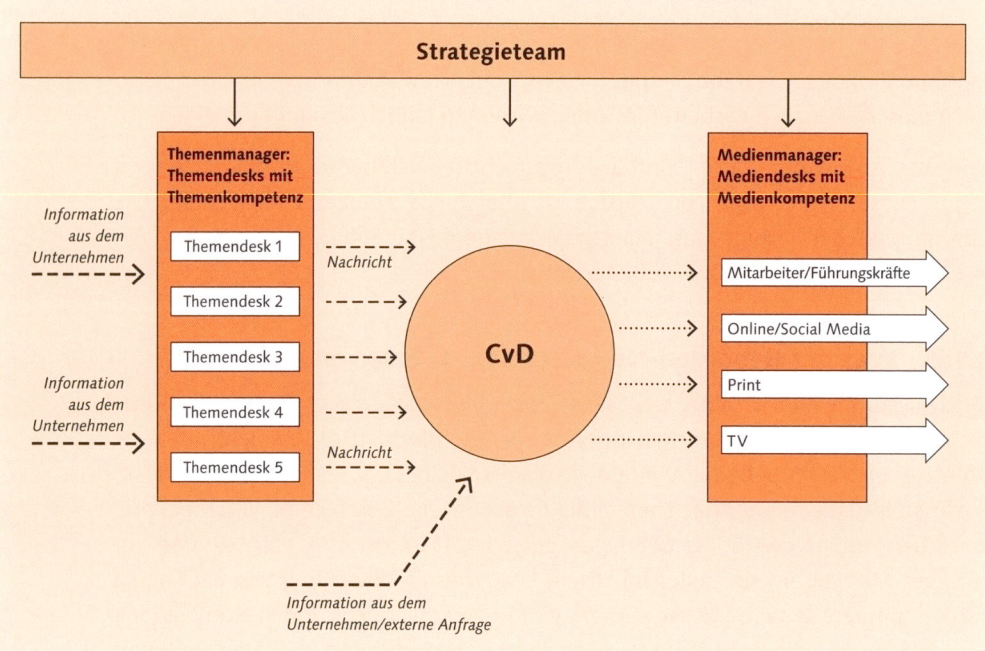

Abbildung 4.1 Das Newsroom-Modell in der Unternehmenskommunikation nach Christoph Moss

Die Lösung dieser Probleme liegt im Newsroom-Prinzip für Behörden, das wir vom klassischen Modell nach Christoph Moss abgeleitet und auf die Bedingungen von Ämtern angepasst haben. Unser Modell berücksichtigt schon in seinen Grundsät-zen, dass es

- kleine Behörden mit wenig Budget,

- große Behörden mit viel Budget und

- viele Behörden irgendwo dazwischen gibt.

Die Stärke des Behörden-Newsrooms liegt darin, dass er in *jedem* Amt umsetzbar ist, sobald man das Prinzip einmal verstanden hat. Newsroom-Vorreiter Christoph Moss sagt treffend: »Der Newsroom beginnt im Kopf.«

4.1.3 So ist der Behörden-Newsroom aufgebaut

Im Behörden-Newsroom arbeiten im Idealfall folgende Expert*innen in einem Team zusammen:

- Pressesprecher*innen

- Social-Media-Verantwortliche

- Internet-Verantwortliche

- Kreative (Grafik, Video, Foto)

- Leitung Bürgerservice

All diese Kolleginnen und Kollegen *bleiben* von der Tätigkeit her auch Pressesprecher*innen, Social-Media-Verantwortliche oder Bürgerservice-Mitarbeitende – im Newsroom nehmen sie jedoch (auch) neue Rollen ein. Folgende Bereiche/Zuständigkeiten gibt es im Behörden-Newsroom:

1. Newsroom-Leitung

2. Themen

3. Content-Kreation

4. Plattformen und Community

5. Newsroom-Management

Je kleiner die Behörde, desto mehr Doppelrollen gibt es. Das heißt: Man kann gleichzeitig Themen- und Kanal-Manager*in sowie Kreative*r sein. Man kann den Newsroom leiten, aber auch Pressemitteilungen schreiben, was in den Bereich »Plattformen und Community« fällt. Man kann für Instagram zuständig sein (Bereich Plattformen und Community) und gleichzeitig Ansprechpartner*in für ein Thema der Behörde (Bereich Themen). In größeren Behörden verteilen sich die Zuständigkeiten auf mehr Personen als in kleinen.

Unsere Grafik (Abbildung 4.2) zeigt, wie das Modell »Behörden-Newsroom« im Grundsatz funktioniert:

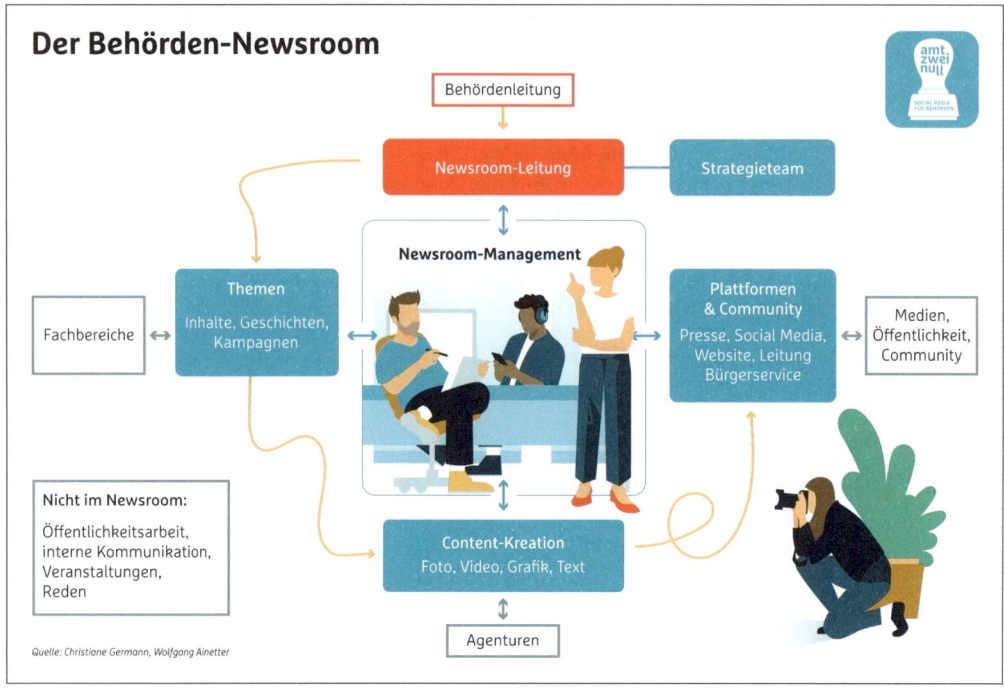

Der Behörden-Newsroom

Behördenleitung

Newsroom-Leitung — Strategieteam

Newsroom-Management

Fachbereiche ↔ **Themen** Inhalte, Geschichten, Kampagnen

Plattformen & Community Presse, Social Media, Website, Leitung Bürgerservice ↔ Medien, Öffentlichkeit, Community

Nicht im Newsroom: Öffentlichkeitsarbeit, interne Kommunikation, Veranstaltungen, Reden

Content-Kreation Foto, Video, Grafik, Text

Agenturen

Quelle: Christiane Germann, Wolfgang Ainetter

Abbildung 4.2 Der Behörden-Newsroom (Modell von Wolfgang Ainetter und Christiane Germann, abgeleitet von Christoph Moss)

Stellen Sie sich die Zuständigkeiten 1–5 am besten als Schreibtische in einem Großraumbüro (»Desks«) vor. Die von der Behördenleitung vorgegebenen Themen laufen nacheinander über die verschiedenen »Desks« und werden dort in der folgenden Reihenfolge bearbeitet:

- Als erstes legt die Newsroom-Leitung (gleichzeitig Kommunikationschef*in der Behörde) gemeinsam mit der Behördenspitze die grundlegende Kommunikationsstrategie des Amtes fest.

- Die Themen-Verantwortlichen überlegen anschließend mit den Fachbereichen, wie sich die in der Strategie erarbeiteten »großen Themen« zu einzelnen Inhalten, Botschaften und Geschichten mit fachlichem Hintergrund konkretisieren lassen.

- Als nächstes übernimmt das Team Content-Kreation. Es setzt das »Rohmaterial« (entweder selbst oder mit Agentur-Unterstützung) professionell in Text, Bild und Video um – und zwar jeweils für die unterschiedlichen Zielgruppen und Kanäle der Behörde.

- Das fertige Material geht zu den Plattform-Verantwortlichen, die es veröffentlichen (via Pressemitteilung, Website und/oder Social Media).

- Nun meldet sich die Öffentlichkeit zurück: Journalisten stellen Presseanfragen, die Social-Media-Community schreibt Kommentare an oder über die Behörde, Bürgerinnen und Bürger wenden sich mit Fragen telefonisch oder per Mail direkt an den Bürgerservice.

- Die Plattform-Verantwortlichen sind die Community-Manager*innen im Newsroom: Sie antworten der Presse, beantworten Kommentare auf den sozialen Kanälen und beantworten Bürger-Mails. Dabei greifen sie auf die anderen Teams zurück: Die Themen-Verantwortlichen liefern die Inhalte für Antworten, die Kreativen bei Bedarf Erklär-Videos und -Grafiken. Auch die Newsroom-Leitung ist hier gefragt – sie muss sich mit der Behördenspitze kurzschließen, etwa wenn Interviewanfragen kommen oder ein brisantes politisches Thema schnell eine offizielle Sprachregelung erfordert.

- Damit dieses Zusammenspiel der verschiedenen Teams reibungslos funktioniert, braucht es noch eine wichtige Stelle: das Newsroom-Management. Dieses koordiniert und dirigiert die tägliche Arbeit der Team-Mitglieder und trifft redaktionelle Entscheidungen: *Machen wir zu Inhalt X ein Facebook Live mit der Ministerin oder reicht ein Erklärvideo aus? Eignet sich Inhalt Y für eine Pressemitteilung?* Christoph Moss hat Newsroom-Manager*innen einmal treffend als »Schiedsrichter« bezeichnet. Sowohl in seinem als auch in unserem Modell ist diese Position im Zentrum des Newsrooms angesiedelt: Die Newsroom-Managerin oder der Newsroom-Manager hat den Gesamtüberblick, nimmt die zweite Führungsposition hinter der Newsroom-Leitung und deren Vertretung im Alltagsgeschäft ein und trifft täglich kleinere personelle Entscheidungen: *Wer macht heute was bis wann? Können die Kollegen A und B im Sommer gleichzeitig Urlaub nehmen?*

Im Folgenden skizzieren wir alle Jobs, die wir im Behörden-Newsroom zu vergeben haben, noch mal ausführlich:

Newsroom-Leitung

Der Kommunikationschef oder die Kommunikationschefin der Behörde leitet den Newsroom. Er oder sie ist für die Kommunikationsstrategie (einschließlich der Social-Media-Strategie) verantwortlich und sorgt dafür, dass jeder im Newsroom weiß: *Wer sind wir? Was wollen wir in diesem Jahr/in dieser Legislaturperiode mit unserer Kommunikation erreichen? Was sind unsere Schwerpunktthemen?*

Die Funktion ist mit der Chefredaktion in Medienhäusern vergleichbar. Der Chef des Behörden-Newsrooms ist Motivator, Visionär, Leader. Er hat ständigen und engen Kontakt zur Behördenspitze, nimmt an zahlreichen Leitungsterminen teil und trägt Kommunikationsvorgaben, Wünsche und Sprachregelungen in den

Newsroom. Da er nicht immer im Newsroom sein kann, hat er ein Newsroom-Management. Er kann sich außerdem ein Strategie-Team aus Newsroom-Mitgliedern an die Seite holen.

Aufgaben

- Leitung der Gesamtkommunikation der Behörde
- Abstimmung mit der Behördenspitze
- Personal- und Sachverantwortung
- Entscheidung über die Kommunikationsstrategie

Erforderliche Kompetenzen

- Personalführung/Leadership
- Pressearbeit, Social Media, Öffentlichkeitsarbeit, Kampagnen
- strategisches Denken
- journalistisches Wissen und PR-Kenntnisse
- Entscheidungsstärke
- Stressresistenz
- wissen, was wichtig ist – und was nebensächlich

Themen

Die Themen-Manager sind für die fachlichen Inhalte aller Veröffentlichungen zuständig. Dabei ist ganz egal, ob das Thema die Behörde später als Pressemitteilung oder als Instagram-Post verlässt. Die Themen-Verantwortlichen kennen die Kommunikationsstrategie des Amts in- und auswendig und sind gleichzeitig Expertinnen und Experten für die Behördenthemen. Sie erkennen selbst im trockensten Fachinhalt die Geschichte, die sich zu erzählen lohnt. Im täglichen, engen Kontakt mit den Fachbereichen spüren sie diejenigen Themen auf, die sich für eine Veröffentlichung eignen, und bringen sie fertig recherchiert mit in den Newsroom.

Aufgaben

- Übersetzung der Kommunikationsstrategie in einzelne Kommunikationsthemen und Geschichten
- Themenfindung gemeinsam mit den Fachbereichen
- Prüfung von Themenvorschlägen aus den Fachbereichen
- Kontaktpflege mit den Fachbereichen

Erforderliche Kompetenzen

- Behördenthemen
- Kommunikationsstrategie
- Storytelling
- Kampagnen

Content-Kreation

Viele Behörden haben bereits eigene Grafiker*innen, Web-Redakteur*innen, Fotograf*innen und Video-Expert*innen, die drehen und schneiden können. Im Behörden-Newsroom bilden sie den Kreationsbereich. Ihr Wirken ist Voraussetzung dafür, dass Fachinhalte plattform- und zielgruppengerecht veröffentlicht werden können. Sie sind für die Bereiche Themen/Plattformen/Community sowohl Dienstleister als auch beratende Expertinnen und Experten. Inhalte, die nicht im Newsroom selbst produziert werden können, beschaffen sie über Agenturen und arbeiten eng mit diesen zusammen.

Aufgaben

- Erstellung multimedialer Inhalte (Foto, Grafik, Text, Video, Audio)
- Steuerung von Agenturen

Erforderliche Kompetenzen

- Fotografie
- Videoproduktion
- Grafik
- Text bzw. Redaktion
- Plattform-Kenntnisse
- Kampagnen

Plattformen und Community

Die Mitarbeitenden für Plattformen und Community bringen die im Newsroom vorbereiteten Inhalte in die Öffentlichkeit. Sie bedienen sowohl die Presse als auch die eigenen Plattformen – von der Behörden-Website bis hin zu Social Media. Sie sind (auch technische) Expertinnen und Experten für Facebook, Twitter, Instagram und das Website-CMS. Funktioniert dort etwas nicht, sind sie als Admins gefragt. Ihr Job beinhaltet aber nicht nur das Herausgeben von Inhalten, sondern auch das Community Management – also den für Behörden besonders wichtigen Dialog mit

Journalisten und Bürgern. Sie organisieren Pressekonferenzen und treten dort als Sprecher*innen auf, sie beantworten Kommentare in sozialen Netzwerken und koordinieren die Beantwortung von Bürgerbriefen, -Mails und -Anrufen.

Aufgaben

- Presse-Veröffentlichungen
- Veröffentlichungen auf den eigenen Plattformen
- Community Management
- Bürgerservice

Erforderliche Kompetenzen

- Pressearbeit
- Plattform-Kenntnisse (auch technisch)
- Community Management
- Organisation (z. B. Pressekonferenzen)

Newsroom-Management

Herz und Kopf des Newsrooms ist die Newsroom-Managerin oder der Newsroom-Manager. Dieser Job ist mit dem »Chef vom Dienst« in Medienredaktionen vergleichbar und kann von einer Person, einem Team oder auch im Rotationsprinzip wahrgenommen werden. Newsroom-Manager haben den Überblick, woran die verschiedenen Teams gerade arbeiten, und koordinieren alles. Sie vertreten die Newsroom-Chefin, treffen redaktionelle Entscheidungen (»Was geht heute wie über welchen Kanal raus?«) und haben Führungsaufgaben (z. B. Verantwortung über verwendete Tools, Aufgabenverteilung, Dienstplanung).

Aufgaben

- Newsroom-Koordination (Scharnierfunktion zwischen den vier anderen Rollen)
- redaktionelle Entscheidungen im Tagesgeschäft
- personelle Entscheidungen im Tagesgeschäft

Erforderliche Kompetenzen

- Personalführung
- Organisation
- Kommunikationsstrategie
- Behördenthemen
- Plattform-Kenntnisse

4.1.4   So arbeitet der Behörden-Newsroom

Im echten Arbeitsalltag arbeiten die verschiedenen »Desks« natürlich nicht nacheinander, sondern gleichzeitig – und vor allem gemeinsam! Im Newsroom sprechen alle mit allen – und niemand sollte sich als etwas Besseres fühlen. Da sitzen Themen-Verantwortliche mit Kreativen zusammen und beraten, wie eine anschauliche Erklär-Grafik aussehen könne. Da überlegt man innerhalb des Plattform-Teams, ob und wie eine aufwendig recherchierte Presseantwort später auch für Social Media zu nutzen wäre (selbstverständlich nur, wenn den Journalisten keine Exklusivität versprochen wurde). Da stellt das Plattform-Team fest, dass ein bestimmtes Thema besonders gut auf Instagram funktioniert – und fragt die Themen-Verantwortlichen, ob man aus diesem Stoff künftig nicht noch mehr machen könnte. Im Behörden-Newsroom wird kanalübergreifend in Themen gedacht:

1. Was ist die Geschichte?

2. Wie wollen wir sie erzählen?

3. Wo – auf welchem Kanal oder Medium – wollen wir sie publizieren?

Ein Newsroom ist also weit mehr als ein Raum mit großen Bildschirmen und stylischen Möbeln. Ein Newsroom steht für eine ganze Philosophie. Ziel: die Themen zu steuern und die Kanäle professionell zu bespielen. Das Bestreben jedes Behördenleiters und jedes Kommunikationschefs muss es sein, alte Silos einzureißen und Kommunikation in diesem Sinne neu zu denken. »Die Presse arbeitet ja anders als Social Media« – wer so einen Satz sagt, hat das digitale Zeitalter nicht verstanden und ist deshalb denkbar schlecht für die Zukunft aufgestellt.

> *»Das wichtigste Kritierium ist, Silos der einzelnen Verantwortlichkeiten niederzureißen. Ich schaffe es nicht mehr, eine Aufgabenverteilung in einer hierarchischen Linienorganisation durchzuführen, weil ich so die Komplexität zwischen Themen, Botschaften und Zielgruppen nicht abbilden kann. Die erste Aufgabe eines Newsrooms ist es, sich zu überlegen, mit welcher Methode eine interdisziplinäre Zusammenarbeit der Mitarbeiter etabliert werden kann, die agil und transparent ist.«*
> *Eckhard Klockhaus, Newsroom-Experte*

Doch wie setzt man das Prinzip in einer Behörde nun konkret um?

Während Newsrooms in Medienhäusern oder auch in Konzernen aus mehr als 100 Mitarbeitenden bestehen können, sind in Behörden – vom Bundespresseamt mal abgesehen – allerhöchstens 15 bis 20 Menschen für die Kommunikation nach außen zuständig. Diese Größenordnung erreichen auch nur Ministerien oder Landespolizeibehörden. Auf den darunter liegenden Ebenen sind es nur zwischen einer und fünf Personen. Dass es mehr werden müssen, um heutigen Kommunikationsanforderungen zu genügen, steht für uns als Autoren außer Frage. Der große Vorteil am Behörden-Newsroom ist jedoch, dass dieses Prinzip auch in ganz kleinen Teams umsetzbar ist. Selbst eine einzige Person, die bislang Pressesprecher*in war und jetzt auch Social Media machen soll, kann sich von der Newsroom-Philosophie leiten lassen, indem sie sich die folgenden Fragen stellt:

- Was ist unsere Kommunikationsstrategie?

- Welche kommunikativen Ziele verfolgt unsere Behördenspitze – in diesem Jahr, in dieser Wahlperiode, in der Corona-Krise?

- Wer sind unsere Zielgruppen – und auf welchen Wegen erreichen wir sie?

- Welche Themen sind für uns strategisch wichtig und interessieren gleichzeitig unsere Zielgruppen?

- Wie bekommen wir genau diese Inhalte aus den Fachbereichen?

- Wie machen wir aus den Themen zielgruppengerechten Content für die verschiedenen Kanäle?

- Welche Kanäle wählen wir wann aus?

- Wie schaffen wir es, unsere verschiedenen Communities – von Presse bis zu Bürgerinnen und Bürgern – aufzubauen, zu bedienen, Vertrauen zu bilden und dauerhaft guten Kontakt zu pflegen?

Wie man als »Ein-Personen-Team« die Aufgaben letztendlich stemmt, erörtern wir in Abschnitt 4.3 noch einmal näher.

Für Teams mittlerer Größe erklären wir den Behörden-Newsroom anhand eines Beispiels. Nehmen wir an, das Kommunikationsteam der Stadt S (120.000 Einwohner) besteht aus fünf Personen mit bislang strikt getrennten Zuständigkeiten:

- *Pressesprecherin Hanna A.* (gleichzeitig Leiterin) und *Pressesprecher Alexander B.* vertreten sich gegenseitig.

- *Mitarbeiter Erol C.* ist für die Website (auch als Administrator) und Broschüren zuständig.

- *Mitarbeiterin Maren D.* unterstützt ihren Kollegen Erol C. bei seinen Aufgaben und ist dazu für Social Media (Facebook, Instagram und YouTube) zuständig.

- *Sekretärin Susan E.* nimmt die Telefonanrufe des Referats entgegen und ist zugleich für das Vorzimmer des Bürgermeisters verantwortlich.

Die Kolleginnen und Kollegen sind einer Organisationseinheit zugeordnet, nämlich dem Stab »Presse- und Öffentlichkeitsarbeit« des Bürgermeisters. Die Pressesprecher Hanna A. und Alexander B. sitzen in einem Zweier-Büro, nicht weit vom Bürgermeister entfernt. Erol C. und Maren D. teilen sich ebenfalls ein Büro, das sich zwar auf derselben Etage befindet, allerdings etwas abseits am Ende eines anderen Ganges liegt.

Pressesprecherin Hanna A. arbeitet in Teilzeit, ihre Kollegen in Vollzeit. Erol C. und Maren D. sind einen Tag pro Woche im Homeoffice.

In der täglichen Arbeit zeigen sich folgende Phänomene:

- Die Social-Media-Kanäle werden nicht täglich bespielt, da Maren D. wegen der anderen Aufgaben zu wenig Zeit bleibt. Ihr fehlt Unterstützung – für Grafiken und Videos bekommt sie weder intern noch extern (von Dienstleistern) Support. Die Behörde hat auf ihren drei Social-Media-Kanälen überschaubar viele Follower und Reichweite, Dialog findet nicht statt. Stattdessen tauschen sich die Bürgerinnen und Bürger in eigenen Facebook-Gruppen aus.

- Erol C. und Maren D. beschweren sich, dass die beiden Presse-Verantwortlichen ihnen wichtige aktuelle Infos viel später als den Medien zukommen lassen. Die Folge: Da es viel Zeit kostet, die Behörden-News professionell für Social Media und die Website aufzubereiten, gehen relevante Inhalte oft erst Stunden nach den ersten Meldungen der Nachrichtenagenturen und Internetportale online. Die Pressesprecher Hanna A. und Alexander B. rechtfertigen sich so: »Wir geben alle Infos so schnell wie möglich an die Kollegen C. und D. weiter, aber die Presse hat nun mal Vorrang.«

- Sekretärin Susan E. beschwert sich wiederum über den für die Website zuständigen Erol C. und die Social-Media-Verantwortliche Maren D.: »Jedesmal, wenn ich sie bitte, bei einem Termin des Bürgermeisters Fotos oder Videos für Social Media und die Website zu machen, gibt es Diskussionen. Mal haben beide keine Zeit oder sind im Homeoffice, mal finden sie den Termin nicht relevant genug. Und wenn ich dann selbst fotografiere, was eigentlich nicht mein Job ist, finden C. und D. meine Bilder nicht gut genug, um sie zu veröffentlichen. Ich würde mir wünschen, dass die beiden die Aufträge aus dem Bürgermeisterbüro verlässlich umsetzen.«

- Erol C. wiederum klagt über die Produktion zeitraubender Behörden-Broschüren, von denen man die Hälfte ehrlicherweise gar nicht brauche: »Die Abteilungsleiter aber bestehen darauf, dass ich alle Jahre wieder zu denselben Themen Broschüren und Flyer gestalte – und das, obwohl nicht wenige davon ungelesen liegen bleiben. Als einfacher Sachbearbeiter kann ich mich nicht wehren. Die Arbeitszeit, die ich für die Broschüren brauche, fehlt mir beim dringend notwendigen Website-Relaunch, der in den nächsten 12 Monaten geplant ist. Entweder brauche ich für unseren Internet-Auftritt personelle Unterstützung – oder die Leitung prüft, ob wir nicht auf ein paar sinnlose Broschüren verzichten.«

- Maren D. ist aus zwei Gründen unzufrieden: »Wenn ich Urlaub habe, kümmert sich keiner richtig um unsere Social-Media-Kanäle. Auch am Wochenende bin ich die einzige, die ab und zu auf die Kanäle schaut, ob etwas Kritisches passiert ist. Ich habe also nie richtig frei. Außerdem finde ich es ungerecht, dass ich als Social-Media-Managerin schlechter verdiene als die Pressesprecher A. und B., die sich ihre Wochenend-Bereitschaft teilen. Ich würde mir auch wünschen, dass unsere Behörde endlich eine behördliche Kommunikations- und Social-Media-Strategie bekommt. Immer nur Bürgermeister-Termine und Links unserer Website zu posten, ist für potenzielle Follower langweilig.«

Was die Behördenleitung, in diesem Fall der Bürgermeister, nun tun sollte? Das Newsroom-Prinzip kann helfen, alle vorgetragenen Probleme zu lösen, alle Kolleginnen und Kollegen zufriedenzustellen und gleichzeitig die Kommunikation neu aufzustellen.

So könnte die Behörde vorgehen:

- Der Newsroom wird gegründet. Im Organigramm braucht hierfür nichts geändert zu werden. Hanna A. bleibt Leiterin.

- Im ersten Schritt erstellt die Behörde ein Kommunikationskonzept für die Zeit bis zur nächsten Kommunalwahl. An der Strategie arbeiten Hanna A., Alexander B., Erol C., Maren D. und der Bürgermeister selbst mit. Ihnen steht eine externe Agentur zur Seite, damit diese Arbeit neben dem Tagesgeschäft gestemmt werden kann.

- Parallel absolvieren Hanna A., Alexander B., Erol C., Maren D. und Susan E. Intensivschulungen zu Social Media und zur Funktionsweise von Newsrooms.

- Das Strategie-Team stellt fest, dass das Amt nicht nur auf die Hälfte der bisherigen Broschüren und 30 % der Pressemitteilungen verzichten kann, sondern auch auf den lieblos gepflegten Social-Media-Kanal YouTube. Die Folge: Zeitressourcen werden frei.

- Hanna A. und Alexander B. bilden im Newsroom den Bereich »Themen«: Sie stecken dank der bisherigen Pressearbeit am tiefsten in den Sachfragen des Hauses und pflegen gute Kontakte in alle Fachbereiche.

- Erol C. und Maren D. bilden den Bereich Content-Kreation. Über ihre bisherigen Tätigkeiten haben sie sich Basis-Kenntnisse in Fotografie, Grafik und Video angeeignet. Da weder ihre Kompetenzen noch ihre Zeit ausreichen, um multimediale Inhalte künftig selbst zu produzieren, werden Rahmenverträge mit zwei Fotografen und zwei Agenturen abgeschlossen. Mittelfristig sollen zwei neue Stellen für ein eigenes Kreativ-Team geschaffen werden.

- Den Bereich Plattformen und Community teilen sich Hanna A., Alexander B., Erol C. und Maren D. auf. Hanna A. und Alexander B. bedienen weiterhin die Presse, Erol C. kümmert sich um die Website, Maren D. um Facebook und Instagram (einschließlich Community-Management). Die Broschüren werden vollständig an die Agenturen ausgelagert, die von Erol C. und den Fachabteilungen gebrieft werden.

- Susan E. übernimmt das Telefonsekretariat sowie verschiedene administrative Aufgaben.

- Hanna A., Alexander B. und Maren D. wechseln sich künftig bei der Wochenend-Bereitschaft ab. Durch die gemeinsame Arbeit im Newsroom sowie Fortbildungen beherrschen sie die jeweils anderen Bereiche mittelfristig gut genug, um diesen Notfalldienst gut ausfüllen zu können. In dringenden Fällen kann sich die Wochenend-Bereitschaft an den Bürgermeister wenden.

- Jeder hat Vertreter für den Abwesenheitsfall: Hanna A. und Alexander B. vertreten sich weiterhin gegenseitig. Einer von beiden deckt Social Media ab, wenn Maren D. mal krank oder im Urlaub ist. Maren D. kümmert sich um die Website, wenn Erol C. nicht da ist. Und bei der Content-Kreation vertreten sich Erol C. und Maren D. gegenseitig.

- Der Newsroom erhält einen gemeinsamen Posteingang, einen gemeinsamen Kalender (mit Zugriff auf den Bürgermeister-Kalender) und ein gemeinsames Organisations- und Kollaborationssystem (einschließlich Ablage-System). Auf das Website-CMS und das Social-Media-Redaktionstool haben alle Zugriff.

- Hanna A., die Kommunikationschefin, ernennt Alexander B. und Maren D. zu den Newsoom-Managern. Beide kennen ihr Amt in- und auswendig und haben wegen ihrer Kompetenz einen guten Ruf. Sowohl Alexander B. als auch Maren D. zeichnet Organisationstalent, Kreativität und Stressresistenz aus. Ihre neue Aufgabe teilen sie sich im Wochen-Rhythmus. Als Newsroom-Manager moderieren Alexander B. und Maren D. die gemeinsame morgendliche Redaktionssitzung, laden einmal wöchentlich zu einer großen Themenkonferenz, vergeben Arbeitsaufträge, koordinieren den Kalender und sind Ansprechpartner für alle. Da Maren D. jetzt wesentlich mehr zu tun hat, stellt ihr Hanna A. eine Beförderung in Aussicht.

- Es gibt auch moderate räumliche Veränderungen: Damit das Kommunikationsteam nicht mehr durch einen langen Flur getrennt ist, beziehen Erol C. und Maren D. ein Zweier-Büro direkt neben Hanna A. und Alexander B. Die Wand wird eingerissen, ein Großraumbüro entsteht. Die Newsroom-Crew erhält außerdem einen eigenen Konferenzraum auf dem gleichen Gang – für Besprechungen untereinander oder für Meetings mit Fachbereich und Agenturen, aber auch als Rückzugsort für konzentriertes Schreiben oder Arbeiten am Laptop.

- Die Bezeichnung »Pressesprecher« wird aufgegeben. Alle, die nach außen kommunizieren (Hanna A., Alexander B., Erol C. und Maren D.), heißen jetzt »Sprecher«[2]. Die Stellen von Erol C. und Maren D. werden einer Neubewertung unterzogen, Ziel ist eine gleichwertige Vergütung aller Sprecher*innen.

- Das Strategieteam aus A., B., C., D. und dem Bürgermeister bleibt erhalten und tagt monatlich zu aktuellen Strategie-, Kommunikations- und Krisenthemen.

---

2 Gleichwohl sind A und B auf der Website als Ansprechpartner für die Medien aufgeführt.

In unserem Fallbeispiel fallen keinerlei Kosten an, die nicht auch ohne Newsroom entstanden wären. Die Arbeit erfolgt nun aber koordinierter und auch fokussierter, somit ist der Behörden-Newsroom sogar ressourcenschonend. Das Newsroom-Prinzip erfordert jedoch ein Umdenken und eine neue Arbeitsphilosophie bei allen Beteiligten. Im besten Fall führt das oben genannte Beispiel zu einer höheren Zufriedenheit sowohl bei den Mitarbeitenden (ihr Job wird vielseitiger und spannender) als auch bei der Behördenspitze (deren Kommunikation wird qualitativ besser).

Im Change-Prozess können jedoch auch Konflikte entstehen: Was, wenn Alexander B. auf Hierarchie-Denken beharrt und nicht will, dass Social-Media- und Website-Verantwortliche sich jetzt ebenfalls »Sprecher« nennen dürfen? Was, wenn Erol C. mit Teamarbeit und Trubel im Newsroom nicht klarkommt, weil er zum Arbeiten in erster Linie Ruhe braucht?

Der Start eines Newsrooms läuft letztlich nie ohne Reibereien und Komplikationen ab. Wenn Sie ein solches Projekt planen, werden Sie schnell merken: Es braucht seine Zeit, bis alle zu einem Team zusammenwachsen. Vergessen Sie nie: Der Newsroom beginnt im Kopf.

Wenn Sie einen Newsroom gründen, erleben Sie bei Mitarbeitenden oft Angst vor Neuem (»Muss ich jetzt mein geliebtes Einzelbüro aufgeben?«) und Angst vor Kompetenzverlust (»Ich bin Referatsleiter Presse und möchte nicht, dass mir die Social-Media-Referatsleiterin in meinen Job reinredet.«). Sie erleben manchmal Unverständnis (»Wir haben die Kommunikationsarbeit doch immer so gemacht, uns ist nie ein grober Schnitzer passiert, wieso brauchen wir jetzt auf einmal einen Newsroom?«) oder persönliche Eitelkeiten (»Von diesem Wichtigtuer lasse ich mir bestimmt nichts sagen, ich bin schon zehn Jahre länger in dieser Behörde.«).

Nehmen Sie sich ausreichend Zeit für Mitarbeitergespräche und Teambuilding, um Ängste zu nehmen. Für den Aufbau und die Umstellung ist ein neutraler Coach oder externer Berater ratsam, der den gesamten Prozess begleitet. Versuchen Sie, beim Newsroom-Start Ihr gesamtes Team für zwei Tage vom Tagesgeschäft freizuschaufeln, um miteinander alle Herausforderungen und Fragen detailliert zu besprechen: Wie sieht jetzt unser Tagesablauf aus? Wo finde ich einen ruhigen Ort, um ungestört schreiben oder telefonieren zu können? Wer entscheidet was? Wer hat bei Uneinigkeiten, welcher Content wann und wo platziert wird, das letzte Wort? Klare Strukturen und klare (flache) Hierarchien mit konkreten Verantwortlichkeiten sind für das Gelingen entscheidend.

Wir haben bei den Recherchen für dieses Buch mit mehreren Newsroom-Gründer*innen gesprochen. Sie alle sagen: Die meisten Mitarbeitenden lassen sich für ein Newsroom-Projekt begeistern, weil die Kommunikation dadurch nachweislich moderner, effizienter und schneller wird. Am Anfang sei es besonders wichtig, sofort über alle Schwierigkeiten, Unstimmigkeiten oder Missverständnisse offen zu reden. Es brauche seine Zeit, bis verschiedene Einheiten, die vorher nichts oder wenig miteinander zu tun hatten, sich als ein Team begreifen würden.

Aber was tun, wenn sich eine Mitarbeiterin oder ein Mitarbeiter weigert, sich auf das Newsroom-Abenteuer einzulassen? Oder gezielt das Klima vergiftet?

Eine Newsroom-Gründerin, die anonym bleiben möchte, berichtet:

>*Unser Social-Media-Team und unser Pressereferat hatten kaum etwas miteinander zu tun. Sie saßen räumlich weit voneinander entfernt. Eine Zusammenarbeit gab es nicht, es waren zwei fremde Welten. Um auf aktuelle Lagen schneller reagieren zu können, haben wir beschlossen, einen Newsroom zu bauen. Die Presse-Leute haben das Projekt zu 100 % mitgetragen. Nur die Leiterin des Social-Media-Teams machte die ganze Zeit schlechte Stimmung, weil sie in der neuen Konstellation fürchtete, Kompetenzen zu verlieren und nicht mehr so wichtig zu sein. Vor dem Bau unseres Newsrooms hatten sie und ihr Team im Prinzip gemacht, was sie wollten. Die für Social Media Verantwortlichen arbeiteten etwa halb soviel wie die Pressereferenten, sie beantworteten keine einzige Frage unserer User auf unseren sozialen Kanälen. Jetzt forderte ich als Kommunikationschefin modernes Community-Management ein. Das ist doch unser Hauptjob, mit den Bürgerinnen und Bürgern zu kommunizieren! Die Social-Media-Leiterin saß von Beginn an nur selten im Newsroom, man sah, dass sie das nicht wollte. Und wenn sie da war, gab sie dem Newsroom-Manager, der als ihr Stellvertreter einen tollen Job macht, sinnlose Anweisungen – nur um ihre Autorität zu unterstreichen. Einmal wollte ich als Kommunikationschefin eine Content-Idee für Social Media umgesetzt haben. Die Social-Media-Referatsleiterin sagte hinter meinem Rücken zu ihren Leuten, dass sie sich diese Mühe sparen könnten und stattdessen lieber frühzeitig nach Hause gehen sollten. Solche Aktionen haben sich wiederholt, obwohl ich vielfach mit ihr gesprochen habe. Die Stimmung im Newsroom wurde mit der Zeit immer explosiver, weil sie immer wieder einen Keil zwischen die Leute getrieben hat. Nach einem Jahr habe ich die Notbremse gezogen und sie mit Hilfe unseres Behördenleiters in eine andere Abteilung umgesetzt. Seit sie nicht mehr bei uns ist, sind viele regelrecht aufgeblüht. Die Stimmung ist großartig, wir sind ein Team geworden. Unser Social-Media-Team ist voll motiviert und mittlerweile richtig gut im Dialog mit unseren Bürgerinnen und Bürgern. Der Newsroom-Manager ist jetzt zum Referatsleiter befördert worden, als Belohnung für seinen großen Einsatz. Wenn die bisherige Social-Media-Leiterin noch im Newsroom arbeiten würde, wären wir niemals ein verschworener Haufen wie jetzt, wo alle füreinander einspringen.*«

Der Misserfolg eines Newsrooms basiert auf persönlichen Eitelkeiten – der Erfolg eines Newsrooms auf Teamgeist.

Neun wichtige Fakten über den Behörden-Newsroom

1. Das Newsroom-Team hat die Themen-Hoheit. Das bedeutet: Nicht die Fachabteilungen bestimmen, welche Themen auf den sozialen Kanälen gespielt werden, sondern einzig und allein die Kommunikator*innen. Sie entscheiden anhand der Kommunikationsstrategie, ob ein Thema (z. B. neues Behörden-Projekt, neues Gesetz, neuer Förderbescheid etc.) kommuniziert wird – und wenn ja, auf welchen Kanälen (Twitter, Facebook, Instagram, YouTube, Website …).

2. Eine Behörde kann ein Newsroom-Projekt nur dann erfolgreich entwickeln, wenn die Hausleitung nicht nur zu hundert, sondern zu tausend Prozent dahintersteht und alle hausinternen Hindernisse und Bedenken aus dem Weg räumt.

3. Der Newsroom sollte direkt an die Behördenleitung angedockt sein. Warum, erklären wir in Abschnitt 4.2.1.

4. Die Corona-Krise hat übrigens gezeigt, dass es beim Newsroom-Prozess weniger auf die Räumlichkeit ankommt als auf die gelebte Philosophie: Bei Behörden, die das Newsroom-Prinzip verinnerlicht haben, funktioniert auch das Homeoffice zu 100 %.

5. Die Behördenleitung sollte einmal pro Woche an der Morgenlage teilnehmen (und/oder an der strategischen Planungskonferenz) und den Kommunikator*innen sagen, welche Themen und Botschaften ihr besonders wichtig sind.

6. Klare Ansagen, klares Zielbild, klare (aber flache) Hierarchien, klare Planung! Bei einem Newsroom-Projekt in einer Behörde braucht es jemanden, der alles steuert (Newsroom-Manager*in), Verantwortliche für alle Bereiche und genau definierte Zuständigkeiten (Kanal-Verantwortliche, Themen-Manager etc.). Basisdemokratie ist ehrenwert, aber in diesem Fall verkehrt – weil sie zu Chaos führt. Gute Führungskräfte schaffen es dennoch, Hierarchien flach zu halten, alle Mitarbeitenden ins Boot zu holen und Ängste vor Neuland zu nehmen.

7. Zur besseren Planung braucht das Newsroom-Team Tools, damit alle sehen können, wer gerade wann wo arbeitet. Aber Vorsicht: Wer zuviele Tools verwendet, verliert schnell die Übersicht. Darum: Beschränken Sie sich auf einige wenige Tools, die Sie und Ihr Team wirklich weiterbringen.

8. Jeder Newsroom ist anders! Er ist wie ein Möbelstück nach Maß. Jede Behörde, jede Organisation muss sich einen Newsroom nach ihren Anforderungen und Bedürfnissen tischlern. Mal braucht dieser Prozess nur ein paar Wochen (im besten Fall), mal einige Monate. Kalkulieren Sie mit ein, dass es bei der Errichtung eines Newsrooms anfangs so gut wie immer zu Reibereien innerhalb des Teams kommt. Nehmen Sie sich Zeit für das Teambuilding.

9. Behörden, die einen Newsroom haben, können rascher aktuelle Lagen einschätzen, auf Krisen reagieren und eventuell sogar einen Shitstorm verhindern. In jedem Fall können Sie der Behördenleitung nachhaltige Empfehlungen geben.

4.1.5   Das Neuigkeitenzimmer – Ein Erfahrungsbericht

Das Bundesministerium für Verkehr und digitale Infrastruktur steht heute dank seines Neuigkeitenzimmers für moderne Behörden-Kommunikation.[3] Noch im März 2018 wurde das BMVI dem Wort »digital« in seinem Namen nicht gerecht: Die damaligen Referate »Presse« und »Neue Medien« waren durch zwei Eisentüren getrennt. Jeder Kommunikationsbeamte saß abgeschottet in einem Einzelbüro. Die einen wussten nicht, was die anderen tun. Zwei fremde Welten, die nicht – oder zu wenig – über Inhalte miteinander gesprochen haben.

Maximal einmal pro Woche wurde etwas auf dem BMVI-Account getwittert. Die Tweets formulierten im besten Amtsdeutsch die jeweiligen Fachreferate. Mitunter dauerte es Tage, bis die Tweet-Vorlagen in der Abstimmungsmappe zurückkamen. Auf Instagram hatte man nur einige wenige Follower. Einen Facebook-Kanal gab es nicht.

Um die politische Kommunikation zu professionalisieren und mit den Bürger*innen besser zu kommunizieren, beschloss die Hausleitung, im Altbau des Ministeriums einen Newsroom einzurichten. Anfangs prophezeiten viele, dass so ein Prozess zwei Jahre dauern würde. Ein engagierter Mitarbeiter des inneren Dienstes machte es möglich, dass bereits wenige Monate nach der Idee – im September 2018 – das Neuigkeitenzimmer eröffnet wurde (ein Foto aus dem Newsroom sehen Sie in Abbildung 4.3).

Abbildung 4.3 Das Team des Neuigkeitenzimmers mit Regierungssprecher Steffen Seibert

---

3 *Anmerkung aus Gründen der Transparenz:* Wolfgang Ainetter, der Co-Autor dieses Buches, ist der Erfinder und Gründer des »Neuigkeitenzimmers«.

Die Unterteilung nach Medienkanälen wurde aufgehoben, die Referate heißen jetzt »Strategisches Themen-Management« und »Strategisches Medien-Management«. Und es gibt erstmals in einer Behörde die offizielle Berufsbezeichnung »Newsroom-Manager*in«.

Im Neuigkeitenzimmer arbeiten sechs Pressesprecher*innen, zwei Newsroom-Manager, ein Foto- und Videoprofi, eine Grafikerin, drei Kanal-Manager, eine Community-Managerin und ein Website-Verantwortlicher. Das Team muss täglich bis zu 200 Presseanfragen beantworten und pro Woche auf mehr als 1.500 Kommentare in den sozialen Medien reagieren.

Diese Flut von Aufgaben lässt sich nur mit großem Teamgeist bewältigen. Niemand ist sich für einen Job zu schade, jeder springt für den anderen ein. »Wir arbeiten im Team – ohne räumliche und geistige Trennung«, heißt es auf der Website des BMVI.

Wie läuft ein Tag im Neuigkeitenzimmer ab?

- Täglich um 7.30 Uhr kommt der Medienspiegel, den ein externer Dienstleister erstellt und der neben Zeitungs-, Online-, Radio- und Fernsehberichten auch wichtige Tweets enthält. Der Medienspiegel dient allen BMVI-Mitarbeiter*innen als inhaltliche Vorbereitung auf den Tag.

- Jeden Wochentag um 9.30 Uhr findet die sogenannte Morgenlage über Microsoft Teams statt, damit alle – auch die Kolleg*innen im Homeoffice – auf demselben Stand sind: Was sind die wichtigsten Themen und Termine für das Ministerium? In welchem Medium, auf welchem Kanal können wir Akzente setzen? Was beschäftigt unsere User am meisten (Monitoring)? Wie reagieren wir konkret bei einem aktuellen Krisenthema? Dauer: rund 30 Minuten.

- Danach kümmern sich die Themen-Verantwortlichen um die Themen und die Medienverantwortlichen um die Medien. Im Planungstool fließen alle Informationen zusammen. Das Wissen wird so stets mit allen geteilt – mit den Pressesprecher*innen genauso wie mit den Social-Media-Managern. Alle wissen, wer gerade woran arbeitet.

- Eine Kernaufgabe ist das Community Management. Das Ziel ist, jede Frage zu beantworten, die über die verschiedenen Kanäle im BMVI eingeht.

- Einmal pro Woche findet eine Themenkonferenz statt, die wie eine Redaktionskonferenz abläuft: Welche Akzente wollen wir abseits der Tagesaktualität mit welchem Thema setzen? Welche Story wollen wir wo und wie erzählen? Wer bereitet die Minister-Termine medial vor? Wo macht eine Livestream-Übertragung Sinn? Dauer: maximal eine Stunde.

- Monatlich überlegt sich das Kommunikationsteam in einem Strategie-Meeting: Welche Botschaften und Inhalte wollen wir langfristig rüberbringen – und wie schaffen wir es, dass wir sie perfekt verkaufen? Welche Projekte und Kampagnen (z. B. zur Verkehrssicherheit) planen wir – und wie können wir sie kreativ erfolgreich umsetzen? Dauer: maximal zwei Stunden.

- Das Neuigkeitenzimmer ist ein offener Raum: für die Mitarbeitenden im Haus, die mit Ideen kommen oder über neueste Projekte informieren, aber auch für Gäste von außen. Oft sind Kommunikator*innen aus anderen Behörden, Organisationen und

Unternehmen zu Besuch, die sich ein Bild vom BMVI-Newsroom machen und sich für die eigene Arbeit inspirieren lassen möchten.

- Einmal pro Woche analysieren Mitarbeitende oder Expert*innen von außen den Auftritt des BMVI in den sozialen Medien (analog zur »Blattkritik« in Medienredaktionen): Welcher Tweet oder Post, welches Foto oder Video ist besonders gelungen? Welcher Beitrag ist langweilig oder ging daneben? Was könnte man wie besser machen?

Die Gründung des Neuigkeitenzimmers war ein Kraftakt – strukturell und organisatorisch. In den ersten Wochen hat es dabei kräftig gerumpelt. Es ging unter anderem um Kompetenz-Gerangel und die Frage, wer was zu sagen hat (etwa wer konkret entscheidet, welche Fotos für die Website des Ministeriums und die sozialen Kanäle ausgewählt werden). Erst später erfuhr die Gründungs-Crew von anderen Newsroom-Teams, dass es bei so einem großen Prozess anfangs immer zu Reibereien kommt. Ein Ratschlag an dieser Stelle: Nehmen Sie sich Zeit, setzen Sie sich und Ihre Kolleg*innen nicht unter Druck! Sehen Sie den Newsroom wie eine Abenteuerreise, die nicht nach einem Tag zu Ende ist, sondern jeden Tag von Neuem beginnt. Nehmen Sie Ihr Team immer mit und sprechen Sie soviel und so oft wie möglich mit Ihren Leuten. Missverständnisse vergiften das Klima – Aussprachen sind das beste Rezept gegen Missverständnisse.

Für manche Kommunikator*innen war es schwierig, ihr Einzelbüro aufzugeben und in einen Newsroom zu wechseln. Im BMVI gab es die luxuriöse Situation, dass viele Einzelbüros als Rückzugsort erhalten bleiben konnten. Wer ein vertrauliches Telefonat führen oder sich beim Verfassen eines Textes konzentrieren muss, kann dort arbeiten. Tatsächlich nutzen die meisten diese Möglichkeit aber nur selten. Wichtig ist, dass auch im Newsroom alle die Möglichkeit haben, ungestört zu telefonieren. Aus diesem Grund steht mitten im Neuigkeitenzimmer eine schalldichte Telefonzelle.

Das Team musste Strukturen und Abläufe völlig neu erarbeiten: Auf einmal gab es flache Hierarchien (die beste Idee gewinnt, egal von wem sie kommt), Eigenverantwortung (alle twittern und posten selbst) und die Gleichstellung von Pressesprechern und Social-Media-Managern (beide sprechen für das Ministerium). Die Schranke zwischen Print und Online wurde Stück für Stück aufgehoben.

Seither werden im Neuigkeitenzimmer alle Kanäle gemeinsam gedacht. Das beginnt schon mit der täglichen Morgenkonferenz, in der die Themen des Tages kanalübergreifend besprochen und geplant werden. Im Neuigkeitenzimmer sind neue Synergien entstanden. Wie oft passiert es, dass man einer Journalistin oder einem Journalisten eine Frage beantwortet und denkt, da steckt noch eine weitere Geschichte drin. Daraus macht man eigenen Content, etwa ein Erklär-Video. Beispiel: Ein Journalist fragte an, wie das Ministerium Start-ups fördere. Daraus entstand die Idee zur Video-Serie »Zukunftsmacher der Mobilität«. Hier gibt das Neuigkeitenzimmer auf YouTube innovativen Start-ups eine Bühne, sich zu präsentieren.

Bürgerdialog und Bürgerservice bekamen oberste Priorität. Endlich gab es ein Community Management. Die jeweiligen Kanal-Manager antworten eigenständig auf die Tausenden Fragen der Bürgerinnen und Bürger, tauschen sich mit Ihnen aus und erfahren so, welche Themen die Follower interessieren.

»Wir denken und machen Kommunikation neu«, heißt es auf der Website. »Wir informieren umfassend und transparent über die Themen des BMVI, auf allen Kanälen. Wir sprechen in Texten, Bildern, Videos, auf der Website, auf Twitter, Facebook und Instagram – direkt, digital und interaktiv.«

Einen Newsroom zu gründen, bedeutet auch den Abschied von alten Routinen und dem No-Go-Satz: »Das haben wir immer so gemacht.« Ein neues Denken entstand, zum Neuigkeitenzimmer-Motto wurde ein Satz des Burgtheater-Schauspielers Cornelius Obonya: »Was nicht geht, wird gehend gemacht.«

Heute ist das Neuigkeitenzimmer-Team ein eingeschworener Haufen – und auch für Job-Kandidaten interessant, die sich im Normalfall nicht von einer Behörde angesprochen fühlen. Wenn das BMVI Stellen fürs Neuigkeitenzimmer ausschreibt, gibt es eine Rekordzahl an Bewerbungen, darunter viele junge Kreative, wie etwa die Game-Designerin oder den Filmemacher. Beide haben übrigens den Job bekommen und sind mittlerweile Leistungsträger im Ministerium.

Dank Neuigkeitenzimmer wurde das BMVI deutlich schneller im Kommunizieren. Da alle gemeinsam in einem Raum sitzen, kann man auf Krisen rascher kommunikativ reagieren. Beispiel: Ein Abgeordneter behauptete, der Minister wolle Rentner zum Fitness-Training schicken, damit diese lernten, schneller über die Straße zu kommen. Wahrheitsgehalt: null. Dennoch brach ein Riesen-Shitstorm über das BMVI herein. Um die Falschmeldung richtigzustellen, drehte das Team Neuigkeitenzimmer schnell ein kurzes Video mit dem Minister – und stoppte so binnen einer Stunde die Empörung im Netz.

Ein großer Vorteil des »Neuigkeitenzimmers« ist die Unabhängigkeit von Agenturen. Andere Ministerien müssen oft sechs Wochen auf eine Info-Grafik, ein Video oder ein GIF warten, wenn sie damit einen externen Dienstleister beauftragt haben. Im Neuigkeitenzimmer arbeiten wie bereits erwähnt Spezialist*innen, in diesem Fall ein Videoprofi, eine gelernte Videoredakteurin und eine Grafikerin. Sie haben nicht nur modernste Apple-Geräte für Video- und Bildbearbeitung, sondern auch ein kleines TV-Studio.

Im Neuigkeitenzimmer ist ein kreativer Think-Tank entstanden. Nur ein Beispiel: Anlässlich 30 Jahre Deutsche Einheit wünschte sich die Hausleitung einen Beitrag aus der Kommunikationsabteilung, »am liebsten etwas zu den 17 Verkehrsprojekten Deutsche Einheit«. Der Begriff klingt etwas sperrig, um nicht zu sagen langweilig. Die Herausforderung: Wie macht man spannende Öffentlichkeitsarbeit, wenn es sich um kein Massenthema handelt? Die Idee: Ein Star-Fotograf porträtiert die Menschen, die die Straßen, Schienenwege, Brücken, Tunnel und Wasserstraßen gebaut und somit Ost und West verbunden haben. Die Umsetzung: Das BMVI konnte einen der wichtigsten zeitgenössischen Fotografen für dieses Projekt gewinnen: Daniel Biskup hat Regierungschefs (Helmut Kohl, Angela Merkel, Donald Trump, Emmanuel Macron, Wladimir Putin) ebenso fotografiert hat wie Künstler (Christo) und Modeschöpfer (Karl Lagerfeld).

80 Tage und Tausende Kilometer reiste Biskup durch Deutschland, um 106 Frauen und Männer zu porträtieren – den Baggerfahrer und die Planerin, den Polier und die Umweltbeauftragte, die Bauleiterin und den Lkw-Fahrer. Die Redenschreibenden im Ministerium haben mit den Menschen gesprochen und ihre berührenden, lustigen, nachdenklichen und spannenden Geschichten aufgeschrieben. Herausgekommen ist ein 324 Seiten starker Bildband. Das Buch mit dem Titel »Ost. West. Wir« wurde zu 100 % im Neuigkeitenzimmer gestaltet – vom Layout über die Fotoredaktion bis zur Produktion. Das Social-Media-Team begleitete das gesamte Projekt. Das Echo war überwältigend: Die »Süddeutsche Zeitung« nannte das Ministerium »ein Reich der Poesie« und schrieb von einer »großartigen Idee«. Auch Bundeskanzlerin Angela Merkel zeigte sich von #OstWestWir beeindruckt.

Einige Ideen aus dem Neuigkeitenzimmer wurden Social-Media-Hits, etwa ein Dankes-Video an Busfahrerinnen und Busfahrer, Lokführerinnen und Lokführer, Pilotinnen und Piloten, Kapitäninnen und Kapitäne, die an Weihnachten Millionen Menschen zu ihren Familien und Angehörigen bringen. Oder die Bahn-Durchsage des Ministers im ICE von Berlin nach Hamburg: »Hier spricht der Bundesverkehrsminister auf dem Weg zur Verkehrsministerkonferenz. Unser nächster Halt ist Hamburg Hauptbahnhof. Alle für Sie vorgesehenen Anschlusszüge werden erreicht.« (Das Video mit dem Minister im Zug wurde tausende Male im Netz geteilt. Der Sprecher hatte das Ganze mit seinem Handy gefilmt. Dieses Beispiel ist ein Beleg dafür, dass man auch mit einfachen Mitteln und ohne viel Geld einen Social-Media-Hit landen kann.)

Die kreativen Köpfe im Neuigkeitenzimmer haben einen großen Anteil an den vielen Kommunikationspreisen, die das BMVI mittlerweile gewonnen hat (unter anderem drei PR-Report-Awards und einen Politik-Award).

4.2   Die behördliche Social-Media-Redaktion

Alternativ zum Newsroom können Sie innerhalb einer Organisationseinheit ein Social-Media-Team beziehungsweise eine Social-Media-Redaktion einrichten. Der Begriff »Redaktion« hat sich in Behörden umgangssprachlich längst etabliert. Auch die Internet- und Intranet-Teams werden in vielen Ämtern so genannt. Der Begriff passt perfekt: Tatsächlich lässt sich Social-Media-Arbeit am besten organisieren, wenn die Zuständigen wie eine Redaktion denken, fühlen und arbeiten.

Auf den folgenden Seiten erfahren Sie,

- wo die Social-Media-Redaktion angesiedelt sein sollte,
- wie sie aufgebaut ist und arbeitet,
- welche Arbeitsmittel und welches Budget sie braucht und
- welche Zugangs- und Abstimmungswege etabliert werden müssen.

4.2.1   Einbindung in die Behörden-Hierarchie

Die Social-Media-Redaktion kann eine eigene Organisationseinheit oder Teil einer Organisationseinheit sein. Der erste Fall ist recht selten. Die meisten behördlichen Social-Media-Redaktionen sind klein und deshalb kein eigenes Referat oder Amt. Eine der wenigen Ausnahmen bildet das bayerische Verkehrsministerium: Das Referat *M 7 – Social Media* mit 3,5 Stellen ist als eigenständige Einheit im Organigramm ausgewiesen (siehe Abbildung 4.4).

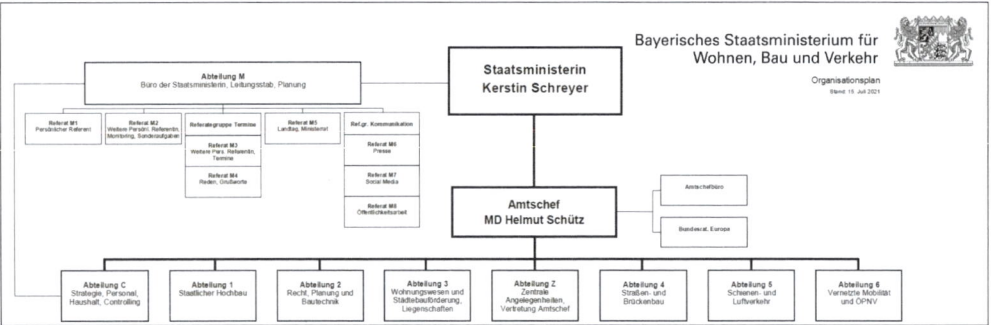

Abbildung 4.4 Im bayerischen Verkehrsministerium gibt es ein eigenes Social-Media-Referat. Es befindet sich in der Abteilung M, die der Ministerin direkt zugeordnet ist.

In der Regel ist Social Media mit anderen Aufgaben in einer gemischten Organisationseinheit angesiedelt. Um welche anderen Bereiche es sich dabei handelt, ist unterschiedlich – ebenso wie die genaue Eingliederung in die Hierarchie. Nachfolgend einige Beispiele aus Bund, Ländern und Kommunen:

- Im *Bundesgesundheitsministerium* gehört Social Media (gemeinsam mit dem Bereich Strategische Kommunikation) zum Referat *L 6 – Strategische Kommunikation, Soziale Medien, Soziale Netzwerke*. »L« steht für »Leitungsabteilung«, sie untersteht dem Minister direkt. Die Pressearbeit sowie die Öffentlichkeitsarbeit/Publikationen werden in separaten Nachbar-Referaten wahrgenommen.[4]

---

4   Quelle: Organisationsplan des Bundesministeriums für Gesundheit (BMG), *https://www.bundesgesundheitsministerium.de/fileadmin/Dateien/3_Downloads/O/Organisationsplan/201207_Organisationsplan_bf.pdf*

- Im *Bundesamt für Migration und Flüchtlinge* ist Social Media gemeinsam mit der Pressearbeit im Referat *LS 2 – Presse* des Leitungsstabes angesiedelt (siehe Abbildung 4.5).

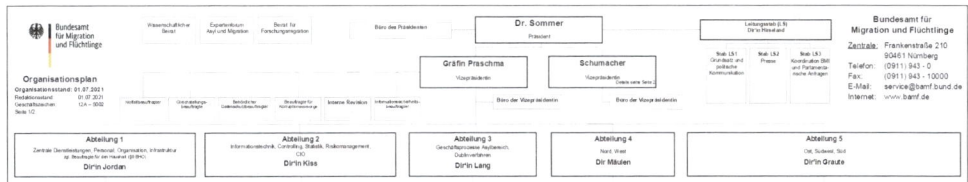

Abbildung 4.5 Ausschnitt aus dem Organisationsplan des Bundesamts für Migration und Flüchtlinge. Social Media ist Teil des Referats Stab LS 2.

- In den *Staatskanzleien Sachsen-Anhalts* und *Brandenburgs* leitet der Regierungssprecher jeweils eine Kommunikationsabteilung mit mehreren Referaten. Während Social Media in Sachsen-Anhalt (getrennt von der Presse) zum Referat *33 – Landesmarketing* gehört (siehe Abbildung 4.6), ist die Aufgabe in Brandenburg Teil des Referats *31 – Presseamt, Onlinekommunikation*.[5]

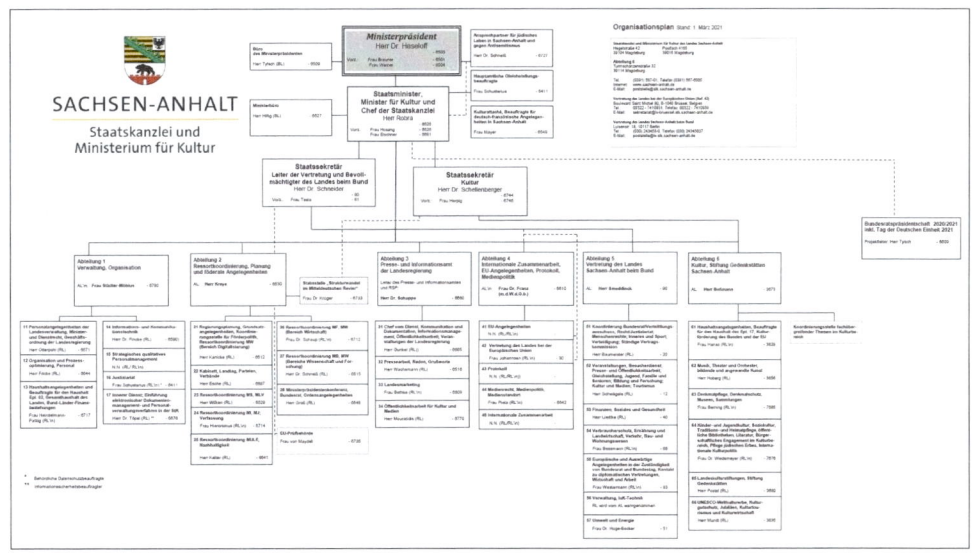

Abbildung 4.6 In der Staatskanzlei Sachsen-Anhalts ist Social Media tief in der Hierarchie versteckt, nämlich im Referat 33 – Landesmarketing.

- Bei der *Polizei Sachsen* ist das Social-Media-Team (*SMT*) Teil der *Stabsstelle Kommunikation* im Landespolizeipräsidium[6]. Die Stabsstelle ist direkt an der Behör-

---

5   Quelle: Organisationsplan der Staatskanzlei Brandenburg, *https://www.brandenburg.de/ media/bb1.a.3833.de/01rl_01_01_2021.pdf*

6   Quelle: *https://www.polizei.sachsen.de/de/social-media-team.htm*

denleitung angedockt und nimmt auch die Pressearbeit wahr. Mehr über die Social-Media-Arbeit der Polizei Sachsen erfahren Sie in Teil IV, »Mit Social Media sicher durch die Krise«.

- Bei der *Stadt Nürnberg* ist Social Media eine Aufgabe des *Presse- und Informationsamts*, einer Organisationseinheit im Geschäftsbereich des Oberbürgermeisters.[7] 30 Mitarbeitende kümmern sich dort zusätzlich um Presse, Corporate Design und die Erteilung von Drehgenehmigungen. Auf Social Media entfallen 2,5 Stellen.

- Bei der *Hansestadt Buxtehude* ist Social Media Teil der *Pressestelle*. Diese Stabsstelle ist – anders als die Themen Kultur, Marketing, Tourismus, Wirtschaftsförderung und Nachhaltige Entwicklung – nicht direkt bei der Bürgermeisterin angesiedelt, sondern im Fachbereich I – *Steuerungsdienst, Finanzen, Recht und öffentliche Sicherheit* (siehe Abbildung 4.7).

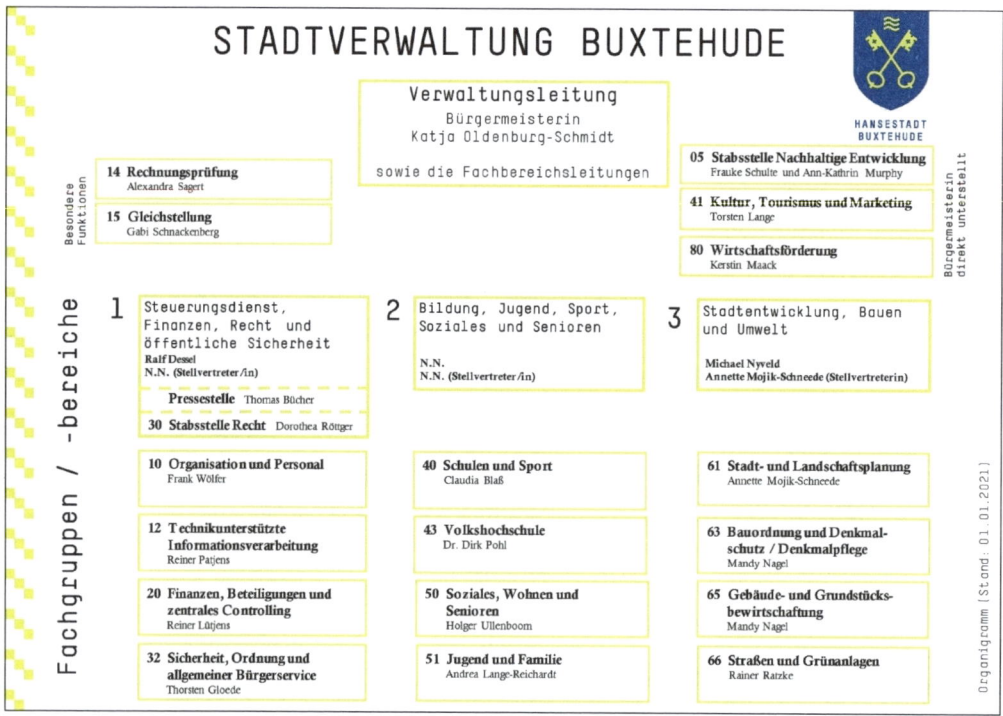

Abbildung 4.7 Organigramm der Hansestadt Buxtehude. Social Media ist dort Aufgabe der Pressestelle, diese wiederum ist eine Stabsstelle des Fachbereichs 1.

---

7 Quelle: Organisationsplan der Stadt Nürnberg, *https://www.nuernberg.de/imperia/md/ stadtfinanzen/dokumente/organigramm_gesamtstadt.pdf*

Doch welche Variante ist nun die beste? Und wie sollten Sie sich in Ihrer Behörde aufstellen?

Diese Frage lässt sich anhand von zwei Kriterien beantworten, die wir Ihnen dringend ans Herz legen möchten:

- Die Behördenkommunikation braucht *maximale Nähe* zur Amtsleitung. Social Media, die Pressearbeit und die eigene Website sind Mund und Stimme der Behördenspitze. Sie sollten daher zum Kopf der Behörde gehören. Der richtige Ort für Social Media ist der Leitungsstab, die Leitungsabteilung, ein Kommunikationsstab oder der Geschäftsbereich der Behördenleitung.

- Wer den Bereich Social Media leitet, benötigt *unmittelbaren* Zugang zur Chefin oder zum Chef. Die Menschen, die diese Stellen besetzen, müssen *direkt* statt über Dritte (zwischengeschaltete Führungskräfte) mit der Behördenspitze sprechen.

Je stärker diese beiden Kriterien erfüllt sind, desto wahrscheinlicher ist eine erstklassige Social-Media-Kommunikation. Dies wird in Krisensituationen besonders sichtbar (mehr dazu in Teil IV dieses Buches).

1. Platz:

   Die beste der hier gezeigten Varianten ist daher das Organigramm der Polizei Sachsen: Der Kommunikationsstab ist direkt am Polizeipräsidenten angedockt und in keine weitere Organisationseinheiten (mit Vorgesetzten) unterteilt. Der Social-Media-Leiter hat also einen direkten Draht zum Polizei-Chef – perfekt.

2. Platz:

   Auf Platz zwei liegen das Bundesgesundheitsministerium und das Bundesamt für Migration und Flüchtlinge: Hier müssen Social-Media-Verantwortliche eine Zwischenebene überwinden, wenn sie mit der Behördenleitung sprechen möchten.

3. Platz:

   Platz drei belegt das bayerische Verkehrsministerium: Zwischen der Ministerin und ihrem Social-Media-Referat befinden sich zwei Ebenen.

4. Platz:

   Auf Platz vier rangieren die Staatskanzlei Sachsen-Anhalt und die Hansestadt Buxtehude: Auch hier muss das Social-Media-Team zwei Ebenen überwinden, um mit der Behördenleitung zu sprechen. Hinzu kommt, dass Social Media jeweils in Fachabteilungen angesiedelt und damit keine Leitungsaufgabe ist.

Die Konstellationen auf den Plätzen zwei bis vier sind gefährlich. Nur zu leicht kann es passieren, dass das Social-Media-Team von der Behördenspitze abgeschnitten ist oder wird. Wer die Behördenleitung nie sieht, bekommt keine Informationen inklusive Zwischentöne von ihr und kann sie auch nicht beraten: keine guten Voraussetzungen für die Kommunikation.

Die Hansestadt Buxtehude gehört trotzdem zu den Behörden, die eine richtig gute Social-Media-Kommunikation machen. Wie das kommt? Natürlich hängt der konkrete Erfolg auch von den Protagonisten ab. So ist es theoretisch möglich, dass die Präsidentin oder der Präsident einer Bundesbehörde jeden Morgen auf einen Kaffee bei seinem Social-Media-Team vorbeischaut und nachfragt, was gerade auf den Kanälen los ist – und ein reger Austausch stattfindet. Es kann auch sein, dass eine städtische Abteilungsleiterin, der Social Media untergeordnet ist, das Thema aktiv vorantreibt und ihrem Team perfekte Arbeitsbedingungen bietet. Sprich: Neben der offiziellen Hierarchie haben selbstverständlich auch die handelnden Personen großen Einfluss auf eine hochwertige Social-Media-Kommunikation. Sie sollten in Ihrer Behörde jedoch aktiv die richtigen Voraussetzungen schaffen, statt auf das Prinzip Hoffnung zu vertrauen!

Aus der Praxis

Im früheren Bundesministerium des Innern (BMI) unter Thomas de Maizière war das Social-Media-Team Teil des Pressereferats, dieses wiederum Teil des Leitungsstabs. Als im Dezember 2016 ein islamistischer Terrorist mit einem Lkw auf den Weihnachtsmarkt am Berliner Breidscheidplatz raste, lief die Krisenkommunikation des Ministeriums auch über Twitter. Der Minister nahm sein Social-Media-Team stets mit ins Lagezentrum zu den Beratungen mit dem Polizeipräsidenten, Sicherheitsexperten und seinem Pressesprecher. Das wäre bei seinem Nachfolger kaum denkbar: Unter Bundesminister Horst Seehofer wurden die Bereiche Presse und Social Media aus dem Leitungsstab ausgegliedert. Beide finden sich nun in getrennten Referaten in der Abteilung *G – Grundsatz, Planung und Kommunikation* wieder. Zwischen dem Social-Media-Team und dem Minister liegen jetzt drei Hierarchie-Ebenen. Kein Wunder, dass sich die Tweets auf dem Kanal @BMI_Bund seither auch so lesen, als seien sie durch entsprechend viele Abstimmungsschleifen gegangen.

4.2.2   Struktur und Abläufe

Wie läuft – unabhängig von der Organisationseinheit – die Arbeit in der Social-Media-Redaktion ab? Welche Zuständigkeiten gibt es? Und wie sieht eigentlich ein typischer Arbeitstag in einem behördlichen Social-Media-Team aus? Je nach Teamgröße können feste Arbeitsbereiche vergeben werden, beispielsweise

- nach Aufgaben (z. B. Community Management, Grafik, Strategie)
- nach Behördenthemen
- nach Plattformen (z. B. Facebook, Twitter, Instagram)

Ob und welche Aufteilung Sinn macht, hängt unter anderem von der Qualifikation, der vorherigen Tätigkeit sowie den Talenten und Vorlieben der einzelnen Redaktionsmitglieder ab.

Je kleiner das Team, desto flexibler müssen alle sein: Statt einer festen Arbeitsaufteilung werden die Aufgaben täglich neu verteilt. Für die einzelnen Teammitglieder bedeutet das »Alle machen alles«-Prinzip mehr Verantwortung: Sie müssen sich für alle Tätigkeiten zuständig fühlen und nicht mehr nur für ihre Lieblingsgebiete. Außerdem vertritt jeder jeden, falls jemand wegen Urlaub oder Krankheit fehlt. Die Leitung der Organisationseinheit muss deshalb darauf achten, dass alle Teammitglieder auf dem gleichen Fortbildungs- und Wissensstand sind.

Wie in journalistischen Redaktionen sollte der Tag mit einer Redaktionskonferenz beginnen. Wir empfehlen eine tägliche gemeinsame Morgenlage (ca. 15 bis 30 Minuten), in der das Social-Media-Team mit den Pressereferent*innen und der Web-Redaktion Folgendes bespricht:

- Presse- und Social-Media-Auswertung des vergangenen Tages bzw. Wochenendes
- aktuelle Themen und Termine
- Aufgabenverteilung (unter Berücksichtigung der gemeinsamen Berührungspunkte)

Zusätzlich sollte sich die Social-Media-Redaktion ein- bis zweimal pro Woche zu einem längeren Jour fixe (ca. 60 bis 120 Minuten) treffen. Auf der Agenda:

- Aufgabenverteilung, Stand der Erledigung
- gemeinsames Brainstorming zu einzelnen Aufgaben und Projekten
- Abstimmungen und Entscheidungen im Team

Sieht man von den unvorhersehbaren Überraschungen mal ab, die jede Social-Media-Redaktion sowohl im Journalismus als auch im Amt erlebt, gestaltet sich ein typischer Arbeitstag etwa so:

Ein Tag in der behördlichen Social-Media-Redaktion

- Dienstag, *7.30 Uhr*: Social-Media-Managerin Britta V. (30) ist heute früh im Büro ihrer Bundesbehörde. Während der Rechner hochfährt, überfliegt sie den Pressespiegel. Anschließend ruft sie ihre Mails ab und sieht im Social-Media-Redaktionstool nach, wie viele Kommentare und Nachrichten seit Dienstschluss am Vortag eingegangen sind. Sogleich macht sie sich daran, diese zu sortieren und einige direkt zu beantworten.
- *8.00 Uhr*: Ihre Kollegin Lilli R. (26) kommt ins Büro. Sie nutzt die ruhige Zeit vor der Morgenlage, um eine Bild-Text-Grafik für Instagram zu gestalten.
- Gerade rechtzeitig zur Morgenlage um *9.00 Uhr* ist auch Johannes M. (37) angekommen. Er ist der einzige Mann im vierköpfigen Social-Media-Team, eine Kollegin hat diese Woche Urlaub.

- Britta V., Lilli R. und Johannes M. gehen zum Besprechungsraum drei Türen weiter. In der gemeinsamen Morgenlage mit dem Pressereferat geht es heute vor allem um Sprachregelungen zu einem aktuellen politischen Thema, das die Behörde derzeit auf allen Kanälen beschäftigt. Die Runde vereinbart, dazu heute nochmals mehrmals aktiv zu posten.

- Nach der Morgenlage haben Britta V. und Lilli R. einen Video-Call mit der Kreativagentur Y., die ihre Bundesbehörde betreut. Johannes M. bereitet die aktuellen Posts vor und wartet mit der Veröffentlichung, bis eine seiner Kolleginnen einen Blick darauf geworfen hat. Das Social-Media-Team arbeitet nämlich nach dem Vier-Augen-Prinzip, damit möglichst wenige Fehler passieren.

- *12.30 Uhr*: Mittagspause. Die drei Kollegen holen sich ein Menü aus der Kantine.

- *13.00 Uhr*: Lilli R. und Johannes M. gehen zu einem Video-Dreh für Instagram. Britta V. beantwortet währenddessen User-Kommentare und Nachrichten. Sie fragt dazu mehrmals bei den zuständigen Fachbereichen und der Pressestelle nach.

- *14.45 Uhr*: Lilli R. und Johannes M. sind vom Video-Dreh zurück. Lilli R. schneidet das Video, während ihr Kollege an einer Anfrage des Landesdatenschutzbeauftragten feilt.

- *16 Uhr*: Britta V. macht heute früh Feierabend. Johannes M. kümmert sich um die zahlreichen Kommentare und Nachrichten auf Twitter und Facebook. Lilli R., die Kreativste, perfektioniert das Video, das für Ende der Woche im Redaktionsplan steht.

- *18 Uhr*: Feierabend! Johannes M. sagt, dass er heute Abend nochmals alle Kanäle auf dem Schirm hat, um in dringenden Fällen reagieren zu können.

Womöglich ist Ihnen aufgefallen, dass wir im »typischen Tag« Arbeitsmittel wie das Social-Media-Redaktionstool und den Redaktionsplan erwähnt haben. Nachfolgend erklären wir, welche Arbeitstools eine Social-Media-Redaktion braucht – und welche nur bedingt:

Redaktionsplan

Im Redaktionsplan tragen die Social-Media-Verantwortlichen ein, welche Social-Media-Posts für welchen Tag auf welchem Kanal geplant sind und wer dafür zuständig ist. Außerhalb von Krisen brauchen mindestens 80 % der geposteten Inhalte nicht tagesaktuell zu sein. Sie können in Ruhe vorproduziert werden. Das vermeidet Zeitdruck und Hektik (»Was sollen wir denn heute bloß posten?«) und spart am Ende Zeit.

Wer alle geplanten Posts und Tweets einträgt, kann sofort sehen, ob der Content abwechslungsreich genug ist: Liegt zu viel Gewicht auf einem Thema oder einem Format – während andere wichtige Projekte oder Initiativen der Behörde gar keine oder zu wenig Aufmerksamkeit erfahren?

Zusätzlich sollten im Redaktionsplan wichtige Termine stehen, zu denen auf jeden Fall gepostet werden soll – zum Beispiel, wann ein neues Gesetz in Kraft tritt oder welche Feiertage und Thementage für die Behörde relevant sind.

Jedem Amt ist es natürlich selbst überlassen, wie ein Redaktionsplan geführt wird: per Hand auf einem großen Whiteboard, als Excel-Liste (Vorlagen finden sich kostenlos im Netz) oder als Tool-Funktion (Social-Media-Redaktionstools haben häufig einen integrierten Redaktionsplan). Egal wie Sie sich, liebe Leser und Leserinnen, entscheiden: Hauptsache, alle Redaktionsmitglieder können den Redaktionsplan jederzeit einsehen und verändern.

Mehr zum Redaktionsplan erfahren Sie in Kapitel 12, »Welches soziale Netzwerk passt zu meiner Behörde?«.

Redaktionstool/Community-Management-Tool

Ein Redaktionstool ist eine gemeinsame Benutzer-Oberfläche für Facebook, Instagram, Twitter und Co. Wer in einer Social-Media-Redaktion tätig ist, muss also nicht immer auf all diesen Plattformen eingeloggt sein. Redaktionstools sind Content-Management-System (CMS), Kundenservice und Analyse-Tool in einem. In der Regel bieten sie die folgenden Funktionen:

- Posten auf den Plattformen
- Beantworten von Kommentaren und Nachrichten
- Redaktionsplanung
- Ablage-Datenbank für Bilder oder Videos
- Analyse/Erfolgsmessung
- Schalten von Werbeanzeigen

Ein Social-Media-Redaktionstool lohnt sich, wenn Sie

- auf mehreren Social-Media-Kanälen aktiv sind,
- gemeinsam als Team für Social Media zuständig sind und/oder
- viele Kommentare und Nachrichten erhalten.

Mittlerweile gibt es rund ein Dutzend verschiedener Redaktionstools auf dem Markt. Zu den bekanntesten gehören swat.io, Social Hub, Facelift Cloud, Falcon Social und Hootsuite. Die Tools unterscheiden sich meist nur unwesentlich bei den Funktionen, aber stark bei Übersichtlichkeit und Bedienkomfort. Einige funktionieren mit modernen Internet-Browsern besser als mit älteren. Als Amt empfiehlt es sich, mehrere Tools zu testen und dann das individuell passende auszuwählen – sofern man nicht ohnehin ausschreiben muss, denn für ein Redaktionstool müssen Sie ein paar hundert Euro im Monat einplanen.

Wir finden Redaktionstools vor allem für das Community Management hilfreich beziehungsweise unverzichtbar: Bekommt die Behörde auf einer Plattform sehr viele Kommentare und Nachrichten, können diese mit Hilfe des Tools übersichtlich nacheinander abgearbeitet und als »erledigt« markiert werden. Es ist aber möglich, offene »Tickets« zuständigkeitshalber einem Kollegen oder einer Kollegin zuzuweisen oder sich intern über eine mögliche Antwort zu verständigen. Diese Möglichkeiten bieten die Plattformen selbst nicht – dort kann es bei vielen Kommentaren schnell unübersichtlich werden. Social-Media-Redaktionstools von Drittanbietern schließen also eine technische Lücke.

Redaktionshandbuch

Wenn Sie sich darauf verständigt haben, wie Sie bestimmte Dinge innerhalb Ihres Social-Media-Teams handhaben möchten, sollten sie dies schriftlich in einem Redaktionshandbuch festhalten. Ein Redaktionshandbuch kann beispielsweise folgende Fragen beantworten:

- Welche Zuständigkeiten gibt es in der Redaktion? Welche gemeinsamen Tools werden verwendet? Wo findet man die Login-Daten?

- Auf welche Ablagen für Bilder, Videos oder Textbausteine kann die Redaktion zugreifen? Wie gehe ich vor, wenn ich dort nicht fündig werde, sondern ein neues Bild beschaffen oder einen neuen Textbaustein erstellen und im Haus abstimmen muss?

- Wie ist der Wochenend-Dienst oder die Wochenend-Bereitschaft geregelt?

- Welchen »Ton« schlägt die Behörde in Ihren Social-Media-Beiträgen und im Dialog mit der Community an: hilfsbereit, sachlich, oder auch mal witzig? Werden die Fans und Follower gesiezt oder geduzt? Werden Emojis, GIFs oder Memes verwendet?

- Welche Freigabewege für Beiträge und den Dialog sind einzuhalten? Und wie läuft die Abstimmung? In welchen Fällen dürfen die Social-Media- und Community-Manager eigenständig entscheiden und agieren?

- Wie geht die Behörde mit Hasskommentaren oder sogenannten Trollen um?

Alles schriftlich festzuhalten hilft, eine bestimmte Arbeitsweise für die gesamte Social-Media-Redaktion verbindlich zu machen. Auch neue Mitarbeiterinnen und Mitarbeiter finden sich so schneller zurecht. Urheber des Redaktionshandbuchs ist das Team selbst (wenn nötig mit externer Hilfe). Ein Redaktionshandbuch ist ein Dokument, das im Laufe der Zeit immer wieder aktualisiert und angepasst wird. Wenn die Social-Media-Verantwortlichen etwa in der Redaktionskonferenz beschließen, eine bestimmte Arbeitsweise zu ändern, müssen sie die Neuerung im Redaktionshandbuch eintragen.

Kollaborations-Tool und Tool für Videokonferenzen

Spätestens seit der Corona-Krise hat die Notwendigkeit zugenommen, sich mit Hilfe digitaler Tools im Team zu organisieren. Unter anderem ist wichtig, dass Morgenlagen und andere Meetings auch per Videokonferenz stattfinden können. Gemeinsame digitale To-Do-Listen, Kanban-Boards (eine Methode zur Visualisierung ihres Workflows) oder Dokumente, die alle vom eigenen Gerät aus bearbeiten können, vereinfachen den Social-Media-Job.

Gängige Tools für die Arbeit im Team sind etwa Trello, Asana, Slack, Google Drive oder Microsoft Teams (perfekt auch für Video-Meetings). Welches Tool oder welche Tools Sie auswählen, hängt nicht nur von Ihrem Budget ab, sondern auch davon, was Ihre Datenschutzbeauftragte sagt.

Monitoring-Tool

Monitoring bedeutet herauszufinden, wie im Internet und im Social Web über Sie/ Ihre Behörde gesprochen wird und was Ihre Zielgruppen gerade beschäftigt. Sie können manuell »monitoren« (beobachten), indem Sie zum Beispiel relevante Hashtags bei Twitter im Blick haben oder in Facebook-Gruppen zu allen relevanten Themen mitlesen. Die Beobachtung vieler Konversationen gleichzeitig kann mühsam und zeitaufwendig sein. Noch schwieriger ist es, die gewonnenen Erkenntnisse zusammenzuschreiben und anderen zur Verfügung zu stellen. Es gibt Tools, die dieses »Social Listening« automatisieren und erleichtern. Der »PR Report« hat rund 120 der umsatzstärksten Firmen Deutschlands gefragt[8], welche Tools sie für Monitoring und Analyse verwenden (die meisten Unternehmen nutzen gleich mehrere davon).

Zu den häufigsten Tools gehören:

- Google Analytics
- Talkwalker
- Meltwater
- PMG Pressemonitor
- Matomo

- Brandwatch
- Hootsuite
- Google Alerts
- Sprinklr
- Etracker

Brauchen auch Behörden ein Monitoring-Tool, das mittlerweile so gut wie alle Unternehmen einsetzen? Wir sind da eher skeptisch. Schließlich handelt es sich beim Monitoring um eine (zusätzliche) Datensammlung über die eigenen Zielgruppen. Unternehmen müssen Social-Media-Kennzahlen wie Kundenzufriedenheit, Markenbekanntheit oder die Weiterempfehlung ihrer Produkte genauestens aus-

---

8   Ausgabe 1/2021

werten, um Umsatz und Gewinn zu steigern. Zwar sollten auch Ämter soziale Netzwerke unbedingt dazu nutzen, »das Ohr am Bürger zu haben«. Ein manuelles
Social-Media-Monitoring reicht unserer Ansicht nach aber völlig aus. Wie es funktioniert, verraten wir Ihnen in Kapitel 7, »›Social Amt‹: Wie ich als Behörde Beziehungen zu meinen Zielgruppen aufbaue«. Ein professionelles und toolgestütztes
Monitoring würde gerade in kleinen und mittelgroßen Behörden unverhältnismä-
ßig viel Zeit und Ressourcen kosten.

Checkliste: Struktur und Abläufe

- Feste Zuständigkeiten oder »Alle machen alles«?
- Besprechungsformate
- Redaktionsplanung
- Arbeitstools

4.2.3   Abstimmungs- und Freigabeprozesse

»Bevor etwas online geht, gibt es den ultimativen Chef-Check. Ohne Boss keine
Freigabe. Jeden Text, jedes Foto lässt er sich vorlegen. Selbst beim Retweeten muss
man den Allmächtigen um Erlaubnis bitten …«, schreibt Wolfgang Ainetter in seinem Artikel »Die Albtraum-Chefs für Social-Media-Teams«[9]. Übertrieben? Nein.
Wir kennen ein Landesministerium, in dem die Ministerin persönlich jeden Facebook-Post absegnen möchte und dafür oft zwei Tage braucht. Die Folge: Manches
Posting stirbt in Schönheit, weil es nach 48 Stunden von der Aktualität längst überholt ist. Und von einer gut bezahlten Social-Media-Expertin aus einem Bundesministerium wissen wir, dass sie nicht einmal eigenständig retweeten darf.

Zum Glück kennen wir auch viele Positivbeispiele. Behörden, die Social Media richtig nutzen, geben zwar zu vielen Themen Sprachregelungen vor, lassen ihren Social-
Media- und Community-Manager*innen aber ansonsten freie Hand.

Die schnellen sozialen Medien dulden keine langen Abstimmungs- und Freigabe-
prozesse. Bei wichtigen oder politisch heiklen Themen kann es zwar vorkommen,
dass ein Social-Media-Beitrag über den Schreibtisch des Abteilungsleiters oder gar
der Ministerin laufen muss. In Einzelfällen ist das nicht nur legitim, sondern auch
notwendig. Utopisch ist jedoch, *jeden* Instagram-Post, Tweet oder Antwort-Kom-
mentar die behördliche Abstimmungsleiter hochzuschicken und stunden- oder
tagelang auf eine Antwort zu warten. Diese Zeit hat man nicht, wenn man als Amt
authentisch kommunizieren möchte oder rasch auf eine Krisenlage reagieren muss.

---

9   PR-Report, Ausgabe 5/2020

Was also tun? Klar ist: Jede Äußerung, die auf behördlichen Social-Media-Kanälen online geht – und sei es auch nur die Antwort auf einen Nutzerkommentar – ist eine offizielle Verlautbarung des Amtes. Es versteht sich von selbst, dass alle Statements wahr beziehungsweise verifiziert sind. Sie müssen außerdem seriös formuliert sein und der Linie der Behörde entsprechen.

Zum Glück gibt es Mittel und Wege, beides zu verbinden – mit der Hausleitung abgestimmte Inhalte UND einen schnellen, Social-Media-gerechten Arbeitsstil. Die wichtigste Regel gleich vorweg: Vertrauen Sie Ihren Social-Media-Mitarbeiter*innen! Ihre Behörde hat diese Personen ausgesucht, damit sie in sozialen Netzwerken kompetent für das Amt sprechen. Sie sind gut bezahlte Expertinnen und Experten. Trauen Sie ihnen ihren Job zu!

Bei einigen Posts ist eine Abstimmung wirklich sinnlos – wenn sie etwa Informationen wiedergeben, die schon mal veröffentlicht wurden (etwa auf der Website). Social Media bedeutet, auch bestehende Inhalte immer wieder einmal aufzugreifen. Ein Beispiel dafür finden Sie in Abbildung 4.8.

Abbildung 4.8 Ein Service-Post für digitale Angebote von Museen. Wer von Ihnen hat einen Kontroll-Chef, der sich harmlose Beiträge wie diesen zur Freigabe vorlegen lässt? (In Köln genießt das Social-Media-Team zum Glück Vertrauen.)

Auch bei Statistik-Beiträgen kann man sich endlose Abstimmungsschleifen meist sparen. Irgendwann hat die Behördenspitze festgelegt, wie die Zahlen nach außen kommuniziert werden – bei den Folgebeiträgen sind nur noch die Zahlen auszutauschen. Die Kommunikator*innen brauchen sich klarerweise nicht nochmals das Okay von oben zu holen. Ein Beispiel dafür finden Sie in Abbildung 4.9.

Abbildung 4.9 Behörden posten viele offizielle Statistiken. Bei neuen Beiträgen werden oft lediglich die Zahlen ausgetauscht. Eine (nochmalige) Abstimmung mit der Hausleitung macht in solchen Fällen keinen Sinn.

Häufig kommt es auch vor, dass Bürgerinnen und Bürger in sozialen Netzwerken eine Frage stellen, deren Antwort bereits auf der Behörden-Website steht. Ein gutes Social-Media-Team findet jeden noch so versteckten Text auf der richtigen Unterseite – und kann den Usern rasch die Antwort liefern. Selbstverständlich ist auch in diesem Fall keine Abstimmung nötig.

Und schließlich gibt es noch die reinen »Unterhaltungsbeiträge« – wie das Instagram-Foto vom Sonnenuntergang hinterm Stadtschloss samt Bildtext »Mit diesem wunderschönen Anblick schicken wir euch ins Wochenende« (ein weiteres und ähnliches Beispiel sehen Sie in Abbildung 4.10). Logischerweise braucht man auch hier nicht die Behördenleitung um Erlaubnis zu fragen.

Übrig bleiben Beiträge, die politisch brisant sind. Hier muss oft jedes Wort abgewogen werden. Dann – aber nur dann – sollte die Behördenleitung auf einer Freigabe bestehen. In so einem Fall sollten die Social-Media-Teams und ihre Vorgesetzten so früh wie möglich gemeinsam an einem professionellen Wording feilen, um Stress und Fehler zu vermeiden. Manchmal kommt eine überraschende Neuigkeit, die das Amt unerwartet trifft. Aber viel häufiger ist abzusehen, dass ein bestimmtes Thema der Behörde in 2, 3, 4 oder x Tagen kommt und für großes Echo auf den digitalen Kanälen sorgen wird. Mit einer gut vorbereiteten Antwort können Sie im Idealfall den Druck rausnehmen. Wenn Sie dagegen zu lange auf die Freigabe des von Ihnen vorgeschlagenen Postings warten müssen, kann aus einem Schneeball im Netz schnell eine Lawine werden.

Abbildung 4.10 Social-Media-Beiträge wie dieser Instagram-Post der Stadt Nürnberg benötigen keine Abstimmung mit der Behördenleitung, weil sie nicht politisch sind, sondern in die Kategorie »Unterhaltungscontent« fallen.

Ein Beispiel: Nehmen wir an, eine Kommune plant für die kommende Woche einen Facebook-Post zu einem großen und kontroversen Verkehrsprojekt und rechnet mit kritischen Kommentaren. Die Social-Media-Verantwortlichen können mit dem Fachbereich einen Frage-Antwort-Katalog erarbeiten. Die Expertinnen und Experten in den Fachreferaten wissen genauso wie der Bürgerservice am besten, was die Bürgerinnen und Bürger bewegt – schließlich rufen die Menschen dort täglich an. Die Fachkolleginnen und -kollegen sind also in der Lage, das Social-Media-Team zu briefen. Dem Social-Media-Team bleibt nun noch Zeit, diese Antwort-Entwürfe freigeben zu lassen, etwa von der Behördenleitung oder dem Pressesprecher. Wenn der Facebook-Post schließlich online geht, ist das Team perfekt vorbereitet. Alle wichtigen Instanzen waren eingebunden. Natürlich kann auch eine Frage kommen, an die bei der Vorbereitung niemand gedacht hat. In diesem Fall muss das Social-Media-Team dann nachträglich noch eine Sprachregelung abstimmen.

In unserem fiktiven Beispiel eines »typischen Tages« in einer Social-Media-Redaktion (siehe Abschnitt 4.2.2) haben die Bereiche Presse, Internet-Redaktion und

Social-Media-Redaktion die Morgenlage genutzt, um die Sprachregelung für einen bestimmten Sachverhalt festzulegen. In den folgenden Stunden hat das Team dieses Wording auf allen Kanälen nutzen können.

Jedes Social-Media-Team sollte zu möglichst jedem Behörden-Thema eine Sammlung von Sprachregelungen und Textbausteinen anlegen und sorgfältig pflegen – das spart Zeit, gibt Sicherheit und erleichtert den redaktionellen Arbeitsalltag enorm. Am sinnvollsten und effizientesten ist eine gemeinsame Datenbank mit den Bereichen Presse und Internet-Redaktion. Die Fachbereiche werden dankbar sein, wenn nicht jedes Team einzeln anruft und Sprachregelungen abstimmen möchte! Die Textbausteine gehören in eine gemeinsame Ablage – das kann eine toolgestützte Datenbank sein, aber auch ein gemeinsames Google-Doc oder Word-Dokument, auf das alle zugreifen und das alle bearbeiten können.

Bleiben noch die Fälle, wo ein aktueller politischer Inhalt so schnell wie möglich auf Social Media publiziert werden soll und deshalb eine kurzfristige Abstimmung nötig ist. Außerhalb von Krisen dürften diese Posts, Tweets und Antworten höchstens 5 % ausmachen – es sei denn, ein Ministerium muss sich gerade einem Untersuchungsausschuss stellen. In diesem Kapitel haben wir schon mehrfach erwähnt, wie wichtig die kurzen Wege zwischen Social-Media-Managern, Presseverantwortlichen und der Behördenleitung sind.

Wann ist die Abstimmung am schnellsten? Wenn die Social-Media-Verantwortlichen jederzeit Zugang zu jenen Führungskräften haben, die politische Inhalte freigeben dürfen. Worst Case: Das Social-Media-Team ist in einem Fachbereich angesiedelt und muss als erste hierarchische Hürde den Unterabteilungsleiter kontaktieren, der wiederum die Abteilungsleiterin fragt, die wiederum den Staatssekretär anfunkt – schon beim Lesen dieser Zeilen merken Sie, dass das nicht funktionieren kann.

Kurzes Kopfkino: Können Sie sich eine Regierungspressekonferenz vorstellen, die bei jeder Frage für eine halbe Stunde unterbrochen wird – damit die Sprecher*innen in ihren Ministerien anrufen können, ob sie so oder so antworten dürfen? Unvorstellbar. Im Idealfall erleben Journalist*innen in der Regierungspressekonferenz bestens vorbereitete Kommunikatorinnen und Kommunikatoren, die in der Lage sind, sofort Auskunft zu geben. Und genauso funktioniert auch gute behördliche Social-Media-Arbeit: Die Social-Media-Verantwortlichen können prompt die wichtigsten Fragen der User kompetent beantworten.

Egal, ob ein Tweet oder Post mit der Behördenleitung abgestimmt werden muss oder nicht: Wir empfehlen grundsätzlich ein Vier-Augen-Prinzip innerhalb der Social-Media-Redaktion – um sinnlose Fehler zu vermeiden. Das bedeutet: *Jeder* aktive Social-Media-Beitrag wird von einem anderen Redaktionsmitglied – das gerade greifbar ist und Zeit hat – gegengelesen. Die gegenlesende Person achtet auf folgende Faktoren:

- Ist der Beitrag frei von Rechtschreibfehlern?

- Versteht man beim ersten Lesen, worum es geht?

- Passt das Bild zum Text (Bild-Text-Schere)?

- Kann eine bestimmte Formulierung im Text missverständlich sein und im schlimmsten Fall einen »Shitstorm« auslösen?

Beim Vier-Augen-Prinzip geht es um Richtigkeit, nicht um persönliche Geschmacksfragen (»Hätte ich den Post anders formuliert, wenn es meiner wäre?«). Im Vordergrund steht immer die Qualitätssicherung.

Eignet sich das Vier-Augen-Prinzip auch für das Community Management? Ja, aber nur in Ausnahmefällen. Angesichts der Flut von User-Kommentaren (allein im Bundesverkehrsministerium sind es mindestens 1.500 pro Woche) wäre es für Ämter allein zeitmäßig schier unmöglich, jede Antwort und jede persönliche Messenger-Nachricht von einem zweiten Team-Mitglied gegenchecken zu lassen. Außerdem lebt Community Management oft vom spontanen Austausch mit den Zielgruppen. (Kleine Anmerkung am Rande: Wenn ein Bürger mit seiner Sachbearbeiterin telefoniert, lässt sich diese ja auch nicht jeden Satz, den sie von sich gibt, von oben absegnen.) Sinnvoll ist hingegen, dass sich Community-Manager an ihre Kolleginnen und Kollegen oder auch an Vorgesetzte wenden *können*, wenn sie unsicher sind – etwa in folgenden Situationen:

- »Denkst du, ich kann so antworten, oder ist das zu unfreundlich?«

- »Ich würde hier gerne humorvoll antworten – kann ich die Formulierung so lassen oder könnte das missverstanden werden?«

- »Was meinst du – sollen wir hier antworten oder den Kommentar ignorieren?«

- »Würdest du die Person blocken oder erst mal nur verwarnen?«

Dem Thema Dialog mit Bürgerinnen und Bürgern widmen wir uns ausführlich in Teil II dieses Buches.

Zusammenfassend unsere Hinweise zu Abstimmungs- und Freigabeprozessen als Checkliste:

> **Checkliste: Abstimmungs- und Freigabewege**
>
> 1. Lassen Sie Ihre Social-Media-Verantwortlichen möglichst eigenständig posten und antworten. Jeden Beitrag von ganz oben absegnen zu wollen, führt Social-Media-Kommunikation ad absurdum.
>
> 2. Geschätzte 80 % aller Beiträge geben bereits veröffentlichte Inhalte wieder oder sind unpolitisch. Sie bedürfen daher keiner Abstimmung.
>
> 3. Legen Sie zu (aktuellen) politischen Themen und Inhalten eine Sprachregelungs-Sammlung an und halten Sie diese immer auf dem aktuellen Stand. Eine gut ge-

pflegte Textbaustein-Datenbank spart im Redaktionsalltag Zeit und gibt allen Beteiligten Sicherheit.

4. Nur wenige Social-Media-Beiträge bedürfen der (kurzfristigen) politischen Abstimmung. Sorgen Sie zu diesem Zweck für kurze Wege zwischen Ihren Social-Media-Verantwortlichen und der Stelle, die politische Aussagen freigibt.

5. Legen Sie für alle Beiträge ein Vier-Augen-Prinzip innerhalb der Social-Media-Redaktion fest. Es dient der Qualitätssicherung und entlastet Vorgesetzte.

Welche Abstimmungs- und Freigabewege Sie für Social Media in Ihrem Amt festlegen, ist natürlich Ihre Entscheidung. Die Überlegungen hierzu sind Teil der Arbeit an Ihrer Social-Media-Strategie (mehr dazu in Teil III »Die perfekte Social-Media-Strategie für Ihre Behörde«).

4.2.4   Budget und Arbeitsmittel

Social Media ist nicht kostenlos – lediglich die Nutzung der meisten großen Plattformen (wie Facebook oder Twitter) ist es. Rund um die Kommunikation in sozialen Medien fallen aber selbstverständlich Kosten für die Behörde an. Die Höhe können Sie als Amt selbst bestimmen und steuern.

Die Kosten für Social Media lassen sich den folgenden fünf Blöcken zuordnen, die nachfolgend erläutert werden:

- Arbeitsausstattung
- Dienstleistung und Beratung
- Lizenzkosten und Nutzungsgebühren
- Fortbildung
- Media-Budget

Arbeitsausstattung

Wir befinden uns im Jahr 2021 nach Christus. Ganz Deutschland hat unbeschränkten Internet-Zugang. Ganz Deutschland? Nein! Es gibt Behörden, in denen soziale Netzwerke und andere Websites für die Mitarbeitenden gesperrt sind – angeblich wegen Sicherheitsbedenken, oft aber auf Anordnung kontrollsüchtiger Chefs, die fürchten, dass Mitarbeitende während der Arbeitszeit auf Facebook oder Amazon herumsurfen. Mal ganz abgesehen davon, dass mittlerweile ohnehin (fast) jeder ein Smartphone mit Internet-Zugang besitzt, ist das im digitalen Zeitalter ein fatales Signal.

Viele Behörden legen per Dienstvereinbarung fest, dass jede Mitarbeiterin und jeder Mitarbeiter eine bestimmte Zeit pro Tag privat online gehen darf und geben das Netz für alle frei. Wenn aber Ämter das Internet blockieren, benötigt das Social-Media-Team einen Sonderzugang zu diversen Websites (zur Not über separate Geräte, die nicht ans Hausnetz angeschlossen sind). Warum dies keine gute Lösung ist: Wenn einzig und allein die Social-Media-Verantwortlichen online gehen, fühlen sich die anderen Mitarbeitenden mit großer Wahrscheinlichkeit benachteiligt. Daraus könnte das Gefühl einer Zwei-Klassen-Gesellschaft entstehen, was wiederum Auswirkungen auf das Verhältnis zu den Fachabteilungen hat. Und wie Sie aus Ihrem Behördenalltag am besten wissen: Gute Beziehungen innerhalb des Hauses sind für die Social-Media-Redaktion besonders wichtig (mehr dazu in Kapitel 5, »Social Media ist auch interne Kommunikation«). Außerdem profitiert jedes Amt davon, wenn die eigenen Leute die Social-Media-Beiträge sehen, »liken«, retweeten und mit ihren Kontakten teilen – wertvollere Multiplikatoren gibt es nicht!

Social-Media-Verantwortliche haben wie Pressesprecher*innen oft keinen klassischen Nine-to-five-Job. Für Abend- oder Wochenend-Einsätze benötigen sie entweder einen Zweitarbeitsplatz zuhause oder ein Dienst-Laptop, um mobil zu arbeiten. (Social Media für eine Behörde kann übrigens sehr gut aus dem Homeoffice gemacht werden – bieten Sie Ihren Mitarbeiter*innen diese Möglichkeit aktiv an.)

Sowohl der feste Arbeitsplatz im Büro als auch der Mobil- oder Heimarbeitsplatz müssen über eine Webcam und ein Mikrofon beziehungsweise Headset verfügen, da infolge der Corona-Pandemie viele wichtige Fortbildungen, Tagungen und Netzwerktreffen dauerhaft digital stattfinden werden.

Zusätzlich brauchen alle im Social-Media-Team ein Diensthandy. In manchen Social-Media-Anwendungen kann nur per Smartphone gepostet werden. Zum Job eines Social-Media-Managers gehören auch viele Außentermine – sehr oft muss man direkt von Veranstaltungen posten und Fotos veröffentlichen. Wenn auf dem Smartphone nicht gleichzeitig dienstliche Mails und SMS abgerufen und verschickt werden können, ist ein weiteres Diensthandy erforderlich – damit Social-Media-Verantwortliche stets erreichbar sind.

Falls die Behörde Videos und Grafiken für Social Media ganz oder teilweise selbst herstellt, benötigen die dafür Verantwortlichen weiteres Equipment:

- Stativ und Mikrofon für das Smartphone
- Bildbearbeitungsprogramm/Grafikprogramm
- Videoschnitt-Software oder -App
- Profi-Kamera mit Zubehör

Ein Redaktionsplan lässt sich auf einem großen Whiteboard an der Redaktionswand manuell erstellen – oder in einem dafür programmierten Planungstool eines kommerziellen Anbieters. Ein Redaktionstool oder Community-Management-Tool wird erst dann zwingend notwendig, wenn die Behörde eine Vielzahl an Kommentaren erhält.

Checkliste: Arbeitsausstattung

- Arbeitsplatz-PC/Heimarbeitsplatz/Dienst-Laptop, jeweils mit Webcam, Mikrofon und unbeschränktem Internet-Zugang
- Smartphone
- eventuell weiteres Diensthandy
- Equipment zur Produktion von Bildern, Grafiken und Videos
- ergänzende Arbeitstools

Dienstleistung und Beratung

Professionelle Social-Media-Arbeit lässt sich gerade von kleinen Behörden nicht oder nur sehr schwer zu 100 % selbst machen. Es wird immer wieder Aufgaben und Situationen geben, in denen es notwendig oder effizient ist, Dienstleister zu beauftragen, statt neue Leute einzustellen oder fortzubilden. In Kapitel 1 haben wir ausführlich beschrieben, für welche Teile Ihrer Arbeit Sie sich sinnvollerweise Verstärkung von außen holen können.

Ähnliches gilt für Beratung. Sind Ihre Mitarbeiterinnen und Mitarbeiter durch vorherige Jobs oder Fortbildungen bereits absolute Social-Media-Profis, sagen wir nur: Daumen nach oben, »gefällt uns«. Andernfalls ist es sinnvoll, sich als Amt an der ein oder anderen Stelle beraten zu lassen, beispielsweise wenn es um die Social-Media-Strategie oder den Aufbau eines Newsrooms geht. Hier ist der Blick von außen hilfreich.

Lizenzkosten und Nutzungsgebühren

Lizenzkosten und Nutzungsgebühren fallen in einer Social-Media-Redaktion meistens für Bild- und Videomaterial sowie für ergänzende Arbeitstools (z. B. Redaktionstool, Kollaborationstool, Bildbearbeitungstool) an.

Hier können Sie oftmals zwischen günstigen und teuren Lösungen wählen. Bildmaterial erhalten Sie beispielsweise oft recht preiswert über ein Stock-Foto-Abo. Sie können aber auch selbst einen Fotografen beauftragen, der Ihnen anschließend ein exklusives Nutzungsrecht für die beauftragten Bilder einräumt.

Fortbildung

Kaum ein Fachgebiet erlebt so viele und so schnelle Änderungen wie Social Media. Der deutsche Instagram-Chef Heiko Hebig sagte einmal: »Zwei Jahre altes Facebook-Wissen ist gefährlich« – das bringt es gut auf den Punkt.

Wir empfehlen, dass deshalb jede und jeder Social-Media-Verantwortliche mindestens ein Seminar oder eine Fachtagung pro Quartal besucht. Die Preisspanne ist groß: vom Sponsoren-finanzierten Barcamp für 40 € bis zur zweitägigen Tagung in einer Großstadt mit hochkarätigen Speakern für 2.000 €. Sorgen Sie stets dafür, dass die Social-Media-Expertise Ihres Amtes fortlaufend erneuert wird.

Ergänzend zu Fortbildungen und Tagungen sollte Ihre Behörde Fachbücher anschaffen und passende Fachmagazine und Newsletter abonnieren. Dieser Anteil an Ihrem Kommunikationsbudget ist vergleichsweise klein, das Wissen, das Sie dadurch gewinnen, aber praktisch unbezahlbar. Selbst wenn Riesen wie Facebook, Twitter oder Instagram eines Tages von neuen Plattformen abgelöst werden sollten: Die sozialen Netzwerke werden in Zukunft noch wichtiger sein als heute. Wer dort nicht präsent ist, wird weder gesehen noch gehört. Wenn Sie wollen, dass man Ihre Behörde öffentlich wahrnimmt, müssen Sie in das Social-Media-Fachwissen der eigenen Leute investieren.

Media-Budget

Soziale Netzwerke können kostenlos genutzt werden. Es ist aber auch möglich, die Reichweite Ihrer Beiträge mit Geld zu erhöhen und Werbung, so genannte Ads, zu schalten. Social-Media-Ads sind vergleichbar mit Werbeanzeigen in Zeitungen und Zeitschriften. Sie sind jedoch viel günstiger. Warum? Sie werden nicht so breit gestreut wie Print-Anzeigen, sondern nur in der vorher genau bestimmten Zielgruppe ausgespielt (neudeutsch: Targeting).

Hier erklärt sich, warum die großen Plattformen so viele Daten sammeln – um genau diese personalisierte Werbung ausspielen zu können. Facebook etwa weiß, wie alt seine Nutzer sind, wo sie wohnen, ob sie in einer Beziehung leben oder sich für Hunde interessieren. Werbende Unternehmen oder auch Behörden können dieses Wissen nutzen, um mit ihren Botschaften ohne Streuverluste genau die richtigen Menschen zu erreichen. Mit diesem Geschäftsmodell verdienen die Plattformen Milliarden.

Wie funktioniert bezahlte Reichweite?

Sie möchten als Stadt eine Information an Ihre Bürgerinnen und Bürger richten – aber auch an alle Berufspendler, die aus den umliegenden Regionen Tag für Tag in die City kommen. Früher mussten Sie dafür eine teure Anzeige in der Lokalzeitung oder im Stadtradio schalten und erreichten nur einen Bruchteil Ihrer Zielgruppe. Heute posten Sie die Info als »Ad« bei Facebook und können genau festlegen, in welchem Umkreis oder in welchen Vierteln und Bezirken Ihr Beitrag gezeigt werden soll. Dafür zahlen Sie einen vergleichsweise geringen Euro-Betrag. Zudem erfahren Sie, wieviele Menschen Ihre Anzeige erreicht hat. Bezahlte Reichweite bei Twitter, LinkedIn und Instagram funktioniert analog.

Das Bundesgesundheitsministerium hätte es ohne bezahlte Reichweite während der Corona-Pandemie wohl kaum geschafft, nahezu alle Deutschen mit Informationskampagnen zu erreichen. Die Bundeswehr investiert sechsstellige Summen pro Jahr in soziale Medien, um junge Menschen für den Soldaten-Beruf zu begeistern.

Bezahlte Reichweite ist immer dann sinnvoll, wenn Sie auch Personen ansprechen wollen, die Ihnen bislang nicht folgen, möglicherweise gar nicht wissen, dass es Ihr Amt überhaupt gibt. Nehmen wir an, Sie suchen verzweifelt Fachkräfte für Ihre Behörde: Die Wahrscheinlichkeit, dass jemand mit der von Ihnen gewünschten Ausbildung in Sachsen-Anhalt bereits Facebook-Fan Ihrer bayerischen Kleinstadt ist, geht gegen null. Mit einem bezahlten Beitrag können Sie jedoch gezielt *diese* Person erreichen.

Falls Sie sich als Amt an dieser Stelle fragen, ob es legitim ist, Steuergeld für bezahlte Reichweite bei Facebook, Instagram oder Twitter auszugeben: Ja! Aber mit Bedacht. Wenn Sie deshalb jemand kritisieren sollte, können Sie folgendermaßen argumentieren: Aufgabe des Staates ist es, Bürgerinnen und Bürger über seine Tätigkeit, Vorhaben und Ziele zu informieren. In bestimmten Fällen kann bezahlte Reichweite sinnvoll und notwendig sein, um diesen Informationsauftrag zu erfüllen. Das heißt: Der Staat betreibt keine klassische Werbung, sondern informiert – und handelt damit im Sinne der Allgemeinheit. Für den Steuerzahler ist eine Social-Media-Kampagne meist günstiger als eine teure Print- oder TV-Kampagne. Durch die bereits erwähnten Targeting-Möglichkeiten gibt es weniger Streuverluste. Werbung in sozialen Netzwerken ist also nichts Verwerfliches. Rechtlich zulässig ist sie ohnehin.

»Content is King« – das gilt selbst dann, wenn Sie für Reichweite bezahlen. Drängen Sie Ihren Bürgerinnen und Bürgern keine nutzlosen Informationen auf, die diese gleich wegklicken oder löschen – sondern verschaffen Sie interessierten Zielgruppen Zugang zu interessanten Inhalten. Wenn Sie »Ads« einsetzen, weil sie befürchten, dass ein Beitrag schlecht läuft, hören Sie lieber auf Ihr Gefühl und lassen es bleiben: Womöglich ist der Content tatsächlich langweilig und nicht zielgruppengerecht. Gute Social-Media-Arbeit hat zwei Schwerpunkte: Veröffentlichung relevanter Inhalte – und Dialog! Bezahlte Reichweite können Sie ergänzend und sparsam dort einsetzen, wo Sie trotz aller Mühen nicht oder nicht schnell genug zum Ziel kommen.

Bezahlte Reichweite in sozialen Netzwerken eignet sich demnach für folgende Behörden-Zwecke:

- Informationskampagnen (z. B. Pandemie-Bekämpfung)
- Personal-Recruiting
- Bürgerservice-Inhalte (z. B. Information über ein bestimmtes Beratungsangebot)

Für Reichweite zu zahlen, ist auch legitim, um einen neuen Social-Media-Auftritt zu Beginn sichtbar zu machen – nicht zu rechtfertigen sind Selbstinszenierungen von Politikern oder Jubelmeldungen nach eigenen Veranstaltungen.

Ein Positivbeispiel: Die Bundeswehr gibt zwar viel Geld für Social-Media-Werbung aus, aber in diesem Fall stimmen auch die Inhalte (ein Beispiel sehen Sie in Abbildung 4.11). Seit nahezu zehn Jahren sind fast alle Beiträge mit Liebe und Überzeugung zum Medium gemacht. Schon früh hat die Bundeswehr eine Redaktion aufgebaut, die für die gesamte Presse- und Öffentlichkeitsarbeit einschließlich Social Media zuständig ist. Mitten im Regierungsviertel gibt es ein eigenes YouTube-Studio, großflächige Social-Media-Redaktionspläne an der Wand und viele Profis, die ihren Job mit Leidenschaft machen.

Abbildung 4.11 Auf Instagram bekommt man täglich Einblick in den Alltag der Soldatinnen und Soldaten und lernt eine Menge über die Truppe. Die Bundeswehr ist auch auf zahlreichen anderen Plattformen vertreten und wirbt dort in erster Linie um Personal.

Es gibt Behörden, die seit jeher ohne bezahlte Reichweite auskommen und trotzdem sehr erfolgreich sind. Dazu gehört auch die Bundeskanzlerin mit 1,7 Millionen Followern auf Instagram (siehe Abbildung 4.12).

Ob Sie als Behörde bezahlte Reichweite nutzen, sollten Sie also anhand der genannten Kriterien selbst entscheiden.

Fazit: So unterschiedlich die Behörden sind, so unterschiedlich sind die Beträge, die Ämter in Social Media investieren (sollten). Einige Ausgaben stehen von Anfang an fest, hierzu gehört die Arbeitsausstattung für Ihre Mitarbeiter*innen. Andere Kosten sind zumindest in ihrer Höhe variabel (z. B. Fortbildung, Content-Erstellung oder ergänzende Arbeitstools).

Abbildung 4.12 »Influcencerin« Angela Merkel erreicht ihre 1,7 Millionen Instagram-Follower auch ohne Werbung. Mit Fotos aus ihrem Arbeitsalltag als Bundeskanzlerin erzielt sie regelmäßig Likes in fünfstelliger Höhe.

In Behörden müssen Budgets rechtzeitig geplant werden, damit sie in den kommenden Jahreshaushalten berücksichtigt werden. Die hier genannten Ausgaben sind in verschiedenen behördlichen Töpfen zu finden. Planen Sie deshalb rechtzeitig und vorausschauend anhand der hier genannten Punkte, wieviel Geld *Ihr* Amt in den kommenden Jahren für Social Media braucht. Ideal ist ein eigenes Budget (beispielsweise innerhalb des Topfes für Presse- und Öffentlichkeitsarbeit). Das gibt den Verantwortlichen Planungssicherheit, gleichzeitig unterstreicht es intern die Wichtigkeit der Social-Media-Arbeit der Behörde.

4.3   Was kann ich als »Ein-Personen-Team« schaffen?

Viele kleinere Behörden haben für die Social-Media-Kommunikation (noch) kein Team. Sehr oft ist nur eine Mitarbeiterin oder ein Mitarbeiter dafür zuständig. In diesem Fall müssen die oben erwähnten Arbeitsweisen, die wir Social-Media-Redaktionen empfehlen, etwas angepasst werden. Alles über das »Ein-Personen-Team« verraten wir Ihnen in diesem Abschnitt.

Sie erfahren,

- ob eine Mitarbeiterin in Ihrer konkreten Behörde zu wenig ist,
- wie Sie sich als Ein-Personen-Social-Media-Team organisieren können,
- welche Prioritäten Sie setzen sollten,
- welche Spartipps (Zeit und Budget) wir kleineren Behörden geben.

In Kapitel 1 haben wir Ihnen empfohlen, dass Sie für Social Media gleich viele Stunden – respektive Stellen – wie für die klassische Pressearbeit einplanen sollten. Prüfen Sie, ob dies in Ihrer Behörde bereits der Fall ist. Wenn in einem Amt eine Pressesprecherin oder ein Pressesprecher Vollzeit arbeitet und es zudem eine Vollzeitstelle für Social Media gibt, ist eine personelle Verstärkung unrealistisch und auch nicht notwendig. Besteht aber ein Ungleichgewicht (beispielsweise zwei Vollzeitkräfte für die Pressearbeit und nur eine Halbtagsstelle für Social Media), sollte man dringend eine neue Stelle schaffen – oder die Arbeit zwischen den Kommunikator*innen neu aufteilen.

Mal angenommen, dieses Gleichgewicht ist hergestellt und Sie haben das Glück, den spannenden Job als Vollzeit-Social-Media-Manager*in einer Behörde zu haben: In Kapitel 1 haben wir Ihnen eine Übersicht gegeben, welche Aufgaben zu Ihrer Stelle gehören. Sie können also leicht ausrechnen: Als Einzelkämpfer*in investieren Sie wöchentlich etwas mehr als 10 Stunden in Community Management, für das Erstellen von Beiträgen benötigen Sie ebenfalls geschätzte 10 Stunden, für Absprachen und Abstimmungen mit Kolleginnen und Kollegen können Sie mit rund einer Stunde pro Tag, also 5 Wochenstunden, kalkulieren. Den Rest Ihrer 40-Stunden-Woche verbringen Sie mit Sitzungen, Organisatorischem, Fortbildung etc.

Nun gibt es zwei Herangehensweisen:

- *Sie passen Ihre Aktivitäten in den sozialen Medien Ihren zeitlichen Ressourcen an.*

  Wenn Sie also feststellen, dass man als Einzelkämpfer*in bei einem Zeitbudget von 10 Wochenstunden (für die Content-Produktion) nicht auf allen Kanälen multimedial aufbereitete Beiträge posten kann, bedienen Sie lieber nur eine Plattform – die aber richtig und gut.

- *Sie delegieren Aufgaben an externe Dienstleister.*

  In diesem Fall verstehen Sie sich im besten Sinne als »Social Media Manager«, wie diese Position in Unternehmen oft bezeichnet wird. Das heißt: Sie haben alle Zügel in der Hand, machen aber nicht jede Kleinigkeit selbst. Voraussetzung ist ein ausreichendes Budget. Welche Aufgaben sich am besten outsourcen lassen, haben wir in Kapitel 1 ausführlich dargelegt.

Welche Variante Sie wählen, hängt davon ab, wie ambitioniert Ihre Behörde auf Social Media unterwegs sein möchte. Für welche Kanäle Sie sich entscheiden und welche Ressourcen Sie einsetzen, legen Sie in Ihrer behördlichen Social-Media-Strategie fest (zur Strategie siehe Teil III dieses Buches).

Wir können uns für eine kleine Behörde mit nur einer Social-Media-Planstelle folgende Konstellation gut vorstellen: Sie holen einen Dienstleister, der Grafiken und Videos für Ihre Social-Media-Kanäle gestaltet. Zu Randzeiten (abends, am Wochenende, während Ihres Urlaubs oder bei Krankheit) betreut eine Agentur die Kanäle komplett. Auf diese Weise können Sie in mehreren sozialen Netzwerken aktiv sein und sich während der normalen Arbeitszeiten ausreichend um das Community Management kümmern. Auch die Redaktionsplanung, die strategische Weiterentwicklung, die interne Kommunikation und die Entwicklung und Umsetzung neuer Ideen passen dann noch in Ihre Woche.

Was aber, wenn Ihnen die Hausleitung kein Budget für Dienstleister genehmigt? In dem Fall müssen Sie überlegen, was für Ihre Behörde bei der Social-Media-Arbeit am wichtigsten ist. Unsere Empfehlungen dazu sind:

1. *Seien Sie nur auf einer Social-Media-Plattform aktiv statt auf mehreren Kanälen, für die Sie dann nicht ausreichend Zeit haben.*

   Überlegen Sie, welche Zielgruppe Sie am dringendsten erreichen möchten – und wo Sie diese am ehesten erreichen. Investieren Sie dort – und nur dort – Ihre Zeit. Oft erzählen uns Social-Media-Verantwortliche, dass ihre Vorgänger jede Menge Kanäle eröffnet haben, aber man diese als One-Man-Show unmöglich alle pflegen könne. Es ist kein Zeichen von Schwäche, Präsenzen, auf denen Sie möglicherweise ohnehin wenig Reichweite haben, einzustellen. Im Gegenteil: Bespielen Sie lieber voller Herzblut einen Kanal als fünf Kanäle nur halbherzig. Und: Es kann durchaus Strategie sein, Plattformen auszuprobieren und Erfahrungen zu sammeln, ohne dauerhaft auf ihnen aktiv zu sein.

2. *Konzentrieren Sie sich auf das Community Management!*

   Wir kennen Behörden, die teilweise guten Content veröffentlichen, dann aber keine Kommentare beantworten. Genau das ist falsch! Ihr Motto muss lauten: »Community Management first!« Warum? Weil es die erste Aufgabe von Ämtern ist, den Bürgerinnen und Bürgern zu helfen und deren Fragen zu beantworten. Social Media ist Bürgerservice – darüber schreiben wir ausführlich in Teil II, »Social Media ist die Bürgerkommunikation von heute«. Nicht zu vergessen: Dialog wirkt sich positiv auf Ihre Reichweite aus – der Algorithmus aller großen sozialen Netzwerke springt auf Interaktion an. Veröffentlichen Sie daher lieber weniger Posts pro Woche und nehmen Sie sich viel Zeit für Kommentare und Nachrichten!

3. *Nutzen Sie Ihre Arbeitszeit, um die Social-Media-Kompetenz*
   Ihrer Behörde auf- und auszubauen.

   Denken Sie trotz Alltagsstress langfristig: Wie kann unser Amt dauerhaft fit für Social Media werden? Schaffen wir eine Symbiose aus Pressearbeit und Online-Kommunikation? Wie gelingt es, dass Mitarbeitende mit Leitungs- und Kommunikationsaufgaben künftig immer auch Social Media mitdenken? Briefen Sie Ihre Behördenleitung regelmäßig: Welches Image hat unser Amt bei den Usern? Welche Inhalte/Projekte/Aktionen des Hauses kommen auf den einzelnen Plattformen gut an – und was wird kritisiert? Denken Sie strategisch und zukunftsorientiert. Sensibilisieren Sie alle Beteiligten, wie wichtig das Thema ist, bleibt und wird.

Viele kleine Behörden haben leider nicht einmal eine Vollzeitstelle für Social Media. Wir kennen Gemeinden, in denen Bürgermeister*innen neben den Amtsgeschäften auch noch Pressearbeit und Social Media selbst macht. Oder Ämter, in denen eine Person für Presse, Social Media, Öffentlichkeitsarbeit und die Website zuständig ist (vorgesehener Stellenanteil für Social Media: 10 oder 20 %). Behörden, die so gut wie keine Social-Media-Ressourcen haben, legen wir folgende Dos & Don'ts ans Herz:

Wie können sehr kleine Behörden Ressourcen sparen? Dos & Don'ts

Do: Überlegen Sie, auf eigene Social-Media-Präsenzen komplett zu verzichten. Beantworten Sie stattdessen in bestehenden Facebook-Gruppen die Fragen Ihrer Zielgruppen. Wenn Sie dafür eine Stunde pro Tag aufbringen und fünf bis zehn Menschen weiterhelfen können, ist das großartiger Bürgerservice, der sich schnell herumspricht und Ihrem Amt ein positives Image verleiht.

Don't: »Social Media? Das macht bei uns der Bürgermeister.« Wir finden es zwar gut, wenn die Chefin oder der Chef einer kleinen Gemeinde oder die Leiterin/der Leiter eines kleinen Amtes als *Person* in sozialen Netzwerken aktiv ist (mehr dazu in Kapitel 18, »Behördenleiter-Kommunikation auf Social Media«). Aber: Ein Ersatz für die Kommunikation der *Behörde* ist dies nicht. Unabhängig von einzelnen Personen muss die Behörde dauerhaft in der Lage sein, in den sozialen Netzwerken zu kommunizieren. Hinzu kommt: Bürgermeister*innen und Minister*innen leiten nicht nur die Behörde, sondern sind auch Politiker*innen. Auf ihren persönlichen Accounts sind naturgemäß auch parteipolitische Positionen und Wahlkampf-Inhalte zu finden. Dies steht im Widerspruch zu Behördenkommunikation, die politisch neutral sein muss.

Do: Falls Ihnen Zeit und Mittel für umfangreiche Content-Produktion fehlen, versuchen Sie, eine besondere Idee zu entwickeln, die mit wenig Aufwand umsetzbar ist und bei den Zielgruppen trotzdem gut ankommt. (Beispiel: Ein simples Handy-Video über den Verkehrsminister, der im ICE eine Bahn-Durchsage macht, wurde zum Social-Media-Hit.) Posten Sie zum Beispiel jeden Tag ein GIF oder Meme und schreiben dazu einen spannenden Fakt aus Ihrer Behörde. Teilen Sie ausschließlich Bilder Ihrer Kleinstadt, die

---

Follower Ihnen zuschicken. Oder organisieren Sie alle zwei Wochen eine Live-Bürgersprechstunde. Wenn Sie versuchen, *alle* Themen abzudecken, werden Sie scheitern. Erfolgreiche Social-Media-Manager haben immer inhaltliche Schwerpunkte.

Don't: Soziale Medien sind heutzutage Massenmedien, die über Sichtbarkeit und Unsichtbarkeit entscheiden. Wer sie ignoriert, verliert. Wenn Sie als Amt im Social Web nicht gefunden werden, sprechen eben andere *über* Sie. Die Folge: Die »sichtbaren« User übernehmen die Deutungshoheit über *Ihre* Themen. Wer sich Facebook, Twitter und Co. verweigert, hat ein gravierendes Informationsdefizit. In Zeiten, in denen das Vertrauen in die Politik schwindet und Hass im Netz besorgniserregend zunimmt, ist Wegsehen der falsche Weg. Selbst wenn Sie personell noch so dünn besetzt sind, brauchen Sie Mitarbeitende, die monitoren, was gerade in sozialen Medien passiert.

Bei den monatelangen Recherchen für dieses Buch haben wir auch mit vielen Mitarbeiterinnen und Mitarbeitern in kleinen Behörden gesprochen. Fazit: Auch Ämter, die nur eine einzige Person für Social Media abstellen, können mit Ideenreichtum, Engagement und etwas Budget kommunikativ glänzen.

Kapitel 5

Social Media ist auch interne Kommunikation

Wer Social Media in einer Behörde macht, braucht ein gutes internes Netzwerk. Wie Sie es schaffen, sowohl zur Behördenleitung als auch zu den Fachbereichen und anderen wichtigen Stellen ein gutes Verhältnis zu pflegen, verraten wir hier.

Social Media in einer Behörde ist nichts für Menschen, die sich am liebsten hinterm Schreibtisch verstecken. Social-Media-Beauftragte müssen laut Job-Profil viel kommunizieren – nicht nur nach außen (mit der Community), sondern auch innerhalb des Hauses (mit den Fachabteilungen und der Behördenleitung). Social Media ist ganz schön viel interne Lobby-Arbeit. Wir verraten, wie Sie sich auch intern gut vernetzen.

5.1 Zusammenarbeit mit der Behördenleitung

Social Media ist die Stimme der Behördenleitung. Deshalb sollten der Minister, die Oberbürgermeisterin, die Präsidentin der Bundesbehörde oder der Geschäftsführer der städtischen Gesellschaft einen direkten Draht zu den Kommunikator*innen haben und mit ihnen möglichst eng zusammenarbeiten. Social-Media-Teams, die ihre Behördenleitung nie zu Gesicht bekommen, posten und twittern mit angezogener Handbremse: immer vorsichtig, oft langweilig. Warum? Wer sich mit der Behördenchefin oder dem Behördenchef nicht abstimmen oder gemeinsam brainstormen kann, weiß auch nicht, wie sie oder er tickt und denkt. Je vertrauensvoller aber die Zusammenarbeit, desto spontaner, mutiger, ehrlicher, kreativer und bürgernäher wird die Kommunikation.

Problem: Natürlich möchte *jede* Abteilung die maximale Aufmerksamkeit der Spitze. Jedes Thema sollte Chefsache sein. Doch die Zeit einer Ministerin oder eines Bürgermeisters ist begrenzt. Was tun? Wir glauben, dass die Kommunikation tatsächlich mit am wichtigsten ist und schlagen folgende feste Workflows vor:

- Einmal pro Woche nimmt die Behördenleitung an einer Besprechung (Morgen-lage, Redaktionssitzung) des Social-Media-Teams oder des Newsrooms teil. In-halt: Welche Themen und Botschaften sind uns diese Woche wichtig?

- Die Behördenleitung sollte dabei auch konstruktive Kritik üben: Welche Bei-träge haben ihr in der Vorwoche auf den Social-Media-Kanälen gut gefallen, welche weniger? Umgekehrt kann das Social-Media-Team die Chefinnen und Chefs auch über wichtige Entwicklungen informieren: Welches Thema oder Pro-jekt findet bei der Community Beifall – und was droht für die Behörde zum Pro-blemfall zu werden?

- Einmal pro Monat findet ein gemeinsames Strategie-Meeting statt. Auf der Agenda: die kommunikativen Schwerpunkte der kommenden Wochen und Mo-nate, größere Projekte, längerfristige Entscheidungen.

- Die Chefin oder der Chef der Behörde repräsentieren das Amt als Person und sollten daher regelmäßig auf den behördlichen Social-Media-Kanälen vorkom-men. Abzuraten ist jedoch von langweiligen Fotos mit mehreren Menschen vor einer Wand oder etwa Zitat-Kacheln (ein Beispiel sehen Sie in Abbildung 5.1) – also Standard-Inhalten, die bereits seit Jahren out sind. Was gut ankommt, sind Live-Formate, also virtuelle Bürgersprechstunden, die in Echtzeit im jeweiligen sozialen Netzwerk erfolgen.

Abbildung 5.1 Aus Beiträgen wie diesem lässt sich oft der Rückschluss ziehen, dass das Social-Media-Team keinen engen Kontakt mit der Behördenleitung pflegt. Statt echten und neuen Aussagen speziell für das Publikum auf dem jeweiligen Kanal bleibt der Redaktion nur die Zweit-Verwertung von Presse-Zitaten.

Virtuelle Bürgertalks erreichen große Aufmerksamkeit und hohe Reichweite, wenn sie authentisch sind. Aufgezeichnete Behördenleiter*innen-Videos (ein Beispiel finden Sie in Abbildung 5.2) werden nur dann angesehen, wenn sie frei von Phrasen und Polit-Sprech sind. Im eigenen Interesse sollte Ihre Behördenleitung regelmäßig zu Bürgerinnen und Bürgern sprechen. Während Sie für Planung, technische Umsetzung und Regie zuständig sind, muss sich die Hausspitze nur für die Dauer der Aufnahme oder der Live-Übertragung Zeit nehmen. Meist reichen 10 bis höchstens 60 Minuten. Blocken Sie diese Zeiten unbedingt im Kalender Ihrer Chefin oder Ihres Chefs. Falls das bislang nicht klappt, setzen Sie alles daran, die Hausleitung von der Wichtigkeit zu überzeugen.

Abbildung 5.2 In diesem YouTube-Video gab Stephan Pusch, Landrat des Landkreises Heinsberg, im Januar 2020 ein Update zur Corona-Krise. Der zeitliche Aufwand für den Behördenleiter war mit 12 Minuten überschaubar – das Video erzielte jedoch mehr als 60.000 Aufrufe. Überzeugen Sie Ihre Behördenleitung, dass die Zeit für Video- und Live-Formate gut investiert ist!

Wenn die Chefinnen und Chefs gut mit ihrem Social-Media-Team können, wird meist die Qualität der Kommunikation besser. Im Idealfall sind die Kommunikator*innen die engsten Vertrauten der Behördenleitung. Je besser die Social-Media-Verantwortlichen »ihren« Minister oder »ihre« Amtschefin kennen, desto authentischer werden die Beiträge. Natürlich lässt sich ein persönliches Verhältnis nicht erzwingen. Sie können aber als Amt die Grundvoraussetzung dafür schaffen – indem Sie die Social-Media-Verantwortlichkeit direkt an der Behördenleitung andocken (siehe Kapitel 4, »Wie organisiere ich mein Social-Media-Team?«).

5.2   Zusammenarbeit mit den Fachabteilungen

Vielleicht sind Sie auch bereits mit Bedenken aus den Fachabteilungen konfrontiert worden. Da fallen dann Formulierungen wir beispielsweise:

- »Prima, das Bauamt hat den Entwurf für den Baustellen-Post geschickt.«

- »Das Beamtenrechts-Referat besteht darauf, dass wir die tarifrechtlichen Begriffe exakt so verwenden.«

- »Das Sozialamt rät vom Facebook-Beitrag ab – die haben doch bestimmt wieder nur Angst vor negativen Kommentaren …«

Solche Sätze sind in Social-Media-Redaktionen oft zu hören. Die Zusammenarbeit mit den Fachbereichen gehört zum Tagesgeschäft. In der Aufgabenbeschreibung für behördliche Social-Media-Verantwortliche (siehe Kapitel 1, »Wie viel Personal kostet das?‹ – Die drängendste Frage der Behördenleitung« haben wir 10 % der Arbeitszeit dafür angesetzt.

Die Unterstützung der Fachbereiche benötigen Sie für die Inhalte Ihrer Beiträge genauso wie für das Community Management. Ohne zugelieferte Fachexpertise kann keine Social-Media-Redaktion und kein behördlicher Newsroom arbeiten. Der Workflow läuft um vieles besser, wenn das Verhältnis zwischen den Kommunikatoren und den Themenspezialisten vertrauensvoll und eng ist.

Viele Social-Media-Verantwortliche in Behörden klagen: »Jedesmal, wenn wir in der Fachabteilung anrufen, fühlen wir uns wie Störenfriede, werden abgewimmelt oder gar weggedrückt. Auf eine Antwort müssen wir oft eine halbe Ewigkeit warten.« Die Beziehung zu den Expertinnen und Experten sei – um es freundlich auszudrücken – ausbaufähig. Wir sagen Ihnen, wo genau es haken könnte:

- Manche Social-Media-Redakteur*innen warten darauf, dass die Fachbereiche von sich aus Ideen, Inhalte und Geschichten liefern: »Wir haben sie ja schon mehrfach darum gebeten.« Die Fachkolleg*innen sind aber mit Arbeit eingedeckt und froh, wenn sie ihre vielen Projekte zeitgerecht schaffen. Die Kommunikation bedeutet für sie nicht selten eine zusätzliche Belastung und steht auf ihrer Prioritätenliste ganz weit hinten.

- Einige Social-Media-Verantwortliche sind nicht gut (genug) im Haus vernetzt. Das kann viele Gründe haben: Sie sind neu in der Behörde und können nicht auf langjährige Kontakte zurückgreifen. Sie essen immer nur mit den Kolleginnen und Kollegen des eigenen Referats zu Mittag. Sie sind persönlich eher reserviert und keine Netzwerk-Talente. Oder es fehlt (vermeintlich) die Zeit – deshalb rufen sie immer nur dann in den Fachbereichen an, wenn sie etwas brauchen. Und wer mag schon Leute, die immer nur nehmen, aber nie geben?

- So manche Fachkollegin und so mancher Fachkollege lebt nach dem Motto: »Wir machen unsere Arbeit, und das still und leise. Wieso sollten wir darüber reden?« Gespräche mit Social-Media- oder Presse-Verantwortlichen? Suspekt! Kommunikatoren werden so gut es geht ignoriert und ausgeblendet. Dieser Typus Fachkollege hat eine Denke wie vor 25 Jahren: »Der Bürger möchte etwas wissen? Dann darf er zu den Sprechzeiten vorbeikommen!«

- Social Media ist eine relativ neue Behörden-Aufgabe, die intern oft polarisiert und eine Abwehrhaltung erzeugt. Die Gründe dafür reichen von Unkenntnis (»Was machen die da überhaupt?«) über Angst (»Was ist, wenn unser Thema Gegenstand eines Shitstorms wird?«) und Neid (»Ich würde ja auch gern den ganzen Tag bezahlt bei Facebook surfen …« oder »Die haben die neuesten Apple-Geräte, während unsere Computer längst ins Museum gehören.«) bis hin zu Zeitmangel (»Was soll ich denn bitte noch alles machen?«).

- Es gibt Führungskräfte, die das behördliche Kommunikationsteam als Dienst- leister verstehen, der bedingungslos zu gehorchen hat. Sie schicken fertig for- mulierte und schlecht (oder gar nicht) bebilderte Beiträge an die Social-Media- Leute – und »verfügen«, dass dieser »großartige« Inhalt sofort zu posten sei. Was aber, wenn dieser Content thematisch oder qualitativ völlig ungeeignet ist? Dann fängt der Stress an. *Variante 1*: Der oder die Social-Media-Verantwortliche setzt sich durch – und ist beim Abteilungsleiter X plötzlich unten durch. *Vari- ante 2*: Der Abteilungsleiter X agiert nach dem Prinzip »Ober sticht Unter«, der schlechte Beitrag erscheint auf den Social-Media-Kanälen und killt die Tages- reichweite. Die Folge: Frust beim Social-Media-Team.

  Ein Beispiel: Ein Staatssekretär eines Bundesministeriums bombardierte das So- cial-Media-Team ständig mit miserablen Selfies und Handy-Fotos und war je- desmal außer sich vor Zorn, wenn diese Gruselbilder nicht veröffentlicht wur- den. Er beschwerte sich beim Abteilungsleiter und beim Minister. In der Folge musste das Social-Media-Team viele Beiträge veröffentlichen, die in der Bild- sprache weit unter dem üblichen Qualitätsniveau lagen. Die Posts kamen, wie erwartet, nicht gut an.

Wie kann man solche Situationen verhindern?

Machen Sie sich als Social-Media-Team zunächst klar, dass *Sie* auf die Fachbereiche angewiesen sind – und nicht umgekehrt. Lösen Sie sich daher von der Vorstellung, dass alle Fachkolleginnen und -kollegen bei ihrer Arbeit Social Media automatisch mitdenken. Stattdessen sollten *Sie* regelmäßig aktiv auf die Fachbereiche zugehen und nach Posting-Themen und Textbausteinen (für das Community Management) fragen. Bauen Sie dabei, wann immer möglich, ausreichend Vorlaufzeit ein.

Es wird aber auch regelmäßig Situationen geben, in denen die Fachbereiche sehr schnell zuliefern müssen. Kommentare und Nachrichten in sozialen Netzwerken können nicht längere Zeit unbeantwortet bleiben. Damit die Fachämter Ihnen jederzeit gerne helfen, sollten Sie dort hervorragend vernetzt sein. Viele Social-Media-Verantwortliche haben eine klassische Verwaltungsausbildung oder ein Verwaltungsstudium absolviert und waren vor dem Social-Traumjob in mehreren Fachbereichen tätig. Sie kennen die dortigen Themen, Strukturen und Arbeitsabläufe – und sind mit einigen alten Kolleg*innen vielleicht sogar befreundet. Hier noch ein paar Netzwerk-Tipps:

Networking-Tipps für Social-Media-Verantwortliche

- *Knüpfen Sie jederzeit aktiv Kontakte im ganzen Haus.*
  Verabreden Sie sich mit Kolleginnen und Kollegen aus Fachabteilungen zum Mittagessen, sprechen Sie beim Sommerfest oder in der Kaffeeküche miteinander, interessieren Sie sich für die einzelnen Fachgebiete, erzählen Sie von Ihrer Arbeit und fragen Sie, ob Sie bei Gelegenheit anrufen oder in deren Büro vorbeischauen dürfen.

- *Seien Sie als Social-Media-Redaktion ein »offenes Büro«.*
  Richten Sie an jeden und jede im Amt die Einladung, Sie in Ihrem Newsroom oder Ihrem Büro zu besuchen – bei Fragen, zum Ideenaustausch oder einfach auf einen Kaffee. Einen solchen Aufruf können Sie auch im Intranet oder der Mitarbeiterzeitung starten. Falls sich niemand traut: Machen Sie ein Event daraus. Laden Sie komplette Referate monatsweise zu Kaffee und Kuchen zu sich in die Redaktion oder in die Kantine ein. Das Zeitinvestment liegt jeweils bei rund einer Stunde, der Wert der geknüpften Kontakte ist unbezahlbar.

- *Bieten Sie als Social-Media-Redaktion einen internen Beratungs-Service in Sachen Social Media an.*
  Eine Kollegin möchte wissen, ab welchem Alter sie ihrer Tochter Instagram erlauben soll. Ein Kollege ist unsicher, ob man bei Twitter ein Pseudonym verwenden darf. Ein Azubi fragt, ob es erlaubt sei, im Amt Instagram-Stories zu drehen, um Freunden den Ausbildungsplatz zu zeigen. Für all diese Fragen haben *Sie* als Social-Media-Team die Expertise. Bieten Sie im Haus aktiv Rat bei *jeder* Social-Media-Frage an! Das Ganze lässt sich auch institutionalisieren: Wie wäre es mit einer monatlichen internen »Social-Media-Sprechstunde«?

Mit einem guten persönlichen Verhältnis ist es jedoch nicht getan. Es muss auch einen fest definierten Workflow geben, den die Behördenleitung mitträgt und im Zweifel auch durchsetzt. Wir empfehlen Folgendes:

- *Social-Media-Verantwortliche dürfen den Fachbereichen Fristen setzen, bis wann sie eine Info oder einen Inhalt brauchen.*

Wenn eine Antwort akut für das Community Management benötigt wird, darf diese Deadline ausnahmsweise auch kurz sein. Beispiel: Eine Oppositionspolitikerin mit mehr als 100.000 Followern attackiert auf Twitter ein Ministerium und fordert Fakten zu einem brisanten Thema ein. Mit einer schnellen, klugen und seriösen Antwort kann man das Thema im besten Fall abmoderieren. Social

Media erfordert rasche Reaktionen. Die Fachkollegen kennen den Zeitdruck bereits von den Presse-Verantwortlichen, die Journalistinnen und Journalisten regelmäßig vor Redaktionsschluss antworten müssen.

- *Die Social-Media-Reaktion entscheidet, ob ein Inhalt spannend genug für die Zielgruppe ist – und ob/wie/auf welcher Plattform der Beitrag erscheint.*

  Kommt ein Fachbereich mit einem Inhaltswunsch auf Sie zu, sind Sie in der Rolle des Entscheiders (und nicht des Befehlsempfängers). Falls ein Kollege oder eine Kollegin aus dem Haus – egal welchen Ranges – sich ungerecht behandelt fühlt, muss er/sie über die Leitung der Organisationseinheit gehen.

- *Beanspruchen Sie die Fachbereiche nur, wenn es unbedingt nötig ist.*

  Wenn die Fachexperten Informationen an das Social-Media- oder Presseteam liefern, erwarten sie zurecht, dass die Kommunikatoren das Wissen miteinander teilen. Es ist unprofessionell, wenn Sprecher oder Social-Media-Manager wiederholt wegen derselben Fragen anrufen. Eine gut gepflegte Themen- und Textbaustein-Datenbank schafft Abhilfe. Arbeiten Sie sich außerdem auch als Social-Media-Verantwortliche*r so weit wie möglich in die Themen Ihrer Behörde ein und stellen Sie den Fachbereichen nicht nach Jahren noch »Anfänger-Fragen«.

Also: Wann laden Sie zu Ihrem ersten internen Social-Media-Lunch ein?

5.3   Zusammenarbeit mit anderen wichtigen Stellen im Haus

Neben den Fachbereichen, mit denen Sie die Inhalte erarbeiten, haben Sie als Social-Media-Manager*in auch mit folgenden Stellen zu tun:

- *Datenschutzbeauftragte*r*

  Ob Social Media in einer Behörde datenschutzkonform ist oder nicht? Das ist nach wie vor eine Streitfrage. Datenschützer sehen Riesen wie Facebook, Twitter, Instagram und Co. äußerst skeptisch. Umso mehr müssen Sie diese Kolleg*innen von Anfang an einbeziehen, wenn Sie auf Social Media aktiv werden möchten. Ihre Datenschützerin kennt die jeweilige Landesdatenschutzbehörde und kann Sie briefen, worauf Sie besonders achten müssen. (Es gibt beispielsweise Landesdatenschutzbeauftragte, die ein Social-Media-Konzept verlangen.) Nutzen Sie diese interne Beratung und halten Sie umgekehrt Ihre Datenschutzbeauftragte über all ihre Aktivitäten auf dem Laufenden.

  Verbieten kann sie Ihnen Social Media übrigens nicht – theoretisch könnte das nur die Bundes- oder Landesdatenschutzbehörde. Theoretisch. Denn in der Praxis weiß jeder, dass moderne Behörden-Kommunikation ohne Social Media nicht möglich ist.

- *Personalrat*

  Auch er gehört von Anfang an mit an Bord, wenn Sie als Behörde über Social Media nachdenken. Gemeinsam muss beispielsweise geklärt werden: Wie sieht es mit Wochenend-Diensten und Wochenend-Bereitschaft aus? Welchen Ausgleich bekommen Mitarbeitende, die an Samstagen und Sonntagen für Ihr Amt im Einsatz sind? Können sich Mitarbeiter*innen beschweren, wenn sie etwa beim Tag der offenen Tür auf geposteten Fotos oder Videos zu sehen sind? Wie schützt das Amt die Beschäftigten, wenn sie in Kommentaren beschimpft werden (»Frau Müller vom Bauamt ist total unfähig«)?

- *Bürgerservice*

  In größeren Behörden sind eigene Organisationseinheiten für den Kontakt mit den Bürgerinnen und Bürgern per Telefon oder E-Mail zuständig. Absurderweise gehört das Community Management auf Social Media sehr oft nicht zum Aufgabenbereich des Bürgerservice. Dabei werden auf Facebook, Twitter oder Instagram ganz ähnliche Fragen gestellt. Social-Media-Redaktion und Bürgerservice sollten sich zumindest regelmäßig austauschen und jederzeit gegenseitig anrufen können (»Hattet Ihr die Frage schon mal?«). Noch besser ist, wenn sie kooperieren – beispielsweise mit einer gemeinsamen Textbaustein-Datenbank. Unsere Idealvorstellung geht sogar so weit, dass Bürgerservice und Community Management eins sind und dass es ganz egal ist, ob eine Frage oder Nachricht per Telefon, E-Mail oder Instagram kommt. Falls Sie einen Newsroom haben oder planen, plädieren wir dafür, dass die Leitung des Bürgerservice mit im Newsroom sitzt.

- *Rechtsabteilung*

  Am Tag der offenen Tür ließ sich die Ministerin mit Kindern fotografieren. Dürfen diese Bilder auf den Social-Media-Kanälen der Behörde gepostet werden? Oder müssen vorher alle Eltern einwilligen? Social Media wirft immer wieder juristische Fragen auf. Social-Media-Verantwortliche eignen sich im Lauf der Zeit ein Grundwissen in einfachen Rechtsfragen an. Aber immer wieder brauchen sie fundierten Rat. Behörden haben dafür in der Regel eine interne Service-Stelle. Nehmen Sie deren Hilfe unbedingt aktiv in Anspruch. Besser, Sie klären juristische Fragen sauber ab, statt hinterher die Fotos löschen zu müssen.

- *Vergabestelle*

  In Social-Media-Redaktionen fallen häufig Vergaben an. Eine größere Inhouse-Fortbildung, ein neues Redaktionstool, ein Rahmenvertrag für Videos? Behörden können nur sehr geringe Beträge ausgeben, ohne eine Ausschreibung zu machen. Meist müssen sie mehrere Angebote einholen. Das Prozedere ist kompliziert: Leistungsbeschreibungen erstellen, Vergabekriterien festlegen, Bewertungsmatrizen aufsetzen etc. – alles eine Wissenschaft für sich. Eine Ausschreibung kann ein Social-Media-Team für Stunden oder sogar Tage lahmlegen. Eine engagierte Vergabestelle, die Ihnen gut zuarbeitet, schont Ihre Nerven und erspart Ihnen sehr viel Zeit. Fragen Sie die Kolleg*innen dort immer als erstes, ob Sie im konkreten Fall wirklich zwingend ausschreiben müssen. Aus Erfahrung wissen wir: Manche Behörden führen in vorauseilendem Gehorsam manchmal Vergaben durch, wo auch eine direkte Beauftragung möglich gewesen wäre (stellen Sie sich vor, wieviel Arbeitszeit man sich hätte sparen können, von der langen Vergabefrist mal abgesehen). Falls aber tatsächlich ausgeschrieben werden *muss,* dürfen keine Fehler passieren. Wenn Sie eine Ausschreibung später korrigieren müssen oder sich nach dem Zuschlag gravierende Verstöße herausstellen, zieht sich der Vorgang weiter in die Länge. Pflegen Sie als Social-Media-Stelle ein gutes, vertrauensvolles Verhältnis zu Ihrer Vergabestelle – dann klappt es auch mit der nächsten Ausschreibung!

Teil II

Social Media ist die Bürgerkommunikation von heute

Kapitel 6

Müssen wir da etwa antworten?

Soziale Medien tragen das Wort »sozial« im Namen. Social Media bedeutet immer Dialog. Es geht um den Aufbau und die Pflege von Beziehungen. Warum sich soziale Netzwerke hervorragend für die Bürgerkommunikation von heute eignen, erfahren Sie hier.

Kommunikatorinnen und Kommunikatoren in Behörden fragen uns manchmal, ob sie in sozialen Netzwerken »tatsächlich antworten müssen« – oder nicht einfach auf die »Kommentarfunktion« verzichten können. Einige berichten uns sogar: »Bei uns wurde entschieden, dass wir erst mal nicht auf Kommentare antworten.« Für uns als Social-Media-Experten und Autoren dieses Buches klingen solche Sätze paradox, denn: Soziale Netzwerke sind explizit dazu da, um Beziehungen zu pflegen – und neue entstehen zu lassen.

»Können wir denn nicht einfach nur unsere Inhalte einstellen?« haken auch Amtsleiterinnen und Amtsleiter oft nach. Klare Antwort: nein. Social Media bedeutet immer Dialog. Wer sich als Amt in einem sozialen Netzwerk anmeldet, zeigt aus Nutzer-Sicht Dialogbereitschaft. Kommt dann keine Antwort, ist das für die Fans oder Follower befremdlich. Stellen Sie sich vor, Sie laden als Behörde zu einer Bürgerdialogveranstaltung zu einem bestimmten Thema ein. Tatsächlich folgen einige Frauen und Männer der Einladung – und stellen interessiert Fragen. Sie als einladendes Amt reagieren aber nicht, sondern ignorieren die Bürgerinnen und Bürger einfach und schweigen. Unvorstellbar, richtig? Genauso ungehobelt ist es, in den sozialen Medien nicht zu antworten!

Kurzer Rückblick: Die Vorläufer sozialer Netzwerke wie Facebook oder Twitter waren in den 1990er-Jahren Blogs, Internet-Foren und Kommentarspalten auf Websites. Sie ermöglichten erstmals, dass nicht nur große und professionelle Publisher (etwa Medien, Verlage oder Unis) etwas veröffentlichen konnten – sondern *alle* konnte sich plötzlich mit der eigenen Meinung, eigenen Inhalten, dem Hobby oder Lieblingsthema zu Wort melden, Kontakte knüpfen und sich austauschen. In den späten 2000er-Jahren tauchten dann Social-Media-Plattformen auf: Facebook, Twitter, StudiVZ und MySpace machten die Interaktion noch komfortabler, bunter, mobiler. Vieles, das zuvor in Internet-Foren oder in Blogs veröffentlicht wurde, wird seither auf diesen Plattformen geteilt und kommentiert. Man knüpft Kontakte und findet Gleichgesinnte – auch Freundschaften und Ehen entstehen über Social Media. Soziale Netzwerke sind sehr hilfreich, um mit alten Studienkolleginnen und -kollegen, Familienmitgliedern im Ausland und Freunden in anderen Städten in Kontakt zu bleiben. Mark Zuckerberg rief Facebook einst ins Leben, damit sich Studierende der Harvard-Universität untereinander vernetzen konnten. Heute kann man auf der Plattform zwar *auch* Nachrichten und Behörden-Meldungen lesen, einen Job suchen, Politikern und Promis folgen. Doch Facebook ist und bleibt vor allem ein Ort des Austauschs und des Kontakte-Knüpfens (mittlerweile ist sogar eine Dating-Funktion integriert). Hierauf legt das Unternehmen ausdrücklich Wert.

Im Jahr 2021 sind soziale Medien Massenmedien. Sie haben in puncto Nutzerzahlen und Reichweiten gedruckte Zeitungen hinter sich gelassen, in einigen Altersgruppen sogar das lineare Fernsehen. Immer mehr Behörden wollen (und müssen) die hohe Reichweite für sich und ihre Botschaften nutzen – wünschen sich aber, dies ohne den zeitgleichen (und zeitaufwändigen) Bürgerdialog tun zu können. Der Kontakt soll doch bitte weiterhin gesittet über Sprechzeiten und Briefe laufen. Wie gerade beschrieben, funktioniert das in sozialen Netzwerken aber natürlich nicht! Soziale Medien sind *für* den Dialog gemacht worden. Treten Sie einer Dating-Plattform bei, wenn Sie niemanden kennenlernen möchten? Oder schalten Sie eine Wohnungsanzeige, wenn Sie gar nicht umziehen wollen? Eben! Und genauso wenig melden Sie sich in einem sozialen Netzwerk an, wenn Sie dort nicht mit anderen Menschen sprechen. Wer als Amt keinen Kontakt sucht, sondern nur etwas mitteilen möchte, muss auf »One-to-many-Medien« wie Websites, Zeitungen und das Fernsehen zurückgreifen.

Die Antwort auf die Eingangsfrage »Müssen wir da etwa antworten?« liegt also auf der Hand. Da wir über das Ob nicht mehr reden müssen, können wir uns nun dem Wie widmen. Zunächst aber eine gute Nachricht: Behörden, die sich auf soziale Netzwerke *inklusive* Dialog einlassen, erzielen einen hohen Nutzen für sich selbst. Beispiele gefällig?

- Im Fall einer Katastrophe oder eines Terror-Anschlags kann eine Behörde über Social Media in kürzester Zeit viele Menschen warnen oder zur Vorsicht aufrufen. Die Community teilt die Information mit ihren Kontakten.

- Über die Dialog-Funktion sozialer Netzwerke können Ämter auf Bürgerfragen eingehen, Missverständnisse auflösen und Fake News richtigstellen, bevor diese sich zu weit verbreiten können.

- Über das direkte Feedback erhalten Behörden Informationen, die für ihre Arbeit wertvoll sind.

- Eine rege Interaktion mit den Nutzerinnen und Nutzern zahlt sich (technisch) in Form kostenloser Reichweite aus: Die Algorithmen der sozialen Netzwerke pushen Beiträge, die viele Kommentare und Likes auslösen. Behörden, die sich eine hohe Reichweite in sozialen Netzwerken aufgebaut haben, sind bei der Verbreitung von Botschaften unabhängig von Dritten.

- Nachwuchskräfte gehen vorwiegend in sozialen Medien auf Jobsuche – und legen Wert darauf, in diesem vertrauten Umfeld auch direkt Fragen stellen zu können. Treten Behörden in den Dialog, haben sie gute Chancen, die Nachwuchskräfte zu gewinnen, die sie brauchen.

- Guter direkter Dialog stärkt das Vertrauen der Bürgerinnen und Bürger in die jeweilige Behörde – und damit auch in den Staat und seine Institutionen insgesamt. An diesem schönen Ziel können Social-Media-Verantwortliche in Ämtern mit jedem einzelnen Facebook-Kommentar arbeiten.

Sie sehen: Social Media sind gerade *wegen* ihrer Dialogfunktion ideale Kanäle für die Behördenkommunikation! Als Amt haben Sie nichts zu verlieren, aber viel zu gewinnen, wenn Sie diesen Kommunikationsweg gezielt und strategisch nutzen.

Woher kommt dann die Verunsicherung, die Behörden beim Gedanken an direkten Dialog in sozialen Netzwerken verspüren? Fakt ist: Community Management unterscheidet sich nicht wesentlich vom »normalen« Behörden-Kontakt mit Bürger*innen und anderen Zielgruppen. Ämter haben tagtäglich mit Menschen zu tun – sei es in persönlichen Terminen, über E-Mails, am Telefon oder auf Veranstaltungen. Community Management (auf all diesen Wegen) ist in der DNA der öffentlichen Verwaltung fest verankert! Dies gilt es auf Social Media zu übertragen: Bürgerinnen und Bürger mit Termin im Rathaus sind nichts anderes als Menschen, die per Instagram-Direktnachricht etwas fragen oder auf YouTube einen Kommentar hinterlassen.

Wir glauben, dass die virtuellen Berührungsängste folgende vier Gründe haben:

1. Behörden fehlt bei Social-Media-Kommunikation die Routine. Sie kennen und beherrschen die neuen Medien noch zu wenig – und halten sie deshalb für gefährlich oder unkontrollierbar. Manch ein Amt denkt: »Sobald wir eine Facebook-Seite eröffnen, kommt eine Flut von Kommentaren auf uns zu, die wir niemals bewältigen können. Wir werden jede Nacht und jedes Wochenende arbeiten müssen, und am Ende muss unsere Behördenleitung zurücktreten, weil wir falsch geantwortet haben …« All diese Ängste sind maßlos übertrieben. Wir werden Ihnen in diesem und den folgenden Kapiteln Schritt für Schritt vermitteln, wie Sie den Dialog in sozialen Netzwerken souverän führen und im Hintergrund stressfrei managen. Wer als Behörde Bürgerinnen und Bürger empfängt, Pressekonferenzen gibt und juristische Schreiben herausschickt, kann sich auch für den Dialog in sozialen Netzwerken perfekt aufstellen!

2. Wir erleben eine unverhältnismäßige Angst vor sogenannten »Shitstorms«, die in den Medien oft als tödliche Hurrikans dargestellt werden, bei denen es sich meist aber nur um stürmische, schnell vorüberziehende Winde handelt. Wir, die Autoren dieses Buches, waren jahrelang in den schwierigsten Behörden des

Landes für Social Media zuständig und können alle anderen Ämter beruhigen: Shitstorms sind zwar nervenaufreibend und lästig, vergehen aber schnell. Sie kommen im Leben eines jeden Social-Media-Verantwortlichen vor (zum Glück aber äußerst selten). Manchmal können Shitstorms der Behörde sogar nützen. Wie man gut mit ihnen lebt und arbeitet, verraten wir in Kapitel 8, »Was tun, wenn ein ›Shitstorm‹ kommt?«.

3. Behörden-Mitarbeitende sind – verzeihen Sie uns die Direktheit – nicht immer empfänglich für Veränderungen. Social Media stellt die eingefahrenen Wege der Behörden-Kommunikation kräftig auf den Kopf und wird deshalb per se erst mal skeptisch betrachtet. Doch glücklicherweise gibt es sie auch in der Verwaltung: progressive Kräfte (jeden Alters!), die richtig Lust auf Digitalisierung haben und denen auch Community Management Spaß macht. Wie Sie die richtigen Leute für diesen Job finden können, thematisieren wir in Kapitel 2, »Welche Talente brauche ich für mein Social-Media-Team?«.

4. Einige wenige Beschäftigte in der Verwaltung sind es gewöhnt, sich mit Antworten Zeit lassen zu können. Sie wollen weiterhin selbst entscheiden, ob sie sich um eine Anfrage heute, morgen oder erst nächste Woche kümmern. Ihre traditionelle Denke: »Wir lassen uns nicht unter Zeitdruck setzen, schon gar nicht auf Social Media. Wer etwas möchte, soll zu den Sprechzeiten vorbeikommen oder einen Antrag stellen.« Dieses Mindset ist veraltet und sollte unabhängig von Social Media aus der Verwaltung verschwinden!

Falls der letzte Punkt bei Ihnen zutrifft, müssen Sie wohl noch jede Menge Mitarbeitergespräche führen und Ihr Team auf modernen Bürgerservice einschwören, bevor Sie mit Social Media starten können. Wenn aber die Punkte 1. bis 3. bei Ihnen zutreffen, ist dieses Kapitel genau richtig für Sie!

6.1 Der richtige Umgang mit Kommentaren und Nachrichten auf Social-Media-Kanälen

Wie läuft der Dialog zwischen Staat und Bürger über Social Media nun konkret ab?

In diesem Abschnitt machen wir Sie mit den beiden wichtigsten Dialogformen in sozialen Netzwerken vertraut: mit Kommentaren und Nachrichten. Diese finden Sie auf fast allen Plattformen, ob nun Facebook, Twitter, YouTube oder TikTok. Und so funktionieren sie:

- *Kommentare* werden häufig unter einen Social-Media-Beitrag gepostet (ähnlich wie in den Kommentarspalten auf Websites). Sie sind *öffentlich*, das heißt: Wer in dem sozialen Netzwerk angemeldet ist, kann sie lesen, bewerten (zum Beispiel »liken«) und ergänzen. So entsteht oft ein längerer Dialog mit vielen Interessierten. Ein Beispiel sehen Sie in Abbildung 6.1.

- *Nachrichten* sind nur an Sie persönlich gerichtet, also *nicht öffentlich*. Sie landen in einer Art E-Mail-Postfach innerhalb des sozialen Netzwerks, das nur Sie einsehen können. Auf den meisten Plattformen werden sie Direktnachrichten genannt, bekannte Abkürzungen sind DM (»direct message«) oder auch PN (»persönliche Nachricht«).

Abbildung 6.1 Wenn die Bundesregierung auf Facebook postet, reagieren viele Menschen: Unter diesem Posting gingen über 300 Kommentare ein.

Sobald Sie einen Account in einem sozialen Netzwerk eröffnen und dort Beiträge posten, wird das als Einladung zum Dialog aufgefasst. Es wird also nicht lange dauern, bis Sie die ersten Kommentare und Nachrichten erhalten. Je mehr Fans und Follower Sie mit der Zeit gewinnen und je erfolgreicher und sichtbarer Sie innerhalb des sozialen Netzwerks werden, desto mehr Kommentare und Nachrichten bekommen Sie. Falls Sie nur langweilige Pressemitteilungen posten und deshalb nur wenige Ihren Account abonnieren, werden Sie auch wenige Rückmeldungen bekommen. Reichweite, Erfolg und Rückmeldungen gehen auf Social Media Hand in Hand. Um einen Vergleich zur Musikwelt zu ziehen: Erfolgreiche Bands erhalten viel Fanpost, erfolglose wenig. Wenn Sie als Amt auf Social Media *viele* Kommentare und Nachrichten erhalten – darunter möglichst viel Fanpost und ein kleiner Anteil an (konstruktiver) Kritik – dann sind Sie erfolgreich! Wie viele Rückmeldungen Sie auf den Plattformen bekommen und wie die Stimmung in Ihrer Community ist, können Sie (zumindest zu einem gewissen Grad) selbst steuern. In diesem und den folgenden Kapiteln verraten wir Ihnen, wie dies funktioniert.

Entscheidend für den Erfolg ist diese Grundhaltung: Kommentare und Nachrichten, die Ihnen die Menschen in sozialen Netzwerken zukommen lassen, sind *genauso* wichtig wie Briefe, Anrufe, E-Mails und terminierte Vorsprachen in Ihrem Amt. Das heißt: Sie müssen alle lesen und sollten auf die meisten auch reagieren (wenn Sie auf sozialen Plattformen noch nicht geübt sind, stellen Sie sich einfach vor, dass jemand das gleiche Anliegen auf einem der bekannten Wege an Sie heranträgt).

Unerfahrene Ämter bekommen an dieser Stelle Angst und fragen uns: »Muss ich da etwa sofort antworten? Was ist, wenn ich keine Zeit habe? Ich habe doch auch noch andere Aufgaben!« Die Angst, von Kommentaren und Nachrichten auf Social Media überrollt zu werden, ist unbegründet. Sie müssen nicht immer sofort antworten – aber eben in einer adäquaten Zeit. Unsere Empfehlung lautet: Beantworten Sie Kommentare und Nachrichten möglichst am gleichen Tag. Dies gilt zumindest an Wochentagen – auf das Thema Wochenend-Dienst und Wochenend-Bereitschaft gehen wir in diesem Kapitel noch ein.

Wenn eine Antwort am selben Tag nicht möglich ist, weil Sie zuerst Informationen in einem Fachamt einholen müssen, schreiben Sie eine Zwischennachricht an den User, beispielsweise: »Danke für Ihre Frage, wir hören intern nach und melden uns!« (Die inhaltliche Antwort sollten Sie dann am nächsten, spätestens am übernächsten Tag nachliefern). Der Social-Media-Kommentar oder die Direktnachricht liegt bei der erwarteten Antwortzeit also irgendwo zwischen einem Bürger-Anruf oder einer persönlichen Vorsprache (da müssen Sie *direkt* reagieren) und einem Brief oder einer E-Mail.

Social-Media-Nutzer (vor allem jüngeren Alters) finden es weit praktischer, Ihnen eine Nachricht in einem sozialen Netzwerk zu schicken, als eine E-Mail zu verfassen oder Sie anzurufen. »Digital Natives« sind ständig online, chatten mit Freunden und Kollegen – und tippen am liebsten auf direktem Weg eine kurze Nachricht an ein Amt. Sie denken sich: Wieso soll ich zuerst die richtige Mail-Adresse suchen, eine andere App öffnen und eine formvollendete Mail formulieren – ohne dass ich am Ende weiß, ob die Mail bei den richtigen »sehr geehrten Damen und Herren« angekommen ist? Bieten Sie Ihren Bürgerinnen und Bürgern daher aktiv und *gerne* die Möglichkeit, sich über ihre sozialen Netzwerke an Sie zu wenden. Für diesen guten Bürgerservice ist Ihnen Lob und Dankbarkeit sicher. Fordern Sie auf Ihren Social-Media-Accounts die User immer wieder *aktiv* dazu auf, sich bei Ihnen zu melden, indem Sie Sätze wie diese in Ihre Beiträge oder Ihre Profiltexte schreiben:

- »Falls noch Fragen offen sind: Schreiben Sie uns gerne einen Kommentar oder eine Nachricht.«

- »Schicken Sie uns gerne eine Direktnachricht – wir antworten so schnell wie möglich!«

Falls Sie nun sagen: »Am gleichen Tag antworten? Das werden wir nur selten schaffen« ist das ein sicheres Zeichen, dass Sie Social Media falsch geplant haben. Sie haben dann nämlich zu wenig Zeit beziehungsweise zu wenig Kapazitäten für das Community Management eingeplant. In dem Fall sollten Sie Kapitel 1, »Wie viel Personal kostet das?‹ – Die drängendste Frage der Behördenleitung«, noch mal lesen und Überzeugungsarbeit bei Ihren Vorgesetzten/Ihrer Behördenleitung leisten. Community Management kostet 30 % der Arbeitszeit von Social-Media-Verantwortlichen und darf am wenigsten von allen Aufgaben vernachlässigt werden, wenn Sie erfolgreich sein wollen. Unsere feste Überzeugung ist: Community Management ist Ihre *wichtigste* Aufgabe als Social-Media-Behörde! Nicht umsonst ist »Community Manager« in größeren Unternehmen eine eigene Stelle und Jobbeschreibung. In den meisten Behörden ist das unrealistisch – behalten Sie jedoch im Kopf, dass der Dialog in der Social-Media-Arbeit Priorität haben muss.

Wenn Sie sich also ausreichend Zeit freigeschaufelt haben und freudig auf Kommentare und Nachrichten warten, bleibt die Frage: *Wie* antwortet man als Amt *richtig*? Auf einer Veranstaltung haben wir neulich die beste aller Antworten auf diese Frage gehört: »Antworten Sie wie Angela Merkel!« Stellen Sie sich beim Community Management immer die langjährige Bundeskanzlerin vor, wie Sie besonnen, überlegt, ruhig und sachlich antwortet und erklärt. Manchmal überrascht sie mit einer ironischen Spitze. Doch stets bleibt sie seriös. Nie lässt sie sich aus der Ruhe bringen (zumindest nicht von außen erkennbar). Der Leitsatz für gutes Community Management in Behörden könnte lauten: »Mach die Merkel!«

Das bedeutet in der Praxis: Beantworten Sie alle inhaltlichen Fragen und Anliegen, die Sie auf Social Media erhalten, freundlich und Service-orientiert. Erklären, erklären, erklären Sie! Drücken Sie Ihre Antwort verständlich aus. Seien Sie stets hilfsbereit – auch dann, wenn mal jemand sein Anliegen flapsig oder gar unfreundlich vorbringt. Hier helfen Ihnen Ihre Erfahrungen aus dem behördlichen Bürgerservice vor Social Media: Als Amtsträgerin oder Amtsträger pöbeln Sie nicht zurück, sondern bleiben auf der sachlichen Ebene. Unsere Erfahrung ist: Die meisten User freuen sich über eine Service-orientierte Behörden-Antwort und formulieren nicht selten ein Dankeschön. Zudem nehmen die vielen Mitlesenden wahr: »Diese Behörde ist anders als viele andere. Wenn ich hier etwas frage, dann wird mir geholfen. Toll!«

Auf Lob und positives Feedback sollten Sie zumindest mit einem »Like« reagieren – besser aber mit einem Dankes-Kommentar (Beispiel: »Das Lob freut uns sehr – vielen Dank. Ihnen noch einen schönen Tag!«)

Als Behörde werden Sie es auf jeden Fall auch mal erleben, dass jemand harte Kritik übt. Statt Angst zu haben sollten Sie sich freuen! Das klingt erst mal paradox, wir lösen es aber gerne auf:

- Kritik hilft Ihnen, besser zu werden! Möglicherweise wussten Sie nicht, wie eine bestimmte Maßnahme, eine Äußerung oder ein Service »draußen« ankommt – und erhalten über Social Media ein Stimmungsbild. Kritik über soziale Netzwerke ist kostenlose Marktforschung!

- Kritik, die *Ihnen* gegenüber formuliert wird (in diesem Fall auf Ihrem Social-Media-Account), gibt Ihnen die Gelegenheit, Stellung zu nehmen, Ihr Handeln zu begründen oder zu erklären. Der besondere Vorteil bei öffentlichen Social-Media-Kommentaren: Nicht nur die Kritikerin oder der Kritiker kann Ihre Antwort lesen, sondern *alle*! Die Mitlesenden erfahren also Ihre Sicht – und je besser Sie diese erklären, desto mehr Menschen werden Sie überzeugen und auf Ihrer Seite haben. Die schlechtere Alternative ist, dass empörte Bürgerinnen und Bürger sich in privaten Chats oder Gruppen über Sie auslassen. In dem Fall bekommen Sie es nicht mit und können nicht eingreifen.

Konstruktiv kritische Kommentare sollten für Sie also eine höchst willkommene Chance sein, Ihre Behörden-Position deutlich zu machen und zu einem besseren Verständnis für Verwaltungshandeln in der Bevölkerung beizutragen. Aus unserer Sicht ist das eine wichtige Aufgabe, und soziale Netzwerke sind das ideale Instrument dazu.

Auf »normale« Kritik auf Social Media sollten Sie wie folgt reagieren:

- Wenn die Kritik berechtigt ist, empfehlen wir, Fehler zuzugeben und konkret zu sagen, wie Sie Dinge verbessern werden. Falls Sie als Behörde etwas falsch gemacht haben, entschuldigen Sie sich. Dafür werden Sie in der Regel wiederum positive Reaktionen bekommen!

- Wenn die Kritik nicht berechtigt ist, erklären Sie, warum Ihr Handeln richtig war oder warum eine bestimmte Vorschrift Sinn macht. Schreiben Sie, warum etwas so und nicht anders ist, nehmen Sie die Menschen mit! Rechtmäßiges Handeln dürfen Sie als Amt in sozialen Netzwerken selbstbewusst vertreten.

Ämter, die noch nicht viel Erfahrung mit Social Media haben, befürchten oft eine zerstörerische Flut kritischer Kommentare. Diese Angst macht viele Amtsleitungen vorsichtig. Wir können Sie aber beruhigen: Auf behördlichen Social-Media-Accounts überwiegen positive und neutrale Kommentare bei weitem. Ein gewisser Anteil an kritischen Stimmen ist kein »Shitstorm«, sondern völlig normal und in einer Demokratie auch gesund.

Falls Sie auf Ihren Social-Media-Plattformen fast ausschließlich negative Rückmeldungen bekommen, hat das immer eine besondere Ursache! Folgendes kann zutreffen:

- Ihre Behörde ist in einen Skandal verwickelt oder bekommt gerade einen »Shitstorm«. Wie Sie in diesen (seltenen) Fällen reagieren sollten, steht in Kapitel 8, »Was tun, wenn ein ›Shitstorm‹ kommt?«.

- Sie haben als Behörde viele schwierige, oft polarisierende und negativ konnotierte Themen. In diesem Fall ist es logisch, dass auch viele Rückmeldungen an Sie einen eher kritischen Ton haben. Ein Beispiel ist das Bundesinnenministerium, das sich unter anderem um Asylfragen, Terrorismusbekämpfung oder Überwachung kümmert. Fanpost auf Social Media ist hier nur selten zu erwarten! Das liegt in der Natur der Sache. Dennoch ist gutes Community Management möglich: Behörden mit kritischen Themen, die sich den Nachfragen stellen und sich auf Social Media offen und freundlich zeigen, bekommen explizit *hierfür* positives Feedback. Auch die Deutsche Bahn (früher mal eine Behörde, jetzt Social-Media-Star) ist dafür ein gutes Beispiel.

- Sie haben über lange Zeit schlechte Social-Media-Arbeit gemacht. Ein fiktives Beispiel: Ihre Behördenleitung hat sich in der Öffentlichkeit durch mehrere ungeschickte Äußerungen sehr unbeliebt gemacht. Entsprechende kritische Rückmeldungen auf Social Media haben Sie nie beantwortet, sondern die Community einfach ignoriert. Aus Enttäuschung lässt diese nun ihren Frust bei Ihnen aus – und nutzt Ihren Account schlicht als »Müllhalde«. Ist die Stimmung mal derartig gekippt, wird es schwer, wieder eine positive Community aufzubauen. Reagieren Sie deshalb immer früh und adäquat auf Kritik. Zeigen Sie, dass Sie die Menschen auch auf Social Media ernst nehmen!

- Die Menschen sind aus Gründen unzufrieden, die *nichts* mit Ihrer Social-Media-Arbeit und nur wenig mit Ihnen als Amt zu tun haben. Beispiel: Während der Corona-Krise waren viele Deutsche in Kurzarbeit oder mussten sich gleichzeitig um Job und Kinder kümmern. Die Folgen des Lockdown – Existenzängste, Doppelbelastung durch Homeschooling, Einsamkeit, Anstieg der häuslichen Gewalt u. a. – wirkten sich auf die psychische Gesundheit aus. Die schlechte Stimmung im Land spiegelte sich auch in den sozialen Netzwerken wider. Und Sie als Behörde waren eine zentrale Anlaufstelle. In solchen Extremsituationen müssen Sie akzeptieren, dass für einen begrenzten Zeitraum mehr negative Kommentare Ihre Timeline füllen als sonst. Mit guter Social-Media-Kommunikation lässt sich die Realität zwar nicht ändern, aber auch in Krisen wird guter Service wahrgenommen. Welche Learnings Sie explizit aus der Corona-Krise ziehen können, erfahren Sie in Kapitel 15, »Was Behörden aus der Corona-Krise kommunikativ lernen können«.

- Auch auf das Phänomen Hass im Netz gehen wir ein – unseren Leitfaden hierzu finden Sie in Kapitel 9, »Wie gehe ich als Behörde mit Hass im Netz um?«.

Die Meldungen über »Shitstorms« oder »Hate Speech« in sozialen Netzwerken vermitteln manchmal den Eindruck, Sie müssten als Amt übermäßig Angst vor negativen Kommentaren haben. Das stimmt aber nicht! Wussten Sie, dass rund 80 % aller Social-Media-Dialoge positiv sind? Die meisten Menschen nutzen soziale Medien, um die schönen Momente des Lebens zu teilen, etwas zu lernen, sich inspirieren und begeistern zu lassen und Freundschaften zu knüpfen. Diese Motivation können Sie als Amt für sich nutzen – und gezielt eine positive Community aufbauen! Wie dies funktioniert, erfahren Sie in Kapitel 7, »›Social Amt‹: Wie ich als Behörde Beziehungen zu meinen Zielgruppen aufbaue«.

Nachdem wir Ihnen hoffentlich die Angst nehmen konnten, sich ständig mit negativen Kommentaren herumschlagen zu müssen, wollen wir Ihnen zeigen, wie *Sie* bei Ihren Antworten den richtigen Ton treffen. Die Frage, ob Sie Ihre Fans und Follower duzen oder siezen sollten, beantworten wir weiter hinten in diesem Kapitel.

An dieser Stelle ist uns zunächst wichtig, dass Sie sich noch mal ins Gedächtnis rufen: Soziale Netzwerke wurden gegründet, um private Kontakte zu knüpfen. Inzwischen sind Facebook, Instagram, LinkedIn und Co. auch längst interessante Portale für geschäftliche Beziehungen geworden. Was bleibt, ist ein ungezwungenes Gesprächsklima: Wenn Unternehmen mit ihren Kunden oder Ämter mit ihren Bürgern sprechen, ist der Ton lockerer und persönlicher als in formellen Anschreiben. Behörden, die neu auf Social Media sind, fragen uns häufig: »Wie schaffen wir den Spagat zwischen seriöser Information und jovialer Lockerheit?« Wir antworten dann: Antworten Sie immer bürgernah und locker – aber bleiben Sie dabei immer seriös.

Ein Positivbeispiel für Community Management liefert Königswinter (NRW). Die Stadt hatte auf Instagram unter einem idyllischen Rhein-Foto vor dem lebensgefährlichen Baden im Fluss gewarnt und appelliert, für eine Abkühlung besser die Freibäder zu nutzen. Daraufhin kommentierte eine Mutter kritisch: »Schade, wenn ihr empfehlt, ins Schwimmbad zu gehen, denn aktuell gibt es gerade keines, in das Kinder gehen dürfen.« Das Social-Media-Team antwortete freundlich und schnell und bat um etwas Geduld (siehe Abbildung 6.2). Kurz darauf meldete sich jemand direkt vom Freibad Königswinter bei der Mutter: »Wir hoffen, dass wir in Kürze den Kinderbereich öffnen können. Morgen entscheidet sich, wann wir das Nichtschwimmerbecken füllen dürfen, und dann geht es schnell.« Die Mutter war glücklich und schickte ein Herz-Emoji. So funktioniert Bürgerkommunikation heute.

Ein Negativbeispiel kommt vom Bundesministerium für Wirtschaft und Energie. Das BMWi veröffentlichte im Juni 2021 auf Facebook einen Beitrag zum Thema »Ladensterben in Innenstädten«. Ein User kommentierte kritisch: »Welche Innenstädte meint Ihr? Die der 6 Metropolregionen, für die ihr in den letzten 30 Jahren alles geopfert habt, was in Kleinstädten lebenswert und schön war, die gesamte

Wirtschaftskraft und alle Arbeitsplätze dort zusammengezogen habt, um den Unternehmen möglichst hohe Wachstumsraten durch Nutzung der Infrastruktur zu ermöglichen? (…)« (Den gesamten Kommentar und die Antwort sehen Sie in Abbildung 6.3). Der Nutzer trug seine Kritik zwar ungehalten vor, er hatte aber ein ernstgemeintes Anliegen. Eine prima Gelegenheit für das Ministerium, sich zu erklären! Statt jedoch auf die Thesen des Mannes einzugehen und sie möglicherweise zu entkräften, antwortete das »Team Bürgerdialog« mit einem 20-zeiligen Sammelsurium an Textbausteinen – und ließ den User und alle Mitlesenden ratlos zurück. Begriffe wie *Dialogplattform*, *Handlungsempfehlungen* oder *Kompetenzzentrum* sind außerhalb von Ministerien Liebestöter-Begriffe. Die distanzierte und abgehobene Antwort des BMWi ist maximal ungeeignet für Social Media – wo es schließlich um den Aufbau und die Pflege von Beziehungen statt um deren Verhinderung geht!

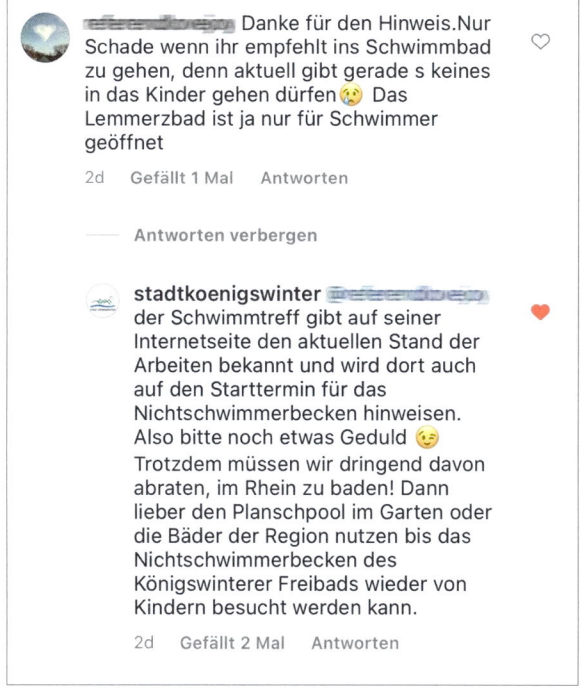

Abbildung 6.2 Die Stadt Königswinter antwortete schnell und persönlich auf den Instagram-Kommentar einer Mutter. Die Frau hatte ihren Unmut darüber geäußert, dass der Besuch der städtischen Schwimmbäder wegen Corona noch eingeschränkt war.

Als Amt müssen Sie Ihren Antwort-Stil immer an Ihre Zielgruppe und das soziale Netzwerk anpassen, in dem Sie sich gerade bewegen. Facebook ist eine Plattform, die eher privat genutzt wird. Fachausdrücke sind hier fehl am Platz. Wenn Sie sich auf typischen Bürgernetzwerken wie Facebook oder Instagram unterhalten, muss Ihre Sprache klar und verständlich sein. Verzichten Sie auf Fachbegriffe. Stellen Sie sich immer vor, dass Ihre Community neu im Thema ist – und holen Sie Ihre Fans und Follower ab! Nur wenn Sie sich gezielt an eine Fachcommunity wenden, ist Expertensprache erlaubt. Beispiele: Sie pflegen bei Twitter einen kleinen Netzwerk-Account – oder Sie schreiben in einer LinkedIn-Gruppe über ein fachliches Thema.

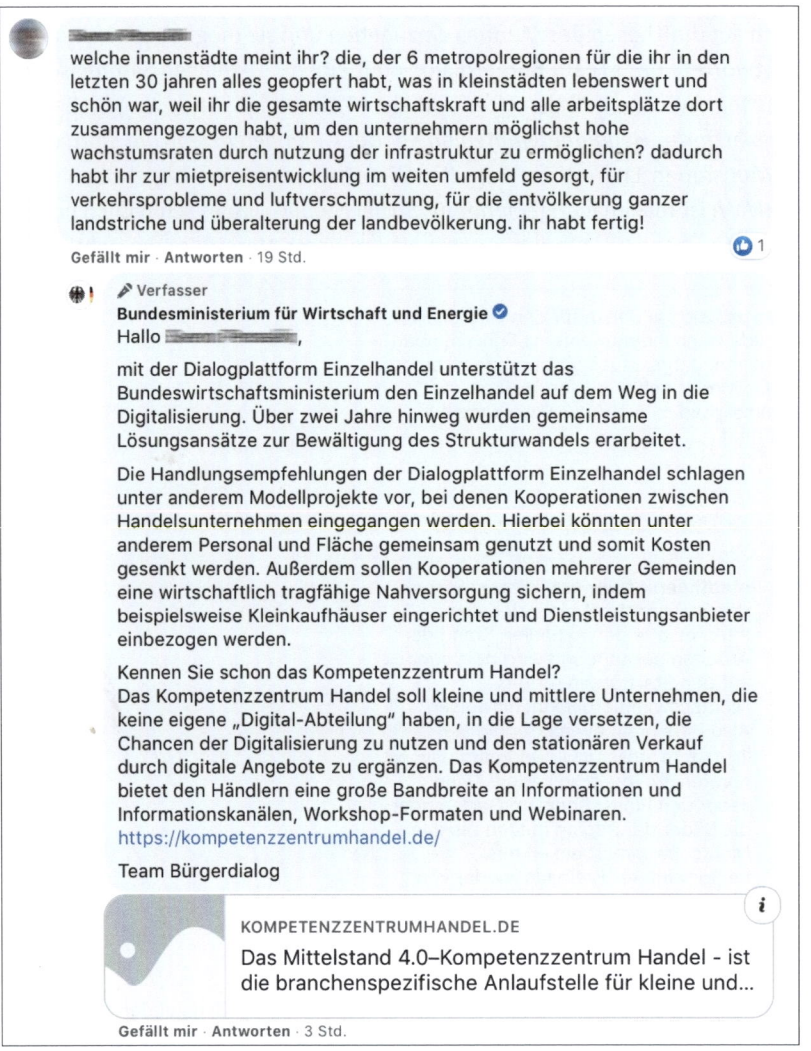

welche innenstädte meint ihr? die, der 6 metropolregionen für die ihr in den letzten 30 jahren alles geopfert habt, was in kleinstädten lebenswert und schön war, weil ihr die gesamte wirtschaftskraft und alle arbeitsplätze dort zusammengezogen habt, um den unternehmern möglichst hohe wachstumsraten durch nutzung der infrastruktur zu ermöglichen? dadurch habt ihr zur mietpreisentwicklung im weiten umfeld gesorgt, für verkehrsprobleme und luftverschmutzung, für die entvölkerung ganzer landstriche und überalterung der landbevölkerung. ihr habt fertig!

Gefällt mir · Antworten · 19 Std.   👍 1

↗ Verfasser
Bundesministerium für Wirtschaft und Energie ✓
Hallo ▓▓▓▓▓▓▓,

mit der Dialogplattform Einzelhandel unterstützt das Bundeswirtschaftsministerium den Einzelhandel auf dem Weg in die Digitalisierung. Über zwei Jahre hinweg wurden gemeinsame Lösungsansätze zur Bewältigung des Strukturwandels erarbeitet.

Die Handlungsempfehlungen der Dialogplattform Einzelhandel schlagen unter anderem Modellprojekte vor, bei denen Kooperationen zwischen Handelsunternehmen eingegangen werden. Hierbei könnten unter anderem Personal und Fläche gemeinsam genutzt und somit Kosten gesenkt werden. Außerdem sollen Kooperationen mehrerer Gemeinden eine wirtschaftlich tragfähige Nahversorgung sichern, indem beispielsweise Kleinkaufhäuser eingerichtet und Dienstleistungsanbieter einbezogen werden.

Kennen Sie schon das Kompetenzzentrum Handel?
Das Kompetenzzentrum Handel soll kleine und mittlere Unternehmen, die keine eigene „Digital-Abteilung" haben, in die Lage versetzen, die Chancen der Digitalisierung zu nutzen und den stationären Verkauf durch digitale Angebote zu ergänzen. Das Kompetenzzentrum Handel bietet den Händlern eine große Bandbreite an Informationen und Informationskanälen, Workshop-Formaten und Webinaren.
https://kompetenzzentrumhandel.de/

Team Bürgerdialog

KOMPETENZZENTRUMHANDEL.DE   ⓘ
Das Mittelstand 4.0–Kompetenzzentrum Handel - ist die branchenspezifische Anlaufstelle für kleine und…

Gefällt mir · Antworten · 3 Std.

Abbildung 6.3 Facebook wird in Deutschland eher privat genutzt: Amtsdeutsch passt nicht auf diese Plattform. Das Bundesministerium für Wirtschaft und Energie liefert mit seinem »Fachvortrag« in Kommentar-Form ein Negativ-Beispiel für Community Management ab.

Weit wichtiger für Social-Media-Behörden ist jedoch der Bürgerdialog – und dafür brauchen Sie Worte, Sätze und Inhalte, von denen sich die Menschen angesprochen fühlen. Ein Amtsleiter fragte uns neulich: »Kommen wir denn nicht zu oberleh-

rerhaft rüber, wenn wir ein Thema – wie in der Schule – ganz von vorne erklären?«
Garantiert nein! Viele Bürgerinnen und Bürger können komplizierte Verwaltungs-
vorgänge oft nicht nachvollziehen. Als Amt sollten Sie Ihre Antwort-Kommentare
und -Nachrichten auf Social Media gezielt einsetzen, um Verwaltungshandeln verständlich zu machen. Das bedeutet: die Menschen abholen – und erklären, erklären, erklären!

Sehr oft werden wir gefragt, ob Behörden auch mal witzig antworten dürfen. Viele
Ämter, etwa die Polizei München und diverse Kommunen, reagieren souverän,
schlagfertig und auch mal humorvoll. Wir finden das gut, denn: Behörden mit Esprit
und Witz kommen in sozialen Netzwerken besser an als solche, die immer nur ernst
und sachlich sind. Warum? Weil Social Media auch Unterhaltung ist!

Nun ist humorvolles Community Management von Behörden durchaus eine Gratwanderung. Wir geben Ihnen den Tipp, dass nur Ihre erfahrensten Community-
Manager einen witzigen oder ironischen Ton anschlagen. Hier braucht es Fingerspitzengefühl.

Humorvolles Community Management? Darauf sollten Sie achten!

- Ob Sie mit Usern humorvoll interagieren sollen, hängt davon ab, welche Behörde Sie
  sind. Städte und Kultureinrichtungen können sich Witz und Schlagfertigkeit eher
  erlauben als beispielsweise Jobcenter oder Finanzämter. Bei ernsten Themen, die
  gravierende Auswirkungen auf das Leben der Menschen haben, kommen Pointen
  klarerweise nicht gut an.

- Auch die aktuelle politische Lage oder das Weltgeschehen spielt eine Rolle: In Krisenzeiten passt Behörden-Humor auf Social Media einfach nicht.

- Lassen Sie eine Kollegin oder einen Kollegen drübergucken, bevor Sie eine witzige
  oder schlagfertige Antwort veröffentlichen. Das Vier-Augen-Prinzip hilft auch in diesem Fall. Vergessen Sie nicht: Was jemand witzig findet, kann der oder die Nächste
  als geschmacklos und unsensibel auffassen.

Was auf Social Media immer gut ankommt: Selbstironie! Humor ist die Kunst, über
sich lachen zu können. Zeigen Sie in Ihren Kommentaren, dass Amtspersonen Witz
haben – indem Sie mit Behörden-Klischees wie Langsamkeit oder Kaffeepausen
spielen. »Wer über sich selber lachen kann, wird am ehesten ernst genommen«,
sagte bereits Albert Einstein.

Und nun wieder zu den ernsten Dingen des Lebens: Wie lässt sich das Beantworten
von Kommentaren und Nachrichten in Ihrem Team möglichst gut und effizient
organisieren? Hier ist eine gute Vorbereitung alles! Unsere Tipps:

- Überlegen Sie, ob Sie ein Redaktionstool anschaffen. Insbesondere bei größeren
  Behörden – oder wenn Sie im Team mehrere Social-Media-Accounts betreuen

– macht ein toolbasiertes Community Management Sinn. Gängige Social-Media-Redaktionstools sind unter anderem swat.io, Social Hub, Facelift Cloud, some.io und Falcon Social.

- Legen Sie mit Ihrem Team (und den Fachbereichen) eine Textbaustein-Samm-lung zu häufig gestellten Fragen an. Speichern Sie Antworten, die von den Fach-bereichen und der Behördenleitung freigegeben worden sind und die Sie immer wieder verwenden können. Drücken Sie aber nicht einfach die Tasten Copy-and-paste, sondern gehen Sie immer auf die Fragestellerin oder den Fragesteller ein.

Natürlich müssen Ihre Antworten in Kommentaren und Nachrichten immer inhalt-lich richtig sein. Jede Ihrer Antworten ist eine offizielle Aussage Ihres Amtes – und Behörden haben Vorbildwirkung. Falls also mal eine Frage eingeht, zu der Sie noch keinen Textbaustein haben und die Sie ad hoc nicht beantworten können oder dür-fen, müssen Sie sich intern zunächst mit dem Fachbereich kurzschließen und mög-licherweise Ihren Antwortentwurf dann noch von oben freigeben lassen. Beant-worten Sie Ihren Kommentar erst, wenn Sie sicher sind, dass Ihre Antwort richtig ist. Damit sich dieser Prozess nicht unangemessen lang hinzieht (denken Sie daran: Auf Social Media sollten Sie grundsätzlich am gleichen Tag antworten), ist es essen-ziell, dass Sie für Ihre Social-Media-Arbeit vorab die richtigen Strukturen festgelegt haben – und sowohl Fachbereiche als auch Vorgesetzte Ihnen Antworten schnell freigeben. Mehr dazu lesen Sie in Kapitel 4, »Wie organisiere ich mein Social-Media-Team?«.

Am Anfang Ihrer Social-Media-Aktivität müssen Sie Ihre Community erst mal auf-bauen und bekommen eher zu wenige als zu viele Kommentare. Wenn Sie Ihren Job über längere Zeit gut machen, wächst die Zahl der Reaktionen stetig. Sie haben folglich ausreichend Zeit, um Routine beim Beantworten zu gewinnen, Ihre Text-baustein-Sammlung aufzubauen und Ihre Arbeitsprozesse zu optimieren!

6.2   Netiquette: Wie stelle ich als Amt Diskussionsregeln auf und setze sie durch?

Als Community Manager Ihrer Behörde haben Sie die Aufgabe, die Kommentare auf Ihren Social-Media-Accounts zu lesen, zu beantworten und zu moderieren. (Wir, die Autoren dieses Buches, lieben diesen Job.) Wären Sie eine Privatperson oder ein privatwirtschaftliches Unternehmen, könnten Sie alle Kommentare, die Sie persönlich als unpassend oder ärgerlich empfinden, einfach löschen oder verber-gen. Die technischen Möglichkeiten dazu bietet jedes soziale Netzwerk: Ein Klick, und der Kommentar ist weg (oder für alle außer Ihnen unsichtbar). Nun sind Sie aber eine Behörde und in besonderem Maße der Meinungsfreiheit verpflichtet.

Deshalb empfehlen wir Ihnen, für Ihre Social-Media-Profile Diskussionsregeln – eine sogenannte Netiquette – aufzustellen und Kommentare nur dann zu löschen, zu verbergen oder gar die jeweilige Person von der Diskussion auszuschließen, wenn gegen Ihre Diskussionsregeln verstoßen wird. Das kommt übrigens vergleichsweise selten vor.

Netiquetten sind eine Art Social-Media-Knigge und in der Behörden-Kommunikation Standard. Zahlreiche Ämter haben Netiquetten formuliert und im Info-Bereich von Facebook oder auf der eigenen Website veröffentlicht. Sie können sich dort Inspiration holen – oder die jeweilige Behörde direkt fragen, ob Sie deren Netiquette übernehmen dürfen. Es ist an dieser Stelle nicht nötig, dass Sie das Rad neu erfinden. Uns gefällt die Netiquette des Bayerischen Staatsministeriums für Wirtschaft, Landesentwicklung und Energie besonders gut.[1]

Zu den üblichen Social-Media-Regeln gehört unter anderem, dass neben rassistischen, sexistischen, homophoben Kommentaren und Beleidigungen auch Werbung und Spam verboten sind. Jeder zivilisierte Mensch geht damit d'accord. Was wir aber nicht nachvollziehen können: Manche Ämter löschen – laut ihrer Netiquette – User-Kommentare, wenn diese nichts mit dem Thema des jeweiligen Beitrags zu tun haben (wie beispielsweise das Bundesministerium für Familie, Senioren, Frauen und Jugend (BMFSFJ))[2]. Wir finden das befremdlich. Jede Bürgerin und jeder Bürger sollte sich in Social-Media-Kommentaren mit jedem Anliegen an eine Behörde wenden dürfen. Als Community-Manager können Sie in Ihrer Antwort gerne darauf eingehen.

Beispiele: »Liebe/r XY, obwohl das nichts mit dem Thema des Beitrags zu tun hat, antworten wir natürlich gerne …«, »Liebe/r XY, das ist zwar ein wichtiges Thema, dies ist jedoch unsere Hochwasser-Info-Seite. Bitte haben Sie Verständnis, dass wir an dieser Stelle nicht darauf eingehen können. Hier können Sie Kontakt zu den zuständigen Kolleginnen und Kollegen aufnehmen …«

Alle Kommentare zu löschen, die nichts mit dem Beitragsthema zu tun haben, grenzt in unseren Augen schon an Zensur. Nach dieser Logik wäre ein Amt in der Lage, nur noch Schönwetter-Themen zu posten, alle kritischen Bemerkungen zu entfernen und die Timeline so strahlend-weiß wie in der Waschmittelwerbung zu halten – so funktioniert Social Media aber nicht.

In der Rechtsliteratur wird diskutiert, ob es Behörden überhaupt erlaubt ist, Kommentare zu löschen oder User zu blocken. Ein Gesetz oder ein Gerichtsurteil dazu gibt es aber nicht. Unsere Sicht aus der Praxis: Selbstverständlich müssen Ämter auf

---

1 Zu finden unter: *https://www.stmwi.bayern.de/netiquette/*

2 Zu finden unter: *https://www.bmfsfj.de/bmfsfj/social-media-netiquette-111694*

Social Media die Möglichkeit haben, Beleidigungen zu löschen und Trollen ein virtuelles Hausverbot zu erteilen. Andernfalls würden Diskussionen mitunter aus dem Ruder laufen – und einzelne Störer hätten die Möglichkeit, die Stimmung in der Community zu vergiften. Ihre Fans und Follower erwarten von Ihnen, dass Sie auf eine gute Diskussionsatmosphäre achten. Fazit: Es gehört zu Ihrem Job, Ihre Netiquette durchzusetzen.

Aber was entgegnen Sie einem Kritiker, der sagt, dass jeder Bürger das Recht hat, sich über Behördenthemen zu informieren – und aus diesem Grund niemand blockiert werden darf? Mögliche Antwort: Wer auf einem amtlichen Social-Media-Profil blockiert ist, kann sich weiterhin auf einem anderen Weg – beispielsweise auf der Website – informieren. Und ein Mundverbot beziehungsweise eine Zensur besteht auch nicht: Der gesperrte User hat nämlich die Möglichkeit, sich weiterhin auf Social Media zu äußern – nur eben nicht auf dem Account der Behörde.

Falls Sie das Gefühl haben, sich für das Blocken von Nutzern rechtfertigen zu müssen (etwa in »Kleinen Anfragen« der Oppositionsparteien im Bundes- oder Landtag), dann machen Sie Screenshots von Kommentaren, deren Verfasser Sie sanktioniert haben. So können Sie vorweisen, worauf Ihre Entscheidung beruht.

Wenn Sie einen Kommentar erhalten, der noch nicht eindeutig gegen die Netiquette verstößt, aber im Grenzbereich liegt, warnen Sie den User am besten vor, etwa so: »Liebe/r XY, bitte verzichten Sie auf verbale Angriffe gegen andere. Wir müssen Sie sonst von der Diskussion auf dieser Seite ausschließen. Unsere Netiquette finden Sie hier (Link).«

6.3   Community Management: Leitlinien für Behörden

Community Management in Behörden ist anders als in Unternehmen, die freier agieren können. Wir beobachten jedoch, dass Behörden in ihrer täglichen Social-Media-Arbeit *übermäßig* vorsichtig sind und sich damit den Erfolg verbauen.

In diesem Abschnitt möchten wir daher auf die wichtigsten »Dürfen wir …«-Fragen von Ämtern eingehen – und Social-Media-Verantwortliche in Behörden (und ihre Vorgesetzten) ermutigen, sich öfter mal etwas zu trauen!

6.3.1   Du oder Sie?

Ob IKEA, Apple, BVG, Sportscheck oder Car2go: Unternehmen sprechen ihre Kundinnen und Kunden auf Social Media meist mit »Du« an.

»Das ›Du‹ schafft Nähe und eine emotionale Verbundenheit, die auch in einem professionellen Umfeld zu einem signifikant besseren Miteinander führt«, glaubt XING-

Geschäftsführerin Sabrina Zeplin. Das Karriere-Netzwerk duzt seit 2020 seine Nutzerinnen und Nutzer.

Gerade Facebook und Instagram sind zur sozialen Duz-Welt geworden. Dort sind auch immer mehr Behörden mit ihren Fans und Followern per du: Das Bundesfinanzministerium (BMF), das Bundesverkehrsministerium (BMVI), das Bundesfamilienministerium (BMFSJ), das Bundesarbeitsministerium (BMAS), das Bundesumweltministerium und das Auswärtige Amt zählen zur Du-Fraktion. Zu den duzenden Kommunen gehören Gütersloh, Wetzlar, Ludwigshafen oder Arnsberg – die Städte Trier, Nürnberg, Herne und Osnabrück setzen dagegen auf das Social-Media-Sie. Bei den Polizeibehörden haben sich unter anderem München, Hamburg, Frankfurt am Main, Düsseldorf und Sachsen für das Du entschieden – während die Polizeien in Berlin und Nordrhein-Westfalen ihre Follower siezen. Das Social-Media-Team der Polizei Essen (NRW) schwenkte erst nach einem landesweiten Erlass auf Facebook zum *Sie* um. Seit 2015 ist es Polizistinnen und Polizisten nämlich in ganz Nordrhein-Westfalen untersagt, Bürgerinnen und Bürger in sozialen Netzwerken zu duzen. Das Innenministerium begründete das Du-Verbot damals mit dem Ziel einer »landeseinheitlichen Kommunikation im Internet«. Auch das Land Berlin empfiehlt seinen Ämtern auf Social Media das Sie.

Du siehst: Für deutsche Behörden gibt es keine einheitlichen Sie-Du-Regeln. Jedes Amt (oder die übergeordnete Instanz) kann selbst entscheiden. Aber was mögen die Bürgerinnen und Bürger lieber? Im Sommer 2019 fragte das Hamburger Marktforschungsinstitut Appinio 4.533 Deutsche zwischen 16 und 54 Jahren, ob sie von Unternehmen in den sozialen Kanälen lieber geduzt oder gesiezt werden. Ergebnis: Auf Instagram bevorzugen 82 % der User das Du, auf Facebook immerhin drei Viertel. Und auch auf Twitter wollen die meisten Befragten lieber geduzt werden. Leider gibt es keine adäquate Umfrage für Ämter.

Trotz der vielen Du-Stimmen legen wir Ihnen als Behörde das Sie ans Herz – es sei denn, Sie sprechen auf Ihren Accounts gezielt Kinder und Jugendliche an oder Sie sind auf TikTok unterwegs (hier ist das Du ein Muss). Professor Claas Christian Germelmann, der an der Universität Bayreuth Marketing und Konsumverhalten lehrt, sagte dem Magazin »Brand Eins« einen klugen Satz: »Das Sie signalisiert durch die Distanz Kompetenz und Seriosität.« Allein deshalb sei Duzen beispielsweise für einen Arzt oder Rechtsanwalt undenkbar – und auch für eine Behörde, wie wir finden. Das *Sie* zeigt der Bürgerin oder dem Bürger Anerkennung und Respekt.

Viele Kommunen wählen das Du, weil sie denken, auf Social Media müsse man die Bürger*innen freundschaftlich-kumpelhaft ansprechen. Das stimmt so nicht. Wir finden es einen Bruch, wenn Sie Bürger*innen, die persönlich in Ihr Amt kommen, mit Sie begrüßen – und dieselben Personen wenig später in den sozialen Kanälen duzen.

Genauso formuliert es auch das Land Berlin in seinen »Handlungsempfehlungen für die Social-Media-Kommunikation in der Verwaltung«: »Es wird empfohlen, die Ansprache zu verwenden, die in Ihrer Institution für die Kommunikation mit Externen üblich ist. Auch wenn Siezen und Duzen je nach Social-Media-Plattform unterschiedlich populär sind, sollte hier eine grundsätzliche Entscheidung erfolgen und ein Bruch in der Ansprache vermieden werden. Eine unbürokratische Kommunikation ist auch mit Siezen möglich.« Wir stimmen zu 100 % zu: Lockerheit und das Sie-Wort schließen sich nicht aus. Auch mit Herzlichkeit, Nahbarkeit und Humor ist das Sie kompatibel. Siezend kann man genauso gut und genauso originell posten und twittern wie wenn man per Du ist – viele Ministerien, Polizeibehörden und Kommunen beweisen es täglich (ein Beispiel sehen Sie in Abbildung 6.4).

Wichtig ist nur, dass Sie das Sie nicht zum Anlass nehmen, in die Amtssprache zu verfallen, Schachtelsätze zu formulieren und viele Fremdwörter zu benutzen. Denn verständliche und gut erzählte Botschaften sind auf Social Media weit wichtiger als die Du- oder Sie-Frage.

Abbildung 6.4 Die Stadt Stuttgart zeigt hier, dass sich das »Sie« und eine freundliche und bürgernahe Sprache in sozialen Netzwerken keinesfalls ausschließen.

6.3.2   Wem darf ich als Behörde in sozialen Netzwerken folgen?

Wir kennen einige Social-Media-Manager in Behörden, die denken: »Wir dürfen nur offiziellen Stellen folgen – aber keinen Unternehmen, Medien oder privaten Accounts.« Dieser Ansatz ist falsch. Auf Social Media ist es üblich, sich gegenseitig zu abonnieren, um Interesse zu zeigen. Wer eine Community aufbauen will, *muss* demnach anderen Nutzerinnen und Nutzern folgen, um sie für seine Community zu gewinnen. Lediglich die »Promis« unter den Ämtern – wie das Bundespresseamt – können es sich leisten, nicht zurückzufolgen.

Wenn eine Kommune beispielsweise auf Instagram ist, sollte sie Profile von Menschen aus der Stadt abonnieren, um regelmäßig deren Inhalte zu sehen und sich dazu austauschen zu können. Wer als Amt Azubis sucht, ist gut beraten, Profile von Jugendlichen anzusteuern und zumindest mal einen Like dazulassen. Vielleicht sind Sie als Polizeibehörde auf Twitter auf eine Illustratorin gestoßen, die vor allem Polizei-Comics zeichnet – natürlich sollten Sie ihr dann folgen! Die meisten privaten User fühlen sich geschmeichelt, wenn ihnen eine Behörde folgt. Wie immer gibt es auch hier Ausnahmen: Wenn etwa das Bundesinnenministerium den Aktivistinnen und Aktivisten der Seenotrettungs-Organisation »Sea Watch« bei Twitter folgen würde, wäre die Wahrscheinlichkeit hoch, dass sich diese ver-folgt fühlen. Hier brauchen Social-Media-Verantwortliche Sensibilität und Fingerspitzengefühl.

Die sozialen Plattformen schützen übrigens die Privatsphäre der User: Als behördliche Fanpage bei Facebook können Sie privaten Profilen rein technisch nicht folgen – und Sie können User auch nicht anschreiben. Auf Instagram oder Twitter entscheiden die Nutzerinnen und Nutzer selbst, ob sie einen öffentlichen Account haben möchten (den jeder abonnieren kann) oder einen privaten (dessen Inhalte vor unerwünschten Dritten verborgen sind).

Oft beschäftigt Social-Media-Verantwortliche in Ämtern auch die Frage: Muss ich als Stadt auch dem Heimatmedium Y folgen, wenn ich bereits Follower der Lokalzeitung X bin? Klare Antwort: Auf Social Media gibt es keinen Gerechtigkeits- oder Vollständigkeitsanspruch. Als Behörde muss ich ausschließlich Accounts folgen, die für mich einen Mehrwert haben oder deren Betreiber*innen zu meiner Wunsch-Community gehören. Und wenn ein Medium, ein Unternehmen, eine lokale Größe es persönlich nimmt, dass ich als Amt nicht zu seinen Followern zähle? Davon dürfen Sie sich nicht erschüttern lassen, denn: Wenn Sie Gott und der Welt – also allen möglichen Usern – folgen, haben Sie eine vollgestopfte Timeline, werden mit Posts überschüttet und bekommen die wichtigen Nachrichten nicht mehr mit. Das wäre so, als würden Sie sämtliche Zeitungen in Deutschland abonnieren – niemals hätten Sie die Zeit, alle Berichte zu lesen. Gerade in den sozialen Kanälen ist es wichtig, immer die Übersicht zu bewahren.

Bleibt noch die Frage, ob man als Amt Parteien und Politiker*innen folgen darf oder sollte. Behörden müssen neutral sein. Sie dürfen sich nicht parteipolitisch positionieren. Es käme garantiert nicht gut an, wenn das Social-Media-Team einer CDU-regierten Kommune ausschließlich den CDU-Stadträten folgt und nicht auch Mitgliedern anderer Parteien. Die Empörung wäre mit Sicherheit auch groß, wenn sich ein Amt auf Social Media mit extremen Parteien vernetzt. Unsere Empfehlung: Folgen Sie als Behörde keinem Partei-Account.

6.3.3   Welche Inhalte von anderen darf ich teilen?

Social Media funktionieren nach dem Prinzip »Teilen und geteilt werden«. In diesem Punkt sind sehr viele Behörden geizig – weil sie viel zu wenig teilen. Und wenn sie mal teilen, dann verbreiten sie meist nur Inhalte anderer Verwaltungen und Behörden.

Unsere Empfehlung: Ein Drittel aller Beiträge, die Sie für Ihr Amt posten, sollten geteilte Inhalte sein! Teilen ist gut für beide Seiten, für den Content-Ersteller und den Content-Verbreiter. Warum? Der geteilte Beitrag bekommt mehr Reichweite – und von der Aufmerksamkeit profitieren auch Sie, wenn Sie etwas retweeten oder Inhalte Dritter auf Ihre Facebook-Seite stellen. Ohne großen Aufwand erhöhen Sie damit die Schlagzahl auf Ihrem Account, versorgen Ihre Zielgruppe mit Informationen zu Ihrem Themengebiet und geben Ihrer Community das Gefühl, für sie spannende Beiträge zu sammeln und zu kuratieren. Darüber hinaus können Sie mit einem geteilten Post auch noch eine rege User-Diskussion auf Ihrer Seite anstoßen, wenn es das Thema hergibt.

Geschickte Social-Media-Manager greifen Posts ihrer Community auf. Beispiel: Eine Mutter klagt auf Twitter, dass sie für ihre Tochter noch keinen Kita-Platz gefunden hat. Die Kommune teilt den Tweet mit dem Kommentar: »Nächste Woche geht unsere digitale ›Kita-Platz-Finder-App‹ online.«

Parteipolitische Inhalte sind beim Teilen ebenso wie beim Folgen tabu. Doch wie sieht es mit Beiträgen von Medien aus, die sich mit Ihrem Thema beschäftigen und Ihre Community interessieren könnten? Grundsätzlich spricht nichts dagegen – vor allem dann nicht, wenn Sie in dem Artikel zitiert oder als Quelle für Informationen genannt werden. Wir empfehlen jedoch, auf Ausgeglichenheit zu achten und nicht ständig nur derselben Zeitung oder demselben Online-Portal eine Bühne zu geben. Das gilt umso mehr, wenn zwei konkurrierende Medien in Ihrer Stadt arbeiten.

Die Social-Media-Manager einer Landesregierung haben uns erzählt, dass sie auf Anordnung ihres Kommunikationschefs überhaupt keine Medienberichte teilen dürfen – selbst dann nicht, wenn eines der Ministerien darin vorkommt und die Ministerin mit Zitat und Bild auftaucht. Begründung: »Auf unserer Website stehen ohnehin alle Fakten. Es ist viel besser, darauf zu verlinken.« Das ist – verzeihen Sie bitte die Unhöflichkeit an dieser Stelle – Quatsch. Wo die Bürgerinnen und Bürger Ihre Informationen lesen, ist egal (Hauptsache, sie stimmen). Abgesehen davon, dass Medien meist schneller online sind, bereiten sie die News nicht selten übersichtlicher und verständlicher auf. Wichtig ist, dass Sie vor dem Retweeten oder Reposten alle Fakten bis zum letzten Absatz auf ihre Korrektheit überprüfen. Vergessen Sie nie: Sie als Amt stehen für Glaubwürdigkeit, Verlässlichkeit und Seriosität – auch beim Teilen.

Von Medienkritik raten wir prinzipiell ab, aber: Sollten Sie Ihre Behörde auf Social Media fehlerhaft dargestellt sehen, können Sie den Bericht teilen und mit einer Klarstellung versehen.

Wenn Sie möchten, dass *Ihre* Inhalte auf Social Media weiterempfohlen – also geteilt – werden, dann machen Sie den ersten Schritt und teilen Inhalte anderer! Streichen Sie »Wir dürfen nicht, wir können nicht, wir trauen uns nicht« aus Ihrem Wortschatz. Behörden sollten auf Social Media mehr wagen.

6.4   Wochenend-Dienst wegen Social Media?

Soziale Netzwerke kennen keine »Öffnungszeiten«. Auch deshalb sind sie so beliebt: Wer sie nutzt, kann rund um die Uhr Neues erfahren, eigene Erlebnisse teilen, mit Freunden chatten oder Posts kommentieren. Soziale Netzwerke laufen bei vielen den ganzen Tag auf dem Smartphone mit. Doch müssen Sie deshalb als Amt außerhalb Ihrer normalen Arbeitszeit Kommentare lesen und beantworten? Gilt die zu Beginn dieses Kapitels formulierte Regel »am gleichen Tag antworten« auch nach Feierabend, samstags und am heiligen Sonntag? Antwort: Jein! Unserer Ansicht nach müssen Sie zumindest beobachten, was abends und am Wochenende über Ihre Social-Media-Kanäle reinkommt – im Interesse Ihrer Bürgerinnen und Bürger, aber auch in Ihrem eigenen Interesse.

Angenommen, Sie sind eine mittelgroße Kommune. Am Freitag posten Sie auf Facebook eine Übersicht der schönsten Spielplätze, weil Ihnen auf diesem Netzwerk viele Eltern folgen und die Wetterprognose gut ist. Am Samstagmorgen kommentiert ein aufgebrachter Vater: Auf einem der empfohlenen Spielplätze »liegen Spritzen im Sandkasten. Kümmert sich in dieser Stadt eigentlich keiner um die Spielplätze?«

Wie reagieren Sie als Social-Media-Manager? Sie rufen beim Wochenenddienst des Ordnungsamtes an und fragen die Kolleginnen und Kollegen, ob Sie sich die Situation vor Ort ansehen können. Im besten Fall können Sie dem Vater antworten: »Wir kümmern uns sofort darum« oder »Ein Team von uns ist schon unterwegs.« Wenn Sie den wütenden Kommentar des Vaters erst nach dem Wochenende gelesen hätten, wäre Ihre Behörde womöglich in die Kritik geraten:

- Bereits am Samstag bekamen Sie via Social Media die Warnung eines Bürgers – und reagierten das ganze Wochenende nicht.

- Auch andere Eltern aus Ihrer Community sorgten sich aufgrund des Posts um ihre Kinder, mieden den betroffenen Spielplatz und riefen vielleicht sogar die Medien an.

Es wäre deshalb schlecht, samstags nicht zumindest einmal in Ihrem Kommentar-Posteingang nachzusehen, ob etwas Dringendes anliegt.

Die beste Lösung ist ein Social-Media-Bereitschaftsdienst: Bestimmen Sie drei bis vier Personen (am besten aus Ihrem Social-Media- und Presse-Team), die abwechselnd zu den Randzeiten die Kanäle im Blick behalten – und in dringenden Fällen aktiv werden. In der behördlichen Pressearbeit ist ein solcher Wochenend-Dienst bereits seit Langem üblich, auch viele Social-Media-Redaktionen in Ämtern haben ihn bereits eingeführt.

Wir empfehlen, den Social-Media-Bereitschaftsdienst wie folgt zu gestalten:

Checkliste: Einrichtung eines Social-Media-Bereitschaftsdienstes

- *Wer macht es?*
  Jeder muss mal am Wochenende frei haben. Deshalb darf der Bereitschaftsdienst nie über einen längeren Zeitraum an einem oder einer einzelnen Social-Media-Verantwortlichen hängen bleiben. Besser: Drei bis vier Personen wechseln sich ab und tragen ihre Bereitschaftszeiten lange im Voraus in den Redaktionskalender ein. So hat jeder Planungssicherheit fürs Privatleben.

- *Welche dienstrechtlichen Voraussetzungen braucht es?*
  Legen Sie gemeinsam mit dem Personalrat fest, wie die Bereitschaftszeit ausgeglichen wird. Wir empfehlen, pro Bereitschafts-Wochenende eine Mindestanzahl von Überstunden gutzuschreiben. Zwei Stunden pro Bereitschaftstag dürften hier angemessen sein. Fällt ausnahmsweise mehr Arbeit an, werden die tatsächlichen Stunden angerechnet. Tarifbeschäftigte können wählen, ob sie sich die Überstunden auszahlen lassen oder sie abfeiern. Beamtinnen und Beamte erhalten Freizeitausgleich.

- *Was müssen Sie organisieren, damit der Bereitschaftsdienst funktioniert?*
  Wer Bereitschaftsdienst hat, muss die Handynummern aller Entscheidungsträger*innen (z. B. Amtschef*in, Pressesprecher*in, Abteilungsleiter*innen) haben, um die Behördenspitze auch am Wochenende zu erreichen. Außerdem braucht es die übliche Arbeitsausstattung für Social-Media-Verantwortliche (siehe Kapitel 4, »Wie organisiere ich mein Social-Media-Team?«): Dienst-Laptop, Diensthandy und Smartphones, die sich für Social Media eignen.

Folgende Aufgaben fallen für den Bereitschaftsdienst am Wochenende (und an Feiertagen) an:

Aufgaben des Social-Media-Bereitschaftsdienstes

- 3- bis 4-mal pro Tag (darunter morgens und abends) die eingegangenen Kommentare und Nachrichten lesen.

- Kommentare nach Wichtigkeit sortieren: Wo besteht direkter Handlungsbedarf? Was kann bis zum nächsten Arbeitstag warten?

- Auf die Netiquette achten: Verstößt ein öffentlicher Nutzer-Kommentar gegen Ihre Diskussionsrichtlinien, sollte dieser nicht bis zum nächsten Werktag stehen bleiben, sondern verborgen oder gelöscht werden.

- Telefonische Erreichbarkeit sicherstellen: Möglicherweise kommt die Behördenleitung, die Pressesprecherin oder ein Fachbereich mit dringendem Kommunikationsbedarf über Social Media auf den Bereitschaftsdienst zu.

- Internet-Empfang gewährleisten: Leider gibt es in manchen Gegenden Deutschlands noch immer keinen Handy-Empfang und kein Internet. Falls Sie Ihren Bereitschaftsdienst mit einer Wochenendreise verbinden, sollten Sie vielleicht nicht unbedingt in einem Naturschutzgebiet campen.

Wenn Ihr Social-Media-Team keine Wochenend- oder Feiertagsdienste stemmen kann, empfehlen wir Ihnen Outsourcing: Eine Agentur oder ein Freelancer könnte das Community Management übernehmen (was unserer Erfahrung nach dann gut funktioniert, sofern die externen Dienstleister gut gebrieft sind).

In einigen wenigen Behörden reicht eine reine Wochenend-Bereitschaft nicht aus. Wir denken hier etwa an Sicherheitsbehörden oder große Ministerien, die an Sonntagen genauso viele Kommentare beantworten müssen wie unter der Woche. Hier braucht es ein Social-Media-Team, das im Schichtsystem arbeitet, und ein Lagezentrum, das die Kanäle nachts überwacht. Auch Krisensituationen (dazu mehr in Teil IV dieses Buches) erfordern es, dass die Kommunikatorinnen und Kommunikatoren die Randzeiten komplett abdecken. In Nicht-Krisenzeiten reicht bei den allermeisten Behörden jedoch die beschriebene Wochenend-Bereitschaft aus.

Sie sind eine Universität, eine Bibliothek oder ein Amt, wo am Wochenende noch nie Social-Media-Alarm herrschte? Dann können Sie probieren, ohne Wochenend-Bereitschaft auszukommen. Schauen Sie sich montags die eingegangenen Kommentare und Nachrichten an und reflektieren Sie regelmäßig im Team, ob Sie an Samstagen und Sonntagen Social-Media-frei machen können.

Kapitel 7

»Social Amt«: Wie ich als Behörde Beziehungen zu meinen Zielgruppen aufbaue

Behörden sind es gewohnt, dass Menschen, die etwas möchten oder brauchen, zu ihnen kommen. Social Media bedeutet jedoch auch aktives Netzwerken! Wenn Sie zeigen, dass Sie sich für andere interessieren, bauen Sie eine positiv gestimmte Community für Ihr Amt auf und erhöhen so Ihre Reichweite.

Stellen Sie sich vor, Sie besuchen im Auftrag Ihrer Behörde einen Kongress, eine Netzwerk-Veranstaltung oder ein ähnliches Event. Nach der Keynote und einer Podiumsdiskussion gibt es Häppchen und Getränke – der gesellige Teil hat begonnen. Die Teilnehmerinnen und Teilnehmer unterhalten sich angeregt, nur Sie stehen abseits in einer Ecke und reden mit niemandem. Sie haben keine Lust, eine Runde zu drehen, daher finden Sie auch nicht heraus, ob jemand da ist, den Sie kennen. Wenn Sie großes Glück haben, kommt im Laufe des Abends jemand auf Sie zu und spricht Sie an. Möglicherweise bleiben Sie aber allein.

Erfolgversprechender wäre es, wenn Sie sich überwinden und selbst auf andere zugehen! Am Ende des Tages hätten Sie dann vielleicht einige Visitenkarten im Portemonnaie und zudem wertvolle Kontakte geknüpft. Wir sind uns einig: Netzwerk-Veranstaltungen heißen so, weil es hauptsächlich ums »Networken« geht (und nur in zweiter Linie um den Keynote-Speaker und das Thema seines Impulsvortrages).

Genauso funktioniert auch Social Media! Wir rufen uns also an dieser Stelle noch mal in Erinnerung: Soziale Netzwerke sind zur Kontaktpflege und zum Kontakte-Knüpfen da – nicht für einseitige Mitteilungen.

7.1 Netzwerken in sozialen Netzwerken

In diesem Kapitel verraten wir Ihnen, wie Sie als Behörde Ihre bestehende Community richtig pflegen und vergrößern können (wichtig für Ihre Reichweite). Sie erfahren, wie Sie genau diejenigen Personen auf sich aufmerksam machen, die von Ihnen zuvor als Zielgruppe auserkoren wurden. Und wir zeigen Ihnen, wie Sie auch als Behörde für einen positiven Grundton auf Ihren Profilen und Seiten sorgen können. Ob Sie am Ende sogar eine »Love Brand« werden? Seien Sie gespannt!

Um zu verstehen, wie Sie als Behörde eine gute Beziehung zu Ihrer Community aufbauen können, lassen Sie uns noch mal kurz auf das Eingangsbeispiel zurückkommen. Sie sind auf einer Networking-Veranstaltung und haben sich diesmal entschlossen, aktiv Kontakte zu knüpfen. Sie gehen auf einen Stehtisch zu, an dem mehrere Teilnehmerinnen und Teilnehmer Drinks und Häppchen zu sich nehmen und sich mitten in einem guten Gespräch befinden. Sie stellen sich dazu und setzen unmittelbar zu einem Monolog an: Sie erzählen, wie viele wichtige Menschen Ihre Behördenleitung gestern getroffen hat, dass Ihre Stadt ein preisgekröntes Nachhaltigkeitsprojekt ins Leben gerufen hat und dass Architekten aus der ganzen Welt anreisen, um Ihr Rathaus zu bewundern. Die anderen in der Runde schauen teils höflich interessiert und teils irritiert, weil Sie nur über sich beziehungsweise Ihre Behörde reden. Als Sie nach knapp zehn Minuten schließlich mit Ihrem »Ich bin so toll«-Monolog fertig sind, drehen Sie sich einfach um und gehen.

Was glauben Sie wie die Gruppe reagieren würde? Wir vermuten: Wahrscheinlich würden die meisten Teilnehmerinnen und Teilnehmer die Augen verdrehen und mit dem vorherigen Gespräch fortfahren. Anstatt wertvolle Kontakte zu knüpfen und Neuigkeiten zu erfahren, haben Sie mit Ihrer Ich-Bezogenheit alle gelangweilt und noch dazu einen schlechten Eindruck hinterlassen.

Exakt so verhalten sich viele Behörden aber in den sozialen Medien! Sie posten Selbstdarstellungs-Content, ohne darüber nachzudenken, was eigentlich ihre Nutzerinnen und Nutzer interessiert. Sie warten die Reaktion der Community nicht ab, sondern verkrümeln sich unmittelbar nach der Veröffentlichung des Beitrags. Sie lassen Kommentare unbeantwortet oder zeigen kein echtes Interesse an den Antworten. Sie fragen auch nicht nach, was die Community gerade bewegt oder was sie sich wünscht.

Wir möchten, dass Sie es (künftig) anders machen! Menschen wünschen sich vom Gegenüber Interesse und Anerkennung, in der realen genauso wie in der virtuellen Welt. Wer Freunde gewinnen möchte, muss sich anderen zuwenden und zuhören und auf Bedürfnisse eingehen. Das gilt besonders beim Community Management. Manche Ämter verstehen unter Dialog auf Social Media – wenn überhaupt – nur das Beantworten von Kommentaren und Nachrichten. Wie Sie auf Social Media *aktiv* auf andere zugehen können, verraten wir Ihnen jetzt!

Um mit dem aktiven Netzwerken starten zu können, ist es wichtig, dass Sie wissen, *wen* Sie überhaupt ansprechen wollen und warum. (Warum Sie in die sozialen Medien gehen möchten und wer Ihre Zielgruppe ist – diesen Fragen widmen wir uns ausführlich in Kapitel 11 und 12.) Für den Moment nehmen wir nun einmal an, dass Sie Ihre Wunsch-Community schon genau definiert haben und gut kennen – und sich die passende Social-Media-Plattform ausgesucht haben (nämlich diejenige, auf der Ihre Zielgruppe unterwegs ist – mehr dazu in Kapitel 12, »Welches soziale Netzwerk passt zu meiner Behörde?«).

7.2   Ihr Profil ist Ihre Visitenkarte

In einem ersten Schritt sollten Sie Ihrer Wunsch-Community vermitteln, warum diese Ihnen in den sozialen Netzwerken folgen sollte. Das fängt bei der Gestaltung Ihres Profils im jeweiligen sozialen Netzwerk an – *Ihrer* Visitenkarte! Leider machen viele Behörden Fehler bei der Profilgestaltung. Da es keine zweite Chance für den ersten Eindruck gibt, beachten Sie Folgendes:

- Verwenden Sie ein Profilbild (üblicherweise ist das Ihr Logo), das in die vorgegebene Form passt. In den meisten sozialen Netzwerken ist das Profilbild derzeit rund – dies kann sich aber auch immer wieder mal ändern. Falls Ihr Logo *nicht* in die vorgegebene Form passt (ein Beispiel sehen Sie in Abbildung 7.1), lassen Sie von einem Grafiker eine passende Version erstellen. Gleiches gilt, falls Sie ein sehr altbackenes oder kleinteiliges Logo haben: Lassen Sie eine moderne Version für Social Media designen! Die Kosten dürften sich im Rahmen halten und lohnen sich für einen professionellen und ansprechenden Auftritt.

- Falls das jeweilige soziale Netzwerk ein Titelbild oder Titelvideo vorgibt, achten Sie auch hier darauf, dass Ihr Favorit in die vorgegebene Größe passt (nicht immer einfach: Bei Twitter und LinkedIn ist das Titelbild ein relativ schmaler »Streifen«). Lassen Sie sich gegebenenfalls auch hier helfen. Wichtig: Titelbilder und Titelvideos müssen eine erstklassige Bildqualität aufweisen. Schnappschüsse sind hier tabu! Verzichten Sie möglichst darauf, als Titelbild ein langweiliges Gebäudefoto auszuwählen – sofern Sie als Behörde nicht in einem wunderschönen Jugendstil-Haus oder einem architektonischen Juwel residieren. Eine tolle Ansicht Ihrer Stadt, eine aussagekräftige Bild-Text-Grafik (ein schönes Beispiel dafür sehen Sie in Abbildung 7.2) oder »was mit Menschen« eignet sich besser. Seien Sie kreativ!

- Nutzen Sie Ihren Profiltext (Fachausdruck: Bio von »Biografie«), um Ihre potenziellen Follower davon zu überzeugen, warum diese Ihnen folgen sollten! Auf vielen Behörden-Profilen lesen wir an der Stelle nur »Dies ist das offizielle Profil von Behörde XY. Hier postet das Presseteam« oder ähnliches. Das sagt aber nichts darüber aus, was ich als Fan oder Follower *bekomme*, wenn ich hier auf »Gefällt mir« drücke! Viel besser sind Texte wie »Mit Herz für die kulturbegeisterte Familienstadt: Stadtbilder, Veranstaltungen, Nachrichten aus dem Rathaus. DMs willkommen!« der Stadt Hilden (NRW) bei Instagram (siehe Abbildung 7.3) oder »Diplomatie in 280 Zeichen: Hier twittert die Botschaft zu Politik, Kultur, Wirtschaft & Wissenswertem aus Japan. Wir freuen uns auf den Austausch!« (siehe Abbildung 7.4) der Botschaft von Japan in Deutschland auf Twitter. In diesen beiden Netzwerken lässt sich der Profiltext übrigens mit Absätzen und Emojis strukturieren und mit passenden Hashtags versehen – nutzen Sie die kreativen Möglichkeiten!

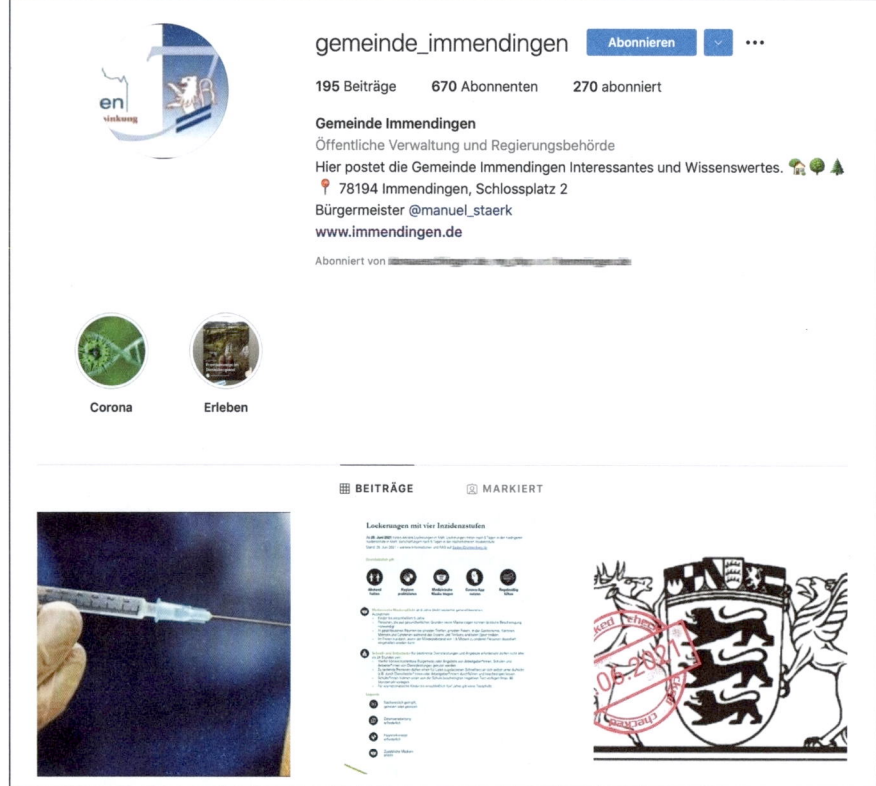

Abbildung 7.1 »Das Eckige muss ins Runde«: keine gute Methode, ein Instagram-Profilbild auszuwählen! Ihr Profilbild (üblicherweise Ihr Behörden-Logo) sollte bereits auf das runde Format zugeschnitten sein, das Instagram vorgibt. An den Rändern abgeschnittene Bilder sind unprofessionell.

Abbildung 7.2 Die Landeshauptstadt München hat sich für ihre Employer-Branding-Seite auf Facebook für eine schicke und farblich auffällige Bild-Text-Grafik als Titelbild entschieden. Ein Hingucker! Profil- und Titelbilder auf Social Media sollten professionell designed sein – Schnappschüsse funktionieren an diesen exponierten Stellen nicht.

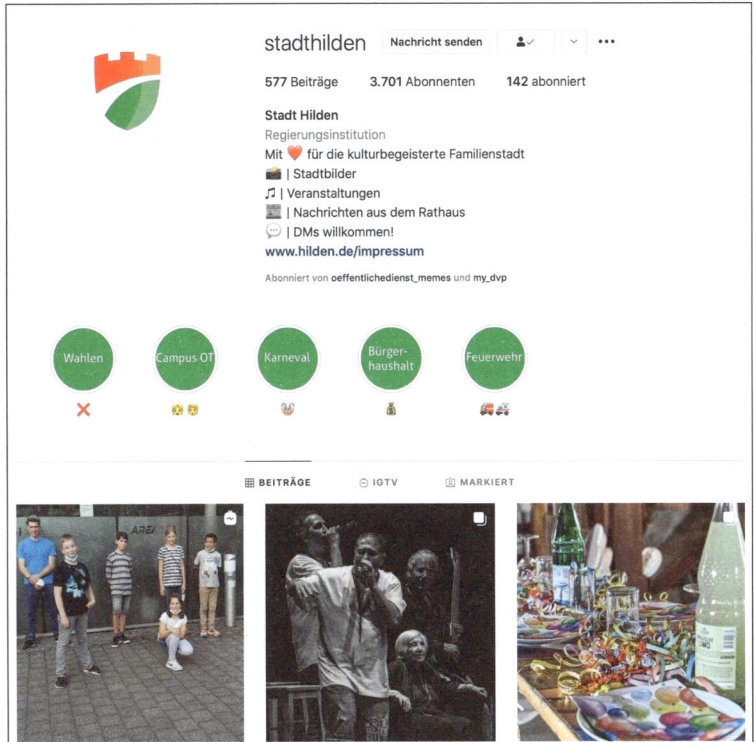

Abbildung 7.3 Die Stadt Hilden hat auf Instagram nicht nur ein perfekt passendes Profilbild, sondern das Social-Media-Team hat auch die in der »Bio« zur Verfügung stehenden Zeichen prima genutzt. Unser Tipp: Vermitteln Sie Ihren Profilbesuchern in aller Kürze, warum sie Ihnen folgen sollten!

Abbildung 7.4 Die Botschaft von Japan in Deutschland nutzt ihre Twitter-Bio, um ihre Dialogbereitschaft zu betonen – das macht sympathisch. Profil- und Titelbild passen hier perfekt zusammen und geben dem Profil einen hübschen Rahmen.

Sie sehen: Bereits die Profilgestaltung trägt dazu bei, Ihren Followern ein Willkommens-Gefühl zu vermitteln und mit dem Beziehungsaufbau zu beginnen. Es gibt Behörden, die den Profiltext für Website-mäßige Selbstdarstellungstexte nutzen (»Wir sind zuständig für …«) oder ein ellenlanges Impressum hineinkopieren. Würden Sie sich als potenzielle Abonnentin oder potenzieller Abonnent herzlich begrüßt und angesprochen fühlen? Vermutlich nicht!

Sollten Sie hier noch nicht perfekt aufgestellt sein: Kein Problem, die Profilbilder und -texte lassen sich jederzeit überarbeiten.

7.3   Content is King

Wenn Sie es geschafft haben, User als Fans, Follower oder Abonnenten zu gewinnen, werden Ihre Beiträge in deren Newsfeed ausgespielt. Nun gilt es, durch die richtige Themenauswahl dafür zu sorgen, dass Ihnen Ihre Community treu bleibt und nicht abspringt. Die Algorithmen der meisten sozialen Netzwerke sind so programmiert, dass einem als Nutzer im Newsfeed nicht die Inhalte *aller* abonnierten Seiten angezeigt werden, sondern nur ein »Best Of«. Facebook und Co. versuchen, jedem User diejenigen Inhalte anzuzeigen, die ihn oder sie wahrscheinlich am meisten interessieren. Unter anderem achtet der Algorithmus darauf, ob Ihre Fans und Follower Ihre Beiträge normalerweise ganz lesen oder sogar liken/kommentieren –

oder einfach wegswipen. Um einen neuen Abonnenten dazu zu bringen, Ihre Inhalte regelmäßig zu sehen, ist es also wichtig, dass *jeder* Beitrag für die Zielgruppe interessant ist. Wie Sie Inhalte finden und auswählen, die Ihre Nutzer *wirklich* interessieren, beschreiben wir Ihnen ausführlich in Kapitel 13, »Trockene Behörden-Themen spannend erzählen«.

Beziehungen bauen Sie aber nicht auf, indem Sie interessante Themen einfach nur *mitteilen*. Sie erinnern sich an den Anfang dieses Abschnitts? Wer nur über sich spricht, macht sich in geselligen Runden nicht gerade beliebt! Nutzen Sie deshalb Ihre Beiträge, um ins Gespräch – oder wie es in der Social-Media-Fachsprache heißt: in Interaktion – zu kommen. Ihre Anbahnungsversuche sind erfolgreich, wenn jemand

- Ihren Beitrag vollständig liest,
- eine Emotion (beispielsweise ein »Like«) hinterlässt,
- alle Bilder anklickt,
- einen Kommentar schreibt,
- Ihren Beitrag teilt,
- auf einen Link klickt,
- mit Ihrer Story interagiert.

Diese Menschen interessieren sich für Sie! Das merkt sich dann auch der Algorithmus des sozialen Netzwerks – und zeigt Ihre Beiträge auch weiterhin dem jeweiligen Nutzer an.

Zur Interaktion laden Sie ein, indem Sie

- den Usern Fragen stellen und damit Interesse signalisieren (wie Sie passende Fragen in Ihren Text einbauen können, zeigen wir Ihnen ausführlich in Abschnitt 13.3.4),
- interaktive Elemente einbauen (z. B. Umfrage bei Twitter, Story-Sticker bei Instagram),
- in Ihren Beiträgen immer wieder ausdrücklich dazu ermuntern, Ihnen einen Kommentar zu hinterlassen oder eine Direktnachricht zu schreiben,
- die Community zu einer Handlung auffordern (Beispiel: zu einer Veranstaltung vorbeikommen) – in der Social-Media-Fachsprache »call to action« genannt,
- die Fans und Follower nach ihrer Meinung fragen (Beispiele: Welche Buslinien müssten ausgeweitet werden? Welche Themen sollen künftig auf Social Media gespielt werden? Welche Farbe könnte der Anstrich der neuen Stadtbibliothek haben?),
- darum bitten, Ihren Beitrag zu teilen (bitte sparsam für wichtige Fälle einsetzen, beispielsweise polizeiliche Zeugensuche oder Suche nach freiwilligen Helfern).

Ihre Bemühungen um Interaktion werden nicht von Anfang an fruchten – sondern erst, wenn Ihre Community eine gewisse Größe erreicht hat. Statistisch gesehen hinterlässt nur ein Zehntel der Social-Media-Nutzer*innen ein »Like«, und nur ein Hundertstel kommentiert. Wichtig ist, dass Sie am Ball bleiben und immer wieder signalisieren, dass Sie in Kontakt kommen möchten. Irgendwann werden Ihre Initiativen Erfolg zeigen, versprochen.

Je mehr die Community interagiert, desto stärker steigt Ihre Reichweite. Doch Vorsicht: Eine hohe Reichweite allein nützt Ihnen nichts – Sie brauchen auch die *richtigen* Follower. Nehmen wir an, eine Stadt möchte ihre Facebook-Seite als Bürgerservice-Portal nutzen, hat viele Follower und eine hohe Reichweite. Ein Blick in die Insights (Facebook-Statistik) zeigt jedoch: Nur ein Drittel der User, die bei Ihnen mitlesen, wohnen tatsächlich (noch) in der Stadt! In dem Fall ist es zwar schmeichelhaft, dass ehemalige Einwohner und Touristen Ihnen folgen. Für Ihr Ziel, Ihre aktuellen Bürgerinnen und Bürger mit Service-Infos zu versorgen, bringt dies Ihnen aber nichts. Technisch gesehen können Sie sich nicht aussuchen, wer Ihnen folgt – Sie können es aber durch Ihre *Themenauswahl* steuern. Wenn wir beim gerade angesprochenen Stadt-Beispiel bleiben: Je mehr Inhalte Sie posten, die (nur) für Ihre Bürgerinnen und Bürger spannend sind, desto mehr Resonanz kommt auf lange Sicht von *dieser* Gruppe. Hier müssen Sie Ausdauer beweisen und bei der Themenauswahl konsequent sein!

Sie wollen die Zahl Ihrer Follower sowie Ihre Reichweite vergrößern? Dazu ein wichtiger Tipp: Verlassen Sie so oft wie möglich Ihr eigenes Profil beziehungsweise Ihre eigene Fanpage und interagieren Sie an *anderer* Stelle mit Ihrer Zielgruppe! Beispiele:

- Bringen Sie sich konstruktiv in Facebook-Gruppen ein, die für Sie themenrelevant sind – am besten in solche, die viele Mitglieder haben. Wenn es zu Ihrem Thema noch keine gut laufende Gruppe gibt: *Eröffnen Sie eine!* Ein Beispiel für eine Behörden-Gruppe bei Facebook finden Sie in Abbildung 7.5.

- Auch auf größeren Facebook-Seiten, die Ihr Thema behandeln, lohnt es sich mitzudiskutieren. Die Fanpages von lokalen und überregionalen Medien haben meistens eine große Community, die Sie dort kennenlernen können.

- Wussten Sie, dass man bei Instagram und LinkedIn nicht nur andere Accounts, sondern auch Hashtags abonnieren kann? Nutzen Sie diese Möglichkeit! Sie haben so täglich einen Überblick, welche News es zu Ihren Themen gibt und können auf spannende Beiträge per Like oder Kommentar reagieren.

- Mischen Sie sich in aktuelle Diskussionen ein, die auf Twitter unter einem bestimmten Hashtag laufen. Je nach Relevanz der Diskussion können Sie hier auf einen Schlag viel Sichtbarkeit gewinnen. Schauen Sie am besten jeden Morgen und noch mal im Laufe des Tages in die »Trending Topics« – und überlegen Sie, ob Ihr Amt zu diesem Thema etwas beitragen kann. Ein Klassiker: Polizeibehörden diskutieren unter dem beliebten Hashtag #*tatort* mit und bewerten, was in der aktuellen Episode realistisch dargestellt wurde und was nicht. Und wenn mal wieder Fußball-EM ist: Der deutschen Nationalmannschaft ein gutes Gelingen zu wünschen, macht jede Behörde sympathisch.

- Folgen Sie auf allen Netzwerken interessanten Accounts, die zu Ihrer Zielgruppe gehören oder Ihr Thema behandeln – und interagieren Sie mit ihnen. Ihre erste Reaktion oder Ihr Reflex ist »Dürfen wir nicht«? In den meisten Fällen ist dies falsch. Lesen Sie hierzu nochmals unser Kapitel 6, »Müssen wir da etwa antworten?«.

Abbildung 7.5 Der Landkreis Gifhorn hat eine Facebook-Gruppe ins Leben gerufen. Ziel: Ehrenamtler im Landkreis zu vernetzen. Mehr als 200 aktive Mitglieder konnten bereits gewonnen werden.

Außerhalb der eigenen Seite und Kommentarspalte aktiv zu sein, kostet etwas Überwindung und ist im ersten Moment unbequem (Sie erinnern sich an den Vergleich mit dem Netzwerk-Event vom Anfang?). Es ist aber *extrem wirkungsvoll*! Wenn Sie Ihre Seite regelmäßig verlassen und an anderen Stellen der jeweiligen Plattform mitmischen, werden Sie den Effekt nach sehr kurzer Zeit in Ihrer Reichweiten-Statistik sehen. Social Media wurden nicht programmiert, damit alle sich auf die eigene Seite konzentrieren, sondern zum Netzwerken. Wer aktiv auf andere zugeht, gewinnt! Social-Media-Stars und Influencer haben sich genauso über einen langen Zeitraum ihre Reichweite aufgebaut. Auch uns bekannte politische Accounts nutzen das aktive Ansprechen strategisch. Unser Tipp: Planen Sie jede Woche eine gewisse Zeit (beispielsweise zwei Stunden) ein, um gezielt auf anderen Accounts, in Diskussionen und Gruppen aktiv zu sein!

Um die Beziehung zu Ihren neu gewonnenen und bestehenden Followern weiter zu stärken, lautet unsere Empfehlung: Verstecken Sie sich nicht, sondern zeigen Sie Gesicht! *Das* Gesicht der Behörde ist natürlich die Amtsleitung. Falls Sie diese zeigen möchten (oftmals wird das von ihr auch eingefordert), sollten Sie auf langweilige Handshake-Fotos und nichtssagende Begrüßungsfloskeln verzichten. Meet-and-Greet-Standbilder (»Bürgermeister Dimpfelmoser heißt Landrätin Zwackelmann herzlich willkommen und freut sich über den guten Austausch«) und Zitatkacheln sind so was von out! Besser: eine Instagram-Live-Bürgersprechstunde (mehr dazu in Kapitel 18, »Behördenleiter-Kommunikation auf Social Media«).

Lassen Sie Ihre Fans und Follower aber auch sehen, welche großartigen Sachbearbeiterinnen und Sachbearbeiter, Referentinnen und Referenten in Ihrer Behörde arbeiten (mehr dazu in Kapitel 17, »Corporate Influencer in Behörden«). Social-Media-Kanäle, auf denen freundliche und kompetente Mitarbeitende vorgestellt werden, sind tendenziell erfolgreicher als jene, die gesichtslos bleiben. Falls Sie also nicht der Bundesnachrichtendienst oder das Bundesamt für Verfassungsschutz sind: Schluss mit Schüchternheit! Natürlich wissen wir, dass nicht jede Kollegin und jeder Kollege Social-Media-Star werden möchte. Unsere Erfahrung ist aber, dass sich in den meisten Ämtern Freiwillige finden, die ihr Haus gerne vorstellen. Oftmals ist es eher die Behördenleitung oder die Pressestelle, die einen Riegel vorschiebt, nach dem Motto: »Unser Amt repräsentieren nur wir – sonst niemand!« Auf Social Media kommen Sie mit dieser Denke nicht weit. Auch Unternehmen haben erkannt, dass Mitarbeitende die besten Botschafter sind. Bei Behörden ist es nicht anders: Menschen folgen Menschen – nicht Institutionen.

7.4 Follower-Treffen und Instawalks

Noch besser können Sie Ihre Fans und Follower kennenlernen, wenn Sie diese zu sich einladen. Sogenannte Instawalks und Follower-Treffen sind eine tolle Möglichkeit, Social Media und das wahre Leben zu verbinden.

Bei einem Instawalk laden Sie Instagrammer ein, einen exklusiven Blick hinter die Kulissen zu werfen – und auf Instagram darüber zu posten. Die Veranstaltung bekommt einen Hashtag, die geladenen Fotografinnen und Fotografen vertaggen Ihr Amt auf deren Bildern. So gewinnen Sie als Behörde an Reichweite und haben ein Event für Ihre Follower veranstaltet, das diesen garantiert in Erinnerung bleiben wird. Anlässe für Instawalks finden sich genügend. Hier einige Beispiele:

- Sie sind eine Feuerwehr? Laden Sie junge Instagrammer ein, führen Sie Fahrzeuge und Uniformen vor. Ein Feuerwehrmann erklärt, wie ein Einsatz abläuft.

- Sie sind eine Sicherheitsbehörde und beziehen ein neues Gebäude, über das die ganze Stadt spricht? Laden Sie Instagrammer ein, die Architektur bildstark zu promoten.

- Sie sind eine Uni und wollen Studierende gewinnen? Laden Sie sie zu einem Insta-Campus-Tag ein! Stargast ist ein prominenter Uni-Absolvent, den die Instagrammer treffen dürfen.

- Sie sind eine Kultureinrichtung und eröffnen eine Ausstellung mit einer Presseführung vorab? Laden Sie am selben Tag oder Abend auch Instagrammer ein, die über die Werke posten dürfen.

Die Stadt Nürnberg hat bereits viele Instawalks durchgeführt. Wir haben mit den Social-Media-Verantwortlichen gesprochen und stellen sie Ihnen in Kapitel 22, »Stadt Nürnberg: Die Foto-Community«, im Best-Practice-Teil dieses Buches vor.

Follower-Treffen funktionieren ähnlich und sind vielfältig gestaltbar, etwa so:

- Laden Sie über Ihr soziales Netzwerk zu einer Diskussionsrunde mit Ihrer Bürgermeisterin oder Ihrem Bürgermeister ein. Wer Interesse hat, muss sich anmelden – so bleibt die Runde klein.

- Veranstalten Sie eine TikTok-Party. Wer dieses Jahr 18 wird, erhält freien Eintritt, alle anderen müssen ein Ticket kaufen. Wer auf TikTok von der Party postet, bekommt den Eintrittspreis zurück.

Follower-Treffen und Instawalks sind moderne Varianten der Behörden-Klassiker »Tag der offenen Tür«, Bürgerdiskussion oder Ausstellungs-Eröffnung. Indem Sie »Social-Media-Events« kreieren, gewinnen Sie die Herzen der Zielgruppen, die Sie ansprechen wollen.

7.5   Die wichtigste Zutat: Glaubwürdigkeit

Zum Schluss die Frage aller Fragen: Von welchem Faktor hängt ab, ob die Beziehung zur Community gut ist und wie lange sie hält? Wir haben für Sie den Schlüssel gefunden: Glaubwürdigkeit! Das bedeutet:

- Posten Sie auch mal aktiv zu schwierigen und unpopulären Projekten Ihrer Behörde. Jedes Amt hat nicht nur Heile-Welt-Agenden, sondern auch undankbare Reizthemen. Angenommen, in Ihrer Stadt startet ein höchst umstrittenes Bauprojekt, das voraussichtlich zwei Jahre dauern wird. Nicht wenige Behördenleitungen weisen ihre Social-Media-Teams in einem solchen Fall an: »Darüber wird auf gar keinen Fall gepostet – sonst bekommen wir lauter negative Kommentare!« Wir sagen dazu nur: Wer glaubt, durch Schweigen auf den eigenen Kanälen seine User friedlich zu stimmen, begeht einen der größten Social-Media-Fehler (zumal die Medien ohnehin darüber berichten werden). *Gerade* wenn Sie auch kritische Themen ansprechen, gewinnen Sie den Respekt Ihrer Social-Media-Community! Sie werden zwar (auch) kritische Kommentare bekommen, haben aber die direkte Gelegenheit, Ihre Sicht darzustellen. Außerdem nützen Posts mit vielen Kommentaren Ihrer Reichweite.

- Behörden lieben (eigene) Erfolgsmeldungen – und tendieren dazu, *alles* als Erfolg zu verkaufen. Bürgerinnen und Bürger möchten aber auch mal hören, was gerade *nicht* wie gewünscht läuft – vom Corona-Krisenmanagement vor Ort bis hin zu Straßenbaukosten, die höher ausfallen als geplant. Sprechen Sie möglichst offen und ehrlich auch über Misserfolge und kommunizieren Sie, was Sie alles unternehmen, um Abhilfe zu schaffen! Sagen Sie in sozialen Netzwerken auch, was Sie ärgert oder was Sie sich von der Bevölkerung wünschen.

- Falls Ihre Behörde einen Fehler gemacht hat: Stehen Sie dazu und entschuldigen Sie sich.

Wenn Sie die Empfehlungen aus diesem Kapitel umsetzen, sind Sie ein echtes »Social Amt«! Eine aktiv aufgebaute Community, die Sie mag und respektiert, ist übrigens der beste Schutz gegen Shitstorms. Was Sie als Amt tun können, wenn Sie dennoch mal ein virtueller Sturm der Entrüstung trifft, erfahren Sie im nun folgenden Kapitel 8, »Was tun, wenn ein ›Shitstorm‹ kommt?«.

Kapitel 8

Was tun, wenn ein »Shitstorm« kommt?

Die Gefahr eines möglichen Shitstorms wird in vielen Behörden überschätzt. In diesem Kapitel erklären wir Ihnen, wie Sie Entrüstungsstürme in sozialen Netzwerken souverän managen – und zeigen, dass manche sogar gut ausgehen!

Ein »Shitstorm« ist ein Sturm der Entrüstung in den sozialen Netzwerken – oder »ein Empörungs-Tsunami«, wie der Autor Sascha Lobo sagt. Besonderes Kennzeichen: eine Flut negativer und aggressiver Kommentare, die sich wegen eines bestimmten (tatsächlichen oder vermeintlichen) Missstandes gegen eine Person oder Institution richten und öffentlichen Druck aufbauen sollen. Bei einzelnen negativen Kommentaren handelt es sich definitiv um *keinen* Shitstorm – das gehört zum Meinungsaustausch dazu.

Was kann Auslöser eines Shitstorms sein?

Zu einem Shitstorm führt das empfundene Fehlverhalten einer Person oder einer Institution. Dabei kann es beispielsweise um die als schlecht wahrgenommene Arbeit einer Behörde gehen, etwa wenn ein Jugendamt Mitschuld am Tod eines Kindes hat oder das Krisenmanagement eines Gesundheitsministeriums stümperhaft wirkt. Auslöser können auch unsensible Posts von Prominenten, strittige Entscheidungen in der Politik oder Enthüllungen von Missständen sein. Auf den sozialen Kanälen der Opfer machen innerhalb kurzer Zeit Tausende (oft anonyme) User ihrem Ärger Luft – teilweise mit schlimmen Beleidigungen und üblen Hass-Botschaften. Häufig greifen klassische Medien den Shitstorm auf und berichten groß über das Thema, das Tausenden Nutzer*innen sauer aufstößt.

Die Angst vor einem Shitstorm ist nach wie vor einer der Hauptgründe, warum viele Behörden zögern, soziale Medien für die Außenkommunikation zu nutzen. Sie brauchen sich aber keine Sorgen zu machen. Denn:

1. Shitstorms kommen äußerst selten vor – die meisten Ämter werden nie einen erleben.

2. Ein Shitstorm kommt nicht immer aus heiterem Himmel – auf manche können Sie sich vorbereiten.

3. Shitstorms haben (manchmal) sogar positive Folgen. Wenn Sie als betroffene Behörde schnell und cool reagieren, können Sie im Netz Sympathie-Punkte und Follower gewinnen.

8.1   Wie kann man einem Shitstorm vorbeugen?

Einen hundertprozentigen Schutz gegen Shitstorms gibt es nicht. Ein einziger Post kann einen Orkan der Empörung auslösen. Das Fernbleiben aus sozialen Netzwerken bewahrt Sie aber keineswegs vor schweren virtuellen Turbulenzen. Denn auch *ohne* offizielles Profil können negative Kommentare gepostet werden, etwa unter einem bestimmten Hashtag bei Twitter.

Die beste Prävention gegen einen Shitstorm besteht darin, als Behörde in sozialen Netzwerken *aktiv* zu sein. Nur dann haben Sie die Möglichkeit, auf dort geäußerte Kritik frühzeitig zu reagieren und die Diskussion (mit) zu steuern. Sie können im Netz jede Menge Vertraute gewinnen, indem Sie positive, negative und neutrale Kommentare auf Social Media kompetent, zeitnah und bürgerfreundlich beantworten. Auf diese Weise bauen Sie eine Community auf, die Ihnen gegenüber grundsätzlich positiv gestimmt ist und Ihnen bei unberechtigter Kritik oder aggressivem Tonfall vielleicht sogar zur Seite springt. Wer im Social Web präsent ist, an der Meinung von Nutzer*innen ehrlich interessiert ist und sich vor Kritik nicht versteckt, den kann kein Shitstorm umwerfen.

Und auch hier gilt die alte Phrase: Gute Vorbereitung ist alles. Gehen Sie also nicht einfach mit einer Facebook-Seite oder einem Twitter-Profil online, um sich erst dann zu überlegen: Tja, was posten wir denn heute? Und hat jemand aus unserem Team Zeit, die Kommentare der User zu beantworten? Machen Sie sich ab dem ersten Tag Ihrer Social-Media-Präsenz auf alles Mögliche gefasst – auch auf Kommunikationskrisen.

Für Behörden ist es wichtig, ihre »Reizthemen« zu kennen. Jede Stadt, Kommune, Bundesbehörde oder Bildungsbehörde hat schwierige, heikle, undankbare Themen (etwa jene, über die sich Bürger regelmäßig beschweren oder die Medien negativ berichten). Die Social-Media-Manager sollten Antworten auf alle Fragen und Kommentare geben können und die offizielle Sprachregelung des Hauses kennen. Da sich komplizierte Sachverhalte nicht immer auf einer Tweet-Länge von 280 Zeichen erklären lassen, macht es Sinn, weiterführende Infos auf die Website zu stellen und darauf zu verlinken. Je mehr Krisenthemen Ihre Behörde zählt (z. B. Corona-Hilfen, Lebensmittelsicherheit, Flüchtlingsunterbringung), desto besser sollten Sie auf den Tag X vorbereitet sein.

Klarerweise werfen Krisen oft neue Fragen auf, für die es noch keine offizielle Sprache gibt. In diesem Fall ist es wichtig, dass die oder der Social-Media-Verantwortliche einen engen Draht zur Behördenspitze hat – und die Chefin oder der Chef auch am Wochenende erreichbar ist. Denn wenn eine Kommentarwelle zur Krise anwächst, sollte sich die Kommunikationsabteilung schnellstens mit der Leitungsebene abstimmen. In großen Behörden ist es sinnvoll, die Kommunikationswege für den Krisenfall schriftlich festzuhalten (etwa im Social-Media-Konzept). Wir empfehlen zudem ein Planspiel mit den wichtigsten Playern Ihrer Behörde: Was machen wir wann wo wie, wenn ein Shitstorm über uns hereinbricht? So sind Sie auf stürmische Zeiten im Netz optimal vorbereitet.

8.2   Überlebensplan bei einem Shitstorm

Wenn Sie merken, dass

- Kommentare und Tweets zu einem heiklen Behörden-Thema in hoher Geschwindigkeit und Häufigkeit auf Ihre sozialen Kanäle einprasseln,
- so gut wie alle Statements negativ sind,
- fast nur User schreiben, die sich vorher noch nie auf Ihrem Twitter-Account oder Ihrer Facebook-Seite zu Wort gemeldet haben,

dann hat es Sie erwischt: Ein Shitstorm rollt auf Sie zu. Was Sie jetzt auf keinen Fall tun dürfen: die minütlich steigende Flut der Kommentare ignorieren, den Rechner runterfahren und entspannt ins Wochenende gehen. Bleiben Sie ruhig und besonnen (schließlich haben Sie sich ja auf mögliche Empörungs-Tsunamis vorbereitet). Verfolgen Sie die verbalen Einschläge in den kommenden Minuten und Stunden aufmerksam und besprechen Sie mit Ihren Vorgesetzten, ob und wie Sie reagieren. Die Kommentare der User können während eines Shitstorms recht aggressiv sein und enthalten mitunter Beleidigungen, manche verstoßen gegen Ihre Diskussionsrichtlinien. Beschimpfungen sollten Sie nach demselben Maßstab löschen, den Sie auch in ruhigen Zeiten anlegen. Das heißt: Halten Sie Ihre Facebook-Seite und Ihren Twitter-Account frei von verbalen Untergriffen, entfernen Sie aber nicht einfach unliebsame Debattenbeiträge. Da bei einem Shitstorm sehr schnell sehr viele Kommentare eingehen, kann das Sichten, Bewerten und eventuell Löschen der Nutzer-Statements zeitintensiv sein.

Wenn über Ihrer Behörde ein Shitstorm tobt, gibt es zwei Möglichkeiten:

1. Die Empörung ist berechtigt (etwa dann, wenn Ihr Amt einen Fehler gemacht hat). In diesem Fall hilft meist nur eine schnelle öffentliche Entschuldigung.

2. Sie sind von der Richtigkeit Ihres Handelns überzeugt? Dann knicken Sie nicht ein, sondern halten dagegen. Bleiben Sie Ihrer Linie treu. Verteidigen Sie Ihre

Position sachlich. Bringen Sie auf den sozialen Kanälen immer wieder Ihre Argumente vor – und warten Sie, bis der Sturm vorübergezogen ist.

Wir, die Autoren dieses Buches, haben mehrere Shitstorms erlebt und überlebt.

Christiane Germann hat Fall A selbst erlebt:

Als ich im Social-Media-Team des Bundesamtes für Migration und Flüchtlinge (BAMF) arbeitete, erlebten wir völlig unerwartet einen Shitstorm. An einem Freitag hatten wir einen Artikel der »Nürnberger Nachrichten« auf unserer Seite geteilt. Der Bericht handelte von einer vierköpfigen Familie mit dunkler Hautfarbe, die seit einem Jahr keine Wohnung fand und diskriminierende Erfahrungen mit Vermietern gemacht hatte. Wir bezogen in unserem Beitrag Position gegen Diskriminierung auf dem Wohnungsmarkt und stellten uns auf den einen oder anderen Nutzerkommentar ein.

Der erste User äußerte Verständnis für den Vermieter und schrieb sinngemäß, »Afrikaner« könnten nun mal keine Ordnung halten und müssten deshalb in speziellen Seminaren »europäisiert« werden. Wir überlegten gerade, wie wir mit dieser rassistischen Aussage umgehen sollten, als unsere Community den Mann stark zurechtwies. Und dann dieser Kommentar: »Arbeitet er tatsächlich beim Bundesamt? Das sollte man seinem Arbeitgeber melden.« Ein Blick auf das Privatprofil und ein interner Namensabgleich ergaben: Der rassistische Beitrag stammte von einem Mitarbeiter aus unserem Haus!

Die Aufregung auf unserer Facebook-Seite war groß – und sie war es auch bei uns. Schnell informierten wir unsere Vorgesetzten. Sofort entschieden sie, dass wir uns von dem Mitarbeiter (er war von einer anderen Behörde vorübergehend abgeordnet) trennen würden. Doch vor dem Wochenende war dies nicht mehr möglich. Trotzdem mussten wir auf unserer Facebook-Seite irgendwie reagieren – aber wie?

Inzwischen schalteten sich auch User ein, die dem Mitarbeiter recht gaben. Da hieß es zum Beispiel, man habe selbst schon mal an »Afrikaner« vermietet und auch schlechte Erfahrungen gemacht. Der Ton – von beiden Seiten – wurde immer hitziger. Die Nutzer beschimpften sich untereinander. Wir mussten nicht wenige Kommentare löschen. Schließlich posteten wir: Wir bestätigen, dass es sich bei dem Kommentator um einen Aushilfsmitarbeiter unseres Amtes handelt. Von seinen Worten distanzieren wir uns aufs Schärfste. Wir prüfen das weitere Vorgehen und informieren Sie an dieser Stelle, wenn wir eine Entscheidung getroffen haben.

Obwohl unser Post positiv aufgenommen wurde, kehrte keine Ruhe ein. Zwar war das Bundesamt nicht mehr Ziel der Kritik, aber Rechte und Linke bekriegten sich regelrecht auf unserer Seite. Bis spätabends mussten meine Kolleginnen und ich Kommentare sichten.

Am nächsten Tag, einem Samstag, titelten die »Nürnberger Nachrichten« auf ihrer Website: »BAMF-Mitarbeiter auf Facebook: Europäisierung für Afrikaner«. Auch überregionale Medien griffen den Fall auf und berichteten, dass sich die Behörde in Kürze dazu äußern würde. Die Zahl der Kommentare auf unserer Seite wuchs und wuchs. Wir verbrachten das Wochenende mehr oder weniger vor dem PC. Wir gründeten eine WhatsApp-Gruppe und schickten uns Screenshots, um uns abzustimmen, welche untergriffigen Kommentare zu löschen sind. Inzwischen baten uns User um Hilfe, die von anderen (teils durch persönliche Nachrichten) beleidigt wurden. Andere Nutzer*innen wiederum warfen uns Zensur vor, weil wir ihre – gegen die Netiquette verstoßenden Beiträge – gelöscht hatten. Und zu allem Überdruss schaltete sich erneut unser Aushilfsmitarbeiter ein und befeuerte die Diskussion!

Am Montagmorgen waren wir alle wieder früh im Dienst und besprachen das weitere Vorgehen. Uns war klar: Wir mussten so schnell wie möglich die versprochene Stellungnahme unseres Hauses abgeben. Voraussetzung dafür aber war: Unsere Personalabteilung musste rechtlich klären, dass der ausgeliehene Mitarbeiter nicht mehr für unser Haus arbeiten darf, sondern wieder zu seiner Stammbehörde zurückgeschickt wird. Mittags konnten wir endlich auf Facebook posten: Der Kollege wird ab dem morgigen Tag nicht mehr für uns tätig sein, da wir ein solches Verhalten keinesfalls dulden. Diese Konsequenz sei unumgänglich. In unserem Beitrag wehrten wir uns auch gegen den Vorwurf der Zensur und versicherten, weiterhin konsequent auf das Problem des Alltagsrassismus hinzuweisen.

Das Echo auf unser Statement war überwältigend. Die meisten User schienen überrascht, dass eine Behörde so schnell gegen Rassismus in den eigenen Reihen vorgeht und Konsequenzen zieht. Am folgenden Tag berichteten viele Medien groß: »Entlassung wegen Facebook-Post« (taz), »Nach Rassismus-Eklat: BAMF wirft Mitarbeiter raus« (Nürnberger Nachrichten, siehe Abbildung 8.1) oder »Mitarbeiter des Bundesamts für Migration und Flüchtlinge wegen Rassismus entlassen« (WAZ). Unsere Behörde kam in den Berichten gut bis neutral weg.

Ab jetzt kamen zu diesem Fall nur noch wenige Kommentare. Der Shitstorm war vorbei. Wir hatten ein paar hundert mehr Fans als vorher.

Mein Fazit: Wir haben damals vieles richtig gemacht. Wir waren ehrlich und haben schnell und aktiv nach außen kommuniziert. Hätten wir an jenem Freitag nicht einen Zwischenkommentar gepostet und eine baldige Stellungnahme versprochen, wäre die Zahl der Anfeindungen am Wochenende wohl ins Unermessliche gestiegen. Und wenn wir uns nicht von dem Mitarbeiter getrennt hätten, wären wir für lange Zeit als rassistisches Amt wahrgenommen worden. Was uns half: Wir hatten lange vor dem Shitstorm interne Kommunikationswege für Krisenfälle festgelegt (auch, dass Mitarbeitende in so einer Extremsituation Überstunden machen müssen). Bewährt hatte sich zudem, dass wir bereits eine treue Community aufgebaut hatten. Es macht keinen Sinn, mit Social Media erst dann zu starten, wenn eine Krise da ist.

Das Bundesamt für Migration und Flüchtlinge hat die personelle Reißleine gezogen, nachdem ein Mitarbeiter mit rassistischen Kommentaren auf Facebook für einen Eklat sorgte.   © Screenshot: Facebookauftritt des BAMF

Abbildung 8.1 Manch ein »Shitstorm« wird von den Medien aufgegriffen: Über den BAMF-Fall erschienen mehr als zehn Zeitungsberichte.

Wolfgang Ainetter hat Fall B erlebt:

Im März 2019 starteten wir im Bundesministerium für Verkehr und digitale Infrastruktur eine Fahrradhelm-Kampagne. Wir wollten die 17- bis 30-jährigen Radfahrenden erreichen, weil in dieser Zielgruppe nur 8 % mit Helm unterwegs waren. Aber wie bringt man Teenager dazu, sich mit diesem (nicht gerade prickelnden) Thema zu beschäftigen? Wir wussten: Das gelingt nur in der Primetime – am besten bei Heidi Klums »Germany's Next Topmodel«. Heidi Klum fand unsere Idee, die wir mit der Agentur Scholz & Friends umsetzen sollten, gut. Rankin, einer der besten Fotografen der Welt, fotografierte für unsere Kampagne männliche und weibliche Models, die Unterwäsche und Helm trugen. Sein Stilmittel: Ironie. Die Kampagne nannten wir augenzwinkernd #LooksLikeShitButSavesMyLife (auf Deutsch: »Sieht scheiße aus – aber rettet Leben«). Einige Beispielmotive sehen Sie in Abbildung 8.2.

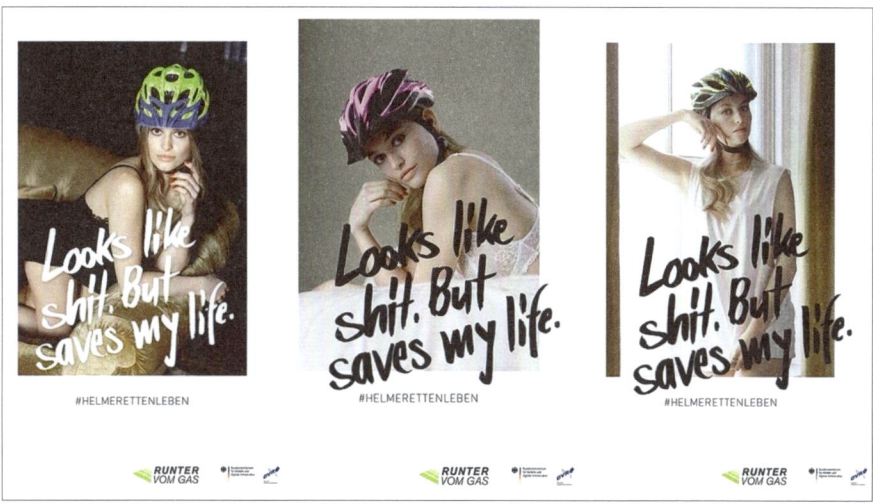

Abbildung 8.2 Drei Motive aus der »Looks like shit«-Kampagne, die Deutschland polarisierte. Das eher sperrige Thema Fahrradhelme bekam so eine riesige Aufmerksamkeit und schaffte es auf Platz 1 der deutschen Twitter-Trends.

Unser Social-Media-Team hatte mit Aufregung gerechnet – aber nicht mit einem gigantischen Shitstorm. Der eher sperrige Hashtag #*Fahrradhelm* eroberte Platz eins der deutschen Twitter-Trends. Mehrere tausend wütende Kommentare hagelten auf unseren Twitter-Account (ein Beispiel sehen Sie in Abbildung 8.3) und unsere Facebook-Seite ein. Einige warfen uns Sexismus vor. Eine Ministerin postete ein Foto von ihrem Fahrrad und ihrem Helm: »MIT HELM GEHT AUCH ANGEZOGEN!« (siehe Abbildung 8.4). Ein grün regierter Berliner Bezirk verbot unsere Fahrrad-helm-Werbung. Mehrere Politiker*innen forderten uns und den Minister auf, die Kampagne sofort zu stoppen.

Abbildung 8.3 Über Tage hinweg hagelten Tweets wie dieser auf das Social-Media-Team des BMVI ein: Das Ministerium war Adressat eines echten Shitstorms.

Franziska Giffey
about 2 years ago
MÜSSEN ES NICHT.
DIGITALEN ANGEBOTEN
FAMILIEN LEISTUNGEN DIREKT
Lieber Andreas Scheuer: MIT HELM GEHT AUCH ANGEZOGEN!
888
164
122

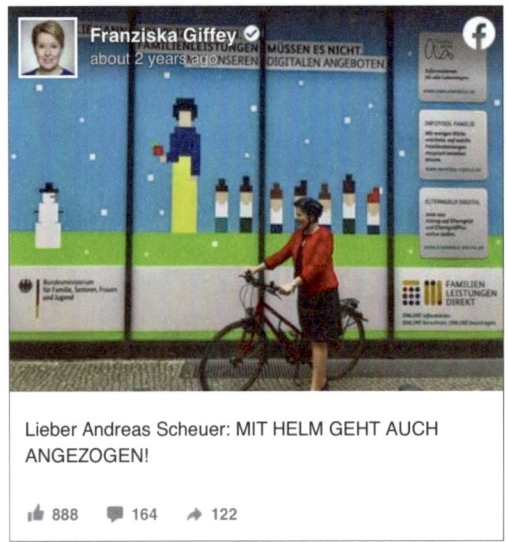

Abbildung 8.4 Auch Politikerinnen wie Franziska Giffey (SPD) schalteten sich in die Diskussion um die Helm-Kampagne ein. Das BMVI musste sich entscheiden: Stoppen wir unsere Kampagne oder stehen wir zu 100 % dahinter?

In unserem Haus wurden Stimmen laut, *#LooksLikeShit* und *#HelmeRettenLeben* sofort einzustellen. Ich sprach mit dem Minister. Wir beschlossen: Wir halten mit voller Wucht dagegen – weil wir an das Ziel unserer Kampagne zu 100 % glauben!

Wir hatten im Vorfeld mehrere Posts und Tweets vorbereitet. Wir betonten, dass unsere Kampagne nur einen einzigen Zweck hat: Leben zu retten (siehe Abbildung 8.5).

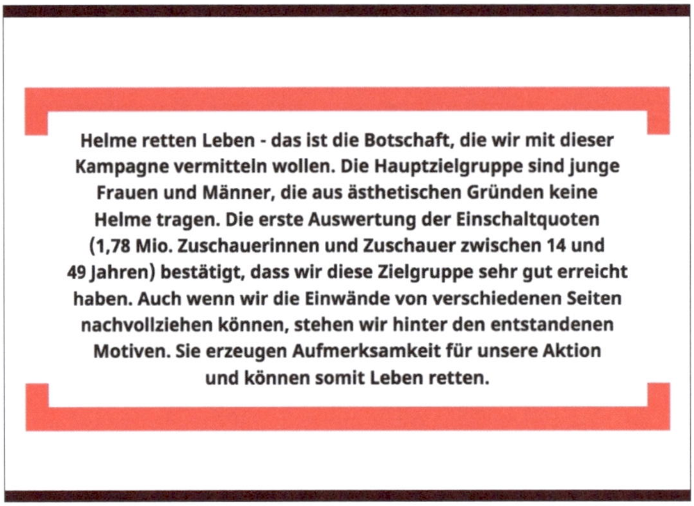
Helme retten Leben - das ist die Botschaft, die wir mit dieser Kampagne vermitteln wollen. Die Hauptzielgruppe sind junge Frauen und Männer, die aus ästhetischen Gründen keine Helme tragen. Die erste Auswertung der Einschaltquoten (1,78 Mio. Zuschauerinnen und Zuschauer zwischen 14 und 49 Jahren) bestätigt, dass wir diese Zielgruppe sehr gut erreicht haben. Auch wenn wir die Einwände von verschiedenen Seiten nachvollziehen können, stehen wir hinter den entstandenen Motiven. Sie erzeugen Aufmerksamkeit für unsere Aktion und können somit Leben retten.

Abbildung 8.5 Dieses Statement setzte das BMVI angesichts viel Kritik auf Social Media ab.

Auch der Minister twitterte: »Das gab es noch nie: In ganz Europa wird jetzt über Fahrradhelme diskutiert. Klar ist: Nur 8 % der jungen Radfahrer tragen Helm. Klar ist auch: Helme schützen vor schweren Kopfverletzungen und retten Leben.«

Als Kommunikationschef und Minister-Sprecher setzte ich insgesamt mindestens 30 Tweets ab, um #LooksLikeShit zu verteidigen, unter anderem diesen: »Durch die Aufmerksamkeit rettet unsere Helm-Kampagne Leben. Niemandem nützt eine Kampagne, die keine Aufmerksamkeit generiert. Weil sie dann eben nicht wirkt. Politische Überkorrektheit darf nicht wichtiger sein, als Leben zu retten.«

Zudem baten wir aktiv Entscheider*innen, uns zu unterstützen. Christiane Schulz, Präsidentin der GPRA (Gesellschaft Public Relations Agenturen), schrieb auf Facebook: »Die Kampagne ›Looks Like Shit. But Saves My Life‹ ist mutig für ein Ministerium. (…) Die aktuelle Sexismus-Diskussion ist überzeichnet. (…) Mit den Motiven hat die Kampagne natürlich provoziert, das musste sie auch, um Aufmerksamkeit zu bekommen. Die Motive sind jedoch weder herabwürdigend noch diskriminierend. Durch ihre Provokation haben sie auf jeden Fall das wichtige Thema auf die Agenda bei der Zielgruppe und sogar darüber hinaus gebracht.« Professor Lars Rademacher, Vorsitzender des Deutschen Rats für Public Relations, verteidigte uns öffentlich auf Twitter: »Die Idee der Kampagne hebt sich wohltuend von der sonst üblichen Mutlosigkeit staatlicher Institutionen ab.« Mehrere junge prominente Frauen, darunter Sophia Thomalla, lobten auf ihren Kanälen die BMVI-Kampagne.

Nach insgesamt vier Tagen war der Shitstorm vorbei. Auf einmal überwogen positive Kommentare. Medien aus aller Welt, unter anderem die »New York Times«, berichteten über unsere Kampagne. #LooksLikeShit wurde mit 1,5 Milliarden Kontakten weltweit zur erfolgreichsten Verkehrssicherheitskampagne aller Zeiten – und das bei einem Budget von 400.000 €.

Wir haben für die Kampagne viele Preise gewonnen, unter anderem 3 PR-Report-Awards (u. a. »Kampagne des Jahres«) und einen Politik-Award. »Gerade die polarisierte Rezeption in der Öffentlichkeit und der mutige Ansatz, an dem die Verantwortlichen trotz Kritik festhielten, haben den Erfolg begründet«, schrieb die Jury.

Aber das Wichtigste für uns war: Die Zahl der Helm-Träger*innen in der Zielgruppe der 17- bis 30-Jährigen hat sich innerhalb eines Jahres mehr als verdoppelt, wie eine Studie ergab.

Der Shitstorm bedeutete für die Kommunikator*innen eine harte Zeit. Das Social-Media-Team arbeitete nächtelang und selbst am Wochenende durch, um auf möglichst viele Kommentare einzugehen (auf alle konnten wir nicht antworten, da es einige Tausend waren). Wir haben gelernt: Wenn man an etwas glaubt, zahlt es sich aus, im Netz dagegenzuhalten und seiner Linie treu zu bleiben.

Das BMVI hat #HelmeRettenLeben im Auge des Social-Media-Hurrikans verteidigt – bis sich die Stimmung drehte und #LooksLikeShit sogar als »Kampagne des Jahres« ausgezeichnet wurde (siehe Abbildung 8.6).

Abbildung 8.6 Shitstorms können ein gutes Ende finden: Die Helm-Kampage des BMVI wurde in den nachfolgenden Monaten mit mehreren wichtigen PR-Preisen ausgezeichnet. Heute gilt sie als erfolgreichste Verkehrssicherheitskampagne aller Zeiten.

Ganz anders das Bundesministerium für Ernährung und Landwirtschaft: Im Januar 2020 startete das BMEL die 1,2 Millionen € teure Kampagne #Dorfkinder – als »Würdigung des vielfältigen Engagements, das das Leben auf dem Lande und in den Dörfern in vielfältiger Weise gestaltet und mitträgt«. Das Ministerium postete glücklich-strahlende Fotos vom Leben auf dem Dorf (ein Beispiel sehen Sie in Abbildung 8.7).

Abbildung 8.7 Eine Kampagne des Bundeslandwirtschaftsministeriums sollte das Leben auf dem Land zeigen. Doch das Ministerium übertrieb es mit der Idylle: Die angeblich gezeigten »Dorfkinder« waren Models.

Doch die Kampagne ging nach hinten los. Unter dem Hashtag *#Dorfkinder* sollten User auf Twitter ihre Erfahrungen vom Leben auf dem Land mitteilen. Die Folge: Hohn, Spott – Shitstorm! Hier ein paar Tweets (auch in den Abbildung 8.8 und Abbildung 8.9):

- »Bei *#Dorfkindern* lädt dieser Tweet noch.«

- »*#Dorfkinder* können diesen Tweet nicht abrufen, weil die Bundesregierung den *#Netzausbau* verbockt hat.«

- »*#Dorfkinder* vermissen genügend Landärzte.«

- »*#Dorfkinder* pendeln über eine Stunde in die Schule.«

- »Als *#Dorfkind* gibt es zwei Lebensphasen:
  die Phase, in der der Spielplatz zum Spielen da ist,
  die Phase, in der der Spielplatz zum Saufen da ist.
  Und dazwischen kommt manchmal der Bus.«

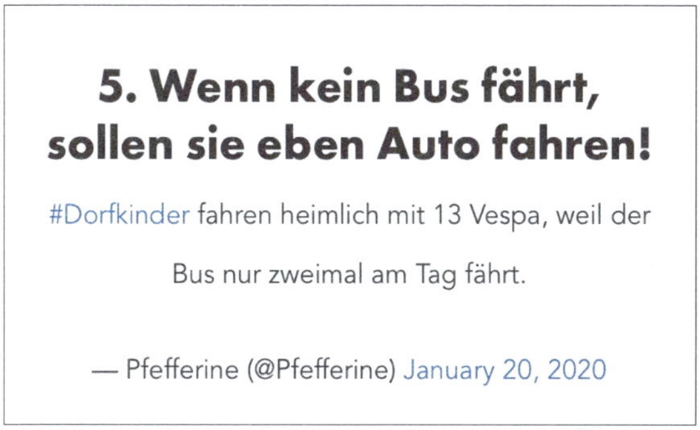

5. Wenn kein Bus fährt, sollen sie eben Auto fahren!

#Dorfkinder fahren heimlich mit 13 Vespa, weil der

Bus nur zweimal am Tag fährt.

— Pfefferine (@Pfefferine) January 20, 2020

Abbildung 8.8 Das Bundeslandwirtschaftsministerium hatte auf Social Media dazu aufgefordert, Erfahrungen über das Landleben zu posten. Aus Sicht vieler User hatte die Bundesregierung jedoch ihre Hausaufgaben nicht gemacht: In zahlreichen Tweets wurde die unzureichende Verkehrsanbindung in Dörfern thematisiert.

Peinlich: Nach Anfrage eines Mediums musste das Ministerium auch noch zugeben, dass es sich bei den Bildern nicht um echte Frauen, Männer und Jugendliche vom Land handelte – sondern um Models, die von einer Agentur für Symbolfotos abgelichtet wurden.

Das BMEL twitterte zu seiner Verteidigung:

»Was wir mit #Dorfkinder wollen:
eine Debatte über das Leben auf dem Land anstoßen
Was wir nicht wollen:
Dorf vs. Stadt ausspielen

Was wir schon lange tun:
Ländliche Regionen stärken
Modellprojekte fördern
Was wir wissen:
Es gibt noch viel zu tun.«

Abbildung 8.9 Langsames Internet auf dem Land: ein Dauerthema in Deutschland. Auf Twitter wurde das Bundeslandwirtschaftsministerium unsanft auf diese »Baustelle« hingewiesen.

Das Social-Media-Team des Bundeslandwirtschaftsministeriums beantwortete jedoch kaum Fragen der User, sondern stellte sich still – in der Hoffnung, dass der Shitstorm schnell vorüberzieht. Die Empörungswelle war zwar nach ein paar Tagen vorbei, aber die Kampagne tot.

Was wir daraus lernen: Behörden, die von etwas überzeugt sind, müssen es auch mutig und selbstbewusst verteidigen – und dürfen nicht untertauchen.

Kapitel 9

Wie gehe ich als Behörde mit Hass im Netz um?

Hassbotschaften im Netz fallen in eine andere Kategorie als Kritik an der Behörde – und müssen deshalb von den Community-Managern auch anders behandelt werden. Wir sagen Ihnen, wie Sie mit »Hate Speech« und Verschwörungstheorien umgehen sollten – und wann eine Strafanzeige Sinn macht.

»Hate Speech« in sozialen Netzwerken ist ein Problem, das Social-Media-Verantwortliche in Behörden und Unternehmen gleichermaßen beschäftigt. Dabei handelt es sich um Kommentare mit aggressivem, beleidigendem, häufig rassistischem Inhalt, die sich aber nicht gegen Sie als Behörde richten, sondern gegen Außenstehende (beispielsweise Asylsuchende, ethnische oder andere Minderheiten).

Hassbotschaften in sozialen Netzwerken haben mit sachlicher Kritik nichts zu tun. Den Absendern geht es nicht darum, auf Social Media in einen konstruktiven Dialog zu treten. Sie sind lediglich darauf aus, ihre feindselige Botschaft möglichst breit zu streuen. »Hater« haben sich oft in ein Thema verbissen, vertreten Verschwörungstheorien und sind für vernünftige Argumente und Fakten nicht mehr zugänglich. Leider bringt es dann als Social-Media-Verantwortliche*r einer Behörde nichts, Service-orientiert zu antworten oder in eine Diskussion einzusteigen. Manchmal stecken hinter Accounts, die Hass schüren, sogar »Bots« (Roboter statt echte Menschen, Anmerkung).

Tauchen solche Botschaften auf Ihren Kanälen auf, sollten Sie diese umgehend löschen oder verbergen. Darüber hinaus haben Sie die Möglichkeit, den User zu blockieren und den Post bei Facebook zu melden. Das soziale Netzwerk hat auf Initiative des Bundesjustizministeriums zugesichert, künftig strenger und effektiver gegen Hass-Botschaften vorzugehen (etwa indem deren Absender für Facebook gesperrt werden). Auch Twitter ermöglicht es, jeden Tweet und jeden Nutzer zu melden.

In Kapitel 6, »Müssen wir da etwa antworten?«, haben wir dargelegt, dass auch Ämter in sozialen Medien Nutzer blocken dürfen. Denn: Die Meinungsfreiheit des

Einzelnen geht nur so weit, bis die Rechte anderer verletzt sind. Hierzu gehöre auch das Recht, sich nicht beleidigen oder bedrohen zu lassen, sagt Ingrid Brodnig, Journalistin und Autorin des Buches »Hass im Netz. Was wir gegen Hetze, Mobbing und Lügen tun können.« Auf der Website einer Berliner Stiftung steht: »Meinungsfreiheit heißt nicht, dass Sie sich rassistische Äußerungen und Angriffe anhören müssen.« Als Community-Manager*in sollten Sie Angegriffene schützen, indem Sie beleidigende Kommentare entfernen und/oder chronische Hater auf den Behörden-Accounts sperren. Es wirft kein gutes Licht auf das Amt, wenn auf dem eigenen Twitter- oder Facebook-Kanal stunden- oder sogar tagelang Hatespeech zu finden ist. Setzen Sie klare Grenzen.

Versuchen Sie, den Hass nicht an sich ranzulassen – auch wenn Sie selbst angegriffen werden. Hier geht es nicht um Sie als Behörde oder gegen Einzelne in der Social-Media-Redaktion. Da Hatespeech sehr belastend sein kann, müssen Sie Ihr Team schützen (etwa indem Sie darauf achten, dass nicht immer dieselbe Person für das Community Management verantwortlich ist).

9.1   Wie ich auf Verschwörungstheorien reagieren sollte

Verschwörungstheorien haben seit Beginn der Corona-Krise zugenommen, waren aber auch schon vorher Thema in sozialen Netzwerken. Hier ein paar Beispiele für krude Theorien, mit denen sich Behörden in den letzten Jahren auf Social Media auseinandersetzen mussten:

- Manche behaupten, dass die Kondensstreifen (»Chemtrails«), die Flugzeuge ausstoßen und die am Himmel zu sehen sind, Chemikalien seien, mit denen die Erderwärmung verhindert werden soll.

- Andere verbreiten, die Politik sei von sogenannten Reptiloiden (fiktionale Wesen aus der Fantasy-Literatur) unterwandert, die die Weltherrschaft übernehmen wollen. Da diese ihr Erscheinungsbild verändern könnten, würden sie wie normale Menschen aussehen.

- Angesichts steigender Flüchtlingszahlen spannen 2015 einzelne Social-Media-Nutzer die Theorie, die Bundesregierung würde nachts heimlich weitere Flüchtlinge einfliegen. Die Flüge, etwa nach Berlin-Tegel, seien als normale Linienflüge getarnt.

- Microsoft-Gründer Bill Gates, dessen Stiftung sich seit vielen Jahren in der Impfstoffentwicklung engagiert, ist bei Impfgegner*innen zur Feindfigur geworden. Seit der Corona-Krise unterstellen ihm Verschwörungstheoretiker, dass er einen globalen Impfzwang durchsetzen wolle (und an den Impfungen verdiene). Einige behaupten sogar, dass den Menschen bei der Covid-Impfung unbemerkt

Chips eingepflanzt werden, mit denen sie anschließend (von Microsoft) kontrollierbar sind.[1]

Wie sollten Community-Manager in Behörden damit umgehen? Unser Tipp: auf keinen Fall ignorieren – viele User lesen mit und wären zurecht enttäuscht, wenn ein Amt wirres Gedankengut einfach im Raum stehen lässt und Verschwörungstheoretikern nichts entgegensetzt. Antworten Sie auf jeden Kommentar mit seriösen Fakten – und dem Hinweis, dass es für die Behauptungen der Gegenseite keine wissenschaftlichen Belege gibt. Verweisen und verlinken Sie auf vertrauenswürdige Quellen, entweder aus Ihrer Behörde oder von anderen offiziellen Stellen. Das Umweltbundesamt hat ein dreiseitiges Papier ins Netz gestellt, auf dem es wissenschaftlich Stellung zu den sogenannten »Chemtrails« nimmt und Verschwörungstheorien dementiert[2].

Ein Recherche-Tipp an dieser Stelle: Das journalistische Format »Faktenfuchs« des Bayerischen Rundfunks greift Verschwörungstheorien und Behauptungen aus dem Netz auf und prüft deren Richtigkeit. Beispiel: »Wie Behördendaten für Impf-Falschbehauptungen missbraucht werden.« Auch diese faktenreichen Beiträge können Ihnen helfen, Hass und Hetze mit Informationen entgegenzutreten.

Oftmals platzieren User in den Kommentarspalten von Behörden-Accounts Links zu Videos oder Artikeln, die ihre Falschbehauptungen oder Verschwörungstheorien untermauern sollen. Für Profis aus dem behördlichen Community Management ist meist schnell erkennbar, welche Quellen seriös sind und welche nicht. Ein Merkmal vieler verschwörungstheoretischer Websites: Sie haben kein Impressum. Bei manchen Texten und Videos wird der unseriöse Inhalt jedoch erst sichtbar, wenn man sie vollständig liest oder ansieht. Das führt zu folgendem Problem: Community-Manager*innen einer Behörde haben keine Kapazitäten, sich den ganzen Tag Verschwörungstexte und entsprechende YouTube-Videos (die auch mal eine bis zwei Stunden lang sein können) anzuschauen und zu analysieren. Wenn Sie von Usern regelrecht mit Nonsens-Clips bombardiert werden und nicht mehr alle sichten können, wählen Sie die Funktion *Beitrag verbergen* – dann sieht ihn einzig und allein die Absenderin oder der Absender.

Da die meisten Links zu verschwörungstheoretischen Inhalten kommentarlos auf Ihrer Seite platziert werden, empfehlen wir Ihnen, folgenden Passus in Ihre Netiquette aufzunehmen: »Wir behalten uns vor, Links zu löschen, die unkommentiert auf unserem Profil gepostet werden.« In Ihrer Netiquette können und sollten Sie

---

1   Quelle: *https://www.aerzteblatt.de/nachrichten/117772/Verschwoerer-machen-Bill-Gates-fuer-die-Pandemie-verantwortlich*

2   Quelle: *https://www.umweltbundesamt.de/sites/default/files/medien/publikation/long/3574.pdf*

außerdem Spam ausschließen. Unserer Erfahrung nach posten Verschwörungstheoretiker oft und gerne den exakt gleichen Kommentar bzw. den gleichen Video-Link unter mehrere Ihrer Beiträge. Ein solches Verhalten können Sie als Spam kategorisieren – und auf dieser Grundlage ebenfalls die Beiträge löschen oder verbergen. Mehr zum Thema Netiquette erfahren Sie in Kapitel 6, »Müssen wir da etwa antworten?«.

9.2 Muss ich bei strafrechtlich relevanten Inhalten Anzeige erstatten?

Falls ein Facebook-Kommentar oder Tweet nach Ihrer Einschätzung (oder der Ihrer Rechtsabteilung) einen Straftatbestand erfüllt, sollten Sie den Beitrag nicht nur beim sozialen Netzwerk melden, sondern sich auch überlegen, Strafanzeige gegen den User zu stellen. Mehrere Urheber von Hass-Kommentaren sind bereits verurteilt worden, meistens zu einer empfindlichen Geldstrafe, häufig wegen Beleidigung (Paragraf 185 StGB), übler Nachrede (Paragraf 186 StGB) oder Verleumdung (Paragraf 187 StGB).

»Die Zeit« hat sehr gut zusammengefasst, welche Straftatbestände relevant sind:

> »Von einfachen Beleidigungen und Schmähungen (›du Hurensohn‹) über Bedrohung (›ich bring dich um‹) und Nötigung (›wenn du das noch einmal sagst, hau ich dir auf's Maul‹) hin zu Unwahrheiten und übler Nachrede (›du bist ein Kinderschänder‹) und Aufforderungen zu Straftaten (›man sollte dich an einen Baum hängen‹) ist alles denkbar.«

Wenn ein User mit strafrechtlich relevanten Posts oder Kommentaren Ihre Timeline vergiftet, müssen Sie zuallererst einen Screenshot machen – als Beweismittel. Als nächstes sprechen Sie in Ihrem Haus mit einer Juristin oder einem Juristen, die oder der den Tweet oder geposteten Kommentar rechtlich prüfen soll. Anschließend wenden Sie sich an die Polizei. Wussten Sie, dass man in den meisten Bundesländern auch online eine Strafanzeige erstatten kann (unter *online-strafanzeige.de*)? Die Beamt*innen prüfen den Fall und ermitteln. Das große Problem dabei: »Die Behörden sind der Flaschenhals«, sagt der Anwalt Dominik Höch der »Zeit«, »es gibt nicht genug Personal und Ausstattung, um die Fälle effektiv zu bearbeiten.«

Dennoch finden wir, dass sich Ämter gegen den ausufernden Hass im Netz zur Wehr setzen sollten. Die Community-Manger der Polizei Sachsen beispielsweise machen sich sogar die Mühe, bei gesetzeswidrigen Beiträgen die Urheber von Nicknames, Avataren und Profilsymbolen ausfindig zu machen.

Fazit: Auch wenn es viel Arbeit macht – unserer Ansicht nach stehen Social-Media-Verantwortliche in Behörden »qua Amt« in der Pflicht, gegen gefährliche Hater und virtuelle Angreifer vorzugehen.

Teil III

Die perfekte Social-Media-Strategie für meine Behörde

Kapitel 10

Wofür möchte meine Behörde Social Media nutzen?

Nur rund ein Drittel der deutschen Behörden hat eine aktuelle Social-Media-Strategie. Aus diesem Grund stehen viele Ämter vor dem »Was sollen wir heute bloß posten?«-Dilemma. Wie Sie Ihre Kanäle mit der richtigen Strategie bedienen, lesen Sie hier.

»Warum sind wir auf Facebook, Twitter und Instagram nicht erfolgreich?«, fragen uns immer wieder Behörden enttäuscht. In vielen Fällen liegt es daran, dass der sprichwörtliche rote Faden fehlt – man also von außen nicht erkennen kann: Wen will das Amt in den sozialen Netzwerken überhaupt erreichen? Und worauf liegt der Fokus inhaltlich? Die Beiträge lesen sich oft wie ein Social-Media-Amtsblatt – Ankündigungen, Termine, Stellenanzeigen. Aber wenig relevante Infos für die Bürger*innen. Es fehlt eine Social-Media-Strategie.

Warum sich viele Ämter damit schwertun, sei zu Beginn dieses Kapitels erklärt.

Behörden haben nicht nur eine Auskunftspflicht gegenüber Journalistinnen und Journalisten, sondern sind auch zur eigenen Öffentlichkeitsarbeit verpflichtet[1]. Vielen Ämtern ist leider anzumerken, dass sie die Kommunikation als reine Pflichterfüllung sehen – auch (aber nicht nur) in den sozialen Medien. Behördliche Presse- und Öffentlichkeitsarbeit erkennt man an ihrem »Verlautbarungsstil«, wie wir ihn hier nennen möchten. Wenn wir auf amtliche Websites schauen (Beispiel in Abbildung 10.1), finden wir Pressemeldungen und Mitteilungen an die Öffentlichkeit aus folgenden Kategorien:

- Termine der Behördenspitze
- Projekte, die die Behörde initiiert hat oder an denen sie beteiligt ist
- offizielle Daten und Statistiken, die das jeweilige Amt herausgibt
- bevorstehende oder stattgefundene Veranstaltungen

---

1   vgl. Busch-Janser/Köhler: Staatliche Öffentlichkeitsarbeit – eine Gratwanderung, in: Handbuch Regierungs-PR, VS Verlag für Sozialwissenschaften, 1. Aufl. 2006

- politische Vorgänge und Entscheidungen
- Service- und Bürger-Informationen (z. B. Straßensperrungen, Umstellung auf Sommer- und Winterzeit, Öffnungszeiten des Bauamts oder der Stadtbibliothek)

Abbildung 10.1 Themenauswahl städtischer Pressemitteilungen, hier der rheinland-pfälzischen Kleinstadt Idar-Oberstein

Diese seit Jahrzehnten eingeübte Kommunikationsweise ist auf Vollständigkeit und Transparenz ausgelegt – aber nicht auf die Interessen der Zielgruppen. Kaum jemand fragt in einem Amt: »Was interessiert Presse und Bürger heute besonders – und was interessiert sie gerade nicht?« Die Besucher der Website bekommen häufig komplizierte Abschlussberichte zu Förderprojekten oder langweilige Behördenleiter-Termine im Aufmacher-Format serviert. Warum? Ein Amt ist unabhängig – auch von Reichweite und Klicks. Ein Amt muss – anders als ein Unternehmen – nichts verkaufen.

Informationen aus Fachabteilungen gehen oft »unplugged« und ohne Schnörkel raus. Storytelling? »So was brauchen wir nicht.« (Doch! Mehr dazu in Kapitel 23, »Land Brandenburg: Mit Herz und Humor auf Facebook«) Wie viele Views ein solcher Beitrag erreicht, ist nahezu irrelevant – und Reaktionen eher unerwünscht: Denn Bürger*innen, die eine Mail schreiben und auch noch eine Frage haben, die man beantworten muss, fallen in die Kategorie »Zeitpatienten«.

Dass dieser kommunikative Ansatz nicht mehr zeitgemäß ist, merken viele Behörden daran, dass ihre Botschaften nicht mehr ankommen. Sätze, die wir oft aus Ämtern hören:

- »Wir erreichen die Jüngeren nicht.«
- »Es geht halt heutzutage keiner mehr aktiv auf eine Behörden-Website.«
- »Leider lesen viele ja keine Zeitung mehr.«

Bitte um eine ehrliche Antwort: Kennen Sie eine gestresste Mutter, die nach einem langen Tag abends auf der Suche nach Unterhaltung auf der Website der Heimatkommune surft? Oder einen vielbeschäftigten Teenager, der auf die Startseite eines Bundesministeriums geht, um sich zu informieren? Noch schwerer vorstellbar ist, dass dieser junge Mensch dann euphorisch ruft: »Wow! Was für ein spannendes Förderprojekt!«

Sie, liebe Leser, werden uns zustimmen, dass 99,99 % der Deutschen sich weit lieber eine Netflix-Serie ansehen oder ein gutes Buch lesen als die Homepage eines Amtes anzuklicken.

Behörden-News in Form der typischen »Mitteilung« sind zu wenig spannend und zu wenig lebensnah, als dass sie jemand freiwillig und aus Interesse konsumiert. Dabei sind Behördenthemen an sich sogar *sehr* alltagsnah und relevant – sie werden aber von den Ämtern meistens an der Lebenswelt der Menschen *vorbei kommuniziert*. Ergebnis: Die Bürgerinnen und Bürger fühlen sich nicht mitgenommen, das Vertrauen in die Politik und ihre ausführenden Behörden sinkt.

Zielgruppengerecht kommunizieren Ämter meist nur dann, wenn sie Marketing (etwa Stadt-, Personal- oder Tourismusmarketing) betreiben oder Kampagnen schalten. Ein gutes Beispiel ist »Für ein sicheres Deutschland« in Abbildung 10.2.

In diesen Fällen *möchten* die Absender ganz konkret etwas von der Zielgruppe: Bürger*innen sollen beispielsweise die Corona-Warn-App herunterladen und die Arbeit der Rettungskräfte wertschätzen, Tourist*innen eine bestimmte Region besuchen und junge Menschen freiwillig einen Fahrradhelm tragen. Solche großen Kampagnen verantworten oft PR-Agenturen, manchmal auch Marketing-Einheiten der Behörde. Diese sind in aller Regel organisatorisch von der Presse- und Öffentlichkeitsarbeit getrennt, manchmal bilden sie sogar ein Tochterunternehmen der Behörde. Während behördliche Kampagnen oft sehr kreativ, professionell und hoch budgetiert sind (die Bundesregierung unter Gerhard Schröder leitete ab 1998 hier eine grundlegende Modernisierung ein[2]), bleibt die Presse- und Öffentlich-

---

2   vgl. Köhler/Schuster: Regierungs-PR im Feld der politischen Kommunikation, in: Handbuch Regierungs-PR, VS Verlag für Sozialwissenschaften, 1. Aufl. 2006

keitsarbeit vorwiegend verstaubt, langweilig und konzeptlos – »weil wir es immer so gemacht haben.«

Abbildung 10.2 Im Rahmen der Kampagne »Für ein sicheres Deutschland« erzählen haupt- und ehrenamtliche Rettungskräfte ihre persönliche Geschichte. Ziel: Die Frauen und Männer, die jeden Tag Leben retten, sollen Wertschätzung erfahren.

Zwar gibt es mittlerweile auch moderne Pressestellen, die überlegen, welche Themen sie selbst setzen und welche Infos sie einem Medium exklusiv geben können. Ein kommunikatives Gesamtkonzept ist in Behörden jedoch die Ausnahme. Das ist nicht mehr zeitgemäß!

Wir sind überzeugt: Ämter müssen künftig viel stärker auf die Interessen, Wünsche und Gewohnheiten ihrer Zielgruppen achten. Kann eine Behörde ihre Informationspflicht erfüllen, wenn die Nachricht die Zielgruppen gar nicht erreicht? Wenn Informationen über die falschen Medien rausgehen und so langweilig formuliert sind (»Verlautbarungsstil«), dass sie kein Mensch liest? Wir glauben nein! Eine Nachricht braucht nicht nur einen Sender, sondern auch einen Empfänger. Behörden müssen Informationen im Jahr 2021 nicht nur transparent machen, sondern für die Zielgruppen auch *verständlich übersetzen*. Sie verlieren sonst den Kontakt zu den Menschen.

Einige Behörden haben erkannt, dass Social Media helfen könnte, die kommunikative Barriere zwischen Amt und Bürgern einzureißen. »Wir möchten zu Instagram – da sind doch jetzt die ganzen jungen Leute!« hören wir aus mancher Pressestelle. Doch es nützt nichts, in einem hippen Medium aktiv zu sein, wenn man den altgedienten »Verlautbarungsstil«, der bereits auf der Website nicht funktioniert, nun auch noch eins zu eins auf soziale Medien überträgt. Genau *das* tun zahlreiche Behörden. Sie übertragen die trockenen Beiträge der Website, den Terminkalender des Bürgermeisters und das Mitteilungsblättchen eins zu eins auf Facebook, Twitter und Instagram. #SoWasKannNichtFunktionieren! Der Algorithmus sozialer Medien springt nämlich auf besonders gute, spannende und dialogische Inhalte ab. Das Behörden-Prinzip – »mitteilen«, »verlautbaren« und »bitte nicht stören« – funktioniert auf Social Media nicht.

Schluss damit! Die Presse- und Öffentlichkeitsarbeit in Behörden braucht ein Update. In unserem Newsroom-Kapitel haben wir bereits beschrieben, wie moderne Kommunikation funktionieren könnte.

Da vor Ihnen ein Buch über Social Media und keines über Pressearbeit oder behördliche Websites liegt, werden wir uns hier auf Ihre Social-Media-Kommunikation konzentrieren. Wir werden Ihnen, liebe Leser, erklären, wie Sie in sozialen Netzwerken gut performen – weg vom »Verlautbarungsstil«, dafür direkt in die Herzen Ihrer Zielgruppe.

Keine Angst: Strategie bedeutet nicht, dass Sie ein 300-seitiges PDF schreiben müssen (das würde am Ende höchstwahrscheinlich ohnehin nur in der Schublade liegen). Oft reichen schon zwei, drei Seiten mit Stichpunkten. Am Anfang steht die Frage: Wofür und wie möchte unsere Behörde soziale Netzwerke eigentlich einsetzen? Von diesem Punkt aus starten Sie und arbeiten sich durch die »Sechs Schritte zur Social Media-Behörde«, die Co-Autorin Christiane für ihre Agentur *amtzweinull* entwickelt hat (siehe Abbildung 10.3):

1. *Ziele*: Was möchten wir mit Social Media erreichen?

2. *Community*: Mit wem möchten wir Kontakt aufnehmen?

3. *Inhalte*: Worüber möchten wir auf Social Media sprechen?

4. *Content*: Wie vermitteln wir unsere Inhalte?

5. *Plattformen*: Welche sozialen Netzwerke eignen sich für unsere Behörde?

6. *Organisation und Regeln*: Wie organisieren wir Social Media intern?

In diesem Buch finden Sie zu jedem der sechs Schritte konkrete Antworten, ausführliche Anleitungen und viele Ideen.

Ergebnis Ihrer strategischen Überlegungen kann übrigens sein, dass sie derzeit eine *aktive* Social-Media-Kommunikation nicht für zielführend halten (eine behördliche Social-Media-Strategie kann zum Beispiel auch darauf aufbauen, dass Sie in sozialen Netzwerken vorerst nur mitlesen).

In *jedem* Fall lohnt sich die Lektüre dieses Kapitels – denn es ist zu Beginn der 2020er Jahre nicht die Frage *ob*, sondern *wie* man als Amt an das Thema Social Media herangeht.

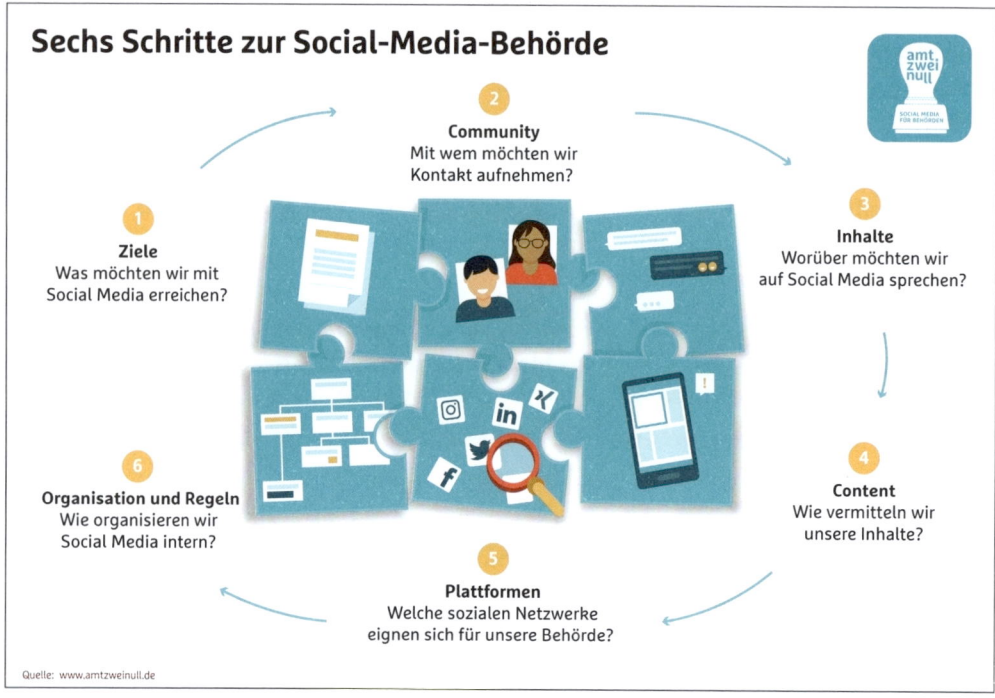

Sechs Schritte zur Social-Media-Behörde

2
Community
Mit wem möchten wir
Kontakt aufnehmen?

1
Ziele
Was möchten wir mit
Social Media erreichen?

3
Inhalte
Worüber möchten wir
auf Social Media sprechen?

6
Organisation und Regeln
Wie organisieren wir
Social Media intern?

4
Content
Wie vermitteln wir
unsere Inhalte?

5
Plattformen
Welche sozialen Netzwerke
eignen sich für unsere Behörde?

Quelle: www.amtzweinull.de

Abbildung 10.3 Wer als Behörde eine sinnvolle und Erfolg versprechende Social-Media-Strategie entwickeln möchte, sollte diese sechs Schritte durchgehen – und Antworten auf die wichtigsten Fragen finden.

10.1   Ziel und Zweck meiner Präsenz in sozialen Netzwerken bestimmen

Manchmal haben Entscheiderinnen und Entscheider innerhalb einer Behörde völlig unterschiedliche Vorstellungen, was sie mit Social Media eigentlich erreichen wollen. Und manchmal – das ist am schlimmsten – gibt es *gar* keine richtige Vorstellung. Wer aber nicht weiß, was das konkrete Ziel ist, kann nicht ankommen – logisch. Der erste Schritt zu erfolgreicher Social-Media-Kommunikation ist daher, sich als Behörde klarzumachen, warum man dort ist oder künftig dort vertreten sein möchte. Frei nach dem Bestseller des Philosophen Richard David Precht: *Wer bin ich – und wenn ja, wie viele Kanäle?*

Keine adäquaten Ziele sind:

- »Hilft ja nichts, heutzutage muss man ja Social Media machen.«
- »Unsere Bürgermeisterin hat gesagt, wir sollen twittern.«
- »Wir wollen viele Follower und eine hohe Reichweite.«

166

Diese Sätze hören wir oft in Behörden. Dahinter steckt der Gedanke: Wir möchten Menschen erreichen, die uns derzeit nicht (mehr) zuhören. Aber Menschen einfach nur zu »erreichen«, sollte Ihnen als Ziel nicht ausreichen. Nehmen wir an, Sie veröffentlichen ein Facebook-Posting, das total viral geht und Abertausende von Menschen erreicht. Falls es eine Stellenanzeige war und Sie anschließende hunderte qualifizierte Bewerbungen erreichen – Glückwunsch! Wenn Sie aber nur ein idyllisches Foto mit einem Sonnenuntergang gepostet haben – schön, aber was machen Sie dann konkret mit der Reichweite? Eben.

Deshalb lautet die wichtigste Regel: Definieren Sie Ziele, die nicht im virtuellen, sondern im wirklichen Leben verankert sind. Konkret: Für welches Problem erhoffen Sie sich dank Social Media eine Lösung?

Nehmen wir an, Ihr Amt liegt in ländlicher Idylle und ist entsprechend schlecht an den öffentlichen Verkehr angebunden. Nur zweimal am Tag – vormittags um 10 Uhr und mittags um 13 Uhr – hält direkt vor Ihrer Behörde ein Bus. Viele Menschen, die ankommen, wollen gleichzeitig zu Ihnen. Auf Ihrer Website steht: »Bürgersprechstunden: Kommen Sie, wenn es Ihnen möglich ist, um 9 Uhr oder 11 Uhr in unser Amt, da Sie ansonsten mit Wartezeiten rechnen müssen.« Wer nicht aktiv auf Ihre Website geht, sieht diesen Hinweis aber nicht. Sie möchten daher regelmäßig auch Aufrufe in den sozialen Medien posten. In diesem Fall würden Sie Social Media zur Besuchersteuerung während der Stoßzeiten nutzen.

Weitere Beispiele:

- Die sozialen Medien sollen Ihnen helfen, dass sich mehr junge Menschen auf Stellen in Ihrer Behörde bewerben.
- Als Polizeibehörde möchten Sie Social Media für die Zeugensuche einsetzen.
- Sie möchten als Kommune die Wahlbeteiligung erhöhen.
- Sie möchten Teilnehmer*innen für Veranstaltungen gewinnen.
- Sie möchten Ihr Image verbessern oder Ihre Behörde/Stadt zur Marke auf einem bestimmten Gebiet machen.
- Sie möchten bestimmte Dienstleistungen/Bürgerangebote bekannter machen.
- Sie möchten Bürgerinnen und Bürger zu einem bestimmten Verhalten bewegen oder sie an Pflichten erinnern.

Ihre Ziele können individuell sein. Sehr wahrscheinlich unterscheiden sie sich auch von denen anderer Behörden. Wir sind überzeugt, dass es bei Ihnen kommunikative Ziele gibt, die sich mit Social Media gut oder sogar besonders gut erreichen lassen. Falls Sie aber partout keine finden – höchstens, dass Sie Ihre *»Verlautbarungen«* auf einem weiteren Kanal posten möchten – dann sollten Sie es lieber lassen.

Generell gilt: Ihre Social-Media-Arbeit muss zu Ihren generellen Kommunikationszielen passen. Tweets, Postings, Blogs und Co. können wunderbar auf die Behördenziele einzahlen.

Wenn Sie noch nicht klar sagen können, was Ihre »sonstigen Kommunikationsziele« sind, helfen Ihnen vielleicht folgende Fragen:

- »Warum gibt es uns?«

- »Wie setzen wir unsere Aufgaben um? Was machen wir anders als andere? Was macht uns besonders?«

- »Für welche Probleme erhoffen wir uns eine Lösung und können sie gemeinsam mit den Bürgerinnen und Bürgern angehen?«

Falls Sie jede Menge Ziele gefunden haben: Priorisieren Sie! Erstellen Sie ein Ranking, bei dem die wichtigsten Social-Media-Ziele oben und die (derzeit) nicht ganz so wichtigen unten stehen. Bei begrenzten Ressourcen müssen Sie möglicherweise eine Auswahl treffen, um sich gerade zu Beginn Ihrer Social-Media-Aktivitäten nicht zu verzetteln.

10.2   Wie kann ich den Nutzen von Social Media für meine Behörde messen?

Wenn Sie sinnvolle Social-Media-Ziele für sich definiert haben, kommen wir zum nächsten Schritt: Formulieren Sie Ihre Ziele so konkret, dass Sie stets messen können, was Sie erreicht haben.

Schreiben Sie in Ihrer Social-Media-Strategie also nicht: »Wir möchten unsere Stellenanzeigen posten«, sondern: »Wir möchten mit Hilfe von Social Media bis Ende 2024 alle ausgeschriebenen IT-Stellen besetzen, und zwar zu 50 % mit Frauen.«

Warum Sie das tun sollten? Nur so können Sie nach einiger Zeit sagen, ob Sie erfolgreich kommuniziert haben – oder ob künftig noch mal etwas an der Social-Media-Kommunikation verändert werden muss. So mancher Social-Media-Manager hat die Sorge, sich durch festgelegte Kennzahlen selbst zu binden und schlecht dazustehen, wenn sie nicht erreicht werden. Lassen Sie sich von dieser Angst nicht lähmen. Die Social-Media-Ziele sind – wie Ihre ganze Social-Media-Strategie – rein intern und werden deshalb auch von niemandem von außen überprüft. Die Erkenntnis, definierte Ziele *nicht* erreicht zu haben, kann intern äußerst hilfreich für Sie sein – um Ihre Kommunikation erneut anzupassen oder zum Schluss zu kommen, dass Sie mehr Personal und/oder Budget brauchen. Um dies bei der Behördenleitung durchzusetzen, brauchen Sie stichfeste Argumente.

Definieren Sie also – am besten gemeinsam mit den Fachbereichen – passende Erfolgskennzahlen und bauen Sie ein internes Controlling ein. Fragen Sie beispielsweise bei Vorstellungsgesprächen nach, wo die Bewerber*innen auf die Stelle aufmerksam geworden sind. Wenn Sie das Image Ihrer Behörde verbessern möchten, hilft eine entsprechende Umfrage, die im Abstand von ein bis zwei Jahren wiederholt wird. Natürlich können Sie auch die in den Social-Media-Statistiken ablesbaren Reichweiten- und Klickzahlen heranziehen. Doch Vorsicht: Die an sich hilfreichen Social Media Analytics taugen in den meisten Fällen nicht als alleinige Indikatoren für Ihre Zielsetzung. Wir erinnern noch mal: Ihre Ziele und somit auch Ihr Erfolg sollte im wirklichen Leben verankert sein. Dazu einige Beispiele:

Ziel	mögliche Kennzahlen
Besetzung aller ausgeschriebenen IT-Stellen bis Ende 2024, davon 50 % Frauen	Nachfrage im Vorstellungsgespräch: Wie sind Sie auf uns aufmerksam geworden? Sind die Stellen besetzt worden? Wie hoch ist der Frauenanteil?
Nur 55 % aller Bürger*innen sind mit der Leistung unseres Bürgeramtes zufrieden. Mit Hilfe von Social Media möchten wir das Image des Bürgeramtes bis Ende nächsten Jahres auf 70 % steigern!	Umfrage Ende nächsten Jahres: Wie hoch ist der Zufriedenheitswert nun? Ergänzend: Auswertung positiver und negativer Kommentare unter den entsprechenden imagefördernden Social-Media-Beiträgen
Besuchersteuerung während der Stoßzeiten: Bürger*innen, die nicht auf den ÖPNV angewiesen sind, sollen uns nicht um 11 Uhr und um 13 Uhr aufsuchen, sondern die restlichen Öffnungszeiten nutzen.	Auswertung der Veränderung nach 2, 4 und 6 Monaten: Hat die Anzahl der Besucher*innen zu den Randzeiten zu- und zu den Stoßzeiten abgenommen? Nachfrage während des Termins: Wo haben Sie den Aufruf gesehen? Ergänzend: Reichweiten der Aufrufe im sozialen Netzwerk
Bekanntheit des Beratungsangebots unseres schulpsychologischen Dienstes bei Konflikten in der Schule sowie Spannungen zwischen Familie und Schule bei Eltern im Laufe dieses Jahres signifikant steigern	Umfrage: Wissen Eltern von diesem Angebot? Erfassung: Wie stark wird es genutzt? (beide Werte sowohl jetzt als auch zum Jahresende erheben) Ergänzend: Reichweiten der entsprechenden Social-Media-Beiträge, Kommentare
Vermietung leerstehender städtischer Gewerbeimmobilien	Anzahl der Kontakte interessierter Unternehmen, die über Social Media gewonnen werden konnten (sog. Leads), abgeschlossene Mietverträge durch Kontakte über Social Media

Tabelle 10.1 Kennzahlen zu möglichen Social-Media-Zielen

Ziel	mögliche Kennzahlen
Öffentlichkeitsfahndung der Polizei	Website-Analyse: Wie viel Prozent der Menschen sind über Social Media auf die Website mit der Öffentlichkeitsfahndung gekommen? Befragung am Telefon: Wo haben Sie unseren Aufruf gesehen? Ergänzend: Reichweiten der Beiträge, Shares, Kommentare

Tabelle 10.1 Kennzahlen zu möglichen Social-Media-Zielen (Forts.)

Im Projektmanagement gibt es das Konzept der »SMART«-Ziele. Grundaussage: Ziele müssen *spezifisch, messbar, akzeptiert, realistisch* und *terminiert* sein. Dieses Konzept kann Ihnen auch bei der Definition Ihrer Social-Media-Ziele weiterhelfen!

Klar ist: Die Bestimmung von Zielen und Kennzahlen ist eine mühevolle Arbeit, die man nicht an einem Tag erledigen kann. Sie ist aber elementar, da jede erfolgreiche Social-Media-Kommunikation darauf aufbaut. Wenn Sie keine klaren Ziele haben, landen Sie schneller als Sie denken können bei »Wir posten auf Social Media unsere Internet-Meldungen.«

Daher: Ran an die Kennzahlen!

Kapitel 11

Meine Zielgruppen besser kennenlernen

Wer sind die Menschen, für die Sie posten und twittern? Zielgruppen-Analyse ist zunächst wie ein »Blind Date«. Wir verraten Ihnen, wie Sie Ihre Wunsch-Community definieren und Ihr Publikum verstehen lernen.

In Teil II dieses Buches haben Sie den Grundsatz »Community first!« gelernt. Nach der Definition Ihrer Social-Media-Ziele kommen wir nun zur nächsten wichtigen Aufgabe: Bestimmen Sie Ihre Community! Das sind die Menschen, mit denen Sie über Social Media in Kontakt kommen möchten – oder auch: Ihre Zielgruppe(n).

11.1 Community-Aufbau: Wen möchten wir als Behörde ansprechen?

Warum ist es notwendig, Zielgruppen festzulegen? Oft hören wir in Behörden als erste Reaktion: »Wir wollen als staatliche Organisation natürlich *alle* ansprechen.« Der trügerische Gedanke: Als staatliche Stelle sind wir für alle da – und müssen deswegen auch alle erreichen. So funktioniert professionelle Kommunikation aber nicht. Denn wenn Sie beispielsweise als Polizei über Social Media Zeugen eines Verbrechens suchen, das in der Bremer Innenstadt stattgefunden hat, dann bringt es logischerweise nichts, Menschen in Stuttgart anzusprechen, die noch nie in Bremen waren. Ihre Zielgruppe sind dann ausschließlich Menschen, die am fraglichen Tag in der Bremer City waren und möglicherweise einen wertvollen Hinweis auf den oder die Täter geben können. Wenn Ihre Stadt die Müllgebühren erhöht, dann interessiert das nur Bürger*innen und lokale Unternehmen, die sie bezahlen müssen – nicht aber Touristen.

In beiden beschriebenen Fällen wäre es also sinnlos, »möglichst viele« oder gar »alle« Menschen anzusprechen. Es wäre ähnlich realitätsfern und utopisch, wenn die Spielervereinigung Greuther Fürth konkret planen würde, alle Fußballfans auf dieser Welt als Fans und Follower zu gewinnen.

Wer Ihre Zielgruppen sind, leitet sich von den vorher definierten Zielen ab. Streben Sie etwa »mehr Bewerbungen auf unsere Ausbildungsstellen« an, müssen Sie künftige Azubis, deren Eltern, Freunde und sonstige Peergroups ansprechen. Ihre volle Konzentration sollte dann der Aufgabe gelten, genau *diese* Zielgruppen zu erreichen – und keine anderen, die Sie im Moment nicht brauchen können.

Nehmen Sie sich also die Liste mit Zielen, die Sie im ersten Schritt erstellt haben, und überlegen Sie für jedes Ziel einzeln, welche Zielgruppe dazu passt. Schreiben Sie Ihr Ergebnis jeweils dahinter. Bezogen auf die Beispiele aus Abschnitt 10.2 könnte Ihre Zielgruppen-Definition so aussehen:

Ziel	Zielgruppe
Besetzung aller ausgeschriebenen IT-Stellen bis Ende 2024, davon 50 % Frauen	(Insbesondere weibliche) Absolventinnen und Absolventen der Studiengänge Informationstechnik, Verwaltungsinformationstechnik und Informatik in ganz Deutschland
Nur 55 % aller Bürger*innen sind mit der Leistung unseres Bürgeramtes zufrieden. Mit Hilfe von Social Media möchten wir das Image des Bürgeramtes bis Ende nächsten Jahres auf 70 % steigern!	Bürgerinnen und Bürger (sowie Einwohnerinnen und Einwohner ohne deutsche Staatsangehörigkeit), die schon mal Leistungen unseres Bürgeramtes in Anspruch genommen haben oder es in Zukunft tun werden
Besuchersteuerung während der Stoßzeiten: Bürger*innen, die nicht auf den ÖPNV angewiesen sind, sollen uns nicht um 11 Uhr und um 13 Uhr aufsuchen, sondern die restlichen Öffnungszeiten nutzen.	Bürgerinnen und Bürger (sowie Einwohnerinnen und Einwohner ohne deutsche Staatsangehörigkeit), die uns besuchen möchten und nicht auf den ÖPNV angewiesen sind
Bekanntheit des Beratungsangebots unseres schulpsychologischen Dienstes bei Konflikten in der Schule sowie Spannungen zwischen Familie und Schule bei Eltern im Laufe dieses Jahres signifikant steigern	Eltern mit Schulkindern, die im Einzugsgebiet unseres schulpsychologischen Dienstes wohnen und deshalb unsere Leistungen in Anspruch nehmen können
Vermietung leerstehender städtischer Gewerbeimmobilien	Unternehmen und Unternehmer*innen in ganz Deutschland, die sich bei uns ansiedeln möchten
Öffentlichkeitsfahndung der Polizei	Menschen, die zum fraglichen Zeitpunkt vor Ort waren/die fragliche Person kennen/Hinweise geben können; Menschen, die bereit sind, den Social-Media-Beitrag zu teilen

Tabelle 11.1 Zielgruppen zu möglichen Social-Media-Zielen

Sie sehen also: Ihre verschiedenen Ziele haben auch ganz verschiedene Zielgruppen. Klammern Sie die (zahlreichen) Menschen aus, die das jeweilige Thema nicht betrifft. Das nützt übrigens beiden Seiten.

Natürlich sind die Formulierungen in der Tabelle noch viel zu ungenau. Der nächste Schritt ist deshalb, sich jede Zielgruppe noch mal einzeln vorzunehmen. Um Menschen auf dem richtigen Social-Media-Kanal, mit den richtigen Inhalten und der richtigen Tonalität ansprechen zu können, müssen Sie wissen, *mit wem* und *für wen* Sie kommunizieren. Das ist wie im richtigen Leben: Wenn Jugendliche in Ihr Amt kommen, reden Sie mit ihnen anders als mit Senioren.

Nach dem Vorbild der aus dem Marketing stammenden »Personas« empfehlen wir Ihnen, liebe Leser, pro Zielgruppe bis zu drei »ideale Follower« zu definieren. Geben Sie diesen Personen gern Namen und fragen sich:

- Wie alt könnte diese Person sein? Ist sie Single oder verheiratet? Hat sie Kinder?
- Welchen Schulabschluss, welche Ausbildung, welchen Beruf hat sie?
- Suchen wir die »idealen Follower« in unserer Stadt/unserem Bundesland/unserem Einzugsgebiet oder in ganz Deutschland?
- Welchen Lebensweg hat die Person hinter sich, und wie plant sie ihre Zukunft?
- Für welche Themen interessiert sich Mrs. oder Mr. X, welche Lebensfragen beschäftigen sie oder ihn, was wünscht sich die Person?
- Welche Medien nutzt sie? Wo sucht sie nach Informationen? Wo tauscht sie sich mit anderen aus?

Rufen Sie sich diese »Personen« immer wieder ins Gedächtnis, wenn Sie twittern oder posten – denn Sie möchten ja genau *ihre* Aufmerksamkeit. Falls es Ihnen hilft, suchen Sie im Netz oder in Zeitschriften nach einem Foto, wie Mr. oder Mrs. X. aussehen könnte. Erstellen Sie einen Steckbrief Ihrer »idealen Follower« und kramen Sie diesen anfangs immer wieder hervor. Bei Ihrer künftigen Social-Media-Kommunikation muss sich alles um die Frage drehen: Was interessiert eigentlich meine Community – statt nur mich oder meine Behördenleitung?

Nicht wenige schrecken vor einer genauen Zielgruppen-Definition zurück, weil sie (als Behörde) niemanden ausschließen möchten. Ein Trugschluss. Selbstverständlich können Sie in sozialen Netzwerken grundsätzlich alle abonnieren, Ihre Inhalte lesen und Sie ansprechen. Wenn Sie aber beispielsweise als Stadt X ein inhaltliches Angebot für Ihre Einwohner schaffen, dann sind alle anderen User nur »nice to have« – Sie brauchen also inhaltlich auf Ortsfremde keine Rücksicht zu nehmen.

Social-Media-Zielgruppen zu definieren bedeutet nicht, dass Sie als Behörde plötzlich nicht mehr für die Öffentlichkeit da sind – sondern dass Sie von den rund 43 Millionen Deutschen, die auf Social Media unterwegs sind, die richtigen ansprechen und mit Ihrem konkreten Angebot abholen. Natürlich dürfen Sie ein spezielles Instagram-Angebot für Jugendliche, eine Facebook-Gruppe für Radfahrende oder ein Karriere-Profil für IT-Fachkräfte launchen. Ihre Zielgruppe *können* alle Einwohner sein – *müssen* es aber nicht.

11.2   Wie lerne ich die Interessen unserer Zielgruppen besser kennen?

Jetzt, da Sie wissen, wer Ihre Zielgruppen sind, geht die Recherche weiter: Welche Themen sind für meine Community interessant? Welche Inhalte funktionieren am besten? Welche Themen/Storys werden wie weiter gestreut und wo verbreitet? Wo besteht Informationsbedarf? Wenn Sie diese Fragen gut beantworten können, wird der Social-Media-Auftritt ein Erfolg – wenn nicht, höchstwahrscheinlich ein Flop.

Als bürgernahe Verwaltung kennen Sie Ihre Zielgruppen wahrscheinlich selbst am besten, vor allem wenn Sie Publikumsverkehr haben. Falls beides nicht der Fall ist und Sie sich eingestehen müssen, dass Sie eigentlich gar nicht wissen, was Ihre Zielgruppe eigentlich so tut, was sie beschäftigt und auf welche Ansprache Sie reagiert: Dann lautet das Zauberwort »social listening«! Das ist Neudeutsch und bedeutet: Sie müssen Ihrer Social-Media-Zielgruppe zunächst zuhören, um Sie besser zu verstehen. Dazu gibt es mehrere Möglichkeiten:

11.2.1   Toolgestützte Online-Analyse

Bei einer Online-Zielgruppenanalyse können Ihnen mehrere Tools helfen. Zu den größten gehören etwa »Talkwalker« und »WebMedian«. Talkwalker schreibt auf seiner Website:

> »Nutzen Sie eine Technologie, die Ihre Kommunikation erfolgreicher macht. Finden Sie den besten Content, die richtigen Influencer und die ideale Zielgruppe. Mit Quick Search finden Sie in Sekunden Trending Stories in Ihrer Branche und nutzen diese geschickt für Ihre Marke.«

Viele Kommunikationsabteilungen in Unternehmen setzen solche Tools ein. Sind sie auch für Behörden sinnvoll? Wenn Sie in einem großen Amt wie einem Bundesministerium arbeiten und ein großes Kommunikationsteam haben, können die Tools Sie dabei unterstützen, die Interessen Ihrer Zielgruppen besser kennenzulernen. Leider gibt es kein Angebot, das alle Kanäle abgreifen kann. Sie brauchen also mehrere Tools, und das ist nicht nur ziemlich teuer, sondern auch zeitaufwendig (für die Analyse müsste ein eigener Mitarbeiter abgestellt werden).

Es gibt Behörden, die sich bewusst gegen eine toolgestützte Zielgruppen-Analyse entschieden haben. Es stand die Befürchtung im Raum, die Menschen zu sehr zu

»durchleuchten« und beispielsweise Nutzerprofile zu erstellen, die dem Datenschutz widersprechen. Diese Frage wäre mit Ihrem oder Ihrer Datenschutzbeauftragten sowie dem Toolanbieter oder Dienstleister zu klären. Eine weitere Möglichkeit: Greifen Sie auf Tools der SEO-Analyse (search engine optimization) zurück, die Ihre Internet-Redaktion möglicherweise bereits nutzt. Auch bei SEO geht es darum, den Interessen der Zielgruppen zu folgen: Wonach suchen diese eigentlich bei Google und Co.? Welche Stichworte geben sie ein? Was interessiert sie und mit welchem Angebot kann ich sie folglich abholen? Hier helfen Tools wie »KWFinder«, »Keyword Tool« oder »Ask the public«. Diese sind weitaus günstiger zu haben als die großen Monitoring-Tools.

Natürlich können Sie mit der Zielgruppen-Analyse auch einen Dienstleister beauftragen, der soziale Kanäle, Websites, Foren, Blogs und Online-Magazine für Sie auswertet oder eigene Marktforschung betreibt. Vorsicht: Für Ihre Kommunikationsstrategie ist eine qualitative Analyse wichtig, also nicht nur Reichweiten und Verbreitungsstatistiken.

11.2.2   Analyse ohne Hilfsmittel

Eine günstigere Lösung – gerade für kleine Behörden – ist es, die Zielgruppen selbst und ohne Tools zu analysieren. Nutzen Sie dazu die folgenden Quellen:

- *Social Media*

  Lesen Sie in den einschlägigen sozialen Netzwerken mit! Schauen Sie sich an, welche Art von Posts und Tweets Ihre Zielgruppen erstellen, teilen, welche Themen und welche Tonlage deren Beiträge und Kommentare haben. Schauen Sie sich Facebook-Gruppen über Ihre Stadt oder Ihr Thema an. Verfolgen Sie die »Trending Topics« auf Twitter und LinkedIn. Lassen Sie sich Beiträge zu den für Sie relevanten Hashtags anzeigen. Stürzen Sie sich einfach ins Geschehen – aber als Zuhörer*in.

- *Pressespiegel*

  Die meisten Behörden werten täglich die gedruckte Presse aus. Social-Media-Verantwortliche sollten diesen Pressespiegel lesen, denn was die Medien aufgreifen, ist meistens gerade relevant und interessiert möglicherweise auch Ihre Social-Media-Zielgruppen. Vorsicht jedoch bei der Aktualität: Nichts ist so alt wie die Zeitung von gestern. Sie sollten auf Social Media daher niemals etwas einfach »wiedergeben«, was am Vortag als News-Meldung in der Presse stand. Sie können jedoch das Thema aufgreifen und mit einem originellen Zugang weiterdrehen.

- *Suchmaschinen*

  Geben Sie relevante Stichworte regelmäßig bei Google und Co. ein – und aktivieren Sie entsprechende »Alerts«.

11.2.3   Zielgruppenbefragung

Es klingt zu einfach, um wahr zu sein: Wenn Sie wissen möchten, was Ihre Zielgruppen interessiert, fragen Sie sie doch einfach! Wenn Ihre Zielgruppe potenzielle Auszubildende sind, laden Sie die Azubis, die Sie im Vorjahr eingestellt haben, am besten zu einem Meeting ein: Welche sozialen Netzwerke nutzt Ihr? Von welchen Inhalten fühlt Ihr euch angesprochen – und von welchen nicht? Was muss ein Video können, damit Ihr es nicht wegklickt? Wir garantieren Ihnen: Sie werden jede Menge wertvolle Erkenntnisse gewinnen. Gleichzeitig fühlen sich die Azubis wertgeschätzt, wenn sie einbezogen werden.

Falls Ihre Ziel-Community die Bürgerinnen und Bürger Ihrer Stadt sind, dann laden Sie eine repräsentative Gruppe ins Rathaus zum Kaffee ein. So erfahren Sie, was die Menschen interessiert, ärgert und bewegt. Oder Sie starten eine schriftliche Befragung – etwa über Ihre Website, ein Umfragetool oder per Brief.

Kapitel 12

Welches soziale Netzwerk passt zu meiner Behörde?

Wir haben die relevantesten sozialen Netzwerke darauf überprüft, ob sie sich für Behörden eignen und wie Ämter sie am besten nutzen können. Ihr wichtigstes Kriterium muss sein: In welchem sozialen Netzwerk ist Ihre Zielgruppe zu finden?

Sind bei Facebook nur noch alte Leute? Muss man jetzt auf TikTok gehen? Ist YouTube mehr als ein Video-Ablageort? Wie schafft man es, bei Instagram Follower zu gewinnen? Wo erreichen wir potenzielle Azubis wirklich? Das sind nur einige der Fragen, die uns Ämter stellen. In diesem Kapitel stellen wir die derzeit wichtigsten sozialen Netzwerke mit ihren Eigenheiten vor und beurteilen, für welche behördlichen Zwecke sie sich besonders gut eignen. Die Grundfunktionen der gängigen sozialen Plattformen ähneln einander zwar – dennoch sind die Netzwerke sehr verschieden. Um sich für oder gegen die Aktivität zu entscheiden, ist es als Behörde wichtig, die Unterschiede zu kennen.

Wir zeigen in diesem Kapitel bewusst nicht jede technische Einzelheit oder jedes Beitragsformat, denn jedes hier vorgestellte soziale Netzwerk entwickelt sich sehr schnell weiter. Gefühlt einmal pro Monat führen die Plattformen neue Funktionen ein, ändern bisherige Formate oder schaffen ab, was sich nicht bewährt hat. Wir konzentrieren uns daher darauf, Ihnen die DNA des jeweiligen Netzwerks und seine Einsatzmöglichkeiten für die Behördenkommunikation nahezubringen. Die aufmerksame Lektüre dieses Kapitels ist eine gute Basis, um sich für eine oder mehrere Plattformen für Ihre Behördenkommunikation zu entscheiden.

12.1 Facebook: Das Massenmedium

Facebook gibt es in Deutschland seit rund 15 Jahren. In dieser vergleichsweise kurzen Zeit hat sich das soziale Netzwerk zum reichweitenstärksten Medium des Landes entwickelt: Facebook hat mehr Nutzerinnen und Nutzer als jeder einzelne deutsche Fernsehsender – und mehr als alle in Deutschland abonnierten Tageszeitungen zusammen.

Kurzer Facebook-Steckbrief

- Gründung 2004
- Unternehmenssitz: Menlo Park, USA
- börsennotiert, 52.000 Beschäftigte weltweit
- CEO: Mark Zuckerberg
- Zum Facebook-Konzern gehören auch die Plattformen Instagram und WhatsApp sowie Oculus, ein Anbieter für Virtual-Reality-Brillen.

Allen Behauptungen zum Trotz, dass Facebook längst »out« sei, ist jeder dritte Deutsche dort aktiv. Wahr ist, dass das Durchschnittsalter der User steigt: Im Jahr 2020 gaben 46 % der über 60-Jährigen – aber nur 36 % der 16- bis 19-Jährigen[1] – hierzulande an, Facebook zu nutzen. Fazit: Jugendliche findet man kaum mehr auf dieser Plattform, dafür aber eine breite (und für Verwaltungen sehr relevante) Zielgruppe ab Ende 20 aufwärts. Junge Mütter und Väter sind hier genauso aktiv wie Großeltern. Wenn sich eine Behörde das Ziel setzt, auf Social Media *möglichst viele* Bürgerinnen und Bürger zu erreichen (und dabei keinen speziellen Fokus auf Jüngere legt), kann Facebook genau die richtige Wahl sein.

Abbildung 12.1 Facebook-Gruppen sind ergänzend zur Fanpage ein sehr wirkungsvolles Instrument, um mit Bürger*innen und Interessengruppen in den Dialog zu kommen. Das Thüringer Ministerium für Bildung, Jugend und Sport hat eine Gruppe gegründet, in der sich Lehrerinnen und Lehrer aus dem Bundesland austauschen können.

---

1   Quelle: Statista

Fünf Vorteile, die Ihnen als Amt die Entscheidung für das Netzwerk erleichtern können:

1. Facebook eignet sich sehr gut für Bürgerkommunikation und Bürgerservice. Öffentliche Kommentare werden vergleichsweise übersichtlich angezeigt, sodass eine Diskussion – auch der User untereinander – gut funktioniert. Wenn Sie als Amt einen Kommentar beantworten, erreichen Sie damit potenziell viele Menschen. Die Facebook-Gruppen (siehe Abbildung 12.1 und Abbildung 12.2) bieten die Möglichkeit, sich zu einzelnen Themen auszutauschen. Und die persönlichen Nachrichten sind ein praktischer E-Mail-Ersatz. Nicht umsonst spielte Facebook in der Corona-Krisenkommunikation eine tragende Rolle.

Abbildung 12.2 In der Gruppe des Thüringer Ministerium für Bildung, Jugend und Sport postet das Ministerium regelmäßig Beiträge, die für die spezielle Zielgruppe der Lehrerinnen und Lehrer relevant sind. Aber auch andere Gruppen-Mitglieder können dort – anders als auf Fanpages – Beiträge posten.

2. Das Veranstaltungs-Format von Facebook ist sehr interessant, falls Ihre Behörde (beispielsweise eine Stadt, ein Landkreis oder auch eine Kultureinrichtung) regelmäßig zu öffentlichen Terminen und Events einlädt. Sie können für jede Veranstaltung eine Mini-Landingpage erstellen (ein Beispiel sehen Sie in Abbildung 12.3) und dort Links, etwa zum Ticketkauf oder zu weiteren Infos, einstellen. Die Nutzerinnen und Nutzer wiederum können nach Events suchen, die an einem bestimmten Tag im Umkreis stattfinden. Auf die Termine Ihres Amtes werden somit auch Menschen aufmerksam, die Ihnen (noch) nicht folgen. Angeblich ist der Veranstaltungskalender der einzige Grund, der einige Jüngere noch auf der Plattform hält.

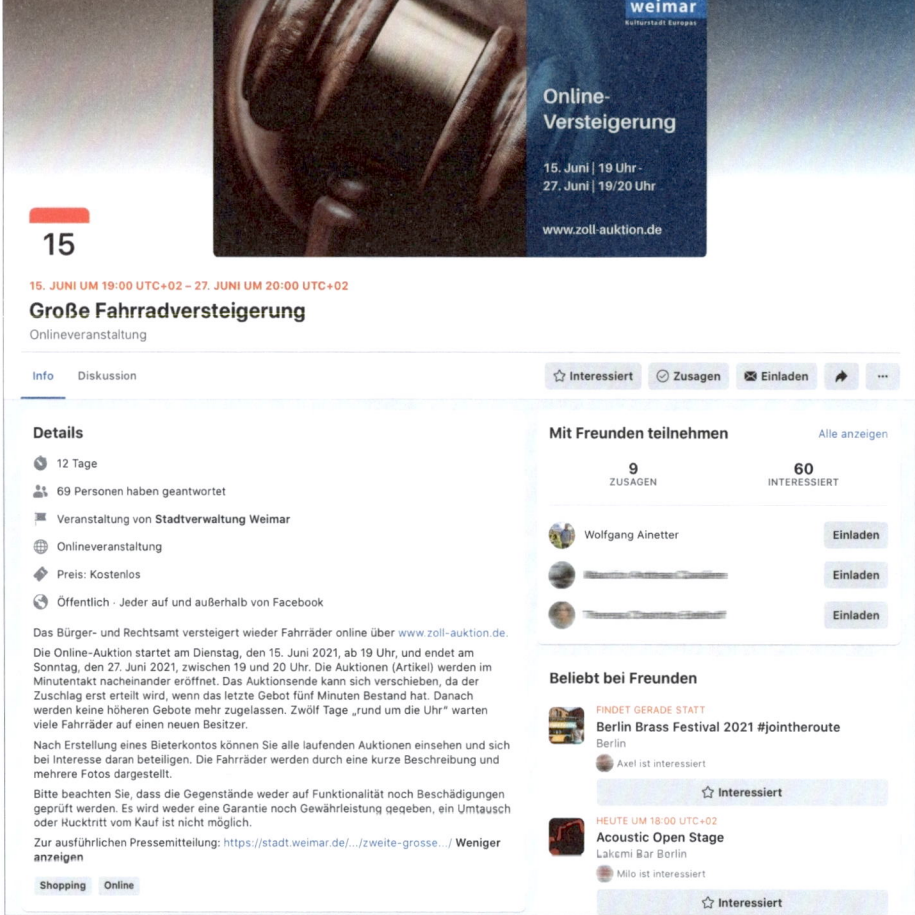

Abbildung 12.3 Sie laden als Amt regelmäßig zu Veranstaltungen ein und wünschen sich mehr Teilnehmer? Dann ist das Facebook-Veranstaltungsformat perfekt für Sie! Hier können Sie einzelne Events einstellen, die bei den Nutzern in einem personalisierten Veranstaltungskalender erscheinen – so werden auch neue Zielgruppen auf Ihre Einladung aufmerksam.

3. Im Gegensatz zu Instagram lassen sich auf Facebook anklickbare Links in die Posts integrieren. Gerade für Behörden bietet es sich manchmal an, auf weiterführende Infos im Netz zu verweisen (natürlich sollte Sie das auf keinen Fall dazu verleiten, ständig nur langweilige Link-Posts abzusetzen, die auf die eigene Website führen).

4. Ihre Facebook-Fans können Ihre Beiträge mit anderen teilen. Bei Instagram ist das nicht oder nur sehr eingeschränkt möglich.

5. Facebook ist auch vom Desktop-PC aus professionell bedienbar und gibt Social-Media-Managern Wahlfreiheit, von welchem Gerät aus sie arbeiten möchten. Bei Instagram dagegen sind derzeit viele Funktionen ausschließlich über das Smartphone verfügbar (der Instagram-Chef hat angekündigt, dies 2021/2022 ändern zu wollen).

Allerdings sehen manche Behörden auch strittige Punkte, wenn es um eine (mögliche) Facebook-Nutzung geht. Wir werden sehr oft danach gefragt. Hier unsere Einschätzung und Empfehlung:

1. Ist Facebook datenschutzkonform nutzbar? Dies zu beurteilen, ist Aufgabe der Datenschutzbehörden, die Facebook seit Langem zu einer Art Lieblingsfeind erklärt haben. Fakt ist: Viele Behörden (darunter die Bundesregierung, das Bundesjustizministerium und viele Innenministerien der Länder) betreiben erfolgreiche Fanpages auf Facebook – und denken gar nicht daran, die Plattform zu verlassen. Wir, die Autoren dieses Ratgebers, sind fest überzeugt: Trotz der Drohungen der Bundes- und Landesdatenschutzbeauftragten wird Facebook Behörden niemals verboten werden. Dafür ist Facebook für die amtliche Kommunikation zu wichtig. Insbesondere seit Corona ist das allen Beteiligten klar.

2. Wer im Auftrag einer Behörde eine Facebook-Seite betreut, braucht ein privates Facebook-Profil mit Klarnamen. Das wundert viele Behördenleiterinnen und Behördenleiter. Dahinter steckt eine einfache Logik: Facebook geht von begeisterten Usern aus, die nicht nur privat in dem Netzwerk unterwegs sind, sondern darüber hinaus auch gerne ihr Unternehmen (oder eben ihre Behörde) repräsentieren möchten. Dass jemand über eine Organisation postet, ohne selbst bei Facebook zu sein, kommt im Konzept der Plattform einfach nicht vor. Zu Recht, wie wir finden! Auch unserer Ansicht nach sollte der oder die Social-Media-Verantwortliche in einem Amt ein privates Facebook-Profil haben oder sich einen Account anlegen. Wer das nicht möchte, ist unserer Ansicht nach nicht ausreichend Social-Media-begeistert und folglich falsch im coolsten Job, den eine Behörde zu vergeben hat. Suchen Sie sich für die Tätigkeit also Menschen aus, die ohnehin privat bei Facebook sind. Was Sie *keinesfalls* tun sollten: Fake-Profile mit falschen Namen anlegen, unter denen sich dann möglicherweise noch mehrere Leute aus Ihrem Team einloggen. Da beides gegen Facebooks Nutzerbedin-

gungen verstößt, riskieren Sie die Sperrung der Profile *und* Ihrer behördlichen Fanpage.

3. Facebook ist in den letzten Jahren visuell sehr anspruchsvoll geworden. Vorbei sind die Zeiten, in denen man als Seite mit Linkposts oder Schnappschüssen (außer in seltenen, passenden Fällen) Erfolge erzielen konnte. Wer heute professionelle Kommunikation auf der Plattform betreiben möchte, sollte hochwertige Fotos, Grafiken und Videos posten. Lediglich das Facebook-Live-Format sowie die Stories dürfen »handmade« aussehen. Ein Tipp für kleine Behörden, die sich keine Agentur leisten können: Achten Sie auf die Bildqualität – und ersetzen Sie im Zweifel aufwendige Videos durch Facebook-Live-Sprechstunden, in denen Sie Bürgerfragen beantworten.

Wenn Sie sich dazu entschließen, das größte soziale Netzwerk für Ihre Behördenkommunikation einzusetzen, verinnerlichen Sie unbedingt: Facebook ist keine »Seite«, sondern eine Gemeinschaft! Was bedeutet das? In Kapitel 7, »›Social Amt‹: Wie ich als Behörde Beziehungen zu meinen Zielgruppen aufbaue«, haben wir Social-Media-Plattformen mit Netzwerkveranstaltungen verglichen, die zwar meist einen Vortrag oder ein Thema haben, aber primär auf ein Ziel ausgerichtet sind: sich zu »connecten«. Übertragen auf Facebook bedeutet das: Sie sind zum Knüpfen von Kontakten dort und nicht, um einseitig Mitteilungen zu verkünden. Verlassen Sie also Ihre Fanpage (wie eine solche aussieht, sehen Sie in Abbildung 12.4) so oft es geht! Bei Facebook gibt es unzählige Gruppen, die genau Ihre Themen diskutieren. Versuchen Sie, dort als Seite Mitglied zu werden und sich auch inhaltlich einzubringen. Oder suchen Sie sich andere Fanpages, auf denen Ihre Zielgruppe unterwegs ist. Wenn Sie eine Stadt sind, könnten das Facebook-Seiten der lokalen Medien sein. Wenn Sie als Amt Personal suchen, dürften für Sie andere Recruiting-Seiten interessant sein. Stöbern Sie im ganzen Netzwerk nach Orten, in denen Sie Ihre (Wunsch-)Zielgruppe erreichen können. Falls Sie außerhalb Ihrer Seite ins Gespräch kommen oder Sichtbarkeit erlangen, haben Sie die Chance, neue Nutzer aus Ihrer Zielgruppe zu gewinnen und Ihre Community zu vergrößern (mehr darüber erfahren sie in Kapitel 7). Wenn Sie immer nur auf Ihrer eigenen Facebook-Präsenz bleiben, verpassen Sie diese Chance. Leider machen viele Ämter genau das und wundern sich dann, dass ihre Community nicht oder nur bescheiden wächst und kaum aktiv ist (also nicht mit den Beiträgen interagiert). Falls Sie zu diesen Behörden gehören: Widmen Sie die Hälfte der Arbeitszeit, die Sie für das Community Management auf Facebook eingeplant haben, für den Dialog *außerhalb* Ihrer eigenen Fanpage! Wir versprechen Ihnen: Ihre Reichweite wird sichtbar steigen. Im wahren Leben bedeutet das: Ihre Behörde erreicht und überzeugt mehr Menschen.

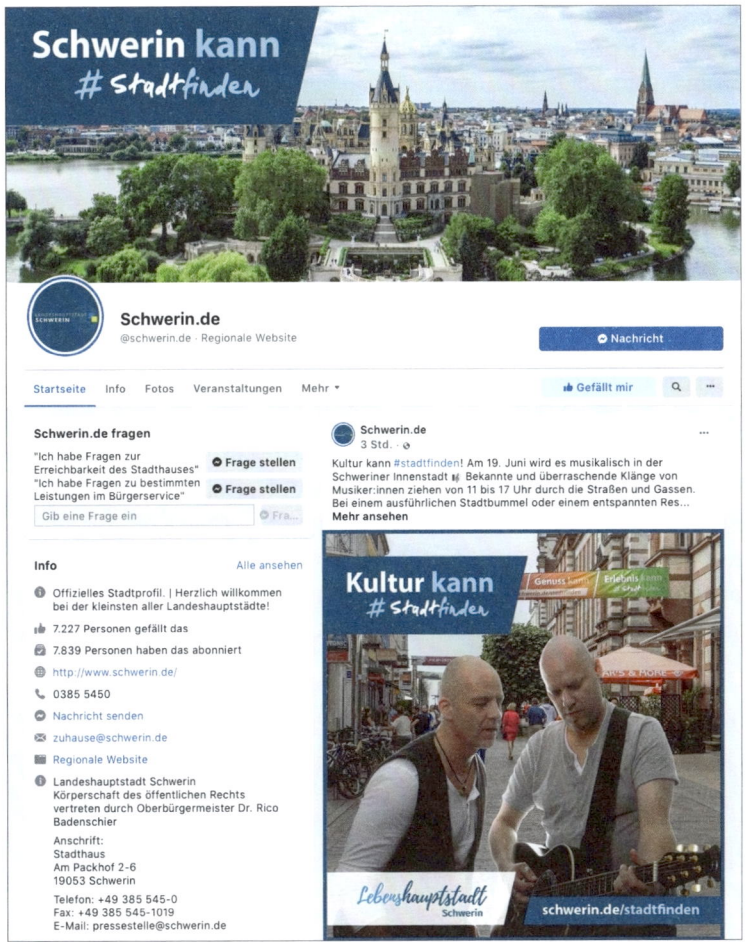

Abbildung 12.4 Anfangs konnten nur Privatpersonen sich auf Facebook mit einer eigenen Profilseite präsentieren. Für Unternehmen und Organisationen wurde Anfang der 2010er-Jahre die Möglichkeit der Fanpage (auf Deutsch: Seite) geschaffen. Behörden können sich auf diese Weise mit einem Steckbrief präsentieren, außerdem werden ihre geposteten Beiträge hier gesammelt und chronologisch angezeigt.

Oft ist zu hören und zu lesen, dass sich bei Facebook ohne Werbe-Budget keine nennenswerte Reichweite erzielen lässt. Das ist nicht richtig. Zahlreiche Facebook-Seiten und -Gruppen beweisen das Gegenteil. Wahr ist: Langweilige Inhalte – verknüpft mit wenig Dialog – sind der Reichweiten-Tod. Wenn sich Ihre Behörde auf Facebook bewegt, steht sie in Aufmerksamkeits-Konkurrenz zu Unternehmen, Sportseiten, Promis und nicht zuletzt privaten Freunden. Nur, was die Nutzerinnen und Nutzer interessant finden, wird angeschaut, angeklickt, geteilt und anschließend vom Algorithmus an noch mehr Menschen ausgespielt. Sie gewinnen organische (unbezahlte) Reichweite, wenn Sie spannende, unterhaltende, relevante, zielgruppengerechte Inhalte posten. Wie Sie solche Themen für Facebook finden und einen Redaktionsplan aufstellen, erklären wir Ihnen genau im nachfolgenden Kapitel 13, »Trockene Behörden-Themen spannend erzählen«.

Facebook bietet Ihnen für Ihre Beiträge zahlreiche Formate an: Neben dem Bild-Post und dem Link-Post (das sind die bekanntesten Formate) ist das der Video-Post, Facebook Live, Facebook Stories und das Veranstaltungs-Format. Unsere Empfehlung: Nutzen Sie *alle* angebotenen Formate regelmäßig und sorgen Sie auf diese Weise für Abwechslung! Auf den ersten Blick mag es effizient erscheinen, vor allem Linkposts abzusetzen. Diese kosten eindeutig am wenigsten Zeit. Ein Video kann dagegen schon mal einen Arbeitstag in Anspruch nehmen (wie Sie beim Erstellen von Videos zeiteffizient arbeiten, steht in Kapitel 13). Wenn Sie jedoch ausschließlich Link-Posts bringen und zur Gänze »statisch« (also ohne Bewegtbild) unterwegs sind, langweilen Sie Ihre Fans und sehen uncool aus. Erfolgreiche Behörden mixen deshalb alle oben genannten Formate und bieten ihren Fans, was diese von Unternehmen, Marken und Prominenten längst gewöhnt sind. Falls Sie dies zeitlich nicht leisten können, nehmen Sie Geld für einen Dienstleister in die Hand. Ihr Job als Social-Media-Verantwortliche*r ist es, für qualitativ gute und abwechslungsreiche Facebook-Beiträge Ihres Amts zu sorgen.

Facebook ist nicht nur ein soziales Netzwerk, sondern auch ein starker Messenger. Die Funktion »persönliche Nachrichten« ist ein nicht zu unterschätzendes Tool, über das Sie als Amt guten Bürgerservice leisten oder auch Fragen von potenziellen Bewerberinnen und Bewerbern beantworten können. Nicht alle Ihrer Fans möchten sich öffentlich mit einem Kommentar äußern, manche möchten ihr Anliegen lieber persönlich klären. »Warum schreibt die Bürgerin oder der Bürger dann nicht einfach eine E-Mail?« fragen manche Behörden. Die Antwort ist klar: Weil es viel praktischer ist, schnell eine Nachricht in den Facebook-Messenger zu tippen, wenn man ohnehin gerade in dem Netzwerk online ist. Eine Mail bedeutet viel mehr Aufwand: erst die passende Mailadresse der Behörde samt Ansprechpartner herausfinden, dann die App verlassen oder sich an den PC setzen, ein formvollendetes Schreiben aufsetzen und und und. Die Möglichkeit, ein Amt über Facebook zu kontaktieren, ist moderner Bürgerservice – und sollte im digitalen Zeitalter Standard sein. Fordern Sie daher Ihre Facebook-Fans aktiv auf: »Schreiben Sie uns auch gern eine persönliche Nachricht.« Dieser Satz könnte im Info-Text Ihrer Fanpage stehen und regelmäßig am Ende eines jeden Beitrags erscheinen.

Auch Sie können von Messenger profitieren: Sie können Textbausteine anlegen, automatisierte Abwesenheitsmitteilungen für Randzeiten bauen oder sogar einen Bot programmieren. Das Saarland etwa hat 2020 seinen Corona-Bürgerservice um einen Facebook-Messenger-Bot ergänzt.

Fazit: Facebook ist nicht ohne Grund das von Behörden meistgenutzte soziale Netzwerk. Diese Plattform hat viele Formate und Funktionen, die den Kontakt zwischen Bürger*innen und Staat fördern und personalisieren. Wenn Sie als Amt eine breite private Zielgruppe erreichen möchten, gute multimediale Inhalte bieten und Dialog mögen, ist Facebook genau das Richtige für Sie. Doch erwarten Sie den Erfolg nicht zu schnell! Falls Sie ein »Late Adopter« sind und sich erst jetzt auf die nicht mehr ganz neue Plattform wagen, werden Sie eine Weile brauchen, um eine Community aufzubauen und eine adäquate Reichweite zu gewinnen. Gehen Sie von ein bis zwei Jahren aus, bis sich Ihre Arbeit spürbar für die Behörde auszahlt. Sie werden Durchhaltevermögen und viel Enthusiasmus brauchen, aber Stand jetzt wird es sich lohnen.

Facebook-Wörterbuch

- Eine behördliche Präsenz bei Facebook heißt *Fanpage/Seite.*
- Menschen, die mein Amt bei Facebook abonniert haben, heißen *Fans/Abonnenten.*
- Beiträge heißen *Posts, Postings.*
- Geteilte Beiträge heißen *Shares.*

12.2   Instagram: Der (noch) hippe Kanal

»Facebook war gestern. Wer heute mitreden will, braucht einen Instagram-Account!« verkündete das Jugendmagazin »Bravo« im Jahr 2018. Seither ist das soziale Netzwerk dort regelmäßig Thema. Die Artikel-Überschriften lauten etwa »Die besten Tipps für mehr Likes auf Instagram« oder »Instagram: Diese Typen kennt echt jeder!«. 2020 berichteten Influencerinnen in der »Bravo« über ihre Erfahrungen mit Perfektionsdruck auf der Plattform[2]. Keine Frage: Instagram ist eines der wichtigsten sozialen Netzwerke der jüngeren Generation! Eine Studie aus dem Jahr 2019 ergab: 74 % der Jugendlichen gehen bis zu 20-mal täglich auf Instagram. Mehr als ein Drittel verbringt dort mehr als vier Stunden pro Tag. Und 35 % sind sogar während der Schulzeit online.[3] Die Instagram-Philosophie: sehen und gesehen werden! Wer in Deutschland zwischen 14 und 29 Jahre alt ist, ist mit 68 %iger Wahrscheinlichkeit *täglich* auf Instagram unterwegs[4]. Damit hat Instagram Facebook bei der täglichen Nutzung überholt. Ist das Netzwerk also Social-Media-Marktführer bei der

---

2   Quelle: *www.turi2.de/aktuell/bravo-und-instagram-lassen-influencerinnen-ueber-online-gefahren-sprechen/*

3   Quelle: Jugendstudie »Insta ungeschminkt« des Industrieverbands Körperpflege und Waschmittel e. V.

4   Quelle: ARD/ZDF-Onlinestudie 2020

jungen Generation? Momentan ja. Doch andere Plattformen machen Instagram diesen Rang streitig. Der derzeit größte Konkurrent um die Aufmerksamkeit der Jungen ist TikTok. Auch Twitch – ein Livestreaming-Videoportal, das vor allem von Gamern genutzt wird – hat sich etabliert. Wir denken, dass Instagram in den nächsten Jahren das gleiche Schicksal blühen könnte wie Facebook: Insta ist dann nicht mehr neu, es ist zu werblich geworden, und die eigenen Eltern sind plötzlich auch da – deshalb werden Jugendliche die Plattform zugunsten coolerer Orte vernachlässigen. Bislang ist es aber nicht dazu gekommen: Instagram ist sowohl bei Jüngeren als auch bei Erwachsenen stärker denn je verbreitet – und damit sehr attraktiv für Behörden, die eben nicht nur die Facebook-Generation ansprechen möchten, sondern auch ihre jüngeren Bürgerinnen und Bürger.

Mittlerweile haben zahlreiche Ämter einen Instagram-Account (ebenso wie Parteien, Politikerinnen und Politiker, NGOs und andere Akteure der politischen Kommunikation). Doch nicht jedes Amt hat verstanden, dass es sich um eine spezielle und auch sehr aufwendige – vielleicht sogar um die derzeit zeitintensivste – Plattform handelt. Der Wunsch allein (»Wir wollen Jüngere erreichen«) ist noch längst keine Instagram-Strategie! Behördlichen Instagram-Accounts ist recht schnell anzusehen, ob das jeweilige Amt die Plattform verstanden hat – oder dort nur Inhalte von Facebook, Twitter und der Website zweitverwertet. Achtung: Instagram ist kein aufgewärmter Reste-Auflauf, sondern ein stets frisch zubereitetes, geschmackvolles Menü. Wir zeigen Ihnen nun, wie die vielleicht ästhetischste aller Social-Media-Plattformen tickt.

Kurzer Instagram-Steckbrief

- gegründet 2010 von Kevin Systrom und Mike Krieger
- gehört seit 2012 zu Facebook
- Deutschland-Chef: Heiko Hebig

Instagram begann als Bilder-App, mit der man Handy-Fotos bearbeiten und in einem Online-Netzwerk teilen konnte. Der Clou: Das quadratische Bildformat und die Foto-Filter imitierten das Aussehen des analogen Polaroids. Die Instagram-Bildsprache war geboren! Die App machte es leicht, Alltags-Schnappschüsse in kleine Kunstwerke mit Retro-Touch zu verwandeln. Künstler, Kreative und (Hobby-)Fotografen gehörten daher zu den Instagram-Fans der ersten Stunde – und sind auch heute noch stark präsent auf der Plattform (siehe Abbildung 12.5).

Instagram wurde Anfang der 2010er-Jahre äußerst schnell extrem erfolgreich, was Facebook dazu bewog, das kleine Start-up für eine Milliarde Dollar aufzukaufen. Obwohl der Konzern sich die Foto-Plattform einverleibte und sein Geschäftsmodell auf diese übertrug, blieb der Wesenskern von Instagram bislang erhalten. Es geht um Schönheit und Ästhetik – um das perfekte Bild! Der Begriff »instagrammable« für schicke Lifestyle-Handyfotos hat es sogar in die Alltagssprache geschafft. In diesem visuellen Ansatz liegt der wesentliche Unterschied zu anderen Netzwerken wie Facebook (das erfunden wurde, um Studierende miteinander zu vernetzen) und Twitter (das mit rein textbasierten Kurznachrichten begann und sich erst nach und nach zur multimedialen Plattform entwickelte).

Abbildung 12.5 Ein typisches Instagram-Bild ist detailverliebt, ästhetisch und mit Filtern nachbearbeitet. Künstler*innen aus der ganzen Welt – wie hier die Fotografin Katharina Bill aus Kiel – präsentieren auf Instagram ihre Werke.

Wer als Behörde auf Instagram aktiv sein möchte, muss diese Unterschiede erkennen und die Instagram-Bildsprache sprechen lernen. Ein perfektes Beispiel liefert uns die Polizei Brandenburg in Abbildung 12.6. Dass der Polizeiwagen im Sonnenaufgang steht und hier geradezu dramatisch inszeniert wurde, ist kein Zufall: Sonnenaufgänge gehören zu den beliebtesten Instagram-Motiven. Hier wird anschaulich, wie Behörden ihre Inhalte Instagram-like vermitteln können.

Tatsächlich boomt die Amts-Kommunikation auf Instagram seit mehreren Jahren. Zu den deutschen »Early Adoptern« gehörte in der Mitte der 2010er-Jahre neben dem Auswärtigen Amt das Bundespresseamt, das auf Instagram den Arbeitsalltag der Bundeskanzlerin zeigt. »Wenn ich wissen möchte, wo Frau Merkel heute ist, schaue ich auf Instagram nach«, sagte Digitalstaatsministerin Dorothee Bär einmal augenzwinkernd. Mittlerweile ist nur noch ein deutsches Bundesministerium ohne Instagram-Account, nämlich das Bundesinnenministerium. Auch bei den Kommunen ist die Plattform weit verbreitet. Städte und Gemeinden können mit vielen Instagram-typischen Motiven – vom hübschen Fachwerkhaus bis zum Kirchturm im Nebel – punkten. Bilder erreichen Menschen emotional. In unserem Best-Practice-Teil am Ende dieses Buches stellen wir Ihnen die Stadt Nürnberg als eine der erfolgreichsten deutschen Städte bei Instagram vor. Doch auch Sicherheitsbehörden wie die Bundeswehr, die Feuerwehren, das Bundeskriminalamt und die Bundes- und Landespolizeien erreichen ihr Publikum auf Instagram außerordentlich gut – und machen unter anderem mit schicken Uniform-Bildern Werbung für den Beruf.

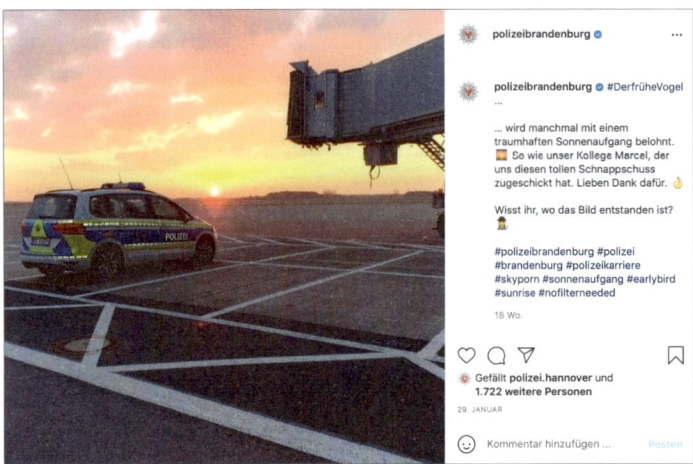

Abbildung 12.6 Malerisch, malerischer, Instagram! Wer hier als Behörde erfolgreich sein möchte, muss seine Inhalte in die Instagram-Bildsprache übersetzen.

Instagram ist aber längst mehr als nur ein Kanal für schöne Fotos. Die Plattform hat diverse Video-Funktionen integriert, die es beispielsweise erlauben, User mit hinter die Kulissen zu nehmen. Hervorzuheben ist das Stories-Format: Damit ist eine ablaufende Folge von Elementen wie Fotos oder Videoschnipseln gemeint, die sich nach 24 Stunden von selbst löschen. Das Format eignet sich ideal, die Follower mit durch den Tag zu nehmen und ihnen das Gefühl zu geben, hautnah dabei zu sein – bei einer Reise der Bundeskanzlerin oder auf Tour mit einer Streifenpolizistin.

Ist Instagram nun das richtige Netzwerk für Ihre Behörde? Wenn die meisten der folgenden Punkte auf Sie zutreffen, ist die Antwort »Ja«.

- Sie möchten (auch) jüngere Menschen erreichen.

- Sie möchten auf einer Plattform aktiv sein, auf der eine positive Grundstimmung herrscht. Auf Instagram geht es um die schönen Dinge des Lebens – Kontroversen werden hier nicht so stark ausgetragen wie auf anderen Plattformen. Einige Politikerinnen und Politiker sind deshalb lieber hier aktiv als auf Facebook oder Twitter. »Shitstorms« und harsche Kritik kommen auf Instagram nur dann vor, wenn Sie als Behörde wirklich grobe Fehler machen oder bereits in der Kritik stehen.

- Sie haben Themen, die sich visuell gut darstellen lassen. Wie wir bereits erwähnt haben, können Ämter zu den typischen Instagram-Themenwelten (Natur,

Jahreszeiten, Architektur, Tiere, Food-Fotografie, Fahrzeuge, Mode, …) sehr viel beitragen. Kommunen finden ihre Motive oft direkt vor der Rathaustür. Feuerwehren können nicht nur mit neuen Einsatzwagen, sondern auch mit geretteten Tieren Likes sammeln. Das populäre Food-Thema greifen unter anderem Behörden wie das Bundesministerium für Ernährung und Landwirtschaft (siehe Abbildung 12.7) und das Landeszentrum für Ernährung Baden-Württemberg erfolgreich auf. Umweltbehörden bekommen mit Naturschutz-Sujets Sympathiepunkte. Doch selbst, wenn Ihr Amt Themen hat, die optisch schwer vermittelbar sind, kann Instagram funktionieren – in Kapitel 13, »Trockene Behörden-Themen spannend erzählen«, zeigen wir Ihnen Beispiele.

- Sie möchten Social Media für Ihre Personalsuche und Ihr Employer Branding einsetzen. Der »Behind the Scenes«-Ansatz vieler Instagram-Formate eignet sich prima, um Arbeitsplätze und die dort tätigen Menschen lebendig, anschaulich und (vermeintlich) unverfälscht zu zeigen. Aus diesem Grund gibt es auf Instagram viele Karriere-Kanäle, darunter erfolgreiche Beispiele von Behörden wie der Bundespolizei oder der Bundeswehr. In unserem Best-Practice-Teil stellen wir Ihnen den Instagram-Kanal des Landes Schleswig-Holstein vor, über den das Land Azubis und Studierende sucht.

- Sie sind bereit, sich zu 100 % auf die Plattform einzulassen. Das bedeutet, viel Arbeitszeit in Instagram zu investieren und sich als Social-Media-Manager in kreative Formen der Bild- und Videogestaltung einzuarbeiten – oder sich alternativ von einem Dienstleister unterstützen zu lassen. Auf einer Social-Media-Fachkonferenz hörten wir neulich den Satz »Instagram ist mittlerweile ein Vollzeitjob«. Diese Aussage ist absolut wahr! Stellen Sie sich vor, Sie würden als Beamtin/Beamter oder Verwaltungsangestellte/Verwaltungsangestellter »nur so nebenbei« im Jugendamt arbeiten – oder höchstens eine Stunde pro Tag im Bauamt. Denken Sie, dass Sie unter diesen Voraussetzungen einen guten Job machen könnten? Natürlich nicht! Für uns als Autoren dieses Buches ist ganz logisch, dass die Faktoren Zeit und Leidenschaft auch für gute Kommunikationsarbeit gelten – *gerade*, wenn man die begehrte »junge Zielgruppe« gewinnen möchte. Unternehmen und Politiker können bestätigen, dass man dafür ständigen und hohen Einsatz bringen muss – ansonsten lassen sich weder Produkte verkaufen noch Wahlen gewinnen oder eben junge Menschen mit Verwaltungsinformationen erreichen.

- Sie sind nicht darauf aus, ständig auf Ihre Website zu verlinken und dort den Traffic zu erhöhen. Instagram hat die Besonderheit, dass man in den Feedposts keine anklickbaren Links einbauen kann (in den Stories ist dies nur möglich, wenn man über 10.000 Follower hat oder Werbung schaltet). Sie sind also nahezu darauf angewiesen, Ihre Botschaft vollständig *auf* Instagram zu erzählen. Das ist für manche Behörden gewöhnungsbedürftig, bietet aber großes Potenzial für kreative Erklär- und Storytelling-Posts.

Abbildung 12.7 Das Bundesministerium für Ernährung und Landwirtschaft nennt sich auf Instagram »Lebensministerium« und bringt den Usern seine Themen in Form ästhetischer Food-, Tier- und Landschaftsaufnahmen nahe.

Längst kann man bei Instagram nicht mehr nur quadratische Fotos posten, sondern hat diverse andere Formate zur Auswahl. Hier ein Überblick:

- Feed-Post mit einem oder mehreren Fotos oder Videos
- Instagram Story
- Instagram TV (IGTV)
- Instagram Live
- Reel
- Guide

Eine kurze Einordnung: Feed-Posts, IGTV-Videos und Reels sind geeignet, um innerhalb des Instagram-Netzwerks neue Follower zu gewinnen, denn sie werden auch im »Explore-Bereich« des Netzwerks (»Entdecken«) angezeigt. Mit Stories und Live-Sessions stärken Sie dagegen die Beziehung zu Ihren bestehenden Followern.

Haben Sie bemerkt, dass schon heute die meisten Instagram-Formate Bewegtbild enthalten? Instagram hat angekündigt, dass Video-Content künftig eine noch größere Rolle spielt und Bilder mehr und mehr in den Hintergrund treten werden. Für Behörden ist das eine Herausforderung. Nicht alle Ämter haben Erfahrung damit, Videos zu erstellen. In Kapitel 13 bringen wir Ihnen das Thema deshalb Schritt für Schritt näher.

Wir empfehlen Ihnen:

- Machen Sie sich mit *allen* Instagram-Formaten vertraut (das gilt auch immer dann, wenn ein neues Format oder Feature hinzukommt). Wie? Schauen Sie sich beispielsweise YouTube-Tutorials an, verfolgen und analysieren Sie aufmerksam Beiträge von Behörden, Unternehmen und Promis oder lassen Sie sich von Profis schulen. Anschließend heißt es: üben, üben, üben!

- Nutzen Sie möglichst viele der angebotenen Formate regelmäßig. Falls Sie als Amt noch immer zu 90 % Feed-Posts mit einem Foto online stellen: Das ist Instagram von vorgestern!

- Setzen Sie sich zum Ziel, deutlich mehr Bewegtbild als »Standbild« zu posten. Instagram selbst empfiehlt einen Video-Anteil von 60 % *im Feed* – die anderen Video-Formate kommen noch hinzu.

Abschließend geben wir Ihnen noch einige Tipps zur Gestaltung Ihrer »Visitenkarte«: Ihrem Instagram-Profil! Wenn Sie sich verschiedene Accounts im Netzwerk ansehen, dann werden Sie merken, dass manche Profile professionell, sortiert und ordentlich wirken (ein Beispiel finden Sie in Abbildung 12.8) – andere dagegen wie Kraut und Rüben (siehe Abbildung 12.9).

Abbildung 12.8 Auf jedem Bild des Bundespolizei-Karriere-Accounts bei Instagram taucht die Polizei-Farbe Blau auf. Der Feed wirkt (bis auf die Story-Highlight-Titelbilder) aufgeräumt und einheitlich.

Abbildung 12.9 Bunt, bunter, Jobcenter Delmenhorst! Das Social-Media-Team hat hier für jeden Post ein neues Template, neue Farben und neue Schriften verwendet. Das Profilbild hat eine schlechte Qualität. Wer sich mit Instagram auskennt, möchte dieses Profil am liebsten erst mal aufräumen.

Damit Sie keinen Drunter-und-Drüber-Account haben, lesen Sie am besten die ungeschriebenen Insta-Profil-Gestaltungsregeln für Ämter:

- Das Profilbild ist rund und zeigt üblicherweise Ihr Logo. Dieses müssen Sie so aufbereiten, dass es in diese Form passt und nicht zu kleinteilig gerät (auf dem Smartphone wird es nämlich winzig angezeigt). Achten Sie außerdem auf eine hohe Bildqualität. Lassen Sie sich an dieser Stelle wenn nötig von einem Grafik-Profi helfen.

- In Ihrer Bio haben Sie nur 150 Zeichen zur Verfügung. Nutzen Sie den Platz, um Profil-Besucher in aller Kürze zu überzeugen, warum diese Ihnen folgen sollten. Sagen Sie ihnen, was sie auf diesem Account finden, erleben, teilen oder fragen können. Verwenden Sie Begriffe, unter denen Sie über die Instagram-Suche gefunden werden möchten. Gestalten Sie Ihre Bio mit Absätzen, Emojis und Hashtags. Eine aus unserer Sicht sehr gelungene Instagram-Bio sehen Sie in Abbildung 12.10.

- Gewöhnen Sie sich einen einheitlichen Look im Feed an. Wenn Sie für jedes Foto oder jede Grafik ein neues Template und andere Farben verwenden, wirkt Ihre Feed-Übersicht chaotisch. Schaffen Sie Ruhe und Ordnung auf Ihrem Profil, indem Sie beispielsweise immer die gleichen Templates, Filter oder Farben verwenden. Eine Variante ist auch, ein Logo immer an die gleiche Stelle des Bildes zu setzen. Sie werden hierzu auf Instagram viele Inspirationen finden.

- Vergessen Sie nicht, auch den prominent platzierten Story-Highlights einen einheitlichen Look zu geben. Highlight-Titelbilder lassen sich mit diversen Apps einfach gestalten. Alternativ lassen Sie sich hier unterstützen.

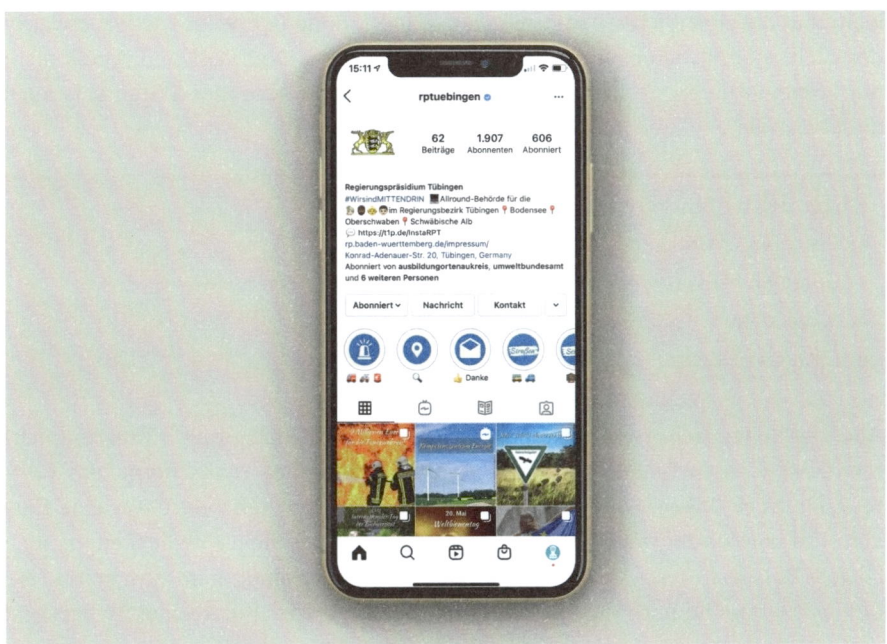

Abbildung 12.10 Das Regierungspräsidium Tübingen beschreibt sich auf Instagram als »Allround-Behörde für die Menschen im Regierungsbezirk Tübingen«. Ihre Bio und die Instagram-Story-Highlights hat sie mit Emojis aufgelockert. Wir finden: Eine gelungene behördliche Visitenkarte auf Instagram!

Instagram-Wörterbuch

- Eine behördliche Präsenz bei Instagram heißt *Profil/Account*.
- Menschen, die mein Amt bei Facebook abonniert haben, heißen *Follower*.
- Beiträge sind nach dem jeweiligen Format benannt, zum Beispiel *Feed-Post* oder *Story*.
- Bei Instagram sehr aktive Nutzerinnen und Nutzer heißen *Instagrammer*.

12.3   Twitter: Das Politik-Netzwerk

Kaum eine Behörde kommt an Twitter vorbei. Denn hier erreichen Sie nicht nur politische Entscheiderinnen und Entscheider am besten, sondern auch Journalistinnen und Journalisten. Zwar gibt es in Deutschland weit weniger Twitter- als Facebook-User: Bundesweit geben nur 8 % der über 14-Jährigen an, auf der Plattform aktiv zu sein[5]. Obwohl sich Twitter in Deutschland (anders als in anderen Ländern) nicht als Bürger-Netzwerk durchgesetzt hat, kann dieser Kanal für Ämter dennoch relevant sein. Hier tauschen sich wertvolle Multiplikatoren aus und lassen sich konzentriert erreichen. Tweet-Inhalte schaffen es sehr oft in die klassischen Medien: Sie werden in Zeitungen zitiert, in der »Tagesschau« eingeblendet und auf den Websites großer Medien gezeigt. Was auf Twitter steht, erreicht die Menschen weit über die eigentliche Plattform hinaus – in Sekundenschnelle! Passiert etwas in der Welt, erfährt man es über Twitter am schnellsten. Dort lässt sich Politik nicht nur kommunizieren, sondern durch Platzierung entsprechender Statements auch direkt *machen*.

Kurzer Twitter-Steckbrief

- Gründung 2006
- Unternehmenssitz von Twitter Inc.: San Francisco (USA)
- börsennotiert, 4.400 Beschäftigte weltweit
- CEO: Jack Dorsey

Aber der Reihe nach: Twitter ist die weltweit führende Plattform für Kurznachrichten. Diese werden Tweets genannt – »to tweet« bedeutet »zwitschern«, das Twitter-Logo ist ein blauer Vogel. Ein Tweet hat nur 280 Zeichen – durchaus eine Herausforderung für deutsche Behörden! Allerdings gibt es viele Möglichkeiten, auch längere Botschaften auf Twitter unterzubringen – mehr darüber im Abschnitt »Texten für Twitter« im nachfolgenden Kapitel 13. Wegen der Kürze eines Tweets und der chronologischen Anzeige-Reihenfolge (der aktuellste Beitrag steht immer oben) lässt sich das soziale Netzwerk auch als »Microblog« oder »Newsticker« beschreiben. Über anklickbare Schlagwörter (Hashtags) lassen sich Themen bündeln und die Debatten-Beiträge verschiedener Absender schnell auffinden. Das macht Twitter zu einem exzellenten Recherche-Tool.

Auf Twitter sind erst mal alle gleich: Es gibt keine Unterteilung in »private Profile« für Personen und »Seiten« für Unternehmen und Behörden. Man darf auf Twitter sogar mit einem Pseudonym auftreten, da seitens der Plattform keine Klarnamen-

---

5   Quelle: ARD/ZDF-Onlinestudie 2020

pflicht besteht. Offizielle Profile (auch von Behörden) erkennt man dennoch, und zwar am »blauen Haken«. Hier hat Twitter erfolgreich überprüft, dass hinter dem Account wirklich die angegebene Organisation oder Person der Öffentlichkeit steckt. Falls noch nicht geschehen, sollten Sie als Social-Media-Verantwortliche*r für Ihre Behörde den »blauen Haken« beantragen.

Auf Twitter sind Sie als Amt richtig, wenn

- Ihre Zielgruppe (auch) Medien, Politik und Fachleute sind,

- Ihre Behörde den Sitz in einer größeren Stadt oder einem Ballungsgebiet hat und/oder

- Sie über bestimmte Ereignisse sehr schnell (in Echtzeit) kommunizieren möchten.

Es ist geradezu undenkbar, dass ein in Berlin sitzendes Bundesministerium oder eine Landeshauptstadt nicht auf Twitter ist – die Medienmenschen in den Ballungs-gebieten erwarten dies zurecht. Im ländlichen Raum verhält es sich oft anders: Als Kleinstadt oder Gemeinde können Sie (über die Personen-Suchfunktion) vorab prü-fen, ob Ihre avisierte Zielgruppe Twitter nutzt. Doch sollten Sie – unabhängig von der Stadt-Land-Frage – als Behörde Krisen- und Katastrophenschutz-Themen kom-munizieren, ist das schnelle Twitter auf jeden Fall Ihr Netzwerk! Bei Facebook oder Instagram kann es Ihnen aufgrund des jeweiligen Algorithmus nämlich passieren, dass Ihr Beitrag den Usern erst Stunden oder gar Tage später angezeigt wird. Für die Ad-hoc-Kommunikation sind diese beiden Netzwerke daher wenig geeignet. Falls in Ihrer Stadt gerade ein Unglück geschehen ist oder ein Wohnviertel wegen einer Fliegerbombe aus dem Zweiten Weltkrieg evakuiert werden muss, sind Face-book und Instagram für Sie als Kommunikator*in zu langsam (Sie können beide Kanäle natürlich verwenden, um später eine Zusammenfassung zu liefern oder das Krisenmanagement zu erklären). Twitter ist das einzige soziale Netzwerk, das Ihnen Inhalte genau dann anzeigt, wann sie passieren oder – präzise formuliert – wann sie getwittert werden.

Manchmal hören wir von Behörden: »Wir wollen zu Twitter, weil es am wenigsten Arbeit macht.« Das stimmt (außerhalb von »Shitstorms«) zwar, darf aber natürlich kein Kriterium für Ihre Kanal-Auswahl sein. Ausschlaggebend ist, welche Ziel-gruppe Sie ansprechen möchten und auf welcher Plattform Sie diese finden. Sie werden über Twitter beispielsweise wenig direkte Bürgerkommunikation betreiben können, weil nun mal verhältnismäßig wenige Privatleute dort aktiv sind. Auch die Themen Personalsuche und Employer Branding funktionieren auf Twitter erfah-rungsgemäß schlecht – potenzielle Mitarbeiterinnen und Mitarbeiter sollten Sie also lieber über andere Plattformen suchen.

Haben Sie sich aus den richtigen Gründen für Twitter entschieden, stehen Ihnen folgende Formate zur Verfügung:

- Text-Tweet
- Link-Tweet
- Tweet mit einem oder mehreren Bildern, einem GIF oder einem Video
- Umfrage
- Twitter Live
- Fleets (analog zu Instagram Stories)
- Spaces (Audio)

Wie bei Facebook und Instagram empfehlen wir Ihnen, möglichst viele der angebotenen Formate regelmäßig zu nutzen. Sie sollten wissen: Twitter ist das einzige der großen sozialen Netzwerke, in denen reine Text-Beiträge (ohne Video, Foto oder Link) noch üblich und legitim sind. Wir empfehlen Ihnen jedoch, höchstens ein Drittel Ihrer Tweets als reine Text-Beiträge zu gestalten. Wenn Sie sich nämlich in dem Netzwerk bewegen, werden Sie feststellen, dass Tweets mit Bildern oder Videos größer angezeigt werden und demnach mehr ins Auge fallen.

Länger wollen wir uns mit den einzelnen Formaten nicht aufhalten – wir haben dieses Kapitel schließlich bewusst nicht »Twitter für Einsteiger« genannt. Vielmehr möchten wir Ihnen einige Behörden-spezifische Twitter-Regeln erklären.

Regel Nummer 1: Wenn Sie auf Twitter sind, brauchen Sie ein dickes Fell. Der Ton kann dort bissig werden, auch Behörden und Ministerien gegenüber. Digital-Staatsministerin Dorothee Bär sagte in einem »turi2«-Interview: »Poste ich ein Foto auf Instagram, bekomme ich tausend Herzchen und Kommentare wie ›großartig‹. Auf Facebook reicht die Kommentierung von ›ganz toll‹ bis ›furchtbar‹. Auf Twitter wird man in aller Regel komplett verrissen.«

Das beste Rezept lautet (wie in anderen Netzwerken auch): Bleiben Sie immer sachlich und freundlich. Lassen Sie sich nicht provozieren. Und: Nehmen Sie Anfeindungen nicht persönlich – es geht ja nicht um Ihre Person, sondern um das Amt, für das Sie sprechen. Denken Sie daran, dass kritische Rückmeldungen oft etwas Gutes zur Folge haben. Sichtbarkeit ist auf Social Media alles. Die User lesen Ihre Antworten mit. Wenn Sie souverän, cool, humorvoll und schlagfertig reagieren, können Sie nicht nur jede Menge Follower gewinnen, sondern erhalten auch Lob. Das Bezirksamt, die Polizei, sogar das BMI: Sie alle erhalten auf Twitter auch positive Rückmeldungen, in denen ihre Arbeit gewürdigt und wertgeschätzt wird. Auch die Digital-Staatsministerin möchte das Netzwerk selbstverständlich nicht missen.

Regel Nummer 2: Twittern Sie regelmäßig! Ein Tweet am Tag (oder noch weniger) reicht beim schnellen Kurznachrichtendienst nicht aus. Sie müssen sich Twitter wie einen Newsticker vorstellen: Im Minutentakt (je nach Thema auch im Sekundentakt) strömen neue Kurznachrichten ein. Nehmen wir nun an, Sie haben morgens Ihren einzigen Tweet des Tages abgesetzt. Wer sich erst nachmittags einloggt, müsste sehr weit herunterscrollen, um zu Ihrer Kurznachricht zu gelangen. Nur besonders erfolgreiche Tweets sind länger sichtbar. Wenn Sie sicherstellen möchten, dass Ihre Follower Ihre Botschaften wahrnehmen, sollten Sie mehrere Tweets pro Tag absetzen und diese (sofern planbar) über den Tag verteilen.

Regel Nummer 3: Schnelligkeit ist wichtig! Twitter ist Echtzeit-Information. Gerade bei einer »Lage« ist es elementar, dass Sie so schnell wie möglich die Öffentlichkeit mit Fakten informieren. Denn: Sie als Behörde haben die offiziellen Informationen – doch mitunter treten User mit gefährlichem Halbwissen in Konkurrenz zu Ihrer Deutungshoheit. Im schlechtesten Fall machen Gerüchte und Fake News über Twitter die Runde, weil Sie dort zu spät von sich hören lassen.

Abbildung 12.11 Die »Kieler Nachrichten« meldeten fälschlicherweise den Verdacht auf einen Amoklauf – die Stadt Kiel übernahm ungeprüft.

True Story: Ein 18-jähriger Rechtsextremer erschoss bei einem Amoklauf im Juli 2016 in München neun Menschen. In der Folge verbreiteten sich zahlreiche Gerüchte über Schießereien in der gesamten Münchner Innenstadt. Bei den Paniken, die deshalb ausbrachen, verletzten sich mindestens 32 Menschen. Schuld daran waren viele Fakes im Netz, in erster Linie auf Twitter: Tausende User teilten damals ein Foto, das mehrere Verletzte zeigte – das Bild stammte in Wahrheit aber nicht aus München, sondern von einem Überfall in Südafrika aus dem Jahr 2015. Auf Twitter kursierten zudem ein Bild des vermeintlichen Mörders, der in Wirklichkeit ein Comedian in den USA ist, und eine Aufnahme von angeblichen Opfern, bei denen es sich in Wahrheit um die Protagonisten einer Polizei-Übung in Manchester handelte. Die Münchner Polizei appellierte damals mehrmals auf Twitter, keine Fake-News zu verbreiten und auch keine Videos oder Bilder von Polizeikräften im Einsatz online zu stellen. Der Appell half, die Gerüchte schnell einzudämmen.

Es braucht aber kein Attentat, um zu verdeutlichen, dass Sie auf Twitter aktuell sein müssen: Machen Sie nicht den Fehler, eine relevante Info zuerst als Pressemitteilung herauszugeben und erst dann zu twittern. Ihnen folgen auf Twitter schließlich Journalistinnen und Journalisten, die sich in dem Fall merken: »Dieser Kanal ist für mich wertlos – schließlich kommen die Infos dort später als ich sie im Mailpostfach habe.« Wenn Sie auf Twitter ernst genommen werden wollen, darf Ihr Tweet mit einer wichtigen Neuigkeit keine Sekunde später rausgehen als Ihre Pressemitteilung! Ab und an sollten Sie sogar den umgekehrten Weg gehen und eine Info zuerst auf Twitter veröffentlichen.

Abbildung 12.12 Die Polizei stellte wenig später auf Twitter klar, dass es keine Hinweise auf eine Amoklage gebe.

Regel Nummer 4: Sorgfalt ist *noch* wichtiger als Schnelligkeit. Als Behörde sind Sie primäre Quelle offizieller Informationen – Ihre Aussagen müssen daher zu 100 % richtig sein. Bei Großlagen kann dies besonders herausfordernd sein, denn Medien und Privatleute werden möglicherweise bereits zum Ereignis twittern, während Sie noch damit beschäftigt sind, Ihre Informationen zu verifizieren. Gewissenhaftigkeit zahlt sich hier jedoch aus, denn Ihre Community weiß: Was die Behörde verlautbart, stimmt. Genau hierfür werden Sie wertgeschätzt. Der Stadt Kiel passierte an dieser Stelle im Mai 2021 ein grober Fehler. Sie verbreitete auf ihrem offiziellen

Twitter-Account ungeprüft eine Falschmeldung der »Kieler Nachrichten«, die nach einem Polizeieinsatz (ein Zahnarzt erschoss drei Menschen aus seinem Umfeld) von einem »Verdacht auf Amoklauf« berichtete (siehe Abbildung 12.11). Die Polizei teilte mit, dass es einen solchen »Verdacht« nie gegeben habe (siehe Abbildung 12.12): »Wir sind von dieser Meldung überrollt worden. Wir hatten unsere liebe Not, das wieder in vernünftige Bahnen zu lenken.« In zahlreichen Tweets und Posts musste die Polizei die verängstigte Bevölkerung beruhigen. Die Stadt holte sich am Ende einen Rüffel ab, worüber wiederum die Medien berichteten (Abbildung 12.13). Den Zeitungsartikel zu verlinken und den Begriff »Amoklauf« übernommen zu haben, bezeichnete die Kieler Pressestelle gegenüber dem Online-Portal »Übermedien« als »Fehler, den wir sehr bedauern«.

Fazit: Seien Sie auf Twitter so schnell wie möglich – aber warten Sie immer ab, bis Sie sicher sein können, dass Ihre Informationen stimmen.

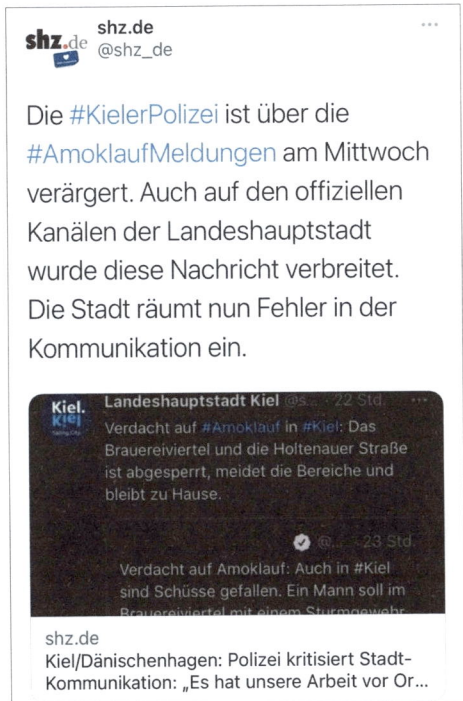

Abbildung 12.13 Die Stadt Kiel war hier nach dem Prinzip »Schnelligkeit vor Richtigkeitsprüfung« vorgegangen – und musste sich deshalb Kritik gefallen lassen.

Regel Nummer 5 ist das Vier-Augen-Prinzip. Bei Twitter gilt nämlich: Sie können Ihre Beiträge nachträglich nicht mehr verändern (anders als bei Facebook und Instagram, wo jeder Beitrag beliebig oft editierbar ist). Ob Rechtschreibfehler, falscher Link oder falsche Aussage – was raus ist, ist raus! Lassen Sie daher vor dem Absenden immer eine Kollegin oder einen Kollegen einen Blick darauf werfen. Sonst kann es Ihnen wie dem Bundesverkehrsministerium in der Weihnachtszeit 2019 ergehen: Das BMVI illustrierte seine Haltung gegen ein Tempolimit versehentlich mit einem Bild, das eine Schweizer Autobahn zeigte (Abbildung 12.14). Bei den Eidgenossen sind als Höchstgeschwindigkeit allerdings nur 120 km/h erlaubt. Der Hashtag *#Tempolimit* war einen Tag lang die Nummer eins der deutschen Twitter-Trends. So gut wie alle deutschen Leitmedien berichteten über die Twitter-Blamage. Die Kommunikatorinnen und Kommunikatoren hatten ziemlich stressige Weihnachten.

Auch dem Bundeslandwirtschaftsministerium passierte eine Panne: Unter den kritischen Tweet der SPD-Influencerin Lilly Blaudszun – sie hatte die Landwirtschaftsministerin einen »wirklichen Totalausfall« genannt – schrieb jemand aus dem Social-Media-Team eine Botschaft in Julia Klöckners Namen: »Wir haben es gesehen, aber ob wir dieser jungen SPDlerin zur Aufmerksamkeit verhelfen sollen – Ball ausrollen lassen …« Das Ganze war eigentlich als interne Nachricht gedacht gewesen. Zwar wurde die Klöckner-Nachricht gelöscht, dank eines Screenshots ging der PR-Flop aber dennoch viral.

Abbildung 12.14 Hier hat das Social-Media-Team des BMVI bei der Stockfoto-Suche daneben gegriffen – das Bild zeigt keine deutsche, sondern eine Schweizer Autobahn. Dort gilt ein Tempolimit von 120 km/h. Eine typische Steilvorlage für Twitter-Spott …

Fehler passieren – aber durch das Vier-Augen-Prinzip können sie meistens verhindert werden. Wie Sie es genau anwenden und in Ihren Workflow integrieren, lesen Sie ausführlich in Kapitel 4, »Wie organisiere ich mein Social-Media-Team?«.

Regel Nummer 6: Gute Tweets sind informativ und seriös – aber nicht langweilig! Zu den besten Twitter-Ämtern gehört der Deutsche Wetterdienst mit mehr als 123.000 Followern, der neben verlässlichen Prognosen auch gute Hintergrund-Infos bietet. Beispiel: »Wer schreibt die Wetterberichte der Tagesschau? Wie wird man Wettermoderator*in?« Ein Beispiel zeigen wir in Abbildung 12.15.

Abbildung 12.15 Der Deutsche Wetterdienst ist einer der Twitter-Stars unter den Behörden. Die Mischung aus Wettervorhersagen und Hintergrund-Infos ist nie langweilig, aber imnmer seriös.

Geben Sie Ihren Tweets – wenn es der Anlass erlaubt – eine Prise Humor. Selbstironie kommt auf Twitter besonders gut an – vor allem von Behörden, denen man ein Augenzwinkern in eigener Sache nicht zutraut. Lassen Sie sich dabei gerne von den Berliner Verkehrsbetrieben inspirieren. Sie sind auf dem Gebiet deutscher Meister. Ein Beispiel dafür: »Ringo Starr ist in der Stadt – noch einer außer uns, der den Takt nicht trifft.«

Brusttrommel-Tweets über Förderbescheide langweilen dagegen Ihre Follower und bekommen meist nur wenige Likes. Zurecht. Das gleiche gilt für den inhaltsleeren »Meet-and-Greet«-Tweet. Wen interessiert es, dass Minister X Politikerin Y »willkommen heißt« und ihr die Hand schüttelt?

Beispiele: »Litauens Justizministerin Elvinas Jankevicius heute zu Gast bei Bundesjustizministerin Christine Lambrecht«, »BMin @JuliaKloeckner empfängt ihren neuen französischen Amtskollegen @J_Denormandie« oder »Enger persönlicher Austausch von @HeikoMaas & AM Augusto Santos Silva in Berlin«. Auch solche Beiträge generieren in der Regel nur wenige Likes und Retweets. Merken Sie sich als Social-Media-Behörde unbedingt den folgenden Satz: We don't need the »Meet and Greet«-Tweet!

Twitter ist auch kein Kanal für Freundschaftsdienste. Ämter, die twittern, sind nur einer Zielgruppe verpflichtet: ihren Followern. Wir kennen in Ämtern Abteilungsleiter, die sagen: »Ich habe meinem Kumpel X versprochen, auf unserem Twitter-Kanal Werbung für seinen Verband zu machen.« Dass nach jedem stumpfsinnigen Gefälligkeits-Tweet Follower flüchten, ist ihnen egal.

Fazit: Twittern Sie nur Inhalte, die so spannend sind, dass Sie diese Ihrer Partnerin, Ihrem Partner oder im Freundeskreis erzählen möchten. Wie Sie es schaffen, Ihre Behörden-Botschaften interessant zu gestalten und in tweet-taugliche Form zu bringen, erfahren Sie in Kapitel 13, »Trockene Behörden-Themen spannend erzählen«.

Twitter-Wörterbuch

- Eine behördliche Präsenz bei Twitter heißt *Twitter-Profil*.
- Menschen, die mein Amt bei Twitter abonniert haben, heißen *Follower*.
- Beiträge heißen *Tweets*.
- Geteilte Beiträge heißen *Retweets*.

12.4   XING oder nicht XING, das ist hier die Frage

Ein Headhunter hat uns neulich diesen Satz gesagt: »XING ist wie ein Nostalgie-Treffen von Schreibmaschinenfreunden.« Er meinte damit ironisch, dass das deutsche Karrierenetzwerk im Vergleich zum US-Pendant LinkedIn veraltet und verstaubt wirkt. Auf die *Social-Media-Schreibmaschine* XING will der Personaler aber schon allein wegen der imposanten Zahlen nicht verzichten: In Deutschland, Österreich und der Schweiz hat das Hamburger Unternehmen 19 Millionen Nutzerinnen und Nutzer (nur 2,5 Millionen davon sind allerdings wöchentlich aktiv, es gibt sehr viele sogenannte *Schläferprofile*). Fakt ist: XING ist die bei uns am meisten genutzte

Business-Plattform. Wenn Unternehmen in Deutschland Mitarbeiterinnen und Mitarbeiter suchen, tun sie das am liebsten über XING. »Von den 774.000 offenen Stellen, die die Bundesagentur für Arbeit im Jahr 2019 registrierte, wurde ziemlich genau jede Dritte (257.000) über XING ausgeschrieben«, schreibt *Business Insider*.

Kurzer XING-Steckbrief

- Gründung 2003 (unter dem ursprünglichen Namen *OpenBC*)
- Unternehmen: New Work SE (gehört zu 50 % dem Burda-Verlag), Sitz: Hamburg
- börsennotiert, rund 1.700 Beschäftigte
- Vorstandsvorsitzende: Petra von Strombeck

Seit seinem Start 2003 ist XING seiner Philosophie treu geblieben, sich ausschließlich auf den deutschsprachigen Raum zu konzentrieren. Wenn Sie sich mit einer Fachkollegin in Schwerin, Goslar oder Castrop-Rauxel vernetzen wollen, sind Sie hier richtig. Sollten Sie aber als Polizei im Sinn haben, sich mit dem New York City Police Department zu connecten, sind Sie falsch.

Mehrere deutsche Behörden haben einen XING-Account: vier Bundesministerien (BMU – siehe Abbildung 12.16 –, BMAS, BMJV und BMZ), das Bundesamt für Migration und Flüchtlinge, das Bundesamt für Verbraucherschutz und Lebensmittelsicherheit oder das Bundesamt für Verfassungsschutz, um nur einige zu nennen. Auch zahlreiche Kommunen sind auf XING präsent, von der Hansestadt Hamburg über Frankfurt am Main bis Köln. Alle genannten Ämter erhoffen sich dadurch Erfolg beim Recruiting. Bewerberinnen und Bewerber unter 30 dürften sich jedoch kaum melden – XING gilt nämlich nicht gerade als Einflugschneise zur jungen Zielgruppe.

Das könnte nicht zuletzt am ersten Eindruck liegen, den User haben, wenn sie bei XING einsteigen: Für uns, die Autoren dieses Buches, ist XING optisch und inhaltlich eine der unübersichtlichsten Plattformen, die wir kennen (auch wenn wir beide bereits seit vielen Jahren dort aktiv sind). Der Austausch ist – trotz der 50.000 Fachgruppen – unserer Meinung nach nicht so gut wie auf LinkedIn: So ist es etwa auf XING nicht möglich, die Kenntnisse und Fähigkeiten anderer User in bestimmten Bereichen (z. B. »Marketingstrategie«, »Unternehmensführung«, »Social Media« etc.) zu bestätigen. Und während auf LinkedIn alle Privatpersonen Artikel in beliebiger Länge frei publizieren können, dürfen dies bei Xing nur 410 Expertinnen und Experten. Diese sogenannten *XING Insider*innen* werden von der Redaktion ausgewählt: Eine davon ist übrigens unsere Co-Autorin Christiane Germann, die über ihr Fachgebiet »Social Media in Behörden« schreibt. Investor Frank Thelen wiederum beschäftigt sich mit einem seiner Lieblingsthemen, der deutschen Digitalisierung.

Ein Tipp: Spitzenkräfte aus Ihrer Behörde, die für ein interessantes Thema stehen, könnten sich als *XING Insider*innen* bewerben und wären somit Botschafter für Ihr Haus (mehr dazu in Kapitel 17, »Corporate Influencer in Behörden«).

Abbildung 12.16 Das XING-Unternehmensprofil des Bundesumweltministeriums. Viele Behörden setzen auf XING, wenn es um Recruiting geht – und veröffentlichen regelmäßig ihre Stellenanzeigen.

Darüber hinaus bietet XING journalistische Formate (z. B. »Zukunft.machen« mit Interviews und Gastbeiträgen zu Themen von morgen) oder XING Alert (man kann bei XING insgesamt 17 verschiedene Pressespiegel abonnieren, von »Führung & Management« über »Politik & Gesellschaft« bis »Gesundheit & Soziales«). Die XING-Newsletter zu den verschiedensten Fachgebieten (z. B. »XING News Medien«) erreichen täglich 6 Millionen Abonnentinnen und Abonnenten. XING hat zudem vor einigen Jahren das Arbeitgeber-Bewertungsportal kununu übernommen und in die eigene Plattform integriert. Wer auf XING ein Unternehmensprofil aufruft, kann auf einen Blick sehen, wie der Arbeitgeber durchschnittlich bewertet wird (siehe Abbildung 12.17).

Was bringt XING für mich als Behörde? Oder anders gefragt: Soll ich als Amt diesem Netzwerk beitreten oder nicht? Wir meinen: nicht unbedingt, aber eher ja! Wenn es um Stellenausschreibungen geht, ist XING für den öffentlichen Dienst durchaus interessant. Sie finden auf diesem Portal große Aufmerksamkeit, wenn in Ihrem Haus eine attraktive Stelle frei wird. Auf XING sind sehr viele Kolleginnen und Kollegen aus der Verwaltung aktiv. Die Wahrscheinlichkeit ist groß, dass sie die Job-News verbreiten oder sich selbst bewerben.

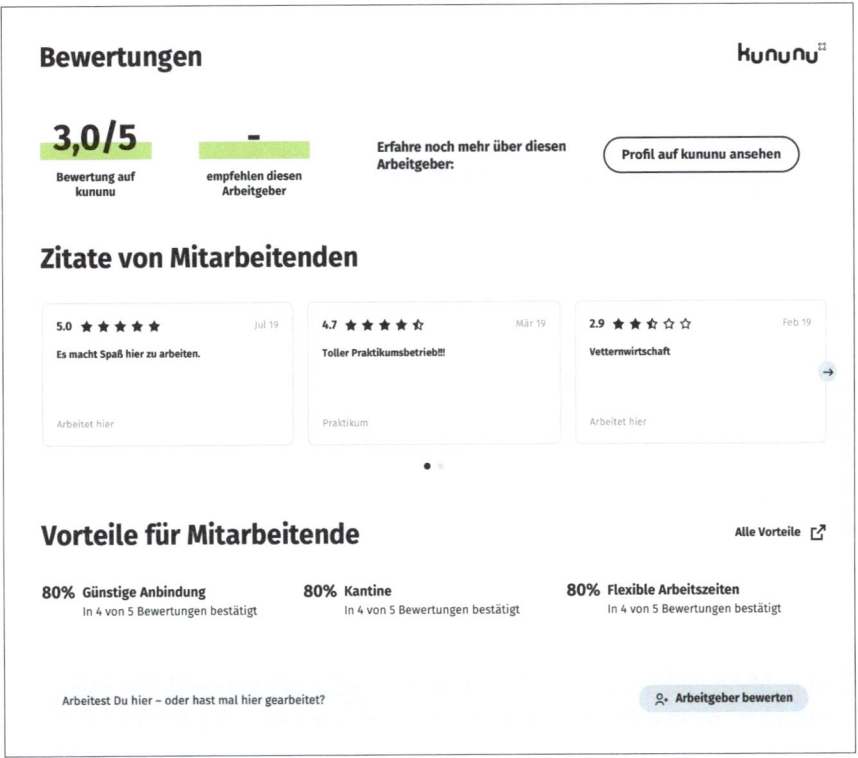

Abbildung 12.17 Die Arbeitgeber-Qualitäten dieser Behörde wurden auf XING/kununu mit durchschnittlich 3,5 von 5 Punkten bewertet. Im Recruiting sind solche Informationen wichtig. Interessentinnen und Interessenten können sich direkt auf XING die einzelnen Bewertungen ansehen.

Wenn Sie ein »Unternehmensprofil« starten, ist dies in jedem Fall kostenpflichtig (die Preise dafür ändern sich mindestens einmal pro Jahr, weshalb wir an dieser Stelle keine Summe nennen). Als Privatperson können Sie zwischen einer (kostenlosen) Basisversion und einem XING-Premiumprofil wählen, für das Sie zwar zahlen müssen, aber dafür vollen Einblick in Ihre Profil-Besuche bekommen (»Du siehst, wer sich wann und wie oft Dein Profil angeschaut hat«).

Brauchen Sie als Behördenchef*in oder Social-Media-Redakteur*in ein privates XING-Profil? Einige Headhunter meinen, ein solches gehöre zum Standard, um seine Sichtbarkeit im Social Web zu erhalten. Wir sagen: nein. Wir sind nämlich überzeugt davon, dass Fühungskräfte viel sichtbarer sind, wenn Sie twittern oder etwas auf Facebook oder LinkedIn posten (mehr dazu in Kapitel 18, »Behördenleiter-Kommunikation auf Social Media«).

12.5   LinkedIn: das Business-Facebook

Beim Netzwerken auf der wichtigsten beruflichen Plattform der Welt gilt der Grundsatz: »*Business statt Bussi-Bussi*«, schreibt die Medienseite »Turi2«. Private Inhalte wie Urlaubsfotos oder Hochzeitsvideos haben hier nichts verloren (schließlich hat man auf LinkedIn keine »Freunde«, sondern »Kontakte«). *Persönliches* kommt auf LinkedIn aber fast immer gut an: etwa Learnings (was man beispielsweise aus einer schwierigen Job-Situation gelernt hat) oder die Weitergabe eigener Erfahrungen und Erlebnisse, um anderen Usern Mut zu machen.

Kurzer LinkedIn-Steckbrief

- Gründung 2002
- Sitz von LinkedIn, Inc.: Sunnyvale, Kalifornien (USA).
  Das Unternehmen gehört seit 2016 zu Microsoft.
- börsennotiert, 15.000 Beschäftigte weltweit
- CEO: Jeff Weiner

Das soziale Business-Netzwerk hat 750 Millionen Mitglieder, davon 16 Millionen in Deutschland, Österreich und der Schweiz. 4 % der Deutschen ab 14 Jahren nutzen LinkedIn mindestens einmal wöchentlich (bei den 14- bis 29-Jährigen sind es 6 %). Fast 60 % der deutschen Nutzerinnen und Nutzer sind zwischen 25 und 34 Jahre alt, 57 % sind männlich. Anders als XING, das sich auf den deutschsprachigen Raum beschränkt, ist LinkedIn international aufgestellt.

LinkedIn gilt als Recruiting-Plattform, ist aber weit mehr: Eine Austausch-Plattform für berufliche Themen, ein Ort zum Netzwerken, eine Personal-Branding- und Lernplattform. Wir sagen: LinkedIn ist das »Business-Facebook«. Diese Bezeichnung passt, da zahlreiche Funktionen – unter anderem der Newsfeed, die Gruppen und die Möglichkeit, auf Beiträge mit verschiedenen Emotionen zu reagieren – an das Zuckerberg-Netzwerk erinnern (beziehungsweise übernommen wurden). Was die beiden unterscheidet, ist die strikte Konzentration auf berufliche Themen. Während Ämter auf Facebook (oder Instagram) Sonnenuntergänge und Tierfotos posten »müssen«, um die nötigen Emotionen zu zeigen, sind auf LinkedIn spannende Branchen-Fakten und Employer-Branding-Inhalte gefragt. Doch auch sie müssen einen persönlichen Touch haben und einen konkreten Mehrwert bieten, um erfolgreich zu sein! LinkedIn ist in erster Linie eine »Personality«-Plattform: Auf keinem anderen sozialen Netzwerk sind Führungskräfte so stark vertreten wie hier. In Deutschland haben CEOs wie VW-Chef Herbert Diess (193.000 Follower), Douglas-Chefin Tina Müller (112.000 Follower) oder Ex-Siemens-Boss Joe Kaeser (81.000 Follower) als erstes die globale Bedeutung von LinkedIn erkannt. Diese »erste Riege« veröffentlicht hier teils exklusiven Content. Das lohnt sich, da LinkedIn im Gegensatz zu Facebook für gute Inhalte nicht nur seine Plattform zur Verfügung stellt, sondern eine journalistische Redaktion hat, die relevante Themen (und Artikel prominenter Verfasser*innen) ganz oben platziert. Erfolgreichste deutsche Politikerin auf LinkedIn ist EU-Chefin Ursula von der Leyen (mehr als 500.000 Follower).

Auch einige Behördenchefinnen und Behördenleiter sind hier aktiv. Zu den Oberbürgermeisterinnen und Oberbürgermeistern, die auf LinkedIn Gesicht zeigen, gehören Stephan Keller (Düsseldorf), Sibylle Keupen (Aachen – siehe Abbildung 12.18), Eva Weber (Augsburg), Uwe Schneidewind (Wuppertal) oder Julian Vonarb (Gera). Claus Ruhe Madsen, Oberbürgermeister der Hansestadt Rostock, schwört auf LinkedIn und bezeichnet die Plattform als »enorm wichtig, in Deutschland sehr unterschätzt«. Dort ließen sich für Stadtoberhäupter enorm hohe Reichweiten erringen, wie er an seinen eigenen ablesen könne.

Abbildung 12.18 Behördenleiter-Kommunikation auf LinkedIn ist im Kommen: Unter anderem postet die Aachener Oberbürgermeisterin Sibylle Keupen regelmäßig auf der Plattform.

BMI-Staatssekretär Markus Richter, CIO des Bundes, gehört ebenso zu den LinkedIn-Fans wie viele Kommunikatorinnen und Kommunikatoren aus Behörden. Behördliche Führungskräfte sind in guter Gesellschaft: Auf LinkedIn finden Sie mehr hochrangige Entscheiderinnen und Entscheider als in allen anderen Netzwerken. 45 % der Leserinnen und Leser von LinkedIn-Artikeln sind in Führungspositionen.

Etwa die Hälfte aller Bundesministerien hat auf LinkedIn eine »Unternehmensseite« angelegt – darunter das Bundesgesundheitsministerium (43.500 Follower), das Bundeswirtschaftsministerium (32.000 Follower) und das Bundesfinanzministerium (12.500 Follower). Die Polizeien NRW und Sachsen sind auf der Business-Plattform im »Einsatz«. Die Bundesakademie für Bevölkerungsschutz und zivile Verteidigung (BABZ) kam bereits kurz nach dem LinkedIn-Start auf 800 Follower. Falls auch Ihr Amt überlegt, eine »Unternehmensseite« bei LinkedIn anzulegen: Wir glauben, dass Ihre Behörde sichtbarer wird, wenn Behördenleitung und Mitarbeitende unter ihrem eigenen Namen aktiv sind! Abgesehen davon, dass Personen-Content auf LinkedIn besser ankommt: Als »Unternehmensseite« kann man Beiträge nur über Umwege liken, teilen und kommentieren – Community Management ist also schwer möglich. Im Zweifel machen Sie beides: Posten Sie auf einer (behördlichen) Unternehmensseite und etablieren Sie zusätzlich starke Personen-Accounts, die diesen Content teilen, mit anderen darüber sprechen und sich im Dienste Ihrer Behörde vernetzen.

Egal, für welche Variante Sie sich entscheiden: Posten Sie regelmäßig. Ein Posting pro Tag ist ideal – falls Sie das nicht schaffen, melden Sie sich möglichst einmal oder mehrmals pro Woche mit spannenden Inhalten zu Wort. Folgende Formate stehen Ihnen zur Verfügung:

- *Beitrag*

  Ähnlich wie beim Facebook-Post stellen Sie einen Inhalt ein (z. B. Bild, Video, Link, Dokument) und teasern ihn mit einem Text an. Beginnen Sie Ihren Beitrag mit einem neugierig machenden Einstiegssatz, achten Sie auf einen klaren Mehrwert für Ihre Zielgruppe und bauen Sie regelmäßig Fragen ein, um mit Ihren Followern ins Gespräch zu kommen.

- *Artikel*

  Dieses Format erinnert an einen eigenen Blog (ein Beispiel finden Sie in Abbildung 12.19) und eignet sich für längere Fachbeiträge und exklusiven Content. Sie können jedem Ihrer Artikel ein Titelbild und eine Headline geben, den Text nach Belieben formatieren, Bilder und Links einfügen. Nach der Veröffentlichung erhält der Artikel eine eigene URL und ist damit auch auf anderen Plattformen teilbar.

- *LinkedIn Live*

  Wie bei Facebook oder Twitter können Sie auf LinkedIn live gehen. »Live-Videos bringen im Durchschnitt 7-mal mehr Reaktionen und 24-mal mehr Kommentare als native Videos«, teilt das Business-Netzwerk dazu mit.

- *Ihre Story*

  Nicht alles, was LinkedIn von Facebook oder Instagram abgekupfert hat, funktioniert: Das Stories-Format wird von der LinkedIn-Gemeinde bislang nicht goutiert.

Abbildung 12.19 LinkedIn lässt sich als Blog-Ersatz nutzen. Behördliche Führungskräfte (wie hier die Aachener Oberbürgermeisterin, Sibylle Kerpen) und Experten können in Form längerer Fachartikel relevante Themen besprechen.

Wir empfehlen Ihnen, die beiden gängigsten Formate – Beitrag und Artikel – regelmäßig zu nutzen und abwechslungsreich zu gestalten. Posten Sie unbedingt auch Video-Content!

Weitere Empfehlungen:

- Investieren Sie Zeit und Leidenschaft in die Gestaltung Ihres Profils. Ein gutes Profil- und Titelbild sind Standard. Denken Sie aber auch daran, Ihre Bio mit SEO-relevanten Begriffen zu füllen – also solchen, unter denen Sie bei einer Suche auf der Plattform gefunden werden möchten.

- Nutzen Sie Hashtags! Auf LinkedIn sind sie ebenso relevant wie auf Twitter (und wichtiger als auf Instagram), um spannenden Content zu finden und sich an laufenden Diskussionen zu beteiligen. Abonnieren Sie die für Ihren Bereich wichtigsten Hashtags, um auf Beiträge anderer aufmerksam zu werden.

- Markieren (taggen) Sie Personen und Institutionen, die Sie in Ihrem Text erwähnen.

- Auf LinkedIn gibt es wenig Kritik und nahezu keine »Shitstorms«. Wie auf einer echten Business-Veranstaltung pflegen die Nutzer*innen untereinander einen geschäftlichen Ton, sind freundlich und hilfsbereit. Eine Plage sind allerdings die zahlreichen »Berater« und »Coaches«, die Sie als Personen-Account ungefragt anschreiben oder Ihnen eine Kontaktanfrage schicken – und nur ein Ziel haben: Ihnen etwas zu verkaufen. Ignorieren Sie solche Anbahnungsversuche getrost und nehmen Sie nur Kontaktanfragen von Menschen an, mit denen Sie thematische Überschneidungen haben oder die zu Ihrer Zielgruppe gehören.

- LinkedIn gibt es als Gratis- und Bezahlvariante. Wir finden, dass für Sie als Behörde die kostenlose LinkedIn-Version reicht, wenn Sie in erster Linie Kontakt zu Kolleginnen und Kollegen halten möchten. Wenn Sie die Recruiting-Tools nutzen oder vollständig sehen wollen, wer Ihr Profil angesehen hat, müssen Sie zahlen.

Sollte ich als Amt auf LinkedIn vertreten sein oder kann ich es mir sparen? Unser Fazit: Auf eine »Unternehmensseite« können Sie eher verzichten als darauf, dass Ihre besten Köpfe mit persönlichen Profilen dort vertreten sind. LinkedIn als Amt ignorieren? Keine gute Idee! Dem Netzwerk gehört die Zukunft, davon sind wir überzeugt.

12.6   YouTube: Lineares Fernsehen war gestern

YouTube ist die größte Videoplattform und die zweitgrößte Suchmaschine der Welt. Der Name setzt sich aus »You« (Du) und »Tube« (Röhre, umgangssprachlich für Fernseher) zusammen. YouTube bedeutet also wörtlich »Du Röhre«, im übertragenen Sinn »Du sendest«. Die Zahlen des US-Portals, das 2005 gegründet wurde und 2006 an Google verkauft wurde, sprechen für sich:

- Mehr als 2 Milliarden User in 91 Ländern, davon 47 Millionen in Deutschland.

- Rund 90 % der 18- bis 34-jährigen Deutschen nutzen YouTube.

- Die Anzahl an YouTube-Nutzern entspricht fast einem Drittel aller Internet-User weltweit.

- Jede Minute werden auf YouTube 400 Stunden Videomaterial hochgeladen.

- Täglich werden über eine Milliarde Stunden an YouTube-Videos angeguckt.

- Pro Monat sind acht von zehn der 18- bis 49-Jährigen auf YouTube.

- 70 % aller Videoaufrufe sind mobil.

- Der Werbeumsatz von YouTube im Jahr 2020: 19,77 Milliarden US-Dollar (16,24 Milliarden €).

Kurzer YouTube-Steckbrief

- Gründung 2005

- Gründer: Chad Hurley, Steve Chan und Jawed Karim

- Unternehmen: YouTube, LLC (Tochtergesellschaft von Google) mit Sitz in San Bruno, Kalifornien (USA)

Während YouTube Jahr für Jahr neue Rekordzahlen verkündet, bricht das lineare Fernsehen ein. Immer weniger junge Menschen schalten ein. Mehr und mehr Behörden versuchen, diese Zielgruppe auf YouTube abzuholen – häufig mit Unterstützung von Influencerinnen und Influencern. Die Polizei NRW (27.400 Abonnenten) holte sich den bekannten Radiomoderator und Sänger Daniel Schlipf alias »Danger« (siehe Abbildung 12.20). Als »Kommissar Danger« sieht er sich verschiedene Aufgabenbereiche des Polizeidienstes an, von der Wasserschutzpolizei über die Fliegerstaffel bis zum Spezialeinsatzkommando. Allein die Folge über das SEK erreichte eine Million Aufrufe.

Abbildung 12.20 Die Polizei NRW fällt auf vielen Plattformen positiv auf – sie zählt zu den besten Social-Media-Behörden Deutschlands. Für ihren YouTube-Kanal holte sie sich den Radiomoderator und Sänger Daniel Schlipf alias »Danger« an Bord.

Auch die Bundespolizei (52.600 Abonnenten) will über YouTube Auszubildende gewinnen. Die Behörde engagierte dafür YouTube-Star Julia Beautx (2,24 Millionen Abonnenten) und Webvideoproduzent Luca Concrater (4,44 Millionen Abonnenten), die für 24 Stunden Bundespolizisten wurden. In einer interaktiv aufgebauten Video-Story – die User entscheiden, wie es weitergeht – lösen die beiden Promis einen fiktiven Kriminalfall und überwältigen bei einem finalen Zugriff zwei Verdächtige. Mehr als 1,1 Millionen Menschen sahen sich den Einsatz der YouTube-Promis an. Unter die Videos stellte das Social-Media-Team einen Link, über den man direkt zur Online-Bewerbung bei der Bundespolizei gelangt. »Die Bundespolizei arbeitete in der Vergangenheit bereits mehrfach erfolgreich mit sogenannten Influencern aus sozialen Medien zusammen«, heißt es in einer Pressemitteilung. »Daher lag es nahe, eine solche Kooperation wieder aufzugreifen.«

Abbildung 12.21 Bekannte Influencer als Bundespolizisten: Julia Beautx und Luca Concrater lösten auf YouTube einen fiktiven Kriminalfall. Der Clou: Die Zuschauer durften entscheiden, wie es weiter geht.

Der Bundeszentrale für politische Bildung (19.000 Abonnenten) wiederum gelang es mit dem prominenten Comedian Abdelkarim, das Grundgesetz kurz und knackig rüberzubringen. In der zehnteiligen YouTube-Serie *Abdelkratie* holt die Behörde Jugendliche ab, die sich ansonsten nicht für Politik interessieren. Prädikat: sehenswert. »Ich weiß, einige denken jetzt: Mach jetzt mal hier keinen auf Vorzeigemoslem, Wählen ist öde und ändert nichts. Das habe ich früher auch gedacht, aber es stimmt nicht«, sagt Abdelkarim. Seine Sprache kommt an: bis zu 200.000 Aufrufe pro Sendung. Die *Süddeutsche Zeitung* schrieb nahezu euphorisch: »Wenn Institutionen versuchen, für Demokratie und Politik zu begeistern, ist die Gefahr groß, dass das eher zum Gähnen als zum Wählen animiert, im schlimmsten Fall zum Fremdschämen. (…) Comedian Abdelkarim macht klugen und witzigen Politikunterricht.«

Ämter, die mit Influencern aus den sozialen Medien zusammenarbeiten, profitieren davon nicht nur, indem sie höhere Aufmerksamkeit für ihre Botschaften bekommen. Sie gewinnen meist auch viele Abonnentinnen und Abonnenten für ihren eigenen YouTube-Account. Allerdings müssen Sie viel Geld in die Hand nehmen – zum einen für die Gage der Stars und zum anderen für eine Agentur. Die oben beschriebenen Kurzfilme und Serien sind so aufwändig, dass hier Profis filmen mussten.

Abbildung 12.22 So macht politische Bildung Spaß: Die Bundeszentrale für politische Bildung hat Comedy-Star Abdelkarim für ihren YouTube-Auftritt engagiert. Die einzelnen Folgen der 10-teiligen Video-Serie haben bislang rund 200.000 Views erzielt.

Ist also YouTube nur etwas für Behörden, die sich Stars und Agenturen leisten können? Nein! Der deutsche YouTube-Manager Andreas Briese betont, dass unter anderem Erklärvideos besonders gut ankommen. Und hier liegt die Chance für Ämter ohne großes Social-Media-Budget. Überlegen Sie sich als Behörde: Was sind unsere spannenden Themen – und welche Tutorials bzw. welcher Ratgeber-Content könnten unsere Bürgerinnen und Bürger interessieren? Ideen für mögliche Clips: Was muss ich machen, wenn ich umziehe oder heirate? Worauf sollte ich beim Hausbau achten? Wie fülle ich einen Antrag auf Grundsicherung fehlerfrei aus? Wie melde ich meinen Hund an? Und und und. Gute Erklärvideos lassen sich heute relativ simpel mit dem Smartphone erstellen (mehr dazu in Kapitel 13, »Trockene Behörden-Themen spannend erzählen«). Ein Beispiel für ein schlichtes, 54 Sekunden langes Ratgeberstück kommt aus dem Bundesverkehrsministerium: »So geht: Kfz online abmelden mit i-Kfz« wurde immerhin 112.000-mal aufgerufen.

Ein Tipp, um Ihre Abonnenten-Zahl zu erhöhen: Suchen Sie sich eine reichweitenstarke Partnerin oder einen reichweitenstarken Partner. Das muss kein Influencer sein. Vielleicht können Sie sich mit einem themenverwandten Amt vernetzen, das auf YouTube Ihren Content pusht.

Was für YouTube in Ihrer Behörde spricht:

- Auf YouTube können Sie eine enorm hohe Reichweite erzielen, da 47 Millionen Deutsche (mehr als die Hälfte der Bevölkerung) die Plattform nutzen. Eine höhere Nutzerdichte erreicht nur WhatsApp.

- Sie erreichen dort die begehrte junge Zielgruppe, die Sie sonst nur auf Instagram, TikTok und WhatsApp bekommen (siehe oben).

- Wer sich (Ihre) YouTube-Videos anschauen möchte, braucht sich keinen Account in dem Netzwerk anzulegen. Einfach auf die Website gehen oder die App öffnen, auf einen Kanal gehen oder ein bestimmtes Video suchen – und schon kann man es ansehen. YouTube kann Ihren Zielgruppen also einen sehr einfachen und niedrigschwelligen Zugang zu Ihren Inhalten bieten – während man sich bei Instagram oder Facebook anmelden muss, um Ihrer Behörde zu folgen.

Erfolgreich sind Sie auf dieser Plattform aber nur dann, wenn Sie *regelmäßig* posten – wir empfehlen ein Video pro Woche, am besten immer an einem bestimmten Wochentag, sodass sich Ihre Follower darauf freuen können. Wir haben öfter beobachtet, dass Ämter auf YouTube einen tollen Start hinlegen, aber bereits nach der dritten Woche buchstäblich von der Bildfläche verschwinden (»Wir haben so viel Arbeit, dass wir nicht dazu kommen, schon wieder ein Video zu drehen«). Aus diesem Grund eignet sich YouTube nur für Social-Media-Teams, die personell stark aufgestellt sind und in ihren Reihen einen leidenschaftlichen Video-Profi haben. Da das in vielen Behörden (noch) nicht der Fall ist, existieren viele YouTube-Kanäle von Ämtern, die lediglich als Video-Ablageort für die Website genutzt werden. Das macht leider nicht den besten Eindruck, wenn Sie dort jemand sucht.

Falls Sie nun einen (Neu-)Start auf der größten Video-Suchmaschine der Welt wagen möchten, noch folgender wichtiger Hinweis: YouTube ist nicht nur die größte Plattform für Bewegtbild, sondern auch ein soziales Netzwerk, das über eine besonders aktive Community verfügt. Auf dieser Plattform ist Community Management ebenso wichtig wie in anderen Kanälen.

12.7   TikTok: Müssen wir als Behörde jetzt auch noch singen und tanzen?

TikTok ist eine beliebte, aber umstrittene App aus China, auf der sich Kurzvideos erstellen und teilen lassen. Weltweit hat der Social-Networking-Dienst 800 Millionen aktive Nutzer*innen. Die App wurde seit ihrem Start im Jahr 2018 mehr als zwei Milliarden Mal über den App Store und Google Play heruntergeladen. Anfang 2020 hat die TikTok-App Instagram und WhatsApp von der Spitze der weltweiten Download-Charts vertrieben. Nie zuvor wurde ein soziales Netzwerk in so kurzer Zeit so groß. Und auf keinem sozialen Kanal ist die jüngere Zielgruppe stärker vertreten: Laut einer Statistik der Analyse-Software App Annie sind 69 % der aktiven Tik-Tok-Nutzer*innen zwischen 16 und 24 Jahre alt. Im Schnitt verbringen die User 45 Minuten täglich auf TikTok – mehr als auf jeder anderen Plattform.

Unternehmen wie @*mercedesbenz* oder @*deutscheteleko*m sehen in TikTok längst den Schlüssel zur Generation Z, Discounter Lidl wirbt mit dem Account »lidlkarriere« aktiv um Azubis. Medien, unter anderem die ARD-@*tagesschau*, erzielen dort Millionen Likes. Und auch politische Parteien haben die Chance erkannt, eine Zielgruppe zu erreichen, die sonst wenig Kontakt zur offiziellen Politik hat. Vielleicht fragen Sie jetzt: Aber TikTok ist doch eine reine Tanz- und Quatschplattform, wo niemanden schert, was die Bundesregierung gerade beschließt? Das ist falsch. Wir beobachten gerade eine Politisierung dieser Plattform. Vielleicht können Sie sich noch erinnern, wie TikTok-Fans 2020 Donald Trump reinlegten. Hunderte User verabredeten sich, einen Wahlkampfauftritt des damaligen US-Präsidenten zu boykottieren, indem sie online Tickets buchten und dann nicht nutzten. Trump musste in einer halbleeren Halle sprechen – blamable TV-Bilder dank der Fake-Reservierungen.

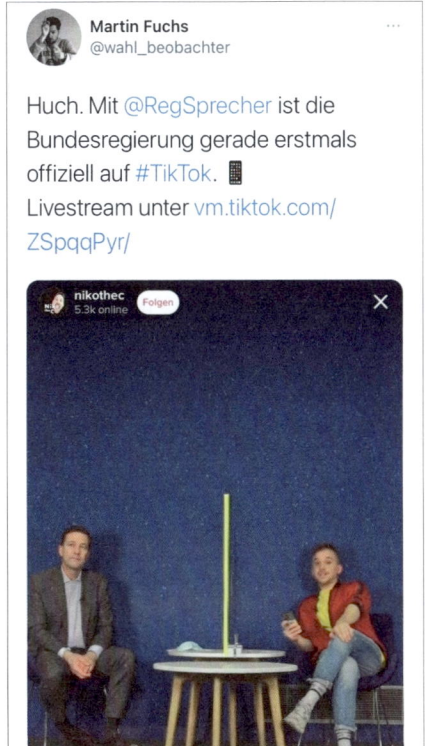

Abbildung 12.23 Huch – der deutsche Regierungssprecher auf TikTok! Steffen Seibert folgte für diesen Clip der Einladung des TikTokers NikoTheC. Die Bundesregierung selbst hat noch keinen Account in dem chinesischen Netzwerk.

Erste TikTok-Partei in Deutschland war die CSU (@*csuauftiktok*). Dorothee Bär (CSU), Staatsministerin für Digitalisierung, war eine der ersten aktiven Politikerinnen auf TikTok. Familienministerin Franziska Giffey (SPD) stellte sich im Livestream den Fragen des TikTok-Creators NikoTheC ebenso wie Regierungssprecher Steffen Seibert (siehe Abbildung 12.23). Doch der deutsche TikTok-Riese der Politik ist ein über 70-Jähriger: Thomas Sattelberger (FDP, siehe Abbildung 12.24) hat mit seinen humorvollen Kurzvideos mittlerweile Kultstatus – und mehr als 123.000 Follower. Der Bundestagsabgeordnete erreichte bereits mit seinem dritten TikTok-Beitrag ein Millionenpublikum (1,9 Millionen Zuschauer*innen): Vom Schreibtisch aus beantwortete er – zum Song »Choices« des Rappers E-40 – Fragen mit »Yup« und »Nope«. Beispiel: »Magst du die AfD?« Sattelberger richtet den Daumen nach unten: »Nope!« Der Tik-Tok-Politiker zeigt eindrucksvoll, dass Originalität und Einzigartigkeit die wichtigsten Erfolgskriterien sind und das Alter dabei keine Rolle spielt.

Abbildung 12.24 Muss man jung sein, um Erfolg auf TikTok zu haben? »Nope!«, würde Thomas Sattelberger sagen. Der 77-jährige Bundestagsabgeordnete hat über 100.000 TikTok-Follower und erreicht mit seinen Videos Millionen.

TikTok-Pionier unter den Behörden ist das Bundesgesundheitsministerium. Das BMG startete im März 2020 als erstes Ministerium auf TikTok (siehe Abbildung 12.25) – und erzielte binnen weniger Stunden 330.000 Impressions, 7.000 Follower und 15.000 Likes. Gerade in der Corona-Zeit war TikTok ein wichtiger Kanal, um junge Menschen zu erreichen. Erfolgreicher noch als das BMG ist die Polizei NRW (@polizei.nrw) mit knapp 164.000 Followern auf TikTok unterwegs. Markenzeichen: coole Videos meist aus dem Jobleben, um Nachwuchs für den Polizeidienst zu gewinnen. Die Polizei Berlin (mehr als 53.000 User folgen @polizeiberlin_karriere) bietet auf diesem Kanal sogar Live-Berufsberatung.

Abbildung 12.25 Für die Kampagne #Ärmelhoch (die die Menschen für eine Corona-Schutzimpfung gewinnen sollte) auf TikTok engagierte das Bundesgesundheitsministerium den »Looking for freedom«-Sänger David Hasselhoff.

Aber: Abgesehen von einigen wenigen Behörden fremdeln deutsche Ämter noch mit dem digitalen Shooting-Star. Der Grund: Kritiker äußern die Sorge, dass TikTok kein sicheres Netzwerk sei und Hackern große Angriffsflächen biete. Datenschützer werfen der Plattform vor, persönliche Daten an die chinesische Regierung weiterzuleiten und User auszuspionieren. Aus diesem Grund wollte Donald Trump als US-Präsident TikTok sogar verbieten, was ihm ein Gericht allerdings untersagte. TikTok selbst betont, die chinesische Regierung habe keinen Zugriff auf Nutzer-Daten des

Dienstes. Das Bundesamt für Sicherheit in der Informationstechnik (BSI) beauftragte im Februar 2020 die Telekom-Tochter T-Systems, die Anwendung zu überprüfen. Allzu viel fanden die Expert*innen offenkundig nicht: Nur der »Aufbau unverschlüsselter Verbindungen« fiel bei der Analyse auf – was laut Angaben von TikTok aber mittlerweile behoben ist.

Wie funktioniert TikTok? Nutzer*innen können entweder 15 oder 60 Sekunden lange, mit Musik untermalte Videos hochladen. Die App stellt Filter bereit, mit denen die Clips bearbeitet werden können – und eine riesige Auswahl an Songs, die Sie für Ihre Beiträge kostenlos nutzen können. TikTok ist ein Ort, wo Sie Tänze, Comedy, Musik und Kunst finden. Ein paar Hashtags sind besonders beliebt: die Challenges, die für ein weltweites Gemeinschaftsgefühl sorgen und bei denen es meist um einen Tanz oder einen witzigen Test geht. Beispiel: die #CelebrateLook-Alike-Challenge, die daraus besteht, Freunde zu fragen, welchem Promi man ähnelt. Oder #unboxing: Nutzer*innen packen ihren Rucksack oder Koffer aus und zeigen, welche Kleidung und Gegenstände sie für eine Reise mitnehmen. Populär sind auch Sketches: Eine Person spielt beispielsweise verschiedene Charaktere mit simplen Verkleidungen (ein Kopftuch symbolisiert eine ältere Frau) und Filtern (ein breiter Gesichtsfilter stellt einen Dummkopf dar).

Wenn Sie TikTok starten, landen Sie auf der Home-Seite und können zwischen den Streams »Folge ich« und »Für dich« wählen. TikTok zeigt Ihnen also Inhalte nicht nur, wenn Sie jemandem folgen, sondern auch, wenn der Algorithmus glaubt, dass Ihnen etwas gefallen könnte. Über die »Entdecken«-Seite haben auch Videos unbekannter Nutzer*innen die Chance, viral zu gehen.

Ein gutes TikTok hat mehrere Erfolgsfaktoren, so TikTok-Expertin Rike Schiller im MDR:

- schnell und direkt zum Punkt kommen – keine Einleitung
- schnell sprechen (aufgrund der kurzen Zeit): prägnant und präzise argumentieren, statt zu schwafeln
- schnelle Schnitte (für mehr Dynamik im Video).
- Content: *eine* Frage, die beantwortet wird – nicht mehr. (Auf keinen Fall sollte man in einen TikTok zuviele Inhalte packen. Stattdessen ist es ratsam, mehrere Teile zu machen.)
- Instant Gratification (die sofortige Bedürfnisbefriedigung): Ich habe als User eine Frage und bekomme innerhalb einer Minute die Antwort.
- Originalität: Wer erfolgreich auf TikTok sein will, braucht ein Charakteristikum, ein Alleinstellungsmerkmal, einen Wiedererkennungswert. Beispiel: @*herranwalt*, der auf TikTok spannend das Recht erklärt, ist mit 3,5 Millionen Followern ein Superstar. Mit Themen, die Schülerinnen und Schüler beschäftigen, erreicht

Tim Hendrik Walter, wie der Fachanwalt aus Unna (NRW) wirklich heißt, ein Millionenpublikum (bisher fast 50 Millionen Views). Beispiel: »Dürfen Eltern alle Handynachrichten lesen?« Die Community liebt den »Herrn Anwalt«, der stark lispelt, auch für seine Art zu sprechen. Vermeintliche Schwächen können auf TikTok in Erfolg umgemünzt werden.

Ein TikTok zu produzieren ist etwas völlig anderes, als etwa einen Post für Facebook zu gestalten. Es gibt eigene Spielarten und eigene Bildsprachen. TikTok ist eine App, die dazu konzipiert ist, sie laut zu hören – auch weil die Musik ein Riesenthema ist (Videos auf Facebook und YouTube sind oft untertitelt, um sie auch ohne Ton nutzen zu können). Captions spielen – anders als bei Facebook oder Insta – eine untergeordnete Rolle. Alle Infos müssen im TikTok auftauchen, das auf Vollbild ausgespielt wird. Die große Stärke von TikTok: komplexe Sachverhalte originell und visuell darzustellen. Mit GIFs und Emojis lassen sich Botschaften unterstreichen. TikToks eignen sich perfekt, um Wissen zu vermitteln und Sachverhalte zu erklären. Und genau dieser Aspekt kann für Ihre Behörden-Kommunikation interessant sein!

Soll Ihre Behörde nun TikTok bespielen oder nicht? Wie immer gilt auch hier die goldene Social-Media-Regel: Lieber eine Plattform mit Herzblut gestalten als mehrere Kanäle halbherzig. TikTok ist zeitaufwendig und kein Kanal, den man so nebenbei machen kann. Für einen professionellen Auftritt muss sich die Kanal-Managerin oder der Kanal-Manager nahezu ausschließlich um TikTok kümmert. TikTok lebt von Gesichtern und Personen: Zur Wiedererkennung ist ein cooler »Host« (Gastgeber) ratsam, der für Ihr Amt steht – am besten ein Behörden-Influencer.

Wenn Sie junge Menschen erreichen wollen oder müssen (beispielsweise um Stellen zu bewerben), kommen Sie zukünftig aber an TikTok fast nicht vorbei. Wer Jugendliche verständlich für gesellschaftliche Themen begeistern möchte, muss sich dort bewegen, wo sich Teenager aufhalten – und das ist heute auch TikTok!

12.8 Von Podcast bis Clubhouse: Audio ist im Trend

Stimmen, Geräusche und Musik: Der Trend geht hin zu Audio – auch in der Behördenkommunikation. Viele Menschen sind erschöpft und zoom-müde nach Videokonferenz-Marathons im Homeoffice. In diesem Kapitel zeigen wir Ihnen, wie Sie Bürgerinnen und Bürger erreichen können, die bewusst auf den Bildschirm verzichten wollen – und sich oft lange Zeit nehmen, Ihnen und Ihren Themen zuzuhören.

Wir beginnen mit dem Podcast. Wussten Sie, dass

- 88 % der 14- bis 59-jährigen – und 35 % der über 60-jährigen – Deutschen im letzten Monat mindestens eine Podcast-Folge gehört haben,

- 71 % der Befragten Podcasts während häuslicher Tätigkeiten hören (67 % im Auto oder in öffentlichen Verkehrsmitteln und 50 % in der Küche),

- sich 82 % der Hörerinnen und Hörer für Politik interessieren und 76 % für Wirtschaft und Forschung,

- 47 % der User Podcasts *eher bis zum Ende* hören?[6]

Quelle: Bundesministerium der Finanzen

Abbildung 12.26 Finanzminister Olaf Scholz lud den österreichischen Autor und Journalisten Robert Misik in den Podcast seines Ministeriums ein. Die beiden diskutierten, was unsere Gesellschaft aus der Corona-Pandemie lernen kann.

Die beliebtesten Podcasts erreichen hierzulande bereits mehr als eine Million Menschen. Der Großteil der Podcast-Nutzer*innen (78 %) hört bis zu 3 Stunden pro Woche[7]. Warum Podcasts so boomen? Immer mehr Menschen finden es schön, nicht immer auf den Bildschirm schauen zu müssen. Man kann Podcasts auf dem Weg zur Arbeit hören, beim Joggen oder beim Bügeln, sich dabei entspannen und nebenbei auch noch klüger werden.

Mittlerweile gehört es auch für viele Behörden buchstäblich zum guten Ton, eigene Podcasts zu produzieren: Das Bundesarbeitsministerium lässt den Chef *Das Arbeitsgespräch* mit Prominenten wie Tim Mälzer oder Natalia Wörner führen. Das Bundesumweltministerium bringt *Umweltpolitik aufs Ohr* und organisiert Talks zwischen der Hausherrin und Gästen wie Eckart von Hirschhausen. Das Bundesfinanzministerium podcastet »Olaf Scholz im Gespräch mit …« (siehe Abbildung 12.26), das Bundeswirtschaftsministerium gibt in *#Neustartklar* Macherinnen und Machern aus der Wirtschaft eine Stimme. Das Bundespresseamt produziert gleich mehrere Podcasts, etwa *Unter2Grad* (hier erklären Mitglieder der Regierung ihre Klimapolitik) oder

---

6   Quelle: Podcast Grundlagenstudie 2020
7   Quelle: Goldmedia POD-Ratings.com

Corona aktuell (siehe Abbildung 12.27). Mit Abstand am bekanntesten ist der Podcast mit der Bundeskanzlerin.

Sowohl das Bundespresseamt als auch die meisten Bundesministerien lassen sich dabei von Agenturen helfen. Das hat seinen Preis. Eine Anfrage des NDR-Magazins *Zapp* ergab, dass eine einzelne Folge des Audio-Formats *Corona aktuell* zwischen 12.000 und 15.000 € kostete. Ein Betrag, den sich nur die allerwenigsten Ämter leisten können.

Abbildung 12.27 Der Corona-Podcast der Bundesregierung: Ein informatives, aber auch teures Hör-Vergnügen! Bis zu 15.000 € zahlt das Bundespresseamt einer Agentur für die Produktion.

Zum Glück geht es auch weit günstiger. Mit echter Leidenschaft podcastet beispielsweise die hessische 30.000-Einwohner-Stadt Taunusstein (siehe Abbildung 12.28) – und das mit geringem Budget. In *Stadt. Land. Aar* geben städtische Mitarbeitende Infos, die die Menschen bewegen – von *Haus bauen in Taunusstein* über *Was macht die Stadt mit dem Steuergeld* bis *Heiraten in Taunusstein*. Die Protagonistinnen und Protagonisten verzichten auf lähmendes Amtsdeutsch und erzählen originelle Geschichten aus ihrem Berufsleben. So sagt der langjährige Standesbeamte: »Einmal hatte ich zwei Paare, die sich zur Hochzeit angemeldet hatten und dann einfach nicht kamen. Die haben sich nie wieder gemeldet. Wir wissen nicht, was aus denen geworden ist.«

Wichtig ist, dass die Gespräche so authentisch sind wie in der Stadt Taunusstein und nicht gekünstelt wirken. Viele Hörerinnen und Hörer bauen eine Beziehung zu ihren Lieblingshosts auf, sie fühlen sich mit ihnen verbunden. Um selbst – also ohne teure Agentur – einen qualitativ hochwertigen Podcast zu erstellen, brauchen Sie kein Studio, aber folgendes technisches Equipment:

- Zwar ist es möglich, einen Podcast mit dem Handy aufzuzeichnen, für die spätere Bearbeitung eignet sich aber ein Laptop oder Computer besser.

- Wichtig ist ein gutes, anschließbares Mikrofon. *Die Welt* schreibt: »Hier gibt es auch für unter 100 € bereits gute Einsteigermodelle mit Tripod-Ständer, festem Standfuß oder schwenkbarem Arm – alle drei lassen sich über USB mit PC oder Mac verbinden, die Modelle von Sudotack können über einen Adapter auch mit dem Smartphone genutzt werden.«

- Um störende Nebengeräusche zu verhindern, benötigen Sie Zubehör wie einen Pop-Schutz und eine Stoßdämpferhalterung (Shock Mount).

- Wer mit Gästen spricht, sollte sich Over-Ear-Kopfhörer zulegen. Damit lassen sich störende Geräusche herausfiltern.

- Software-Tipp: GarageBand von Apple (kostenloses Programm zum Bearbeiten und Schneiden) oder Audacity (ebenfalls kostenlos). Für Fortgeschrittene: Adobe Audition.

Abbildung 12.28 Kurzweilig und ohne Amtsdeutsch: Im Podcast der hessischen Kleinstadt Taunusstein erfahren Bürgerinnen und Bürger etwa von einem Standesbeamten, was dieser im Zusammenhang mit Eheschließungen schon alles erlebt hat. Prädikat hörenswert!

Inhaltlich sollten Sie sich folgende Gedanken machen:

- Wie falle ich unter den vielen Tausenden Podcasts auf? Was ist mein (besonderes) Thema? Habe ich einen roten Faden, der sich durch alle Podcast-Folgen zieht? Was ist mein Alleinstellungsmerkmal?

- Habe ich genug Ideen, damit mir nicht bereits nach der dritten Folge kreativ die Luft ausgeht?

- Welchen originellen Namen soll mein Podcast haben?

- Welche spannenden Gäste kann ich einladen?

- Welche Intro- und Outro-Musik wähle ich?

- Schaffe ich es regelmäßig, Podcasts aufzunehmen? Am erfolgreichsten sind die Formate nämlich dann, wenn sie regelmäßig veröffentlicht werden. Wer weiß, dass jeden Dienstag eine neue Folge erscheint, der freut sich schon im Voraus darauf.

Was ist die ideale Podcast-Länge? Michael Krause, Managing Director Central Europe bei der Podcast-Plattform Spotify, sagt dazu auf *blog.osk.de*: »Tatsächlich gab es da mal eine Faustregel: Ein Podcast sollte so lang sein wie ein durchschnittlicher Inlandsflug, also gut 45 Minuten. Heute wissen wir, dass ganz verschiedene Längen funktionieren, wobei die erfolgreichsten Entertainment-Formate tatsächlich alle in etwa eine Stunde lang sind. Das kommt wohl noch von unseren Sehgewohnheiten aus dem linearen Fernsehen. News-Podcasts dauern eher fünf bis fünfzehn Minuten.« Laut »Podcast Grundlagenstudie 2020« sind Podcasts zwischen 10 und 30 Minuten am beliebtesten (22 % der Hörerinnen und Hörer geben als bevorzugte Durchschnittslänge »10 bis unter 20 Minuten« an, 19 % »20 bis unter 30 Minuten«, 15 % »30 bis unter 45 Minuten«, 13 % »45 bis unter 60 Minuten«, 10 % »bis unter 10 Minuten«, 8 % »60 Minuten und mehr«).

Wie erfahren Ämter von ihren Hörerinnen und Hörern, ob ihnen der Podcast gefallen hat? »Einen Rückkanal für Kommentare oder Likes bieten Podcasts nicht«, schreibt das »PR Magazin«. Behörden können aber Möglichkeiten für Feedback schaffen, indem sie neue Folgen auf Facebook oder Instagram bewerben und die Zuhörer*innen dort zur Diskussion einladen.

Worauf Sie unbedingt achten sollten: Ein eigener Podcast ist sehr zeitaufwendig. Lohnt sich dieser Aufwand für Behörden? Wir sagen Ja – wenn Sie in Ihrem Kommunikationsteam genügend Leute haben. Ein Amt, das nur eine Planstelle für Social Media hat, kann Podcasts nicht stemmen. Gibt es in dem Fall andere spannende Audio-Formate für Ihr Amt? Anfang 2021 stürmte plötzlich die amerikanische Social-Media-App Clubhouse die Download-Bestenliste in Deutschland. Das politische Berlin entdeckte Social Audio. »Unter Social Audio ist die Nutzung von Live- oder aufgenommenem Audio zu verstehen, das explizit auf Interaktion ausgerichtet ist. Sprich: Ich rede und andere können sofort bzw. zeitnah darauf antworten. Das unterscheidet Social Audio von Podcasts, die aufgenommen und veröffentlicht werden, so dass Interaktion nur via Kommentar in Streaming-Diensten, nicht aber via Audio möglich ist.«, *so* Saskia Kaufhold, Beraterin für Digitale Kommunikation, im Magazin *SocialHub*.

Zu manchen Clubhouse-Livegesprächen schalteten sich anfangs mehr als 1.000 Menschen zu, etwa wenn Digitalministerin Dorothee Bär (CSU) mit der Unternehmerin Tijen Onaran, der Journalistin Niddal Salah-Eldin und vielen anderen über das »Diversity Jahr 2021« diskutierte. Vor allem bei Medienmenschen, Influencern und der Startup-Szene boomte die Audio-App: Ob Rezo, Thomas Gottschalk, Dunja Hayali oder Manuela Schwesig – sie alle gingen zum verbalen Clubbing, um in erster Linie über politische und gesellschaftliche Themen zu diskutieren. Heute ist der Clubhouse-Hype allerdings schon wieder etwas abgeflacht.

Wie funktioniert Clubhouse?

- Mitglieder benötigten zu Beginn der Clubhouse-Ära ein iPhone – die App wurde nur für Apple angeboten. Inzwischen hat sich Clubhouse auch für Android geöffnet.

- Der Audio-Club will dennoch exklusiv bleiben und nicht alle reinlassen. Das Erfolgsprinzip: künstliche Verknappung. Wer mitmachen will, muss von einem aktiven Clubhouse-Nutzer eingeladen werden. Jedes Mitglied bekommt in regelmäßigen Abständen »Invites«, die an Freunde und Bekannte verschickt werden dürfen. (In der ersten Clubhouse-Euphorie boten Social-Audio-Begeisterte auf eBay bis zu 200 € für eine Einladung.)

- Auf dieser Plattform gibt es verschiedene Themen-»Räume«, in denen diskutiert wird. Der User kann bei jedem »Raum« beitreten und sich aktiv am Gespräch beteiligen oder selbst einen »Raum« eröffnen.

- Es gibt hier keine Kommentare, keine Likes, nur Stimme.

- Wie in jedem Club gibt es auch hier Regeln: Man darf etwa nicht einfach drauflosreden, sondern muss sich von der Moderatorin oder dem Moderator per virtuellem Handzeichen eine Redeerlaubnis holen. Die »Hosts« solcher »Rooms« können also entscheiden, welche Teilnehmenden selbst sprechen können und welche nur zuhören dürfen. Und sie können Speaker auch lautlos stellen, wenn diese Unfug reden oder ausfällig werden. Aber solche Sanktionen sind meist nicht nötig: Auf Clubhouse herrscht eine weit bessere Diskussionskultur als auf anderen Kanälen.

- Über die Suchfunktion der App kann man einzelne Personen oder Clubs (zu bestimmten Themengruppen) finden. Es gibt unter anderem Talks über *Wissen*, *Weltgeschehen*, *Technologie*, *Kunst*, *Sport*, *Unterhaltung* und *Abhängen*.

- Es gilt das freie Wort. Zu den allgemeinen Geschäftsbedingungen gehört aber, dass man Gesagtes nicht zitieren darf und ungefragtes Mitschneiden verboten ist. Darauf sollten sich Nutzerinnen und Nutzer lieber nicht verlassen: Thüringens Ministerpräsident Bodo Ramelow gestand in einem Clubhouse-Chat, dass er die Bundeskanzlerin spöttisch »Merkelchen« nenne und in den Corona-Konferenzen »Candy Crush« spiele. Die »Welt am Sonntag« berichtete darüber. So gut wie alle Medien zogen nach. Die Empörung war riesig. Kleinlaut musste sich der Linken-Politiker entschuldigen.

> ■ Gleich bei der Anmeldung fragt Clubhouse die User nach dem Zugriff auf deren Kontakte. So sollen die Nutzerinnen und Nutzer Bekannte schneller bei der App finden können. Nicht zuletzt deshalb ist Clubhouse bei Datenschützern sehr umstritten. Kleiner Tipp: Man kann den Zugang zum Adressbuch bei der Anmeldung verweigern – was wir ausdrücklich empfehlen.

Macht es Sinn, wenn ich als Behörde auf Clubhouse bin? Wir meinen: derzeit nicht unbedingt. Clubhouse ist, wie bereits erwähnt, ein elitärer Zirkel: Laut einer Civey-Umfrage haben gerade mal 4 % der Deutschen Clubhouse schon einmal benutzt, 50,8 % der Befragten haben noch nie von Clubhouse gehört. Die Begeisterung um die App hat sich abgekühlt. Aber: Große Plattformen wie Twitter oder Facebook haben von Clubhouse abgekupfert und eigene Live-Audio-Talk-Features gestartet. Und hier wird es für Sie als Behörde interessant. Denn Twitter und Facebook haben gigantische Nutzerzahlen. »Killen die Clubhouse-Klone das Original?«, fragt sich der *Deutschlandfunk*.

Twitters Antwort auf Clubhouse lautet »Spaces« – übersetzt »Räume«. Das Raum-Prinzip ist Ihnen schon aus Clubhouse bestens bekannt. Die wichtigsten Merkmale:

- Alle »Spaces« sind öffentlich.
- Nur Twitter-Accounts mit 600 oder mehr Followern können Diskussionsräume öffnen.
- Alle können einem Audio-Talk zuhören,
- mit Emojis reagieren,
- alle gepinnten Tweets und die Untertitel ansehen,
- den Space twittern oder als Direktnachricht verschicken,
- den »Host« um Sprecherlaubnis bitten – oder selbst »Host« werden, indem sie/er einen Space startet.
- Wenn jemand als »Host« einen Space eröffnet, wird das den Followern in der Timeline angezeigt – mit einem lila umkreisten Profilbild des Hosts.
- Als Gastgeberin oder Gastgeber dürfen Sie bis zu elf Speaker zulassen.
- Und wie bei Clubhouse können Sie unangenehme Sprecherinnen und Sprecher entfernen, melden oder blockieren.
- Wenn Sie sich mit einem von Ihnen blockierten User in einem Raum befinden, werden Sie gewarnt.
- Der große Unterschied: Twitter Spaces ist weniger exklusiv und elitär als Clubhouse. Die Räume stehen allen Twitter-Nutzer*innen offen – ohne Einladung.
- Spaces ist als Teil von Twitter von Beginn an für iOS- und Android-Geräte verfügbar.

Auch Facebook macht Clubhouse mit einem Social-Audio-Angebot Konkurrenz: Mit »Hotline« bietet das Unternehmen allen 2,5 Milliarden Usern schon bald »Live-Audio-Räume«, Audiotools (»*ein Soundstudio in der Tasche*«) und »Soundbites« (damit können kleine Audio-Clips erstellt werden). Expertin Saskia Kaufhold schreibt im »SocialHub Mag«[8]:

> *»Audio-Funktionen verlangen auch nach neuen Fähigkeiten: Wo früher das Konzipieren, Schreiben und ggf. noch grafische Erstellen von Inhalten für Social-Media-Manger*innen wichtig war, kommt im Zuge von Audio-Formaten neue Kompetenzfelder hinzu. Durch Sprech- und Moderationstrainings können sowohl Live Talks als auch aufgezeichnete Formate gesteuert werden. (...) Kurzum: Wer im Bereich Social Media aktiv ist, kommt an Social Audio und entsprechenden Kompetenzen nicht vorbei.«*

Ihre Conclusio: »Social Media wird mit und durch Audio weiterwachsen.«

---

8 Ausgabe 15

Kapitel 13

Trockene Behörden-Themen spannend erzählen

Es steht außer Frage, dass Behörden-Informationen für viele Menschen relevant und interessant sind. Doch nicht alle Ämter posten zielgruppengerecht. Für Ihren Erfolg auf Social Media spielen die konkrete Auswahl, Planung und Aufbereitung von Inhalten eine entscheidende Rolle.

Erst wenn Sie herausgefunden haben, warum Sie eigentlich in den sozialen Medien sind und wen Sie dort ansprechen möchten, sollten Sie sich mit den Inhalten beschäftigen. Für Ihre Social-Media-Strategie brauchen Sie zumindest eine inhaltliche Grobplanung, die das Social-Media-Team im Arbeitsalltag dann mit der eigenen Kreativität umsetzen kann.

In diesem Kapitel erfahren Sie, welche Ihrer behördlichen Themen und Inhalte Ihre Social-Media-Follower wirklich interessieren. Sie lernen, wie Sie konkret bei der inhaltlichen Planung vorgehen und wie Ihnen ein Redaktionsplan die Arbeit erleichtern kann. Außerdem verraten wir Ihnen, welche multimedialen Schritte Sie gehen müssen, damit aus Ihren Ideen großartige Posts werden.

13.1 Die fünf wichtigsten Social-Media-Formate für Ämter

Wichtig ist an dieser Stelle nun, dass Sie sich im Kopf komplett frei machen von Ihren Pressemitteilungen, dem Kalender der Ministerin oder des Landrats und auch von Ihrer Website. Es ist *kein* Automatismus, auf Social Media Inhalte zu posten, nur weil es sie gibt oder Sie diese auch auf anderen Kanälen veröffentlichen. Also: weg vom Verlautbarungsstil!

Wechseln Sie stattdessen die Perspektive und fühlen Sie sich in die Menschen hinein, die Sie vorher als Ihre Zielgruppe und Wunsch-Community erkannt haben. Fragen Sie sich: *Was möchten diese Menschen eigentlich von mir wissen?* Wahrscheinlich nicht, wen Ihre Behördenleitung gestern getroffen hat. Seien wir mal ehrlich:

Bürgerinnen und Bürger möchten, dass der Staat für sie da ist und sorgt, für sie Probleme löst. Die Behörden sollen aus Sicht des Bürgers einfach ihren Job machen und ansonsten möglichst wenig nerven. Wer mag es schon, neben dem stressigen Berufs- und Familienalltag eine Steuererklärung abzugeben oder wegen eines neuen Personalausweises persönlich im Amt vorsprechen zu müssen und dort die Wartenummer 97 zu ziehen?

Abbildung 13.1 In der Corona-Krise interessierte es die Bürgerinnen und Bürger der Stadt Celle zweifellos, wo sie einen kostenlosen Schnelltest bekommen konnten. Wichtig: Posten Sie nicht nur einen Link (nicht jeder hat Zeit und Lust, extra noch eine Website aufzurufen), sondern formulieren Sie auch einen aussagekräftigen Posting-Text.

Genau hier können Sie ansetzen und sich fragen: Mit welchen Inhalten kann ich meinen Zielgruppen das Leben ein kleines bisschen leichter machen? Vielleicht mit einem konkreten Tipp, dass man sein Kfz-Wunschkennzeichen nun endlich auch online reservieren kann. Oder Sie empfehlen eine Behörden-App, mit der man Störungen unbürokratisch ans Ordnungsamt melden kann. Bürgerinnen und Bürger freuen sich in der Regel auch über gesunkene Müllgebühren, erweiterte Telefonzeiten des Rathauses und Ratgeber-Content, wie Eltern beispielsweise einen Kita-Platz für ihre Kinder finden. Wir nennen dieses Format »konkrete Hilfs- und Service-Angebote«. In aller Regel ist solcher Content für Ihre Community interessant und hilfreich. Beispiele finden Sie in den Abbildung 13.1 und Abbildung 13.2.

Ebenfalls beliebt bei jeder Community sind »Lernbeiträge« *mit Erklärungen und Erläuterungen*. Zu den beliebtesten Fernsehsendungen gehören nicht umsonst seit Jahrzehnten jene, die den »Hey, das wusste ich ja noch gar nicht!«-Effekt hervorrufen, von der »Sendung mit der Maus« bis hin zu »Planet Wissen«. Wenn Sie es schaffen, Ihren Content in Wissenshappen zu verpacken, dann wird er bei Ihrer Community ankommen.

Abbildung 13.2 Diese Info-Grafik postete das Bundeskriminalamt am Valentinstag auf seiner Facebook-Seite. Das Amt griff geschickt einen aktuellen Anlass auf, mit dem sich die Community an diesem Tag ohnehin beschäftigte, und verknüpfte ihn mit einem sinnvollen Service-Angebot.

»Lernbeiträge« werden unter anderem in der behördlichen Personalgewinnung über Social Media genutzt. Abbildung 13.3 zeigt ein Best-Practice-Beispiel der Bundeswehr.

Sie können »Lernbeiträge« aber auch nutzen, um Ihren Fans und Followern Behördenhandeln näher zu bringen – und somit ihr Vertrauen in Sie zu stärken. Ein gelungenes Beispiel der Polizei Hamburg findet sich in Abbildung 13.4.

Album Iglubau bei den Gebirgsjägern

Bundeswehr hat 7 neue Fotos hinzugefügt.   ...
9. Februar um 14:22 · ☉

Große Höhen, steile Hänge und oftmals jede Menge Schnee – das ist das gewohnte Arbeitsumfeld unserer Gebirgsjäger. Die Soldaten werden im schwierigen bis extremen Gelände und unter extremen Klima- und Wetterbedingungen eingesetzt. Um sich in der Nacht der Kälte zu entziehen, nutzen sie den vorhandenen Schnee und bauen sich ein Iglu. Für den Bau solch einer Behausung wird Zeit und viel Schnee benötigt, doch am Ende steht eine schwer aufklärbare und "warme" Unterkunft.

Mehr zum Iglubau unserer Gebirgsjäger erfahrt ihr hier:
https://www.bundeswehr.de/.../akt.../haus-aus-schnee-5025470

(Fotos: #Bundeswehr / Maximilian Schulz)

+4

👍❤️😮 2.137   77 Kommentare 97 Mal geteilt

Abbildung 13.3 Wer der Bundeswehr in sozialen Netzwerken folgt, lernt eine Menge über den Alltag der Soldatinnen und Soldaten. Über Posts wie diesen lässt sich das eigene Interesse an einem Job bei den Streitkräften ausloten oder wecken.

Wenn man bei Ihnen etwas Interessantes lernen kann – wie beispielsweise beim Bundesamt für Sicherheit in der Informationstechnik (Abbildung 13.5) – wird man Ihnen gerne folgen!

Abbildung 13.4 Was machen eigentlich Polizistinnen und Polizisten, die für den Jugendschutz zuständig sind? Hier wird's erklärt – und über das Bild erfährt man, dass diese Gesetzeshüter in Zivil unterwegs sind.

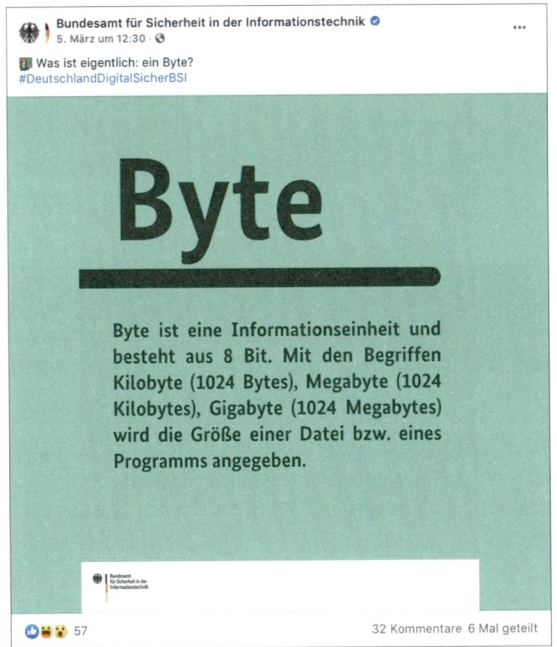

Abbildung 13.5 Hätten Sie's gewusst? »Lernbeitrag« des Bundesamts für Sicherheit in der Informationstechnik (BSI) auf Facebook

Ein weiteres Format, das auf Social Media funktioniert, sind *Informationen, die Ihre Community dringend braucht*. Das bedeutet: Inhalte, die nur *Sie* wichtig finden – beispielsweise der Behördenleiter-Termin oder der Projekt-Abschlussbericht – gehören hier nicht hinein. Denken Sie aus der Perspektive Ihrer Community und schauen Sie auch aufs Tagesgeschehen. In der Corona-Krise waren natürlich aktuelle Infos rund um die Pandemie und die Eindämmungsmaßnahmen besonders gefragt. Abseits großer Krisen sollte die Community etwa über Bombenfunde und -entschärfungen (ein Beispiel findet sich in Abbildung 13.6), aber auch über Baumaßnahmen und Straßensperrungen informiert sein.

Abbildung 13.6 Bomben aus dem Zweiten Weltkrieg werden in deutschen Städten mehrmals jährlich gefunden. Zwecks Entschärfung müssen manchmal ganze Straßenzüge evakuiert werden. Die betroffenen Städte nutzen unter anderem Social Media, um die Bevölkerung zu informieren.

Ein weiteres Format, das wir Ihnen ans Herz legen möchten: *Menschen und ihre Geschichten*. An dieser Stelle können und sollten Sie sich vom Journalismus inspirieren lassen. Das heißt *nicht*, dass Sie als Behörde journalistisch arbeiten (sollen) – sondern dass Social-Media-Verantwortliche in einer Behörde die Kunst des Storytellings beherrschen müssen, um Ihre Zielgruppen zu erreichen. Weiter unten geben wir Ihnen wichtige »Storytelling für Behörden«-Basics an die Hand.

Hier möchten wir zunächst mit einem Beispiel beginnen. Nehmen wir an, Sie sind ein für Verkehr zuständiges Ministerium. Anlässlich des Weihnachtsfestes möchten Sie Ihre Social-Media-Kanäle nutzen, um sich bei Lokführern, Piloten, Straßenbahn- und Busfahrern zu bedanken, die an den Feiertagen im Dienst sind. Sie möchten, dass Ihr Beitrag von diesen Berufsgruppen, aber auch von Menschen gelesen wird, die an den Festtagen von A nach B wollen. Ihr Ziel ist eine Steigerung der allgemeinen Wertschätzung gegenüber den Menschen, die den Verkehr am Laufen halten. Das könnten Sie nun tun, indem Sie ein Dankes-Statement Ihrer Ministerin oder Ihres Ministers auf eine Zitat-Kachel setzen und auf all ihren Kanälen posten. Doch würde das irgendjemanden außer den betroffenen Mitarbeitenden berühren – oder gar bewusstseinsverändernd wirken? Ganz bestimmt nicht! Sie könnten alternativ auch einen eigenen Text schreiben und Fakten nennen (»Wir sagen Danke an 14.000 Lokführerinnen und Lokführer …«), vielleicht ein Foto dazu posten. Einige Solidaritäts-Likes wären Ihnen sicher, dennoch würde der ganz große Effekt ausbleiben, da das an Weihnachten arbeitende Personal letztlich anonym und für Ihre Zielgruppen wenig greifbar bliebe.

Viel besser wäre es doch, es wie das BMVI zu machen! Kurz vor Weihnachten 2018 postete das Bundesverkehrsministerium einen kleinen Film, in dem eine Tram-Fahrerin, eine Flugbegleiterin, ein Pilot und ein Binnenschifffahrer erzählen, wie es sich anfühlt, an Heiligabend zu arbeiten. Alle Protagonisten wurden für den Dreh an ihrem Arbeitsplatz besucht. Der Pilot erzählt in dem Video, wie die Belegschaft zusammen feiert. Sein Kollege vom Schiff erzählt etwas traurig, dass er »nun mal in eine Schifferfamilie eingeheiratet hat« – und sich an familienunfreundliche Arbeitszeiten gewöhnt hat. Die Tram-Fahrerin erinnert sich strahlend daran, dass ihr Mann und ihre Kinder einmal an Heiligabend zur Bahn kam und eine Runde mitfuhren. Es sind Geschichten, die im Gedächtnis haften bleiben und echtes Verständnis wecken. Besonders schön an dem Video ist, dass der Minister eine äußerst zurückhaltende Rolle einnimmt. Erst ganz am Ende des Beitrags, als er sich bedankt, ist er von vorne zu sehen. Die Stars des Kurzfilms sind eindeutig die Menschen hinterm Steuer.

Musste das Ministerium sich für dieses perfekte Storytelling-Beispiel in hohe Unkosten stürzen? Nein! Das professionell anmutende Video (Abbildung 13.7) drehten und schnitten zwei BMVI-Mitarbeitende ganz ohne die Hilfe einer Agentur. Wurde es mit viel Liebe gemacht? Ja!

Falls Sie jetzt argumentieren möchten, dass Sie nun mal eine kleine Kommune ohne Video-Profis im eigenen Team sind und deshalb Ihre Inhalte nicht so aufwendig aufbereiten können … dann lassen wir das auf keinen Fall gelten! Das beschriebene

Beispiel ließe sich nämlich auch umsetzen, indem eine Social-Media-Verantwortliche spontan durch die Stadt läuft und Mitarbeitende und Fahrgäste für eine entsprechende Instagram-Story anfragt und anschließend filmt. Dazu braucht es nicht mehr als ein Smartphone und ein paar Stunden Zeit. Trotzdem gibt es noch viel zu wenig solcher Beispiele aus Ämtern.

Sie sind sogar mal mit zur Trambahn gekommen

Abbildung 13.7 Im Weihnachtsvideo 2018 des Bundesministeriums für Verkehr und digitale Infrastruktur hielt sich der Minister im Hintergrund und ließ stattdessen Menschen zu Wort kommen, die an den Feiertagen Busse, Bahnen, Flugzeuge und Schiffe steuern. Das Video ist unter www.youtube.com/watch?v=Ll4EqmDfyvI abrufbar.

Nehmen wir an, eine kassenärztliche Vereinigung möchte auf ihren Social-Media-Kanälen den Ärztinnen- und Ärzte-Mangel auf dem Land thematisieren. Das *könnte* man mit Daten und Fakten abhandeln oder indem man in Verwaltungssprache auf Fördermöglichkeiten hinweist. *Oder* indem man eine Landärztin erzählen lässt, wo die Vor- und Nachteile ihres Jobs liegen – und warum sie sich entschieden hat, selbst eine Dorfpraxis zu eröffnen! Was wird angehende Medizinerinnen und Mediziner, die vor einer entsprechenden Entscheidung stehen, wohl mehr ansprechen und berühren? Eben.

»Nichts interessiert den Menschen so sehr wie der Mensch«, wusste der Jahrhundert-Journalist Claus Jacobi zu berichten (seine Schreibtipps finden Sie in Abschnitt 12.4). Wir stimmen ihm zu. Echte Menschen, die authentisch rüberkommen, sind auf Social Media ein Erfolgsgarant. Je nahbarer, desto besser. Logisch, denn gerade soziale Medien sind auf menschliche Kontakte ausgerichtet. Wenn in Plakatkampagnen und Wahlwerbung schon nichts ohne Menschen geht, dann erst recht nicht in Social Media.

Das können übrigens auch sehr gut Ihre eigenen Mitarbeitenden sein! Porträtieren Sie als Amt unbedingt Ihre eigenen Kolleginnen und Kollegen in den sozialen Netzwerken. Lassen Sie sie erzählen, wie sie konkret das Leben der Menschen verbessern, warum sie ihren Job mit Leidenschaft machen, was sie im Lauf der Jahre Spannendes erlebt haben. So können Sie am besten vermitteln, was Ihr Amt alles leistet. Ein weiteres Best-Practice-Beispiel aus dem BMVI: In der sehenswerten Video-Reihe *Menschen@BMVI* stellt das Haus Mitarbeiterinnen und Mitarbeiter in den Mittelpunkt (einschließlich der nachgeordneten Behörden hat das BMVI rund 25.000 Beschäftigte). Der User sieht hinter die Kulissen, ob bei der Flugsicherung, beim Deutschen Wetterdienst oder beim Eisenbahn-Bundesamt. In der Folge »Der Krisenmanager«[1] erklärt beispielsweise der BMVI-Beamte Thomas Kaser, wie die Arbeit im Krisenstab eines Ministeriums läuft: Was ist zu tun, wenn eine weltweite Pandemie ausbricht und Reisende aus fernen Ländern zurückgeholt werden müssen? Oder welche Maßnahmen im Verkehr braucht es, wenn ein schwerer Sturm aufzieht?

Ganz wichtig: Die porträtierten Behörden-Mitarbeiter sollten authentisch und möglichst natürlich rüberkommen. Wenn jemand einen auswendig gelernten Text runterleiert, wirkt das gekünstelt und wenig glaubwürdig. Drehen Sie also nicht das dreitausendste Azubi-Video, in dem schüchterne Teenager versichern, ihre Ausbildung in der Verwaltung sei ja so »vielfältig«. Lassen Sie sich etwas Besseres einfallen! Ein Lieblingsbeispiel von uns liefert das Land Schleswig-Holstein (siehe Kapitel 20, »Land Schleswig-Holstein: Azubis als Instagram-Stars«).

Wie Sie Kolleginnen und Kollegen finden, die Ihre Behörde auf Facebook, Instagram und Co. präsentieren wollen? Sprechen Sie die Menschen, die offensichtlich für ihren Job brennen, direkt an. In vielen Behörden sind Beschäftigte privat erfolgreich auf Social Media unterwegs. Viele von ihnen sind geborene Corporate Influencer. Eine große Hilfe kann in diesem Fall die Behördenleitung sein: Wenn die Chefs an die verschiedenen Abteilungen und Fachreferate appellieren, eine Video-Serie über die menschliche Seite der Behörde zu unterstützen, melden sich ganz bestimmt viele, die mitmachen wollen. Und wenn die ersten Folgen gut ankommen, kommen zahlreiche Interessierte von ganz allein auf Sie zu. Unsere Erfahrung: Etwa ein Drittel der Behörden-Mitarbeitenden ist für solche Auftritte offen.

Falls Sie für Ihre Behörde Personal suchen, gewinnen Sie das Interesse von potenziellen Bewerbern tatsächlich am ehesten, wenn Sie Ihre Beschäftigten zeigen – oder sie selbst erzählen lassen. Beispiele: Eine Polizistin spricht per Video von einem Einsatz, der sie bewegt hat. Ein Soldat erklärt (nicht ohne Begeisterung), wie Großgeräte funktionieren. Eine Jobcenter-Beraterin verrät, wie sie jemanden nach jahrelanger Arbeitszeit in einen Job vermittelt hat. In Christiane Germanns Zeit im Bundesamt für Migration und Flüchtlinge kamen Facebook-Beiträge, in denen Asyl-Entscheider Einblicke in ihren außergewöhnlichen Job gaben (Beispiel: Wie läuft eine Asyl-Anhörung ab?), besonders gut an.

---

1   *https://www.youtube.com/watch?v=LaQIq7Wv0YU*

Eine trocken formulierte Stellenanzeige (»Wir suchen Sachbearbeiter«) langweilt dagegen Ihre Follower und potenziellen Bewerberinnen und Bewerber. Ein besonders abschreckendes Beispiel findet sich in Abbildung 13.8.

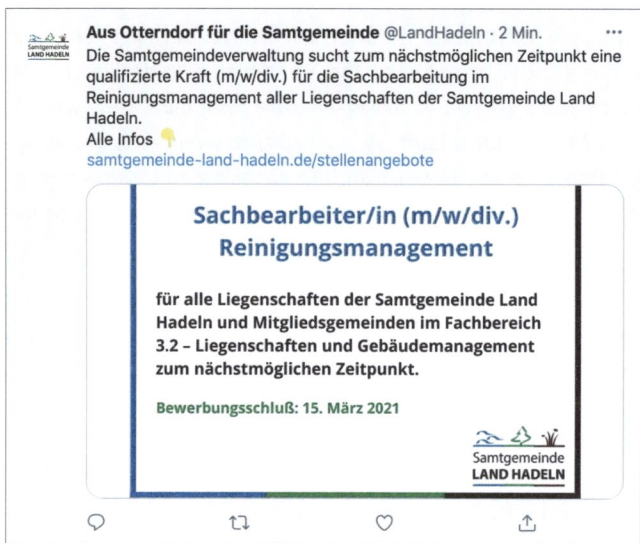

Abbildung 13.8 Trockener und »behördiger« als hier die Samtgemeinde Land Hadeln kann man eine Stellenanzeige auf Twitter nicht formulieren.

Kommen wir abschließend zu noch einem wichtigen Format, das wir Ihnen empfehlen: *Emotionale Inhalte.* In diese Kategorie fällt alles, was Ihren Fans und Followern ein Lächeln auf die Lippen zaubert, was sie zum Nachdenken oder Lachen bringt oder sie wütend macht. »Ist das wirklich unser Job?« mag sich der ein oder andere ältere Behörden-Kommunikator fragen. Wir sagen: Ja – denn emotionale Themen und Formulierungen auf behördlichen Social-Media-Kanälen erfüllen keinen Selbstzweck. Sie sind ernsthafte und zweckgerichtete Kommunikation!

Warum das so ist, erklären wir Ihnen anhand der alljährlichen Twitter-Kampagne der Polizei München zum Oktoberfest (Beispiel: Abbildung 13.9): Zum »Wiesn«-Beginn veröffentlicht das Social-Media-Team jedes Mal eine Ansammlung von Anekdoten über skurrile Einsätze. Es geht um Festnahmen, Verwarnungen, Prävention und Lage-Einschätzungen – ein Tweet ist witziger als der andere. Der zugehörige Hashtag #*Wiesnwache* hat in der bayerischen Hauptstadt und weit darüber hinaus Kultstatus.

Warum die Polizeibehörde originell twittert? Marcus da Gloria Martins, bis vor kurzem ihr Pressesprecher und Social-Media-Chef, erklärte es in einem TED-Talk[2] so:

---

2   Zu finden unter: *https://www.youtube.com/watch?v=c7vlheR5gSA*

»2016 und 2017 hatten viele Menschen Angst, auf das Oktoberfest zu kommen. Sie befürchteten Anschläge oder Amokläufe. Aus dieser Situation heraus starteten wir die Twitter-Kampagne #Wiesnwache, die wir seither jedes Jahr durchführen. Indem wir witzig über das Oktoberfest schreiben und Humor zeigen, signalisieren wir: Es ist kein gefährlicher Ort. Die Polizei würde schließlich nicht humorvoll schreiben, wenn sie glaubte, dass jeden Moment ein Terrorist auftaucht. Gleichwohl ist das Oktoberfest anfällig für die Phänomene Taschendiebstahl und Körperverletzung sowie auch für Sexualdelikte. Das machen wir aktiv zum Thema. Wir formulieren die Tweets zwar lustig, aber sie haben eine klare Botschaft: Die Polizei ist auf der Wiesn sehr präsent, wir ahnden jedes Delikt, man kann sich sicher fühlen.«

Abbildung 13.9 Unter dem Hashtag #Wiesnwache begleitet die Polizei München jedes Jahr das Oktoberfest mit witzig anmutenden Tweets.

Und warum zieht die Polizei die Humor-Karte – und berichtet auf Social Media nicht einfach ganz neutral vom größten Volksfest?

Marcus da Gloria Martins erklärt:

»Digitale Kommunikation bringt nun mal neue Formate mit sich«, »Was bringen uns ein wertvoller Inhalt, gut gemeinte Botschaften, wertvolle Hinweise für Ihre Sicherheit, wenn wir die Reichweite nicht haben? Social Media funktioniert nur mit Emotionen. Deshalb müssen wir auch regelmäßig diesen sehr schmalen Weg des Humors gehen, bei dem wir der Organisation Polizei treu bleiben und eine eigene Interpretation von Leichtigkeit finden, die aber trotzdem dazu führt, dass unsere Inhalte gemocht werden.«

Abbildung 13.10 Die Polizei München zeigt kommunikativ
klare Kante gegen Sexualdelikte auf dem Oktoberfest.

Nicht nur die Münchner, sondern auch andere Polizeibehörden sind ganz vorne mit
dabei, wenn es um Emotionen auf Social Media geht – ein schönes Beispiel aus Berlin findet sich in Abbildung 13.11.

Abbildung 13.11 Welches Kind möchte nicht mal Polizist*in sein?
Für den krebskranken Ben wurde der Traum wahr – und die Polizei
teilte die berührende Geschichte mit ihren Facebook-Fans.

Oftmals schauen die Social-Media-Teams in Kommunen, Fachbehörden und Ministerien neidisch auf Polizeibehörden und sagen: »Die haben es ja leicht! Die können schicke Uniformen, Polizeiwagen, gerettete Tiere und gefundenes Diebesgut zeigen. Aber unsere Behörde hat leider nicht so spannende Motive.« Das ist jedoch nur auf den allerersten Blick richtig. Ausnahmslos *jede* Behörde hat spannende Inhalte – inklusive Möglichkeiten, sie auf Social Media ansprechend zu präsentieren.

In jeder Kommune lassen sich Motive für emotionale Inhalte finden. Ein Foto oder Video von einem Sonnenaufgang über dem Stadtschloss oder ein Sonnenuntergang aus heute dieser und morgen jener Perspektive – solche Sujets sind auf Instagram, Facebook und Co. immens beliebt und sollten von Ihnen als Stadt, Gemeinde oder Landkreis jenseits des Tourismus gerade auch dann genutzt werden, wenn Sie Ihre Einwohnerinnen und Einwohner als Zielgruppe definiert haben. Gut fotografierte oder gefilmte Momentaufnahmen aus Ihrer Kommune stärken die (emotionale) Bindung an den eigenen Wohnort – und gleichzeitig an die Verwaltung als Absenderin! Es gibt unzählige Möglichkeiten, die eigene Kommune als Content-Lieferanten für Ihre Social-Media-Kanäle zu nutzen. Hier nur einige Beispiele:

- *Jahreszeiten und Wetter*: Erstellen Sie einen Vorrat an Winter-, Frühjahrs-, Sommer und Herbstbildern und -videos (mit charakteristischen Merkmalen wie Schnee oder roten Blättern), die Sie passend immer wieder posten können. Auch Wetter-Bilder kommen gut an: Ihre Fußgängerzonen-Beleuchtung, die sich gerade kunstvoll in einer Pfütze spiegelt. Ihr Kirchturm, der aus dem Nebel ragt. Menschen, die auf dem zugefrorenen Fluss herumlaufen (sofern erlaubt) und vieles mehr (ein ästhetisches Beispiel findet sich in Abbildung 13.12). Wenn wir auf die Facebook-Seiten wirklich hübscher Kommunen schauen, wundert uns, wie langweilig sich diese dort präsentieren – weil die schönen Bilder aus der eigenen Stadt fehlen. Ändern Sie dies! Schicken Sie mindestens viermal pro Jahr einen Fotografen los. Wenn Sie wenig Budget haben, suchen Sie in der eigenen Belegschaft nach talentierten Hobby-Fotografen und Instagramern und setzen Sie diese ein. Natürlich können Sie auch Ihre Follower bitten, Ihnen Fotos zu schicken, die Stadt Nürnberg tut dies seit Jahren erfolgreich (näheres in Kapitel 22, »Stadt Nürnberg: Die Foto-Community«).

- *Besonderheiten und Kuriositäten*: Haben Sie in Ihrem Stadtgebiet ein Schloss, einen Dom, einen Fluss oder besonders schöne Fachwerkhäuser? Sind Sie bekannt für Ihren Weihnachtsmarkt, ein bestimmtes Gericht, ein Gewerbe oder einen bestimmten Brauch? Nutzen Sie *Ihre* Besonderheiten als roten Faden für die emotionale Social-Media-Kommunikation!

- *Archivbilder*: War früher nicht alles besser? Sicherlich nicht, doch die Menschen lieben es, in die Vergangenheit zu reisen. Stöbern Sie in Ihrem Stadtarchiv und posten Sie regelmäßig, wie es bei Ihnen früher aussah! Sie werden mit nostalgischen Kommentaren Ihrer Follower belohnt werden (»Das war früher mein Arbeitsweg!«, »Damals war in dem Gebäude noch der Fleischer …«). Fordern Sie Ihre Follower dann gerne auch mit Rätseln heraus (»In welcher Straße stand dieses Haus? Auflösung folgt!«).

Abbildung 13.12 Die Bindung zum eigenen Wohnort ist eine Emotion, die Sie als Kommune oder Landkreis auf Social Media gut ansprechen können – beispielsweise mit richtig guten Fotos von Natur und Wetter vor Ort. Das funktioniert sogar auf Twitter!

Doch was ist, wenn Sie eine Fachbehörde sind – und Ihr Thema trocken oder (vermeintlich) optisch nicht umzusetzen ist? In dem Fall kommt es ganz besonders auf Ihre Kreativität an!

Nehmen wir an, Sie sind ein Studentenwerk (Anstalt des öffentlichen Rechts) und zuständig für Uni-Mensen, den Betrieb von Studentenwohnheimen und die Gewährung von BAföG. Anders als Universitäten, die ebenfalls in sozialen Netzwerken aktiv sind, können Sie weder mit einem Campusgelände noch mit Inhalten aus den Studiengängen glänzen, denn dafür sind Sie nicht zuständig. Ihre Wohnheime finden Sie nicht uneingeschränkt vorzeigbar. Was also tun? Sie können das *eine* Element suchen, mit dem Ihre Zielgruppe Emotionen verbindet. In unserem Beispiel bietet sich das Thema »Mensa-Essen« an: ein tägliches Bedürfnis, Gesprächsthema und auch mal Ärgernis jedes und jeder Studierenden! Fotografieren Sie doch jeden Tag eine Mensa-Mahlzeit und gestalten Sie auf diese Weise ein witziges Fotoalbum für Instagram. Nehmen Sie Influencer aufs Korn, die ihr Essen in den sozialen Netzwerken immer besonders hübsch inszenieren. Fordern Sie die Fans und Follower auf, das Essen zu bewerten und Vorschläge zu machen. Lassen Sie die Studierenden selbst Fotos machen – sowohl in der Mensa als auch in ihrer eigenen Küche. Fragen Sie nach Erfahrungen aus der Corona-Krise, als Restaurants und Cafés geschlossen waren und man sich öfter selbst etwas kochen musste. Sammeln Sie Rezepte und Ideen und drucken Sie am Ende ein Studi-Kochbuch. Studentenwerke dürfen unsere Idee übrigens gerne klauen.

Sie sehen: Es gibt viele Möglichkeiten, Emotionen kreativ für die Social-Media-Kommunikation zu nutzen. Wir behaupten: *Jede* Behörde kann emotional sein! Was Marcus da Gloria Martins oben als »schmalen Grat« beschrieb, bedeutet: Sie müssen es schaffen, als Behörde emotional zu sein und trotzdem immer seriös zu bleiben. Dass das möglich ist, beweisen zahlreiche Ämter mit guten Social-Media-Teams und/oder Dienstleistern. Ohne Emotionen dagegen *kann* Ihre Social-Media-Kommunikation nicht erfolgreich sein.

Abschließend noch mal alle fünf Formate im Überblick. Unsere klare Empfehlung: *Jeder* Ihrer Beiträge sollte in *mindestens eine* der fünf Format-Kategorien passen. Falls Ihr geplanter Post sich in der Liste nicht wiederfindet, ist er in der Regel *nicht* interessant für Ihre Fans und Follower! Halten Sie sich also möglichst eng an die Liste, wenn Sie als Amt in den sozialen Medien erfolgreich sein wollen.

Die fünf wichtigsten Social-Media-Formate für Ämter

- Konkrete Hilfs- und Service-Angebote
- »Lernbeiträge« mit Erklärungen und Erläuterungen
- Informationen, die Ihre Community dringend braucht
- Menschen und ihre Geschichten
- Emotionale Inhalte

13.2 Wie ich Inhalte finde, die unsere Follower begeistern

Wie sieht eine gute inhaltliche Planung Ihrer Social-Media-Kommunikation nun konkret aus?

Wichtig ist zunächst, dass Sie sich Folgendes bewusst machen: *Ihr Social-Media-Inhalt muss nicht neu sein.* Würde man Social Media mit klassischen Medien vergleichen, dann wären sie keine Tageszeitung, sondern ein Magazin. Wenn gerade das Wochenende vor der Tür steht, ist eine Übersicht über alle Museen mit Öffnungszeiten für Ihre Community interessant – auch, wenn es die Einrichtungen schon lange gibt. Jemand aus Ihrer Stadtbibliothek könnte per Video ein schönes Wochenende wünschen – und die Follower fragen, welche Bücher sie an ihren freien Tagen lesen werden. Die meisten Behörden-Themen sind *immer* aktuell – von der leidigen Suche nach dem Kita-Platz bis hin zu den wichtigsten Notruf-Telefonnummern. Diese Themen können und *sollen* Sie sogar regelmäßig wiederholen! Social-Media-Communities wachsen ständig und es wird immer Menschen geben, die Ihre bisherigen Posts zum gleichen Thema noch nicht gesehen haben. Ein etwas anderer Text, ein neues Bild oder Video – und Sie können Ihre »Dauerbrenner-Inhalte« immer wieder recyceln. Das gilt vor allem dann, wenn Sie merken, dass das Thema beim letzten Mal eine hohe Reichweite hatte oder positive Rückmeldungen ausgelöst hat. Machen Sie sich am besten gleich zu Beginn dieses Kapitels eine Liste mit interessanten »Dauerbrenner-Inhalten« *Ihrer* Behörde.

Bei den meisten Behörden gibt es *auch* aktuelle Inhalte, die wichtig und relevant für Social Media sind. Das kann eine politische Neuigkeit sein, eine Straßensperrung, der Hinweis auf ein Stadtfest oder ein bevorstehender Feiertag. Idealerweise haben Sie Ihr Ohr nahe an der Community und greifen spontan und flexibel Themen auf, die dort diskutiert werden. Aktuelle Inhalte haben selbstredend *immer* Platz auf Ihren Social-Media-Präsenzen. Wie hoch ihr Anteil ist, hängt von der Behörde und der jeweiligen Community ab.

In vielen Behörden bleibt jedoch nach Abzug der relevanten aktuellen Inhalte noch viel Platz im Redaktionsplan. Wir verraten, wie Sie ihn füllen können! Das Geheimnis lautet: Denken Sie in *Themen* statt in »Verlautbarungen«. Nehmen wir an, die Weihnachtszeit beginnt. In den meisten Städten gibt es einen oder mehrere Weihnachtsbäume, die zentral (etwa auf dem Marktplatz) aufgebaut werden. Ende November eröffnen die Weihnachtsmärkte. Sind Sie nun ein kommunales Social-Media-Team, werden Sie sicher Bilder vom Aufstellen des Weihnachtsbaums zeigen oder eine Instagram-Story drehen, und bestimmt werden Sie auch von der Weihnachtsmarkt-Eröffnung berichten. So weit, so gut und relevant. Doch was könnte man zu Weihnachtsmärkten, Weihnachtsbäumen oder generell zur Weihnachtszeit sonst noch machen? Die Adventszeit dauert schließlich einen ganzen Monat. Wenden Sie an dieser Stelle die 1-3-9-Methode an! Sie funktioniert wie folgt: Nehmen Sie ein Thema, finden Sie mindestens drei Themen-Aspekte und splitten Sie jeden Themenaspekt noch mal in drei Teile auf. In unserem Weihnachtsbeispiel könnte das wie folgt aussehen:

Weihnachtsbaum	Weihnachtsmarkt	Weihnachtszeit
Aufstellung Weihnachtsbaum auf dem Marktplatz (aktueller Post)	Weihnachtsmarkt-Eröffnung (aktueller Post)	An welchen Tagen hat das Rathaus auf, an welchen geschlossen? Wie ist die telefonische Erreichbarkeit? (Service-Beitrag)

Tabelle 13.1 1-3-9-Methode am Beispiel »Weihnachten«

Weihnachtsbaum	Weihnachtsmarkt	Weihnachtszeit
Weihnachtsbaum daheim aufstellen und schmücken: Anfang Dezember oder erst an Weihnachten? (Umfrage in der Community)	Seit wann gibt es eigentlich Weihnachtsmärkte? (Lernbeitrag mit historischen Fotos)	Zeigt eure Adventskalender! (Foto-/Video-Aktion)
Wie bewässert man einen daheim aufgestellten Weihnachtsbaum richtig? (Lernbeitrag)	Postet/schickt uns eure schönsten Weihnachtsmarkt-Fotos von diesem Jahr! (Aufruf an die Community)	Was unternehmen Menschen anderer Herkunft in unserer Stadt an Weihnachten? (Porträts)

Tabelle 13.1 1-3-9-Methode am Beispiel »Weihnachten« (Forts.)

An dieser Stelle werden nun viele Behördenleiter*innen sagen: Das ist doch keine normale Verwaltungskommunikation! Was geht es uns an, wann die einzelnen Haushalte ihren Weihnachtsbaum aufstellen? Das Prinzip ist jedoch das gleiche wie bei der Polizei München und ihrer #*Wiesnwache*: Als Verwaltung möchten Sie in der Regel erreichen, dass Ihre Bürgerinnen und Bürger Sie wahrnehmen, Ihnen vertrauen und Sie sympathisch finden – vielleicht haben Sie dieses Image-Ziel in Ihrer schriftlichen Strategie sogar explizit festgelegt. Sie erreichen es jedoch nicht, wenn Sie auf Ihren Social-Media-Kanälen nur typische »Verwaltungs-Verlautbarungen« posten. In unserem Weihnachtsbeispiel haben drei Posts konkrete Verwaltungs-Inhalte, der Rest spricht die Menschen lebensnah an, lässt sie interagieren und stärkt so die Beziehung zwischen Ihnen und den Einwohnern. Als Absender bekommen Sie Feedback und Zuspruch, wenn Sie Community-nah posten.

Ein weiteres Beispiel gefällig? Nehmen wir an, Sie sind ein Landkreis, in dem lange Zeit Edelsteine abgebaut wurden. Noch heute gibt es in Ihrem Landkreis viele Menschen, die in der Edelsteinbranche arbeiten, außerdem zieht das Thema Touristen an (die früheren Abbaustätten kann man heute als Museen besichtigen). Ihr Landkreis definiert und vermarktet sich seit jeher als »Edelsteinregion«. Sollten Sie entweder Bürger oder Touristen als Ihre Social-Media-Zielgruppe identifiziert haben, wäre ganz klar, dass das Edelstein-Thema auch in Ihrer Kommunikation eine große Rolle spielen müsste. Auch hier dürften Sie den Blick *nicht* auf Ihre eigenen Zuständigkeiten und entsprechende Verwaltungs-Mitteilungen verengen! Sie müssten sich bewusst machen, dass das gemeinsame Verständnis als Edelstein-Region Ihre Bevölkerung zusammenhält und sie auch emotional an ihren Landkreis bindet. Genau diese Emotionen könnten Sie mit einer passenden Social-Media-Kommunikation prima bedienen! In diesem Fall könnten Sie sich also vornehmen, dass sich das Edelstein-Thema wie ein roter Faden durch Ihre Social-Media-Präsenzen zieht.

Damit Sie lernen, wie man aus einem Thema unzählige interessante Social-Media-Posts machen kann, üben Sie auch hier wieder mit der 1-3-9-Methode. Nehmen Sie gerne vorher eine Web-Recherche vor oder nutzen Sie ein Tool wie »Answer the public«[3], das Ihnen anzeigt, wonach die Menschen in Deutschland besonders häufig bei Google suchen (Abbildung 13.13).

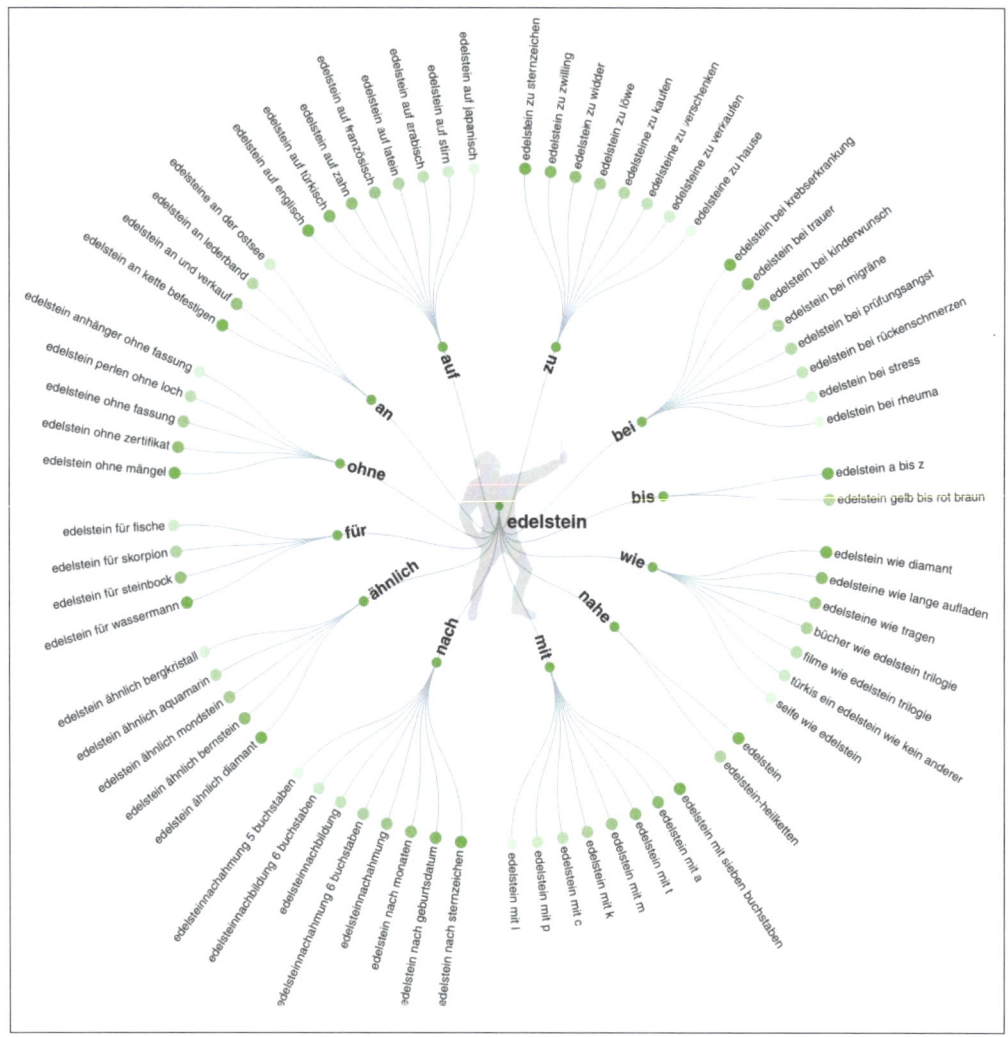

Abbildung 13.13 Welche Fragen zu einem bestimmten Begriff wurden am häufigsten bei Google eingegeben? Das Tool »Answer the public« gibt Antwort – und liefert Ihnen zahlreiche Ideen für Social-Media-Posts!

---

3   *https://answerthepublic.com*

Anschließend tragen Sie die Ergebnisse in die Tabelle ein:

Edelstein-Region	Edelstein-Wissen	Edelsteine als Wirtschaftsfaktor
Museen und Ausstellungen rund um Edelsteine in unserer Region (mit Öffnungszeiten)	Können Edelsteine Krankheiten heilen? (Lernbeitrag)	Edelstein-Berufe in unserer Region (Geschichten, Menschen)
Geschichte des Edelstein-Abbaus in unserer Region (Archivbilder, Geschichten, Menschen)	Vorstellung einzelner Edelstein-Arten (Serie)	Welche Edelsteine sind besonders wertvoll? Welche Preise können erzielt werden? (Lernbeitrag)
Welche Rolle spielen Edelsteine in meinem Leben/in meiner Familie? (Austausch mit der Community, Geschichten, Menschen)	Welcher Edelstein wird welchem Sternzeichen zugeschrieben? (Serie)	Wo in Deutschland werden sonst noch Edelsteine gewonnen, welche Region hat die Nase vorn? (Lernbeitrag, Identifikation)

Tabelle 13.2 1-3-9-Methode am Beispiel »Edelstein-Region«

Aus der hier erarbeiteten Edelstein-Tabelle lassen sich übrigens weitaus mehr als nur neun Social-Media-Beiträge gewinnen. Allein das Thema »Edelstein-Berufe in unserer Region« bietet Stoff für *viele* Posts, sofern Sie in jedem davon nur *einen* Beruf vorstellen. Sie können eine entsprechende Serie über ein Jahr oder länger ausdehnen. Falls Ihnen die Tabelle zu klein ist – meistens ist das der Fall – können Sie natürlich viel mehr Spalten und Zeilen bilden. Die 1-3-9-Methode hilft Ihnen jedoch immer zuverlässig, einen Einstieg zu finden. Die Methode zeigt: Es ist gar nicht so schwierig, in Themen statt in Verwaltungs-Verlautbarungen zu denken!

Welche weiteren Möglichkeiten der Ideenfindung gibt es?

Unser Tipp: Machen Sie morgens täglich eine Art Redaktionskonferenz. Was sind die Themen des Tages/der Woche/des Monats, die für unsere Follower interessant sind? Es ist noch keine Geschichte, wenn Ihr Chef, beispielsweise ein Minister, einen Amtskollegen trifft. Aber es könnte zur Geschichte werden, wenn bei diesem Treffen etwas Konkretes herauskommt, das den Alltag und das Leben Ihrer Community betrifft. Fiktives Beispiel: Bahntickets sollen europaweit 10 % günstiger werden, um nach Corona wieder mehr Menschen für die Schiene zu gewinnen. Zusätzlich zur täglichen Morgenkonferenz empfehlen wir einmal pro Woche ein eigenes Meeting zum Ideen-Sammeln und Brainstorming: Mit welchen Inhalten und Storys abseits des Tagesgeschäfts können wir unsere User überraschen? Nehmen Sie sich dafür Zeit – denn Zeitdruck und Kreativität schließen einander aus.

Stellen Sie sich und Ihren Kollegen im Social-Media-Team immer die Frage: Ist der Inhalt, den wir verbreiten wollen, für die Fans und Follower unserer Behörde informativ, lehrreich, spannend oder zumindest unterhaltsam (also eine Geschichte)? Oder ist es nur ein Gefälligkeits-Post oder Auftrags-Tweet, den sich ein (eitler) Behörden-Chef, Landrat oder Minister wünscht, um sich selbst abzufeiern?

Suchen Sie Beispiele, wie vergleichbare Behörden (auch international) auf den sozialen Kanälen kommunizieren. Welche Akzente setzen diese wann wo wie? Und was machen Unternehmen, Vereine, Influencer, NGOs besser als wir? Welche Idee kann mich und meine Behörde inspirieren?

Anhand eingehender Bürgeranfragen (auch analogen) können Sie, lieber Leser, analysieren: Wo herrscht besonderer Informationsbedarf – wo Informationsdefizit? Wenn Sie merken, dass Ihre Bürgerinnen und Bürger etwas besonders bewegt, könnten Sie auf Social Media einen Themenschwerpunkt dazu gestalten.

Fragen Sie auch immer wieder aktiv in den Fachbereichen nach geeigneten Themen (sie haben oft inhaltliche Schätze, ohne es zu wissen). Wie Sie als Social-Media-Team an widerspenstige Fachbereiche herankommen, haben wir Ihnen in Kapitel 5, »Social Media ist auch interne Kommunikation«, bereits verraten.

Unsere Erfahrung ist: Jede Behörde hat einen riesigen Fundus an spannenden Themen – manchmal erschließen sich diese erst auf den zweiten Blick. Wenn Sie erst mal gelernt haben, Ihre Themen aus der Sicht der Community zu betrachten und »in Geschichten zu denken«, gehen Ihnen die Ideen für Social-Media-Posts niemals wieder aus! Im Gegenteil: Sie brauchen dann eine gute Planung, um sie alle abzuarbeiten – einen Redaktionsplan. Bevor wir Ihnen im nächsten Abschnitt sagen, wie Sie Ihren behördlichen Social-Media-Redaktionsplan aufstellen können, fassen wir noch mal unsere Tipps zur Ideen- und Themenfindung zusammen:

Wie ich Inhalte finde, die unsere Follower begeistern

- »Dauerbrenner-Inhalte« identifizieren und in einer Liste anlegen
- 1-3-9-Methode anwenden: Ein Thema, viele Posting-Ideen
- Brainstorming im Team: Redaktionskonferenzen und Kreativ-Meetings
- Inspiration von außen holen: Was machen andere Behörden (national und international) besser? Welche guten Ideen von Unternehmen, NGOs und Influencern können Sie für sich adaptieren?
- Bürgeranfragen analysieren: Was möchten unsere Zielgruppen von uns wissen?
- Fachbereiche nach spannenden Themen durchforsten

13.3   Storytelling für Behörden: Geschichten statt Pressemitteilungen

Im Social-Media-Zeitalter reicht es nicht mehr, ein Thema einfach nur mitzuteilen und die Follower mit Fakten zu überhäufen. Damit Sie uns nicht falsch verstehen: Selbstverständlich sind seriöse Fakten die Grundlage der Behördenkommunikation. Aber Seriosität darf nicht Langeweile bedeuten. Deshalb ist es gerade für Ämter, die wahrgenommen werden wollen, elementar, die Menschen zu bewegen, zu berühren, zu begeistern, zu inspirieren und zu emotionalisieren. Und das gelingt am besten, wenn Sie gute Geschichten erzählen, oder wie es neudeutsch heißt: mit »Storytelling«.

Wussten Sie, dass Geschichten 22-mal besser in Erinnerung bleiben als Fakten? Das zeigten Experimente der Universität Stanford (USA). Storys lösen Emotionen aus. Und Momente, die mit einem starken Gefühl verbunden sind, speichert unser Gedächtnis für lange Zeit. Ein guter Storyteller gibt Daten und Fakten nicht nur wieder, sondern bindet sie in eine Geschichte ein – und bewegt sein Publikum sowohl intellektuell als auch emotional. Menschen erzählen und teilen lieber Geschichten als Fakten – das ist Fakt!

Anders als im Printzeitalter, in dem Sie Geschichten nur auf bedrucktem Papier erzählen konnten, können Kreative heute mit Wort, Bild und Video Millionen Menschen überraschen, bewegen, amüsieren und bewegen. Das ist heute längst nicht mehr so teuer und anspruchsvoll wie früher: Social-Media-»Creator« brauchen nicht mehr als ihr Smartphone, um die Popstars von heute zu sein.

Auch jede Behörde hat gute Geschichten zu erzählen. Da diese nicht immer auf den ersten Blick identifizierbar sind, haben wir Ihnen weiter oben einige Tools und Methoden vorgestellt, Ihre Social-Media-Kanäle mit spannenden Inhalten zu füllen. Doch was, wenn ein bestimmtes Thema vorgegeben ist – und Sie als Social-Media-Verantwortliche*r mit der Umsetzung beauftragt werden? Das wird in Ihrem behördlichen Redaktionsalltag trotz aller Themenplanung vorkommen. Manchmal bekommen Sie schöne Themen, die sich mit den Mitteln des Storytellings prima für Social Media aufbereiten lassen. Das Handwerkszeug dazu vermitteln wir Ihnen in diesem Kapitel. Nun kann es Ihnen aber auch passieren (wir, die Autoren dieses Buches, sprechen aus Erfahrung), dass Sie ein ausgesprochen dröges, unsexy Verwaltungsthema »aufgedrückt« bekommen – und sich fragen, ob man auch daraus noch etwas machen kann. Auch hierzu liefern wir Ihnen Antworten – unter anderem sagen wir Ihnen ehrlich, wo und wann Storytelling an seine Grenzen stößt.

Anschließend geht es ans Doing! Wir führen Sie Schritt für Schritt zur technischen Umsetzung Ihrer Geschichte – in kurzen, verständlichen und multimedialen Social-

Media-Formaten. Zuletzt zeigen wir Ihnen, wie man gute Texte für Twitter, Facebook und Co. schreibt: »Bloß kein Amtsdeutsch bitte!«

Bevor es mit den Praxisanleitungen losgeht, widmen wir den folgenden Abschnitt den Storytelling-Tipps eines Jahrhundert-Journalisten: Nur wenige beherrschten die Kunst des Geschichten-Erzählens so gut wie Claus Jacobi. Seine zeitlosen Weisheiten gelten auch – oder mehr denn je – für das Social-Media-Zeitalter. Wir empfehlen guten Gewissens, seine Regeln auswendig zu lernen oder sie sich über den Schreibtisch zu hängen – denn das Erzählen guter Geschichten ist zeitlos und nicht an alte oder neue Medien gebunden.

13.3.1   Storytelling lernen von einem Jahrhundert-Journalisten

Vor einem halben Jahrhundert schrieb Journalisten-Legende Claus Jacobi (gestorben 2013) neun Seiten auf seiner Schreibmaschine – eine gefühlte Ewigkeit vor Twitter, Facebook, Instagram, TikTok, YouTube und Podcasts. Claus Jacobi war unter anderem Chefredakteur der »Welt«, »Welt am Sonntag« und »Wirtschaftswoche« sowie Herausgeber der »Bild«-Zeitung.

Der Jahrhundert-Journalist galt als einer der größten Storyteller, obwohl dieser Begriff seinerzeit nicht mal existierte. Für Axel Springer schrieb Claus Jacobi »Spielregeln«, eine zeitlos gültige Anleitung, gute Geschichten zu erzählen – im digitalen Zeitalter auch für Behörden wichtiger denn je:

1. Spielregel: *Was klickt, ist der Mensch*

   »*Nichts interessiert den Menschen so sehr wie der Mensch. Er steht darum im Zentrum unserer Berichterstattung.*«

   Wie lässt sich beispielsweise ein Zungenbrecher wie »Investitionsbeschleunigungsgesetz« erklären, ohne dass dieser sofort weggeklickt wird? Die einzige Chance, mit so einem wichtigen (aber sperrigen) Zukunftsthema Aufmerksamkeit zu finden: reale Menschen und echte Fälle (Katja F. und Sebastian W. bekommen in Ihrer Stadt jetzt soundso viele Monate/Jahre schneller barrierefreie Bahnhöfe und Schallschutzwände).

2. Spielregel: *Verständlichkeit für alle*

   »*Unser Blatt muss für den Liftboy schon verständlich, für den Professor noch interessant sein. Klarheit geht vor Schönheit, Inhalt vor Form.*«

   Leserfeindliche Passivkonstruktionen und ellenlange Schachtelsätze sind kommunikative Behördenkrankheiten. Die große Kunst guter Social-Media-Teams ist es unter anderem, schwer verständliche Gesetzestexte zu übersetzen.

   Und hier ein kleiner Praxistest: Schaffen Sie es, dieses Satzungeheuer in einem Tweet oder Facebook-Post zu erklären?

»Ob der Erblasser oder Schenker die Mindestbeteiligung erfüllt, ist nach der Summe der dem Erblasser oder Schenker unmittelbar zuzurechnenden Anteile weiterer Gesellschafter zu bestimmen, wenn der Erblasser oder Schenker und die weiteren Gesellschafter untereinander verpflichtet sind, über die Anteile nur einheitlich zu verfügen oder ausschließlich auf andere derselben Verpflichtung unterliegende Anteilseigner zu übertragen und das Stimmrecht gegenüber nichtgebundenen Gesellschaftern einheitlich auszuüben.«

Wenn Sie diese Aufgabe gelöst haben, sind Sie ein Social-Media-Gott.

3. Spielregel: *Leicht, aber nicht seicht*

»Wir schreiben leicht, aber nicht seicht. Wir schreiben amüsant über das Wichtige, aber wir erklären nicht das Amüsante für wichtig.«

4. Spielregel: *Geschichten statt Abhandlungen*

»Wo immer wir können, schreiben wir Geschichten, nicht Abhandlungen. Geschichten sind lesbarer. Auch darum haben die Bibel und Harold Robbins größere Auflagen als Grass und Enzensberger.«

5. Spielregel: *Vergangenheit als Erzählform*

»Die Vergangenheit ist die angemessene Form für eine Erzählung. Das aufgeregte Präsens bewahren wir uns für wirklich dramatische Passagen auf.«

6. Spielregel: *Liebe zum (wesentlichen) Detail*

Ein guter Storyteller nennt immer Details – aber nur die wesentlichen.

»Es ist ein weit verbreitetes Missverständnis, jedes Detail für farbig zu halten. Nur Einzelheiten, die etwas unterstreichen, sind für uns nützlich. Wenn der Kanzler im Mercedes vorfährt, ist es nicht erwähnenswert; wenn ein Gewerkschafter im Jaguar zu Tarifgesprächen rollt, schon. Dass ein Arbeiter auf dem Bau ein T-Shirt trägt, interessiert niemanden; falls ein Banker es im Büro anhat, sollten wir es notieren.«

7. Spielregel: *Die Hauptperson verdient Klarheit*

»Wir versammeln die Angaben zur Person (Lebensdaten, Aussehen, Eigenarten) nach Möglichkeit in einem Absatz. Dann gewinnt unser Held Kontur, der Leser kann ihn sich vorstellen und nimmt von nun an seinem Schicksal Anteil. Mühsam dagegen ist es für den Leser, wenn er sich das Bild des Hauptdarstellers wie ein Puzzle aus kleinen Teilchen zusammensetzen muss, die in verschiedenen Absätzen versteckt sind: Hier seine Augenfarbe, da sein Alter, dort sein Familienstand.«

8. Spielregel: *Klarheit vor Schönheit*

»Klarheit geht vor Schönheit, Inhalt vor Form. Thema und Aktualität eines Beitrages sind in der Regel wichtiger als der Stil. Wenn ich als erster melden kann, dass CDU und SPD eine Große Koalition beschlossen haben, ist die Wortwahl kaum entscheidend.«

9. Spielregel: Nebensätze enthalten nur Nebensachen

»Wir treiben die Handlung in kurzen Hauptsätzen voran. Nebensätze enthalten Nebensachen. Also bitte nicht: Stalin, der inzwischen gestorben war.«

10. Spielregel: *Kurz ist besser als lang*

»Jeder Stoff hat eine kritische Größe. Es ist schwierig, ›Vom Winde verweht‹ in 10 Zeilen zu erzählen. Doch durchweg gilt: Kurz ist besser als lang. Zu lange Beiträge werden ungern gelesen.«

11. Spielregel 10: *Mut zur Pointe*

»Nicht Adjektive, sondern Pointen verleihen einem Beitrag Glanz. Eine Pointe entsteht – einem Funken ähnlich – wenn sich zwei Gedanken kreuzen. Klassisches Beispiel: Getreu der preußischen Pflichtauffassung, sich selbst das Äußerste abzuverlangen, erhöhte die Bürgerschaft gestern ihre Diäten.«

12. Spielregel: *Keine offenen Fragen*

Eine gute Geschichtenerzählerin, ein guter Geschichtenerzähler holt den Follower oder User immer ab und setzt niemals Vorwissen voraus.

»Jeder Beitrag sollte so geschrieben sein, dass für den Leser nach der Lektüre keine Fragen offen bleiben. (Was wurde aus dem dritten Einbrecher?)«

13. Spielregel: *Chronologischer Ablauf*

»Die Dramaturgie eines Artikels ist das wichtigste Stilmittel. Im Zweifelsfall ist der chronologische Ablauf das zuverlässigste Gerüst.«

14. Spielregel: *Eigene Bilder statt Klischees*

»Wir vermeiden Klischees wie ›durch dick und dünn‹, ›in Saus und Braus‹ oder ›mit Rat und Tat‹ . Wir prägen eigene Bilder: Statt jemanden warten zu lassen, ›bis er schwarz wird‹, lassen wir ihn lieber warten, ›bis es himmelwärts regnet‹. Klischees sind nur dann verblüffend und gut, wenn sie den Sachverhalt treffen. Ein ertappter Wilddieb kann wirklich ›die Flinte ins Korn werfen‹, der pleitegegangene Konditor mag fortan tatsächlich ›kleine Brötchen backen‹. Zulässig ist natürlich auch das abgewandelte Klischee. Der ohnmächtig gewordene Sittlichkeitsverbrecher darf auch bei uns ›alle Fünfe von sich strecken‹ (wie es im ›Spiegel‹ hieß).«

15. Spielregel: *Unterkühlte Sprache für heiße Themen*

»Heiße Themen verlangen eine unterkühlte Sprache   und umgekehrt. Führe ich einen Leser durch ein Freudenhaus, bin ich auch ohne Wortakrobatik seiner Aufmerksamkeit gewiss. Beim Bericht über das dritte Rentenanpassungsgesetz kann ich da weniger sicher sein.«

16. Spielregel: *Zahlen sollen niemals aufeinandertreffen.*

»Wir scheuen Konstruktionen, in denen Zahlen oder Artikel aufeinandertreffen (Beispiel: ›… im Jahr 1986 78.700 Autos …‹ oder: ›… die die Diebe hinterließen …‹)«

17. Spielregel: *Gespreiztheit und Polit-Sprech: never, never, never!*

»Wir hüten uns vor Gespreiztheit. Bei uns wird nicht ›das Preisniveau für Backwaren angehoben‹. Bei uns werden ›die Brötchen teurer‹. (…) Fremdwörter sind häufig überflüssig. Wir injizieren nicht subkutan; wir spritzen unter die Haut.«

Ebenso wenig honorieren die User Polit-Sprech (= reden, ohne etwas zu sagen). In einem klugen Artikel in der Süddeutschen Zeitung schrieb Ole von Beust, der neun Jahre Erster Bürgermeister von Hamburg war: »Beim Regieren und Verwalten geschehen Fehler, auch Unglücke – sie gehören zum Leben. Die Regierenden und Politiker finden jedoch nicht die richtigen Worte für diese Fehler und Unglücke. Sie benennen nicht, sie verbrämen; sie verklausulieren die Wahrheit im Wortschwall einer Insidersprache.« Politiker scheuen das Risiko, so Ole von Beust: »Wer ein schlechtes Wahlergebnis ›ehrlich‹ nennt, geht auf Nummer sicher – würde er von einer Niederlage reden, gar die eigene Trauer, den eigenen Zorn zeigen, gäbe er sich eine Blöße. Ein Verlierer, der sich selbst so nennt, verliert Autorität.« Die Sprache der Politik sei mit eine Ursache für das mangelnde Vertrauen der Menschen in die Politik: »Wer die Sprache missbraucht, wer austauschbar, emotionslos und technokratisch formuliert, dem wird nicht vertraut.« Also sparen Sie sich bitte Worthülsen und Floskeln à la »Die Gespräche fanden in konstruktiver Atmosphäre statt«, »Nun gilt es, umfassend aufzuklären«, »Jetzt gilt es, schnell und unbürokratisch zu helfen«, »Wir sind auf einem guten Weg« und sonstige Ausstöße heißer Luft.

18. Spielregel: *Überschrift und erster Satz sind entscheidend*

»Überschrift und erster Satz, Illustrationen und Bildunterschrift sind die Lassos, mit denen wir Leser in eine Geschichte ziehen können. Sie können seine Neugier wecken. Diesen vier gilt unsere höchste Aufmerksamkeit. Gute Überschriften mit ›kein‹ und ›nicht‹ sind die Ausnahme. Denn was nicht ist, interessiert selten.«

Und: »Ein Foto wird durch seine Bildunterschrift erst schön, meinte Axel Springer jr. In ihr muss erzählt werden, was auf dem Bild zu sehen ist.«

19. Spielregel: *Fair bleiben!*

»Wir treten nicht den, der schon am Boden liegt. Objektivität ist unmöglich. Fairness nicht. Auch wenn es wenig glaubhaft klingt: Anständigkeit im Journalismus zahlt sich aus.«

Nicht nur im Journalismus – auch auf den digitalen Kanälen.

»Über wen auch immer wir berichten – wir sollten überlegen, was wir empfinden würden, wenn so über unsere Kinder oder Eltern geschrieben würde.«

Und welche Fotos wir auch immer zeigen – wir sollten überlegen, was wir empfinden würden, wenn wir so dargestellt würden. Also bitte keine Meuchelfotos von Politikern.

Von Namenswitzen wie »Kohl bläht« oder »Be-Scheuer-t« sollten wir, so Jacobi, Abstand nehmen:

»Schon der Geheimrat v. G. hat darauf verwiesen, dass ein Mensch für seinen Namen so wenig kann wie für seinen Buckel.«

In dankbarer Erinnerung an Claus Jacobi, für uns einer der größten Journalisten der Geschichte.

13.3.2   Wie wird ein Amts-Inhalt zu einer guten Story?

Wie wir weiter oben gelernt haben, sollte sich ein guter Teil Ihrer Social-Media-Inhalte aus einer aktiven Themenplanung speisen. Ergänzend gibt es aber auch aktuelle Anlässe oder von der Hausleitung vorgegebene Inhalte, zu denen der Auftrag an Sie lautet: »Dazu machen wir was auf Social Media!«

Und schon stehen Sie vor der Herausforderung, ein bestimmtes Thema spannend zu erzählen (denn nur dann wird es auf Social Media gemocht und geteilt und verschafft Ihrer Botschaft Reichweite). Möglicherweise sind Sie auch selbst für die kreative und technische Umsetzung verantwortlich.

Als Grundbedingung steht fest, dass Sie sich auf Social Media kurz fassen müssen – anders als Ihr Presseteam in der Pressemitteilung und Ihre Internet-Redaktion in Artikeln für Ihre Behörden-Website. Hier einige Orientierungspunkte:

- Ein Facebook-Beitrag ist meist drei bis vier Sätze oder Absätze lang, hinzu kommt normalerweise ein Bild, ein Video oder eine Linkvorschau.
- Eine Instagram Story besteht aus 15-Sekunden-Sequenzen.
- Ein Tweet hat 280 Zeichen.
- Ein TikTok ist entweder 15 oder 60 Sekunden lang.

Zwar bieten etwa YouTube, Facebook und Instagram auch technische Optionen für längere Videos an. Klar ist jedoch, dass nur Ihre treuesten Fans oder spezielle Fach-Communities sich diese ganz ansehen werden. Um größere Zielgruppen erst mal abzuholen, brauchen Sie kurze, verständliche und unterhaltsame Snippets. Ziel: Die Aufmerksamkeit Ihrer Wunsch-Community auf Ihr Thema zu lenken, sie neugierig zu machen und im besten Fall eine Beziehung aufzubauen.

Sie haben also keine Zeit und keinen Platz, ein Verwaltungsthema in epischer Breite zu erzählen. Statt eines ganzen Films brauchen Sie für Social Media nur den Film-trailer! Diese Metapher hilft Ihnen übrigens dabei, Ihr Thema spannend umzuset-zen. Denken Sie an diejenigen Filmtrailer (oder auch Klappentexte von Büchern), die Sie kennen: Dort werden die emotionalsten, bildgewaltigsten und Action-reichsten Szenen der Geschichte gezeigt und eine Art Cliffhanger eingebaut. Ziel:

Sie sollen in weniger als einer Minute in die Geschichte reingezogen werden. Ein gewisser Prozentsatz derjenigen, die den Trailer sehen, werden sich den Film im besten Fall in ganzer Länge angucken.

Genauso gehen Sie nun vor, wenn Sie Ihren Inhalt für Social Media aufbereiten:

1. Schritt: Fragen Sie sich, welcher Aspekt Ihres Themas emotional ist. Wo »passiert etwas«? Womit können Sie Ihre Community rühren, belustigen oder unterhalten? Wo lässt sich eine erzählerische Verbindung zur Lebens- und Alltagswelt Ihrer Zielgruppe herstellen?

2. Schritt: Genau *diese* Stellen oder Szenen kommen nun in Ihren »Filmtrailer« beziehungsweise Ihren Social-Media-Beitrag – und *nur* diese. Es geht nicht um epische Breite und Vollständigkeit – sondern darum, Ihre Zielgruppe zu »packen«, ihr erste Informationen zu geben und sie neugierig auf mehr zu machen. Es geht um Beziehungsanbahnung und Beziehungsaufbau.

Nachfolgend ein paar praktische Beispiele: Wir zeigen Ihnen fünf Social-Media-Beiträge von Behörden und analysieren für Sie, wie man das Thema mit Hilfe von Storytelling anders hätte angehen können. Alle fünf Beispiele haben unserer Ansicht nach eine spannendere Aufbereitung verdient – wir erklären, welche!

In unserem ersten Beispiel (Abbildung 13.14) sehen Sie einen Instagram-Beitrag des Bundespräsidialamts. Thema: Sechs Frauen und Männer aus verschiedenen Geburtsländern wurden im Mai 2021 deutsche Staatsbürger*innen, als sie vom Bundespräsidenten persönlich im Rahmen eines feierlichen Aktes ihre Einbürgerungsurkunde erhielten. Ohne Frage ist dies ein Inhalt mit hohem Emotionalitätsfaktor. Aber die Umsetzung? Unserer Ansicht nach wurde das große Potenzial hier verschenkt. Im Posting sieht man sechs Urkunden-Übergabe-Standfotos von »weit weg« (und nicht mal im richtigen Instagram-Format, denn dieses ist quadratisch beziehungsweise im Größenverhältnis 4:5 – nicht horizontal). Über die sechs neuen Deutschen erfahren wir außer dem Herkunftsland – nichts! Wir lernen ihre persönliche Geschichte nicht kennen, wir sehen nicht einmal ihren Gesichtsausdruck. Resultat: Diesen Post hat man vergessen, sobald man bei Instagram über ihn hinweggewiped ist. Schade! Denn hierin steckt so viel mehr.

Unser Umsetzungs-Vorschlag im Sinne von Social Storytelling wäre folgender gewesen: Statt Fotos hätten die Social-Media-Verantwortlichen kurze Video-Statements der sechs Neu-Deutschen einholen können. Hierbei hätte man beispielsweise eine freie Frage stellen können (»Würden Sie uns kurz in 30 Sekunden erzählen, wer Sie sind und was Ihnen der heutige Tag bedeutet?«), aber auch ein Drei-Fragen-drei-Antworten-Format wäre denkbar (»In welchem Ort sind Sie geboren? Warum haben Sie sich zur Einbürgerung entschlossen? Wie haben Ihre Eltern/Freunde/Kinder reagiert?«). Aus den 30-sekündigen Videos könnte man potenziell mehrere Videoclips basteln und verschiedene Instagram-Formate (Feed-Post, Story, IGTV) oder gar mehrere Plattformen (Twitter, Facebook, …) bedienen – natürlich immer kanalspezifisch! Wie man das technisch macht, erfahren Sie weiter unten.

Abbildung 13.14 Sechs Frauen und Männer aus verschiedenen Ländern werden Deutsche – und dem Bundespräsidialamt fällt dazu nichts Besseres ein als langweilige Fotos vor Flaggen. Die mehr als 5.000 Likes sind wohl eher der Prominenz des Bundespräsidenten geschuldet als der mageren Umsetzung dieses schönen Themas. Wie es besser geht, erzählt uns die Social-Media-Verantwortliche des österreichischen Bundespräsidenten in Teil IV dieses Buches.

Noch ein Tipp: Setzen Sie auf Close-ups!

Nahaufnahmen bringen Menschen näher zueinander. Vielleicht hätte man in einem der Gesichter neben aller Freude auch Schmerz ausmachen können – weil die Person ihre alte Staatsangehörigkeit abgeben musste und es ihr schwer fiel. Vielleicht hätte sie aber auch eine lustige Anekdote aus ihrem ersten Jahr in Deutschland zu erzählen gehabt und dabei herzlich gelacht. Oder oder oder …

Unser zweites Beispiel ist ein Instagram-Post der Stadt Leipzig aus dem Mai 2021 (Abbildung 13.15). Auch hier ist die Themenauswahl geglückt – die Umsetzung hakt jedoch.

Der Foto-Post zeigt ein hübsch fotografiertes Straßenschild (»Kurt-Masur-Platz«), leider wieder im falschen Format (horizontal statt quadratisch). Im Begleittext (der sogenannten Caption) steht:

»*Von A wie Aachener Straße bis Z wie Zwiebelweg: In Leipzig gibt es über 3.000 verschiedene Straßennamen. Wie kam es dazu, dass es in Marienbrunn ein Märchenviertel gibt und wie hieß die Karl-Heine-Straße früher? Wer wissen möchte, nach welchen historischen Begebenheiten, bedeutenden Persönlichkeiten oder*

Themen diese benannt sind, kann jetzt digital recherchieren. Das Straßenverzeichnis kann auf unserer Website unter www.leipzig.de/strassennamensverzeichnis aufgerufen werden.«

Abbildung 13.15 Das Thema »Straßennamen« hat Social-Media-Serien-Potenzial. Handeln Sie es keinesfalls – wie hier geschehen – in einem einzigen Beitrag ab.

Das Social-Media-Team der Stadt Leipzig *beginnt* hier zwar, eine Geschichte zu erzählen (»Wie kam es dazu, dass …?«) – lässt die Story dann aber leider ins Leere laufen und speist die Follower mit einem Website-Link ab.

Website-Links sind in Instagram-Posts generell fehl am Platz. Warum? Weil sie anders als bei Facebook oder Twitter nicht anklickbar sind. Es ist leider unrealistisch, dass mehr als einer oder zwei Ihrer Follower extra einen Browser öffnet und den Link händisch eingibt (denn wer sich gerade auf Instagram aufhält, möchte in der Regel auf der Plattform bleiben und sich noch andere Posts anschauen). Die wenigen, die es vielleicht tun, erleben nun aber eine böse Überraschung: Der Link führt auf eine Website der Stadt Leipzig, dort muss man einen weiteren Link anklicken. Über ihn gelangt man zu einer Unterseite mit einem weiteren Link. Sie ahnen es: Auch dann sind Sie noch nicht am Ziel! Sage und schreibe *vier* Klicks braucht es, bis Sie ankommen. Doch dann das nächste digitale Fiasko: Das Straßenverzeichnis ist keine Website, sondern eine *.xml*-Datei (Extensible Markup Language). Diese wird auf dem Smartphone als Buchstabensalat dargestellt, wie Abbildung 13.16 zeigt. Wer in einem Amt für Social Media verantwortlich ist, muss sich immer bewusst sein: Der allergrößte Teil der Social-Media-Nutzer schaut sich die Inhalte mit dem Smartphone an! Wenn Sie es so machen wie die Stadt Leipzig in unserem Beispiel, servieren Sie Ihren Instagram-Followern zuerst einen nicht anklickbaren Link und führen sie dann über den Umweg von vier Webseiten zu einer unlesbaren Datei. Das ist ein Social-Media-Super-GAU! So schrecken Sie Ihre digitalaffinen Follower nachhaltig ab.

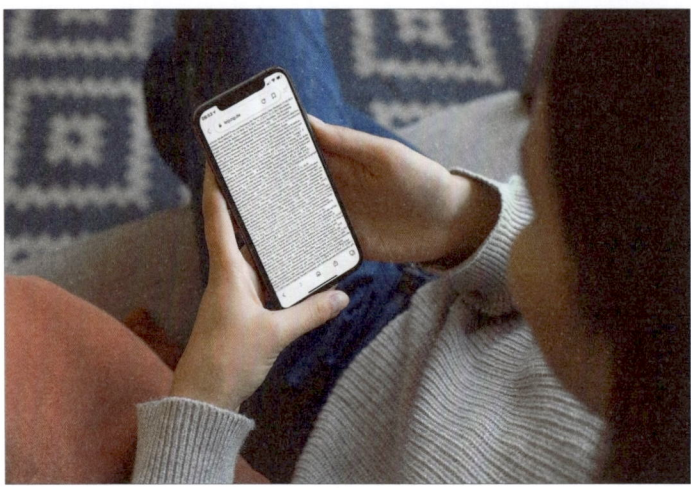

Abbildung 13.16 Die Stadt Leipzig wollte ihr Straßenverzeichnis verlinken – das ging gründlich schief. Nutzer*innen, die sich bis zum Verzeichnis durchklicken, landen auf einer nicht mobil-optimierten Website und sehen nichts als Buchstabensalat.

Tatsächlich hätte die Stadt Leipzig hier gar keinen Link gebraucht, um das Thema ansprechend für Instagram aufzubereiten! Die Lösung, wie es besser ginge, liefert uns auch hier das Storytelling-Prinzip. Unsere konkreten Vorschläge:

- Das Thema »Straßennamen« eignet sich hervorragend für eine ganze Posting-Serie auf Instagram (statt nur für einen einzigen Post, der dann auf eine Website verlinkt)! Wir hätten der Stadt Leipzig empfohlen, regelmäßig (zum Beispiel alle zwei Wochen) eine Straße zu wählen und die Geschichte hinter deren Namen zu erzählen.

- Im ersten Post hätten wir dann mehr über den deutschen Dirigenten Kurt Masur erfahren: Bevor er das London Philharmonic Orchestra leitete und Musikdirektor der New Yorker Philharmoniker wurde, war er fast zwanzig Jahre lang Gewandhauskapellmeister in Leipzig. Unvergessen ist sein politisches Engagement in dieser Zeit: Als einer der »Sechs von Leipzig« rief er bei den Montagsdemonstrationen 1989 erfolgreich zur Gewaltfreiheit auf. Allein diese Basis-Fakten aus Wikipedia würden für einen spannungsgeladenen und wissensvermittelnden Post über Kurt Masur ausreichen. Sicherlich ließen sich im Leipziger Stadtarchiv auch viele Fotos und Videos zur Illustration finden, die kostenlos nutzbar wären. Wer als Social-Media-Redaktion diese Chance nicht nutzt, ist selbst schuld!

- Wie ließen sich die nächsten Straßennamen zu Geschichten aufbereiten, unabhängig von der Auswahl, die das Social-Media-Team noch treffen müsste? Man könnte die Bewohner interviewen, ob sie wissen, was oder wer hinter dem Namen ihrer Wohnstraße steckt (und hiervon kurze Videos zeigen). Man könnte historische Fotos von der Straße posten und die Vergangenheit lebendig werden lassen: Welche Läden waren hier früher einmal? In welcher Epoche entstand die Straße und welche Weltereignisse »überlebte« sie bereits? Gibt es denkwürdige Geschichten rund um ihren Bau – oder wohnten in ihr vielleicht mal berühmte Leute? Sie könnten auch Ihre Follower aufrufen, ihre Geschichten und ihr Wissen in die Kommentare zu schreiben …

- Wichtig für die Umsetzung: Achten Sie darauf, dass Bilder und Videos das richtige Format für die jeweilige Plattform haben. Bei Instragram-Feedposts haben Sie derzeit zwei Foto-Formate zur Auswahl: quadratisch oder 4:5. Das hier ausgewählte Straßenschild-Foto ist horizontal und hat damit das falsche Format. In der Feed-Übersicht des Instagram-Kanals wird es deshalb an beiden Seiten abgeschnitten angezeigt – das wirkt unprofessionell. Machen Sie sich unbedingt immer die Mühe, Bilder und Videos passend für das jeweilige soziale Netzwerk aufzunehmen oder nachträglich zuzuschneiden!

Fazit: Das Thema »Straßennamen« (das natürlich nicht nur für Leipzig, sondern für jede Stadt funktioniert) hat Storytelling-Potenzial für Wochen, Monate und Jahre. Behandeln Sie solche Inhalte als Geschenk, von dem Sie als Social-Media-Redaktion langfristig zehren. Was sich derart gut als Serie eignet, sollten Sie niemals in *einem* Beitrag abhandeln – damit verschießen Sie Ihr Pulver und nehmen sich Stoff für die kommenden Wochen und Monate weg. Wenn Sie hingegen in Serie gehen und die Umsetzung stimmt, werden sich Ihre Bürger vom »Geschichtsunterricht« aus der eigenen Stadt angesprochen fühlen – und möglicherweise gespannt die ganze Reihe verfolgen. Dann haben Sie eine Beziehung zu Ihrer Community aufgebaut. Denken Sie daran: Ihre Follower lieben Inhalte, die nahe am eigenen Alltag sind und mit denen sie sich identifizieren können. Die Identifikation geht dann automatisch auf Sie als Absender über. Likes garantiert!

Achtung beim Posten von Links auf Social Media!

Sie möchten auf Social Media einen Link auf Ihre (oder eine andere) Website posten?

- Hinterfragen Sie zunächst, ob sich Ihr Inhalt nicht auch im Beitrag komplett vermitteln lässt. Denken Sie an Ihre User: Wer gerade entspannt im sozialen Lieblingsnetzwerk surft, möchte dieses möglicherweise nicht verlassen und verzichtet auf Klicks, die auf andere Webseiten führen. Folge: Sie werden Ihre Botschaft nicht los.

- Falls Sie den Link für wichtig befunden haben: Prüfen Sie, ob er am jeweiligen Ort anklickbar ist. Bei Facebook werden alle Links automatisch anklickbar dargestellt – in Instagram-Feed-Posts nicht. Ein möglicher Workaround: eine in der Instagram-Bio verlinkte Landingpage, auf der Sie den gewünschten Link (und andere) platzieren können.

- Prüfen Sie unbedingt, ob Ihr Link zu einem mobil-optimierten Inhalt führt. Nur ein verschwindend geringer Anteil der Social-Media-Nutzer ruft soziale Netzwerke auf dem Desktop-Rechner auf! Die Standard-Nutzung erfolgt über das Smartphone. Sie müssen also »mobile first« denken und handeln.

Sie sehen: Manchmal gibt es Gründe, die gegen das Posten eines Links sprechen. Unserer Erfahrung nach verlinken Behörden zu oft und zu viel. Üben Sie als Amt, Ihren Inhalt abschließend im Beitrag selbst zu erzählen! Unsere Storytelling-Tipps helfen Ihnen dabei.

Unser drittes Beispiel ist ein Instagram-Post der hessischen Stadt Bensheim vom 15. Dezember 2020 (Abbildung 13.17): An diesem Tag nahm Bürgermeisterin Christine Klein als neues Stadtoberhaupt die Amtsgeschäfte auf. Nun wissen wir, dass auf Instagram viele jüngere Menschen unterwegs sind, die sich vermutlich nicht ständig mit Politik beschäftigen und Christine Klein – knappe Gewinnerin der Stichwahl um das Bürgermeisteramt – im Dezember 2020 womöglich noch nicht allzu gut kannten. Leider wurden sie durch den Instagram-Post auch nicht schlauer. Der Posting-Text lautet kurz und knapp: »Ein herzliches Willkommen der neuen Bürgermeisterin Christine Klein. Wir wünschen einen guten Start und alles Gute!« Wir erfahren jedoch rein gar nichts über »die Neue«: Warum wollte sie Bürgermeisterin werden? Was möchte sie in den ersten 100 Tagen für die Stadt tun? Wie war ihr erster Tag? Wie hilft ihr ihre Berufserfahrung als Kriminalbeamtin in ihrem neuen Job? Welche Hobbies hat sie – und wird sie dafür künftig noch Zeit finden? Fragen über Fragen, die man in einem oder mehreren Videos hätte stellen und beantworten können. Stattdessen bekommen die Follower nur ein Standfoto. Dieses ist zwar qualitativ hochwertig und zeigt eine sympathisch wirkende Bürgermeisterin. Die Kleidung und die blühenden Bäume verraten jedoch, dass das Bild aus dem Sommer stammt. Soziale Medien benötigen aktuelleres Material. Natürlich kann man Fotos und Videos vorproduzieren – auf die passende Jahreszeit sollte man als Social-Media-Verantwortliche*r aber zumindest achten. Der Post ist deshalb nicht geeignet, Nähe herzustellen zwischen der Bürgermeisterin und ihren jungen Bürger*innen, die auf Instagram zuschauen. Es scheint, das Social-Media-Team habe hier (mit möglichst wenig Arbeitsaufwand) irgendeinen Post zum Amtsantritt rausjagen wollen. Das reicht nicht!

Unsere Idee wäre gewesen:

- Da der Tag des Amtsantritts seit Langem bekannt war, hätte das Social-Media-Team an den Tagen zuvor ein Video mit der neuen Bürgermeisterin aufzeichnen können: »Wer ich bin. Was ich mit Bensheim vorhabe. Was ich mir von den Bürgern wünsche.« Die Kulisse Marktplatz (wie auf dem Foto, nun aber vermutlich mit Weihnachtsmarkt) wäre als Hintergrund durchaus geeignet gewesen. Das fertige Video hätte sich in »Schnipseln« (zum Beispiel immer eine Frage – eine Antwort) zu mehreren Beiträgen verarbeiten lassen.

- Alternativ hätte das Social-Media-Team die Follower fragen können, was sie von Christine Klein wissen wollen oder welche Wünsche sie haben. Gleich am ersten Tag hätte die neue Bürgermeisterin alles auf Instagram Live beantworten können.

- Falls beides organisatorisch nicht möglich gewesen wäre (vielleicht hatte das Social-Media-Team vor dem Amtsantritt noch keinen Zugriff auf die neue Bürgermeisterin) hätte man auch Videos mit Fragen, Wünschen und Willkommensgrüßen von Bürgern posten können – und die Community auffordern, weitere Fragen zu schicken. Auch im Fernsehen sieht man häufig diese Art von Straßen-Umfragen. Warum? Weil klare Stimmen aus dem Volk für viele Zuschauer interessanter sind als schöngefärbte Politiker-Phrasen. Lassen Sie auf Ihren Social-Media-Accounts ganz normale Bürgerinnen und Bürger zu Wort kommen! Die beschriebenen »Snippets« auf dem Marktplatz aufzunehmen und kurz zusammen zu schneiden, dauert in geübten Social-Media-Redaktionen etwa einen halben Tag – ein Zeitaufwand, der dem Ereignis durchaus angemessen ist.

Abbildung 13.17 Der Amtsantritt eines neu gewählten Stadtoberhaupts ist zweifellos ein wichtiges Thema für einen städtischen Social-Media-Kanal. Von allen Umsetzungsmöglichkeiten wurde hier jedoch die langweiligste gewählt: Ein überholtes Standbild mit einer lieblosen Caption, in der man nichts über die neue Bürgermeisterin erfährt.

Denken Sie immer daran: Sie posten auf Social Media nicht »der Vollständigkeit halber«. Jeder Ihrer Beiträge muss geeignet sein, die Beziehung zu Ihren Zielgruppen zu stärken. Fragen Sie sich immer: Wie kann ich meiner Community das Thema *wirklich nahe bringen*? Die Antwort hätte auch hier gelautet: mit Storytelling!

Auch die Stadt Gütersloh widmete sich kürzlich (im Mai 2021) auf Instagram einem spannenden städtischen Thema: der Insektenpopulation im Landkreis! Manch eine Person glaubt ja, bei einer Stadt gäbe es nur langweilige Bürojobs – weit gefehlt. In

Verwaltungen kann man durchaus auch »was mit Tieren« machen – Gummistiefel und Natur statt Fax und Akten! Wie wir alle wissen, bewegen grüne Themen spätestens seit »Fridays for Future« viele Menschen. Leider hat die Stadt Gütersloh in unserem folgenden Beispiel ihr Potenzial (trotz einiger guter Ansätze) nicht ausgeschöpft (Abbildung 13.18). Wir erklären, wie es besser ginge!

Abbildung 13.18 Das Social-Media-Team der Stadt Gütersloh berichtete auf Instagram über zwei Mitarbeiter in spannender Mission. Die Themenauswahl stimmt. Leider liest sich die Caption zu fachspezifisch und zu bürokratisch für Instagram. Die Chance auf gutes Storytelling wurde hier knapp verpasst.

In dem Instagram-Feed-Post sehen wir zwei Mitarbeiter des Grünflächenamts bei ihrer Arbeit im Grünen: Sie bekamen die Aufgabe, die Insektenarten im Gütersloher Biotop »Ruhenstroths Wiese« zu erfassen. Eine gute Idee war es hier, die beiden Männer vor Ort zu besuchen und in Aktion zu zeigen. Gerne hätten wir mehr über sie erfahren – wie heißen die beiden und wie alt sind sie? Wie lange arbeiten sie schon bei der Stadt? Welche Ausbildung haben sie? Wie wird man Gütersloher »Insekten-Erfasser«? Und müssen sie trotzdem ab und zu ins Büro und dort Akten wälzen?

Über die Insekten erfahren wir im Posting-Text zwar mehr Fakten, diese sind aber für Laien unverständlich formuliert: »Rund 100 Tiere sind im Rahmen eines Insektenmonitorings erfasst worden (…). Mehr als 20 Tagfalter- und über 80 Stechimmenarten sowie insgesamt 62 Arten, die auf der Roten Liste stehen, wurden kartiert.« Was ist ein Insektenmonitoring und was bedeutet »kartiert«? Was ist die

»Rote Liste« – und was sind »Stechimmen«? Wer nicht selbst im Grünflächenamt arbeitet – oder auf den Link klickt – versteht hier nur Stechmücke. Dabei beginnt die lange Caption durchaus vielversprechend: »Sagt Ihnen der Kleine Perlmuttfalter etwas? Ihn kennenzulernen lohnt sich, denn der Schmetterling mit seinen großen weißen Flecken auf der Unterseite seiner Flügel, die an Perlmutt erinnern ...«. Nur leider lernen wir ihn nicht kennen – ein Foto oder Video des beschriebenen Tiers gönnte die Stadt Gütersloh ihren Followern hier nicht.

Was trotz der guten Idee bleibt, ist ein Beitrag über Insekten, über die wir zwar etwas erfahren, sie aber nicht sehen – und über zwei Männer, die wir zu Gesicht bekommen, aber über die wir nichts erfahren! Unsere Empfehlung an die Stadt Gütersloh wäre gewesen: Entscheiden Sie sich für eine Perspektive – und erzählen Sie diese zu Ende. Konkret könnte das so aussehen:

- Per Instagram Story begleiten wir die beiden Mitarbeiter durch ihren Tag. Sie erklären, was es mit dem fremdwortartigen »Insektenmonitoring« auf sich hat – und wozu man so etwas braucht. Nebenbei erfahren wir etwas über die Männer selbst – wie sie zu ihrem Job kamen, was ihnen besonders viel Spaß macht und ob sie es eigentlich übers Herz bringen, daheim auch mal die Fliegenklatsche zu benutzen. Aus dem Filmmaterial für die Story (ein ganzer Tag) basteln wir eine Kurzfassung, die wir als Video-Beitrag im Feed posten.

- Alternativ hätten wir den Kleinen Perlmuttfalter in Großaufnahme als Foto oder Video gezeigt und seine Geschichte erzählt: Wo lebt diese Falterart? Welche Funktion im Naturkreislauf erfüllt sie? Was bedeutet eigentlich »Tagfalter«? Ist der Kleine Perlmuttfalter gefährdet und wenn ja, wodurch? Wie kann eine Maßnahme mit dem sperrigen Titel »Insektenmonitoring« hier helfen? Kann man sich für solche Jobs bei der Stadt bewerben?

Unsere Empfehlungen:

- Geben Sie gezeigten Menschen (und Tieren) immer einen Namen und eine Geschichte. Und bilden Sie umgekehrt das, worüber Sie sprechen, auch ab (Social Media bedeutet: *Show, don't tell*)!

- Verzichten Sie auf Fremdworte und Verwaltungs-Insider-Begriffe – oder erklären Sie sie für Anfänger! »Lernbeiträge« sind ein perfektes Format für die Behördenkommunikation in sozialen Netzwerken – wenn sie richtig gemacht sind.

- Gliedern Sie lange Captions (anders als in diesem Beispiel) in mehrere Absätze und lockern Sie den Text zusätzlich mit Emojis auf. Wie Sie das genau machen, erfahren Sie weiter unten in diesem Kapitel – dort geht es noch mal genauer um das Texten für Social Media.

Bevor wir dorthin kommen, noch ein weiteres Beispiel für ein prima Social-Media-Thema, das aber mehr schlecht als recht umgesetzt wurde. Das Land NRW berichtete auf seinem Instagram-Kanal über die Anschaffung von Drohnen zur Rettung von Rehkitzen (Abbildung 13.19). Dafür möchten wohl alle einen Like geben!

Abbildung 13.19 Die Rettung von Rehkitzen ist ein dankbares Social-Media-Thema. Hier hapert es jedoch an der Umsetzung für Instagram!

Das Bild hat zwar einen hohen Niedlichkeitsfaktor und ist grafisch professionell gestaltet – es zeigt jedoch kein Rehkitz, sondern ein Hirschkalb! Darauf wies ein Nutzer im ersten Kommentar hin. Bei der Verwendung von Stockfotos können solche Fehler leicht passieren – ein Grund, warum wir Ihnen in Kapitel 4 ein Vier-Augen-Prinzip vorgeschlagen haben. Schade ist, dass das Land NRW auf den Nutzer-Hinweis nicht reagiert hat – dabei bietet der Kommentar eine Steilvorlage für gutes Community Management. Auch auf die anderen inhaltlichen Kommentare reagierte das Social-Media-Team nicht – aus unserer Sicht ein No-Go.

Auch der Posting-Text dürfte einige Nutzer ohne Landwirtschafts-Expertise verwirrt zurücklassen. Wir, die Autoren dieses Buches, mussten ihn zweimal aufmerksam lesen, um zu verstehen, wie die Drohnen nun *genau* dabei helfen, Rehkitze zu schützen.

Fazit: Ein wunderbares Social-Media-Thema, aus dem man mehr machen kann! Unsere Empfehlungen:

- Posten Sie ein Erklärvideo. Falls Sie dafür kein Budget haben und es auch nicht selbst erstellen können, erklären Sie im Text per Schritt-für-Schritt-Anleitung (mit Absätzen und Emojis), wie genau die Drohnen zur Anwendung kommen.

- Liefern Sie mehr Hintergrundinfos: Wie viel kostet eine Drohne? Wer hat sie entwickelt? Wie viele Tiere können pro Jahr gerettet werden? Wie viele Rehe leben in NRW? Was soll ich als Leser*in des Beitrags tun, falls ich auf einem Feld ein Rehkitz entdecke?

- Antworten Sie auf eingehende Kommentare! Unter dem Beitrag merkte eine Nutzerin an: »Ich finde es geradezu schrecklich, wenn Drohnen herumfliegen. Sie sind beängstigend, für Mensch und Tier nicht ungefährlich und können übergriffig genutzt werden. Tierschutz sollte anders aussehen.« Eine weitere Nutzerin schrieb: »33 Geräte für ganz NRW? Wie soll das funktionieren?« Auf inhaltliche Kommentare auf Social Media sollten Behörden immer eingehen. In Teil II dieses Buches haben wir das Thema Community Management ausführlich behandelt.

Es gibt Behörden, die nun reflexhaft entgegnen würden: *Das ist doch alles viel zu aufwendig!* Dazu Folgendes:

- Kreativität braucht Zeit! Als Social-Media-Behörde haben Sie die Wahl: Posten wir mit möglichst wenig Aufwand nebenbei – oder machen wir etwas wirklich Kreatives? Wir plädieren für Variante zwei und sagen: Gute Inhalte sind *immer* aufwendig – aber der Aufwand lohnt sich.

- Unsere Empfehlungen aus den gerade gezeigten fünf Beispielen lassen sich von Behörden allesamt ohne großes Budget, mit eigenen Mitarbeitenden und einfachen technischen Mitteln umsetzen. Es braucht dazu lediglich etwas Übung, Zeiteinsatz, Leidenschaft und Basis-Know-how der Content-Kreation. Im nächsten Abschnitt vermitteln wir Ihnen Schritt für Schritt, wie Sie als Behörde in kurzer Zeit zum Content Creator werden!

Wenn Sie viel Budget ausgeben können *und* kreative Ideen haben (oder eine Agentur dafür bezahlen), können Sie als Behörde natürlich auch Storytelling im ganz großen Stil betreiben. Drei Beispiele aus den letzten Jahren:

- Die preisgekrönte Bundeswehr-YouTube-Serie »Die Rekruten« begleitete neue Soldat*innen bei ihrer Grundausbildung. Die Serie (Abbildung 13.20) mit begleitender Werbung kostete mehrere Millionen € – und sorgte dafür, dass die Bewerberzahlen bei der Bundeswehr nach eigenen Angaben um 20 % stiegen.

- Der 70. Geburtstag des Grundgesetzes inspirierte das Bundesjustizministerium und die Bundeszentrale für politische Bildung zu einer gemeinsamen fiktiven Geschichte: Über WhatsApp und weitere Messenger konnte man Nachrichten der Figur »Karl« abonnieren, der als Stenograf im Parlamentarischen Rat arbeitet und täglich mitteilt, wie er nach dem Krieg die Entstehung der Grundrechte erlebt. »Ziel des Projekts ist einerseits, ein Bewusstsein davon zu vermitteln, welche Bedeutung die Grundrechte für jeden Einzelnen haben, und andererseits, unter welchen politischen, wirtschaftlichen und sozialen Verhältnissen das

Grundgesetz 1948/49 entstand«, schreibt das BMJV[4]. Alle Nachrichten von »Karl« (illustriert mit aufwendigen Zeichnungen) lassen sich noch jetzt auf der Website des BMJV nachlesen (siehe Abbildung 13.21).

- Mit Agentur-Budget lassen sich so wunderbare YouTube-Zeichentrickfilme wie »So ist Brandenburg« produzieren (Abbildung 13.22) – ein humorvoller Streifzug durch die Geschichte eines Bundeslandes, das vor 31 Jahren neu gegründet wurde. Mehr über das Wirken der Brandenburger Staatskanzlei auf Facebook vermitteln wir Ihnen im Best-Practice-Teil (Teil V) dieses Buches!

Abbildung 13.20 Was passiert eigentlich in den ersten Tagen Bundeswehr? »Die Rekruten« zeigte 2016 echte Soldat*innen bei ihrer Grundausbildung und ließ uns ihnen im Instagram-Story-Stil durch den Tag folgen.

Abschließend die große Preis-Frage: Lässt sich mit Storytelling jeder noch so sperrige Stoff erfolgreich verkaufen? Ehrliche Antwort: nein! Es gibt Themen, die sich beim besten Willen nicht für Social Media eignen. Es wäre aus unserer Sicht unseriös, Ihnen da etwas anderes zu erzählen. Stattdessen erklären wir Ihnen, wie Sie Inhalte erkennen, die Ihre Zielgruppen kalt und unberührt lassen – und sagen Ihnen, was Sie stattdessen tun können!

Falls Sie eine Behörde sind, die viele Fördermittel verteilt, haben Sie sicher schon die Erfahrung gemacht, dass die betreffenden Posts auf Social Media wenig Reso-

---

4 Mehr zum Projekt: *https://www.bmjv.de/WebS/70JahreGG/DE/Home/_pages/DasProjekt/ dasprojekt_node.html7*

nanz erhalten – egal, wie viel Liebe Sie in Texte und Bilder stecken. Das ist leicht erklärbar:

- Förderprojekte haben in der Regel nur eine winzige Zielgruppe. Nehmen wir an, eine Landesregierung schreibt ein Förderprojekt aus, für das sich zehn Kultureinrichtungen bewerben können. Für die organisierende Behörde und die damit befassten Mitarbeitenden ist das zwar eine Riesensache, und vielleicht ist das Projekt auch ein großer Erfolg. Es hat aber keine Öffentlichkeitswirkung, da es für niemanden (alltags)relevant ist – mit Ausnahme der zehn geförderten Einrichtungen und der geldgebenden Behörde.

- Die meisten Förderprojekte sind zu komplex, um sie in Kürze verständlich zu erklären. Was man mit Mitteln des Storytellings nicht erklären kann, eignet sich nicht als Social-Media-Inhalt.

Abbildung 13.21 Ein spannendes Storytelling-Projekt setzte das Bundesjustizministerium 2019 auf WhatsApp um. Wer wollte, konnte auf dem Messenger-Dienst Nachrichten der fiktiven Figur »Karl« abonnieren, der an der deutschen Verfassung mitarbeitete.

Wenn Sie als Amt merken, dass bestimmte Inhalte auf Social Media schlecht laufen, sollten Sie folgendes prüfen:

- Hat das Thema eine (breite) öffentliche Zielgruppe – oder betrifft es nur ganz wenige Menschen?

- Lässt es sich für Laien in Kürze verständlich erklären – oder bräuchte man dazu zwingend einen ellenlangen Text mit vielen Fachausdrücken?

Abbildung 13.22 Was lief in der Geschichte Brandenburgs gut, was schlecht? Humor- und liebevoll zeichnet dieses YouTube-Video die Geschichte des Bundeslandes nach.

Wenn diese Punkte zutreffen, werden Sie keine breite Öffentlichkeit erreichen und begeistern können – das sagt schon die Logik. Sie haben dann folgende Möglichkeiten:

- Sie können sich damit abfinden, dass Ihre Posts zu diesem Thema immer nur eine geringe Reichweite haben werden – *und* dass Sie möglicherweise Nutzer, die Ihnen folgen, damit vergraulen.

- Sie verzichten darauf, das sperrige Thema über Social Media zu spielen und konzentrieren sich auf Kommunikationswege, auf denen Sie den beschränkten Adressatenkreis direkt erreichen können (beispielsweise E-Mail-Verteiler).

- Sie haben ausschließlich hochkomplexe Themen, möchten aber trotzdem auf Social Media aktiv sein? Dann brauchen Sie eine kreative Idee! Ein gutes Beispiel ist das Bundesverwaltungsamt. Die Behörde mit Sitz in Köln ist zuständig für Beihilfe-Berechnungen und ähnliche trockene Dinge. Auf Instagram setzt das Amt auf Humor und Selbstironie. Ein Feedpost aus dem Mai 2021 (Abbildung 13.23) zeigt ein Mitarbeiter-Foto, das in den 1990er-Jahren aufgenommen worden sein muss: Der Kollege trägt ein Hawaiihemd, sitzt vor einem Uralt-Computer, man sieht einen Holzschreibtisch mit Akten und im Hintergrund eine Landkarte. Die Caption lautet: »Mach dich bereit für den Sommer – mit den BVA-Fashiontipps! Wir beraten übrigens auch in Sachen Digitalisierung.« Chapeau!

Abbildung 13.23 Was tut man als Amt, wenn man keine ästhetischen, Instagram-typischen Inhalte hat? Das Bundesverwaltungsamt setzt auf Humor – und gewinnt!

Wie wird ein Amts-Inhalt zu einer guten Story? Fünf Tipps

1. Denken Sie bei der Planung Ihrer Geschichten daran, dass die meisten Menschen sich privat, freiwillig und in ihrer Freizeit in sozialen Netzwerken aufhalten. Informationen sind sehr willkommen – wenn sie den Followern wirklich nützen und gleichzeitig unterhaltenden, inspirierenden Charakter haben. Schwerfällige Projektberichte, Textwüsten, Eigenlob von politischen Akteuren und ähnliche Inhalte, die man leider auf vielen Social-Media-Profilen von Behörden findet, haben mit Storytelling nichts zu tun.

2. »Menschen kaufen nicht, was man macht, Menschen kaufen, warum man etwas macht«, schreibt Simon Sinek in seinem Bestseller *Start with why*. In dem Buch geht es um Leadership – und auch Behörden sind Leader. Es ist kein Geheimnis, dass viele Menschen da draußen Verwaltungshandeln nicht verstehen und Verwaltungsentscheidungen nur schwer nachvollziehen können – das spiegelt sich tagtäglich auch in Social-Media-Kommentaren wider. Nutzen Sie Social Storytelling, um das zu ändern! Stellen Sie bei jedem Thema auf Social Media das »Warum« statt das »Was« in den Mittelpunkt – und erklären Sie Ihr Handeln lebensnah.

3. Apropos »Kaufen«: Anders als Zalando, Starbucks, Microsoft oder Aldi verkaufen Sie als Amt auf Social Media keine Konsumgüter. Vermeiden Sie daher zu viele produktbezogene Posts – etwa über einzelne Projekte, Initiativen, Veranstaltungen. Als Verwaltung setzen Sie demokratische Entscheidungen um, schaffen die Bedingungen für ein gutes Zusammenleben und regeln den Alltag der Menschen. Stellen Sie gemeinsame Werte und Interessen in den Vordergrund Ihrer Erzählungen! Lassen Sie Ihre Community am »großen Ganzen« teilhaben, statt sich und Ihre Follower mit »Kleinklein« aufzuhalten.

4. »Was klickt, ist der Mensch« haben wir weiter oben von Claus Jacobi gelernt. Derzeit geht der Trend auf Social Media weg vom *perfekten* Menschen im durchgestylten und überproduzierten Instagram-Feed-Post. Gefragter sind Szenen aus dem Alltag, witzige Ideen und Überraschungen, Blicke hinter die Kulissen, Nahaufnahmen von Gesichtern. Dieser Trend zeigt sich am Siegeszug des »Stories«-Formats und der Plattform TikTok. »Mehr Realität auf Instagram« ist ein geflügeltes Wort unter Influencern geworden. Selbst Hollywood-Superstars zeigen sich im Jahr 2021 auf Social Media ungeschminkt und in Alltagssituationen. Greifen auch Sie diese Entwicklung auf! Zeigen Sie Ihren Behördenleiter nicht steif im Büro mit Anzug und Deutschland-Fahne im Hintergrund, sondern ohne Krawatte auf einer Wiese sitzend, wenn er etwas erklärt. Die US-Kongressabgeordnete Alexandria Ocasio-Cortez lässt Ihre knapp 9 Millionen Instagram-Follower sogar zuschauen, wie sie zuhause IKEA-Möbel aufbaut – und ist durch eben diese Nahbarkeit zum Social-Media-Superstar geworden. Der Trend zum Unperfekten spielt Ihnen als Verwaltung in die Hände – wenn Sie sich darauf einlassen. Und keine Sorge: Um nahbar und »echt« zu sein, muss man sich noch längst nicht privat zeigen. Mehr dazu in Teil V dieses Buches (»So werde ich Behörden-Influencer«).

5. Social Storytelling bedeutet: Nicht nur erzählen, sondern auch zuhören! Denken Sie immer daran: *Alles*, was Sie auf Social Media tun, dient dem Beziehungsaufbau – und der geschieht immer beidseitig. Achten Sie daher stets darauf, wie Ihre Community auf Ihre Geschichten reagiert – und welche sie selbst erzählt! Stellen Sie sicher, dass Sie aktuelle Storytelling-Trends mitbekommen: Das können weltweite Social-Media-Wettbewerbe wie die »Jerusalema Challenge« oder auch beliebte serielle Formate wie »Eine Minute Jura« von »Herr Anwalt« auf TikTok sein. Prüfen Sie immer, wo es Anknüpfungspunkte zu Ihrer Community gibt und welche Storytelling-Sprache sie gerade spricht. Falls Sie als Behörde gerade sagen wollten, dass Sie für das Einüben von »Jerusalema« nun *wirklich* keine Zeit haben: Sogar die Tirol Kliniken machten mitten in der Corona-Krise mit (siehe Abbildung 13.24)!

Abbildung 13.24 Die »Jerusalema Challenge« absolvierten die Tirol Kliniken mit Bravour. Selten haben wir so sympathisch ein Krankenhaus und sein Personal kennengelernt! Das fanden auch mehr als 860.000 Menschen, die sich das Video allein bei Facebook ansahen (Stand: Mai 2021).

13.3.3 Fotos, Grafiken und Videos: Wie ich Behörden-Botschaften zum Leben erwecke

Jede Behörde kann guten Social-Media-Content erstellen! Wenn Sie diesen Abschnitt gelesen haben, haben Sie keine Angst mehr davor, regelmäßig Videos für Ihre Social-Media-Kanäle zu drehen und zu schneiden und Live-Sessions in sozialen Netzwerken abzuhalten. Alles, was Sie brauchen, um Ihre Botschaften künftig social-media-like aufzubereiten, ist ein Smartphone. Unsere folgenden Tipps helfen Ihnen dabei, sich schnell im Dschungel der Bildbearbeitungs- und Video-Schnitt-Apps zurechtzufinden. Mit etwas Übung können Sie schnell zum professionellen Content-Creator für Ihre Behörde werden!

Zunächst möchten wir betonen, *wie* wichtig Bewegtbild für Ihre Social-Media-Kommunikation ist. Auf neuen Plattformen wie TikTok spielen Fotos gar keine Rolle mehr. Für Instagram empfiehlt dessen deutscher Chef Heiko Hebig derzeit einen Bewegtbild-Anteil im Feed von 60 % – von Stories, Reels, IGTV und Live noch gar nicht gesprochen! Die meisten Behörden kommunizieren auf Instagram, Facebook und Twitter zu *statisch*: Auf ihren Kanälen sind vor allem Link-Posts und Foto-Posts zu finden. An YouTube und TikTok trauen sie sich aufgrund ihrer Video-Phobie gar nicht richtig heran. Sehen Sie der Wahrheit ins Auge: *Bewegte* Botschaften haben auf Social Media längst die Vorherrschaft übernommen. Was lebendig ist, bleibt beim Nutzer besser hängen und ist der wertvollere Inhalt! Videos und Live-Sessions haben durchschnittlich mehr Reichweite als Bild-und-Text-Posts, da sowohl User als auch die Plattform-Algorithmen diese bevorzugen. Nutzen Sie also jede Gelegenheit, Videos statt Standbilder zu erstellen und zu posten! Übrigens lassen sich auch Fotos noch nachträglich zum Leben erwecken: Schnell ist per Bildbearbeitungs-App eine Animation gebaut oder in einer Instagram-Story ein interaktives Element hinzugefügt. Fazit: Gut ist, was sich bewegt! Wir empfehlen Ihnen einen Video-/Live-/Animations-Anteil von mindestens 60 % über all Ihre Plattformen hinweg. Keine Angst: Wenn Sie erst mal angefangen haben, in dieser Sprache zu kommunizieren, fällt Ihnen Bewegtbild bald sehr leicht – und Sie werden statische Inhalte so langweilig finden wie wir!

Der Weg zum guten Storytelling-Inhalt geht über zwei Schritte:

1. Sie machen Aufnahmen (Videos und Fotos) mit Ihrem Smartphone und speichern sie auf dem Gerät.

2. Sie bearbeiten das Rohmaterial mit den passenden Apps (ebenfalls auf dem Smartphone) nach.

Fertig ist Ihr Social-Media-Content!

Angenommen, Sie sind Social-Media-Verantwortliche*r einer Stadt und möchten auf Ihren sozialen Kanälen über einen neu eröffneten Radweg berichten. Dann würde Ihr Workflow so aussehen:

1. Nachdem Sie sich bereits am Schreibtisch überlegt haben, wie Sie das Thema am besten in Szene setzen können, ziehen Sie mit Smartphone und Zubehör los, filmen und fotografieren vor Ort.

2. Zurück im Büro oder Homeoffice sichten Sie Ihre zahlreichen Aufnahmen, bearbeiten Sie mit verschiedenen Apps und schneiden fertige Videos für einen oder mehrere Social-Media-Kanäle zusammen. Denken Sie dabei daran, dass jedes soziale Netzwerk eigene Beitragsformate hat: Ihre Aufnahmen müssen für jede Plattform anders geschnitten werden. Nichts ist schlimmer als ein Feed-Video bei Instagram, das ursprünglich im Querformat gedreht wurde und deshalb an beiden Seiten abgeschnitten ist! Echte Social-Media-Nutzer*innen sehen solche Unprofessionalität auf einen Blick.

Nicht zwingend muss die gleiche Person das Aufnehmen *und* die Nachbearbeitung übernehmen. Als Social-Media-Verantwortliche*r können Sie sich Aufnahmen von anderen zuliefern lassen (etwa wenn Ihr Inhalt in einer anderen Stadt aufgenommen werden muss und Sie nicht extra reisen möchten). Sie können es aber auch umgekehrt machen, nämlich das Rohmaterial bei sich vor Ort aufnehmen und die Nachbearbeitung Kolleg*innen oder Dienstleister*innen überlassen. Wenn Sie beides können und zeitlich schaffen: umso besser!

Für einfache und spontane Aufnahmen kann ein Smartphone ausreichen. Sobald Sie aber häufiger Videos drehen und dabei auch Interviews führen oder Ereignisse live abbilden, sollten Sie sich das folgende Standard-Zubehör anschaffen:

- Stativ
- externes Mikrofon
- externe Beleuchtung (z. B. Ringlicht)

Zwar ist »Mehr Realität auf Instagram« derzeit hip – doch verwechseln Sie Nahbarkeit nicht mit schlechter Qualität! Verwackelte oder zu dunkle Bilder oder ein schlechter Ton sind ein No-Go für Medieninhalte einer offiziellen Stelle. Das oben genannte Zubehör kostet zusammen nicht wesentlich mehr als 10 € – das sollte es Ihrem Amt wert sein.

Wer zu den absoluten Profis unter den Behörden gehören und etwas Besonderes bieten möchte, für den/die ist vielleicht dieses Equipment interessant:

- *360-Grad-Kamera*

  Selbst Pressekonferenzen lassen sich damit interessant abbilden (Behind-the-scenes-Effekt!).

- *Gimbal*

  Smartphone-Aufnahmen werden ruckelfrei und flüssiger. Mit einem Gimbal könnte man etwa den eben erwähnten Fahrradweg filmend abfahren, statt ihn einfach nur zu fotografieren.

- *Drohne*

  Für atemlos machenden Behörden-Content! Der österreichische Bundespräsident landete in der Corona-Krise einen Social-Media-Hit: Weil der Nationalfeiertag 2020 nicht wie sonst mit Besucher*innen stattfinden konnte, ließ das Social-Media-Team eine Drohne durch die Hofburg fliegen. Was für eine virtuelle Besichtigung! In Deutschland nutzt unter anderem Hessen Mobil (Hessens Straßen- und Verkehrsmanagement) Drohnen-Videos.

Egal, welches Equipment Sie angeschafft haben: Üben Sie den Umgang damit unbedingt gut ein, bevor es bei einem Video-Termin – etwa mit Ihrer Behördenleitung – dann wirklich drauf ankommt. Die Autoren dieses Buches sprechen da aus leidvoller Erfahrung!

Drei Tipps für Videos und Fotos vor Ort

1. Seien Sie *Jäger und Sammler*! Das heißt: Nehmen Sie (vorausgesetzt, Sie haben genügend Zeit) möglichst viele Bilder und Clips auf, um eine reichhaltige Auswahl zu haben. Überschüssiges Material können Sie später löschen. Profi-Fotografen machen es genauso, wenn sie etwa in der Natur fotografieren oder Models ablichten. Viel-

leicht sagt Ihnen auch der Begriff »Schnittmaterial« etwas: Das sind zusätzliche Aufnahmen, die ins spätere Video eingebaut werden können, um es abwechslungsrei-
cher oder interessanter zu machen.

2. Stellen Sie vorab sicher, dass Ihr Smartphone viel Speicherplatz hat oder Sie Ihr
Material auf einer externen Festplatte oder in der Cloud ablegen können.

3. Sorgen Sie immer für aufgeladene Smartphone-Akkus und haben Sie bei Präsenzter-
minen vor Ort ohne Steckdose eine oder mehrere Power-Banks dabei.

Nun geht es an die Nachbearbeitung. Damit können Sie direkt in Ihrer Photo-App
auf dem Smartphone beginnen: Helligkeit, Zuschnitt, Kontrast und Co. lassen sich
dort optimieren. Auch die meisten Social-Media-Plattformen (beispielsweise die
Instagram-App) bieten Basis-Bearbeitungsmöglichkeiten und -Filter an.

Diese internen Funktionen sind jedoch begrenzt. Kreativer können Sie arbeiten,
wenn Sie weitere Apps und Tools dazu nehmen. Wir stellen Ihnen nachfolgend
unsere Favoriten vor. Sie sind allesamt auf dem Smartphone nutzbar, was aus unserer Sicht die Post-Produktion einfacher und praktischer macht, als wenn Sie das
Material erst umständlich auf Ihren Büro-PC transferieren müssten. Unsere Empfehlungen haben keinerlei Anspruch auf Vollständigkeit. Nahezu täglich stellen
Anbieter und Entwickler neue Programme in den App-Store oder statten die bestehenden mit neuen Funktionen aus. Suchen Sie sich ruhig Ihre eigenen Lieblings-
tools aus. Unsere sind die folgenden:

1. Mit *Adobe Spark Video* lassen sich einzelne Fotos und Videoclips zu professionellen Kurzfilmen (mit Text und Musik) verarbeiten – und zwar sowohl am
Smartphone als auch browserbasiert am PC. Sie können den Videoschnitt am
Smartphone beginnen und am Rechner fortsetzen oder umgekehrt. Im Gegensatz zu vielen anderen Adobe-Anwendungen ist die App fast selbsterklärend:
Mit einem halben Tag Einarbeitung sind Sie dabei! Zum Anschauen und Üben
reicht die kostenlose Version aus. Falls Sie sich für den amtlichen Einsatz entscheiden, brauchen Sie ein Abo, damit die Wasserzeichen verschwinden und Sie
Ihr Logo, Ihre Schriften und Ihre Farben hochladen können. Im Adobe-Creative-
Suite-Abo ist das Spark-Paket (Spark Video, Spark Post und Spark Page) bereits
enthalten, separat kostet es 11,49 € monatlich für Einzelanwender und 24,00 €
für ein ganzes Team. Eine lohnende Investition!

2. *Canva* verspricht »Grafikdesign für jedermann« – und da ist was dran. Aus tausenden Vorlagen und Gestaltungselementen lassen sich (am Smartphone oder
am PC) Social-Media-Beiträge für jede Plattform bauen – sowohl Bilder und
Grafiken als auch Bewegtbild. Canva ist für Anfänger und Profis geeignet und
sollte in keiner Behörde, die selbst Content erstellt, fehlen. Auch hier empfehlen wir, das Tool kostenlos zu testen und anschließend für den kompletten

Funktionsumfang ein Abo abzuschließen (11,99 € monatlich für Einzelpersonen, der Preis steigt mit der Anzahl der Nutzer pro Amt).

3. *Unfold* bietet attraktive Vorlagen für das Stories-Format (Hochkant) inklusive ganzer Card-Serien für einen einheitlichen Look. Schließt man ein Abo ab (9,99 € monatlich), kann man eigene Schriften und Farben hinzufügen und auch auf dem Desktop arbeiten. Alternativen zu Unfold (ähnlich in Funktionsumfang und Preis) sind u. a. die Apps *Lift* und *Splice*.

Falls Sie noch professioneller und individueller an Ihren Fotos und Videos arbeiten möchten (und höhere Kosten beziehungsweise eine längere Einarbeitungszeit nicht scheuen), können Sie auch mit den folgenden Tools arbeiten:

- *Adobe Creative Suite* (Photoshop, InDesign, Premiere Pro und Co.) für den PC (Windows und Mac OS)
- *Kinemaster* (Smartphone)
- *Luma Fusion* (Smartphone, nur iOS)
- *iMovie* (Smartphone, nur iOS)
- *Final Cut Pro* (nur MacOS).

Über Online-Datenbanken wie beispielsweise *www.motionarrey.com* können Sie auf umfangreiche Ressourcen wie Übergänge oder Textanimationen zugreifen. Diese Elemente können Sie herunterladen und in beispielsweise Premiere Pro oder Final Cut Pro integrieren. Die Installation ist dabei vergleichsweise einfach und die Effekte haben oft ein sehr hohes Niveau.

Zu jedem Tool gibt es zahlreiche Infos und Tutorials im Netz, manche sind auch Gegenstand von Fortbildungen oder werden im Studium gelehrt.

Drei nützliche Hinweise für Ihre Nachbearbeitung:

1. Kein Tool und keine App kann alles. Beispielsweise lassen sich mit Adobe Spark keine Videos im Hochformat bauen, die Sie aber für Stories und IGTV benötigen. Bei Unfold ist es umgekehrt: Alle Vorlagen bedienen das Hochformat. Sie werden daher nicht umhinkommen, mehrere verschiedene Apps zur Nachbearbeitung zu nutzen.

2. Entscheiden Sie sich innerhalb der Apps wiederum für wenige Vorlagen und Filter, die Sie immer wieder verwenden, und mixen Sie auch nicht ständig verschiedene Farben und Schriften. Für einen professionellen Auftritt ist eine einheitliche Bildsprache sehr wichtig!

3. Minimale Gestaltungskenntnisse sollten alle mitbringen, die Content für behördliche Social-Media-Profile erstellen. Zwar machen Tools wie Canva es jedem und jeder technisch leicht, einen Post oder ein Video zu erstellen. Ausschlaggebend ist aber die Person am Smartphone! Hat diese keinerlei Blick für einen stimmigen Bildaufbau oder null Gefühl für Ästhetik, sieht man das dem fertigen Content leider an. Dann klebt etwa Schrift zu nah am Rand oder jeder Post hat ein anderes Design. Ein ab-

schreckendes Beispiel für »Canva-Grafiken Marke Eigenbau« liefert uns das Jobcenter Delmenhorst (Abbildung 13.25), ein sehr ansprechendes dagegen die Gewerkschaft EVG (Abbildung 13.26).

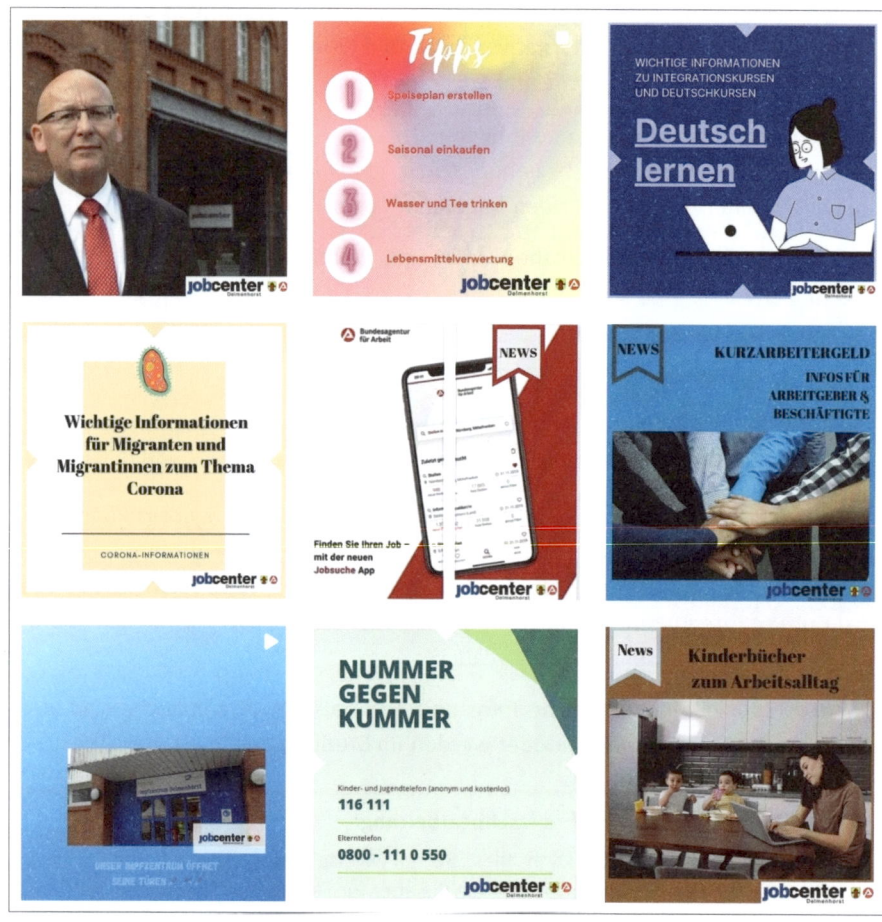

Abbildung 13.25 Das beste Tool (hier Canva) nützt nichts, wenn grundlegende Gestaltungsregeln missachtet werden. Hier hat jeder Post ein anderes Design, Schriften und Farben werden wild gemixt, das Logo hat jedes Mal eine andere Größe.

Wir sind fest überzeugt: Die allermeisten Behörden können mit Übung und Leidenschaft (braucht es für Social Media ohnehin immer) ansprechenden Content selbst erstellen. Die Mühe lohnt sich, denn Sie werden als Behörde unabhängig von Agenturen. Content-Kreation ist eine wichtige Zukunftskompetenz für jedes Amt!

Sollte Ihnen persönlich Grafikdesign nicht in die Wiege gelegt worden sein, können Sie sich gestalterische Basics (wie der »goldene Schnitt«) anlesen oder per Fortbildung aneignen. Falls es trotz aller Mühen gar nicht klappen will – oder Sie aufgrund Ihrer vielen Aufgaben keine Zeit für Content-Kreation haben – bleibt Ihnen natürlich immer die Möglichkeit, diese Aufgabe Dienstleistern zu überlassen. Das Grundwissen aus diesem Kapitel können Sie übrigens prima für die Zusammenarbeit mit Agenturen und Freelancern nutzen.

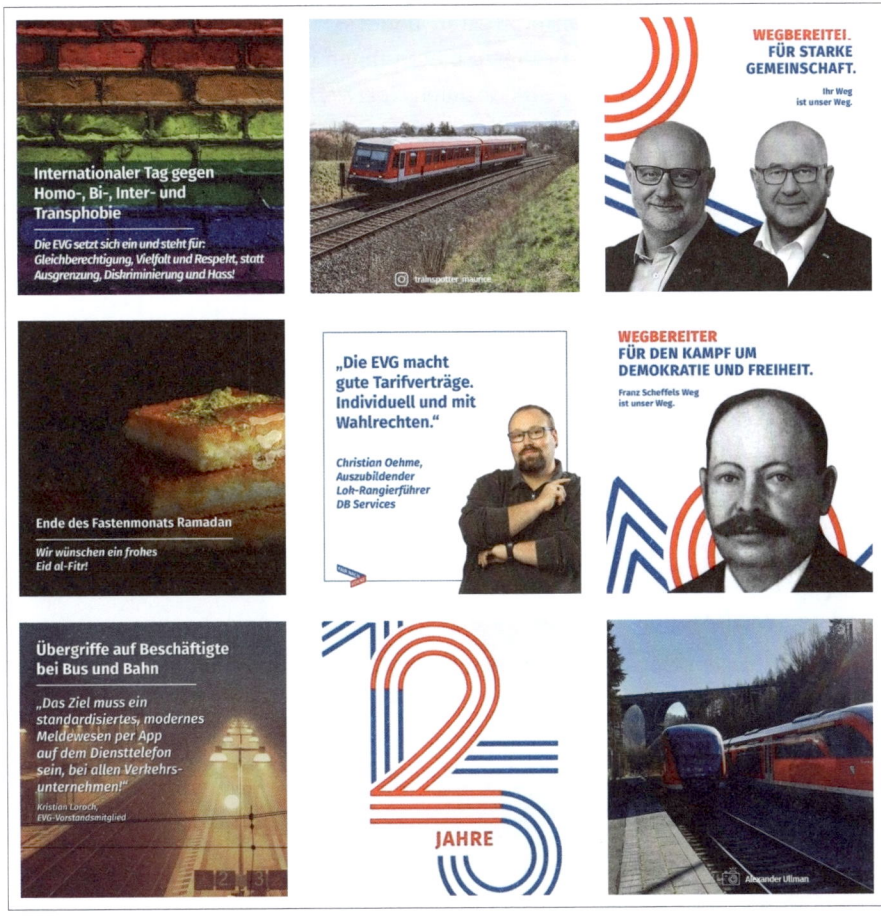

Abbildung 13.26 Auch die Verkehrsgewerkschaft EVG nutzt Canva für ihre Social-Media-Grafiken. Aufgrund der einheitlichen Bildsprache sieht dieser Content hochprofessionell aus.

Pro-Tipp

Lassen Sie sich von Grafikdesigner*innen oder einer Agentur 10–15 Templates für Canva oder Photoshop in einheitlicher Bildsprache erstellen, in die Sie anschließend Ihre Inhalte einfügen.

13.3.4   Bloß kein Amtsdeutsch: Texten für Social Media

In den folgenden Abschnitten haben wir Ihnen vermittelt, wie wichtig visuelle Inhalte für Social Media sind. Doch auch Texte und Textelemente haben eine hohe Bedeutung – gerade für Behörden!

In sämtlichen Social-Media-Beiträgen kombinieren Sie Multimedia-Inhalte (wie Bilder, Grafiken oder Videos) mit Texten und Textelementen, den sogenannten »Captions« (Bildunterschriften). Hierzu bieten Ihnen die Plattformen verschiedene Formate an. Wichtig ist, dass Sie die sozialen Netzwerke und ihre unterschiedlichen Möglichkeiten der Medien-und-Text-Kombination gut verstehen, bevor Sie losposten. Zudem hat jedes soziale Netzwerk seinen eigenen »Slang« – und auch Ihre Zielgruppe verwendet eine bestimmte »Sprache«. Sie merken: Texten für Social Media ist – trotz oder gerade wegen der Kürze – anspruchsvoll! Es lässt sich aber lernen und üben. Das notwendige Handwerkszeug geben wir Ihnen hier mit, und zwar in der folgenden Reihenfolge:

1. Zunächst erklären wir Ihnen, wie man längere Social-Media-Texte (etwa für Facebook oder Instagram) aufbaut und schreibt.

2. Dann zeigen wir Ihnen, wie Sie sich auf Twitter mit seiner 280-Zeichen-Begrenzung kürzer fassen können.

3. Schließlich bringen wir Ihnen nahe, wie Sie Textelemente direkt ins Bild oder Video integrieren – und worauf es dabei ankommt.

Längere Social-Media-Texte

In einigen sozialen Netzwerken können relativ lange Texte gepostet werden.

Hierzu zählen

- Facebook (60.000 Zeichen pro Beitrag – das sind rund 30 Seiten in Word),
- Instagram (2.200 Zeichen) und
- LinkedIn (600 Zeichen).

Früher empfahlen Social-Media-Berater*innen, sich auch auf diesen Plattformen sehr kurz zu fassen und nicht mehr als einen oder zwei Sätze pro Post zu schreiben. Mittlerweile sind auf den genannten Plattformen längere Captions üblich, ob nun bei Influencern, Unternehmen oder Behörden. Für Ämter ist dieser Trend nützlich, denn nicht immer lässt sich staatliches Handeln in einem Satz erklären. Wir empfehlen auf Facebook, Instagram und LinkedIn einen Mix zwischen kurzen und längeren Texten (1–2 Sätze, 5–10 Sätze). Damit bieten Sie Ihren Fans und Followern Abwechslung.

Denken Sie auch an Folgendes: Erscheint ein Beitrag in einem der drei Netzwerke im Newsfeed Ihrer Nutzer, werden erst mal nur zwei bis drei Zeilen sowie der Anhang (Bild, Video etc.) angezeigt. Möchte man den ganzen Beitrag lesen, muss man auf »Mehr anzeigen« klicken. Entscheiden Sie sich also für eine längere Caption, muss der erste Satz richtig gut sein und neugierig auf mehr machen! Ist der Einstieg langweilig oder schwer verständlich, werden Ihre Fans und Follower weiterscrollen, ohne Ihren Text zu lesen.

Das Landeszentrum für Ernährung Baden-Württemberg findet auf Instagram regelmäßig gelungene Einstiege – ein Beispiel sehen Sie in Abbildung 13.27.

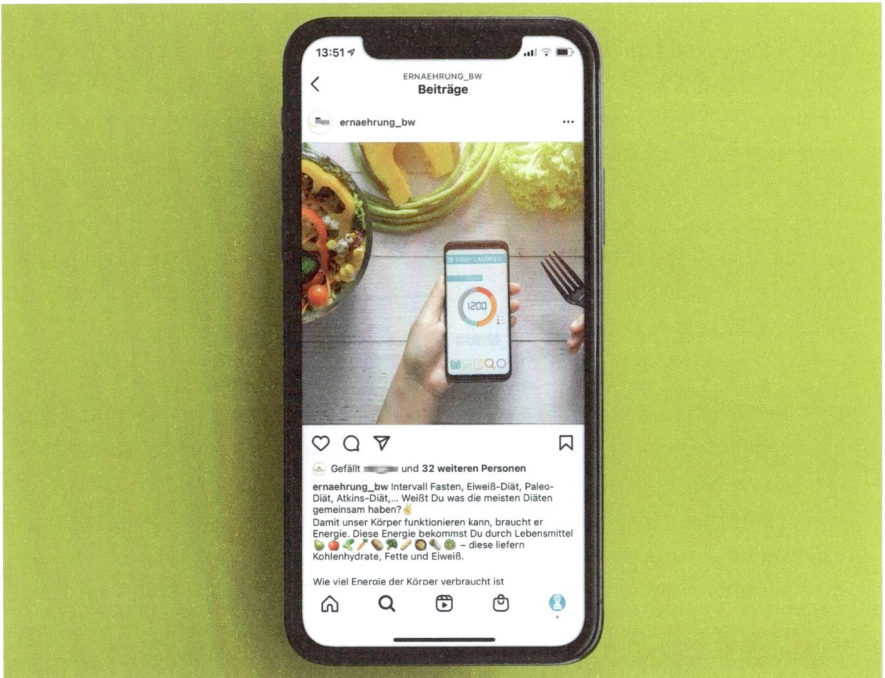

Abbildung 13.27 Wenn Sie Ihre Instagram-Caption – wie hier das Landeszentrum für Ernährung Baden-Württemberg – mit einem neugierig machenden Einstiegssatz versehen, haben Sie gute Chancen, dass Ihr Beitrag »aufgeklappt« und gelesen wird.

Eine gute längere Caption hat folgenden dreiteiligen Aufbau:

1. *Einstieg*

   Beginnen Sie mit einem Neugierde weckenden ersten Satz. Das kann beispielsweise eine rhetorische Frage sein, ein Zitat oder eine These, die Sie im Beitrag belegen oder widerlegen. Oder Sie stellen Bezug zu einem tagesaktuellen Ereignis her. Seien sie kreativ und ab und zu auch überraschend!

2. *Hauptteil*

Nun kommen Sie zum Thema Ihres Posts. Wir nennen ihn den »Mehrwert-Teil«. Hier geht es nämlich darum, Ihren Fans und Followern einen *konkreten Nutzen* mitzugeben. Das können Sie beispielsweise tun, indem Sie etwas gut erklären, eine Service-Information geben, die Leser*innen unterhalten oder emotional berühren. Wichtig: Vermeiden Sie unbedingt Fach- und Fremdwörter! Behördendeutsch und Pressemitteilungs-Sprache gehören nicht auf Social Media. Formulieren Sie stattdessen klar, verständlich und zielgruppengerecht. Eine weitere Regel: Strukturieren Sie Ihren Text in mehreren Absätzen. Niemand will »Textwüsten« lesen. Eine optimale Übersichtlichkeit und Lesbarkeit erzielen Sie, wenn Sie Emojis als Bulletpoints benutzen (wir persönlich mögen es, wenn jeder neue Absatz mit einem passenden Emoji startet – hierzu ein Beispiel in Abbildung 13.28). Und noch ein sachdienlicher Hinweis: Ihr Hauptteil ist nicht dazu da, die Eitelkeiten von Abteilungsleiterin X, Fördermittelgeber Y und Projektträger Z zu befriedigen. Übersetzt bedeutet das: Ein langer Absatz mit gefühlt tausend Namen (wie in einem Redemanuskript) hat auf Social Media nichts verloren. Markieren oder taggen Sie die Personen dezent, oder verzichten Sie komplett auf Name-Dropping. Erlaubt ist, ab und zu eine einzelne Person oder Organisation im Text hervorzugeben oder ihr zu danken – etwa der Feuerwehr nach einem großen Einsatz.

3. *Call-to-action*

Denken Sie (wieder) daran, dass Sie nicht auf Social Media sind, um einfach nur etwas mitzuteilen – sondern Sie möchten ins Gespräch kommen! Daher sollte Ihr Text *immer* (!) mit einer Frage oder einer Aufforderung enden. Sie bekommen dann mehr Interaktion und Reichweite als bei reinen Verlautbarungen. Falls Sie am Anfang noch wenige Fans und Follower haben und sich erst mal niemand traut, zu antworten (wie Sie wissen, sind 90 % der Social-Media-Nutzer*innen passiv): Bleiben Sie dran und stellen Sie weiterhin Fragen! Ihre Community wird definitiv irgendwann in Antwort- und Diskussionslaune kommen!

Beispiele für gute Einstiege

- »Wusstet Ihr, dass ...?«
- »Ein Bürger unserer Stadt und alleinerziehender Vater wies uns neulich darauf hin, dass ...«
- »Bis Anfang 2022 wollen wir ...«
- »›Wähle einen Beruf aus, den du liebst, und du brauchst keinen Tag mehr zu arbeiten‹, sagte einst Konfuzius ...«
- »Sucht Ihr noch nach einem passenden Muttertagsgeschenk?«
- »Psst – die nachfolgende Info ist eigentlich noch streng geheim!«
- »Was macht man bloß bei so schlechtem Wetter wie diesem?«

🔥 Der 4. Mai ist der Tag des Heiligen Florian – dem Schutzpatron der Feuerwehrleute. Er wird als Internationaler Tag der Feuerwehrleute begangen.

🚒 Dies nehmen wir zum Anlass, DANKE zu sagen. Danke an alle Kameradinnen & Kameraden der Feuerwehren für ihren unermüdlichen Einsatz zum Schutz und Wohl der Gemeinschaft!

🧯 Aber wieso ist eigentlich der Heilige Florian der Schutzpatron der Feuerwehren? Florian von Lorch – so sein richtiger Name – war römischer Offizier und Oberbefehlshaber einer Einheit zur Feuerbekämpfung. Daher wird er auch meist als römischer Legionär mit Fahne, Wasserkübel und einem brennenden Haus dargestellt.

Abbildung 13.28 Längere Captions sollten immer in Absätze gegliedert sein. Unser Tipp: Jeden Absatz mit einem passenden Emoji beginnen. Das macht den Text nicht nur übersichtlich, sondern lockert ihn auch etwas auf.

Beispiele für gute Call-to-action-Schlusssätze

- »An alle, die die Ausstellung bereits gesehen haben: Wie hat sie Euch gefallen?«
- »Seid Ihr dieses Wochenende Team Stadtfest oder Team Couch?«

- »Wer mehr wissen möchte, sollte unsere heutige Story anschauen!«

- »Lasst Euch am besten direkt einen Termin geben.«

- »Haben Sie Fragen dazu? Schreiben Sie uns gerne einen Kommentar oder eine DM!«

- »Wer ist am Montag beim virtuellen Bürgertalk dabei?«

- »Welches der beiden Fotos ist echt, A oder B? Raten Sie in den Kommentaren!«

Ein Praxis-Beispiel für einen gelungenen Call-to-action liefert die Stadt Sindelfingen auf Instagram:

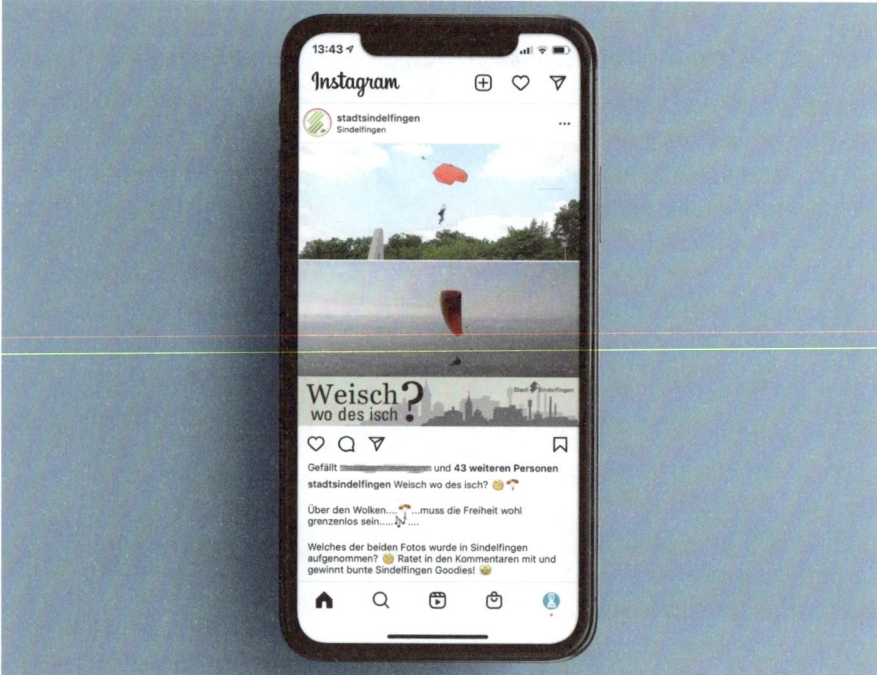

Abbildung 13.29 Alles richtig gemacht! Die Stadt Sindelfingen startet diesen Rätsel-Post bei Instagram mit einer wiederkehrenden Frage im lokalen Dialekt. Am Ende steht ein perfekt formulierter Call-to-action.

Dos & Don'ts für Ihren Call-to-action

- Formulieren Sie Ihren Call-to-action möglichst spezifisch. Schreiben Sie als Handlungsaufforderung nicht: »Seien Sie dabei!«, sondern »Um 15 Uhr startet die Führung am Rathausbrunnen. Sie brauchen keine Anmeldung, sondern können einfach vorbeikommen.« Ihre Nutzer*innen müssen ganz genau verstehen, was sie machen sollen.

- Stellen Sie Fragen so, dass alle möglichst schnell und einfach darauf antworten können. Fragen Sie also nicht »Was habt Ihr am Wochenende gemacht?« (da müssten die Nutzer*innen länger nachdenken und einen halben Roman schreiben). Besser ist:

»Welches Buch habt Ihr als letztes gelesen?« Die Königsdisziplin sind Fragen mit zwei Alternativen, aus denen die Nutzer*innen nur auswählen müssen (Beispiel: »Habt Ihr im Urlaub lieber Meer oder Berge?«).

- Stellen Sie Fragen, zu denen (fast) alle etwas sagen können und die eine positive Stimmung erzeugen (Beispiel: »Welcher Weihnachtsmarkt in unserem Landkreis ist Euer Favorit?«). Tabu sind dagegen persönliche und intime Fragen (etwa: »Hatte in Eurer Familie schon mal jemand Depressionen?«).

- Sie können den Call-to-action natürlich auch als Umfrage nutzen (Beispiel: »Derzeit diskutieren wir, ob die Buslinie 63 künftig von freitags bis sonntags nachts durchfahren soll. Würdet Ihr das Angebot nutzen?«). So generieren Sie wertvolle Infos für Ihre Arbeit.

- Auch ernste und politische Themen dürfen diskutiert werden. Beispiele: »Halten Sie es für richtig, dass die Lokführer-Gewerkschaft für Pfingsten zum Streik aufruft?« oder »Was hätten wir in der Corona-Krise anders machen sollen, um Familien und Kinder weniger zu belasten?« Wir empfehlen solche Diskussionsaufrufe sogar ausdrücklich, um Bürger*innen auf Social Media das Gefühl zu vermitteln, gehört zu werden. Außerdem sorgen Diskussionen zu populären Themen für Reichweite. Für den Fall, dass Sie viele Kommentare bekommen, sollten Sie Zeit für die Moderation einplanen und abgestimmte Sprachregelungen bereithalten.

- Ihr Call-to-action sollte immer am *Ende* Ihres Beitrags stehen. Ihre Nutzer*innen haben die Frage oder Handlungsaufforderung sonst bereits vergessen, wenn sie beim Lesen unten ankommen.

Twittern für Behörden

Das Texten für den Kurznachrichtendienst Twitter unterliegt besonderen Voraussetzungen:

- Es gibt eine 280-Zeichen-Begrenzung pro Tweet. Sie haben also wenig Platz zum Schreiben – aber dennoch viele kreative Möglichkeiten! Wenn Sie Ihren Text klug mit Bildern/Videos, Links, Hashtags und Emojis kombinieren, bekommen Sie jede Behörden-Botschaft unter.

- Der Microblogging-Dienst wird vor allem von fachlichen Zielgruppen genutzt. Auf Twitter sprechen Sie vor allem mit Journalisten, anderen Behörden, Verbandsvertretern und sonstigen Professionals. Sie dürfen und sollten auf Twitter also staatstragender formulieren als auf »Bürgerkanälen« wie Facebook oder Instagram. Eine Lizenz zur Langeweile geben wir Ihnen deshalb aber noch lange nicht!

Wir zeigen Ihnen anhand dreier Beispiele, wie man einen trockenen Inhalt – nämlich die Corona-Zahlen verschiedener Städte aus dem Mai 2021 – gut und schlecht twittern kann. Sehr ansprechend bereitete die Stadt Kiel die Infektionszahlen auf (siehe Abbildung 13.30):

Abbildung 13.30 Die Stadt Kiel wählte hier eine frische, nicht-förmliche Formulierung der Corona-Zahlen. Auch an passende Hashtags und einen sprechenden Link (mit weiterführenden Informationen) wurde gedacht. Die modern und professionell gestaltete Bild-Text-Grafik zieht die Blicke der Nutzer*innen auf den Tweet.

Auch die Stadt Bochum nutzte die begrenzte Zeichenanzahl optimal (siehe Abbildung 13.31):

Abbildung 13.31 Die Stadt Bochum verwendete Pfeil-Emojis, um gestiegene und gleich bleibende Zahlen zu visualisieren. Die Überschrift und die Absätze sorgen hier zusätzlich dafür, dass der Text trotz vieler Daten gut lesbar ist. Das »überlebensgroße Virus« auf der Twitter-Card ist hier ein geeigneter Blickfang.

Ein Negativ-Beispiel lieferte dagegen die Stadt Heidelberg (Abbildung 13.32):

Abbildung 13.32 Der Corona-Tweet der Stadt Heidelberg ist eine Textwüste: keine Absätze, keine Emojis, keine Hashtags, dafür eine förmlich-langweilige Verwaltungsformulierung. Weiterer Minuspunkt: Die Twitter-Card zeigt kein Vorschau-Bild an: Hier muss die städtische Internet-Redaktion beziehungsweise die betreuende Agentur dringend noch mal ran.

Alle drei Behörden hatten hier einen Link zu weiterführenden Informationen (den ausführlichen Corona-Zahlen) beigefügt. Wegen der 280-Zeichen-Begrenzung bei Twitter bietet sich das auch an. Doch Vorsicht! Sie müssen Ihren Nutzer*innen immer genau verraten, was sie erwarten können, wenn sie auf Ihren Link klicken. Denken Sie außerdem an diejenigen User, die gerade keine Zeit oder keine Lust haben, Twitter zu verlassen und auf Ihre Website zu wechseln. Auch sie sollen die Information (dann eben in Kürze) aufnehmen können. Das heißt: Bringen Sie stets möglichst viele Informationen direkt im Tweet unter! Ihr Link ist ein zusätzlicher Service für die, die noch mehr wissen wollen. Ein gutes Beispiel liefert die Stadt Weimar in Abbildung 13.33:

Abbildung 13.33 Die Stadt Weimar vermittelt hier die wesentliche Botschaft bereits im Bild. Im Tweet-Text nimmt sie den Faden auf und erläutert etwas ausführlicher, worum es geht. Wer es nun noch ganz genau wissen möchte (ein wenig Spannung bleibt erhalten), klickt auf den Link.

Ganz anders ging die Stadt Hennef im folgenden Tweet vor (Abbildung 13.34):

Abbildung 13.34 Ob sich hier jemand bewirbt? Die Stadt Hennef hätte die 280 Zeichen hier nutzen können, um zu verraten, um welche Stelle es sich handelt und um für sich als Arbeitgeberin zu werben. Dieser Teaser ist zu kurz und zu wenig aussagekräftig, um zum Klicken zu motivieren. Weitere Minuspunkte: kein sprechender Link, kein Vorschau-Bild. Hier muss das Twitter-Team nachsitzen.

Denken Sie bei Verlinkungen übrigens immer daran, dass die Ziel-Website mobil-optimiert sein muss. Die meisten Ihrer Fans und Follower nutzen Ihre Social-Media-Kanäle mit dem Smartphone – und wollen nicht auf Websites weitergeleitet werden, auf denen man mit dem Mobilgerät nichts erkennen kann. Leider gab es hierzu gerade in der Corona-Zeit viele Negativ-Beispiele von Behörden.

Ein Link ist übrigens nicht die einzige Möglichkeit, auf Twitter ausführlicher als 280 Zeichen zu werden. Wir verraten Ihnen weitere:

- Posten Sie einen längeren Text in Form eines so genannten Threads. Dazu klicken Sie, sobald die 280 Zeichen erreicht sind, einfach auf das Plus-Zeichen und es öffnet sich ein weiterer 280-Zeichen-Tweet. Dies lässt sich beliebig fortsetzen! Üblich ist, im ersten Tweet mit dem Hashtag *#thread* anzukündigen, dass ein längerer Text folgt. Wie man das genau umsetzt, sehen Sie in Abbildung 13.35.

- Bringen Sie zusätzlichen Text im Bild unter. Vorsicht: Bitte nicht zu viele Worte und Sätze auf eine Grafik quetschen! Ellenlange Zitate auf einer Kachel schrecken ab, wirken old school und deshalb unprofessionell. Fassen Sie sich auf Kacheln kurz und achten Sie darauf, dass Tweet-Text und Bild-Text sich ergänzen (keine Wiederholungen!). Ein Best-Practice und ein Worst-Practice finden Sie in den Abbildung 13.36 und Abbildung 13.37.

- Posten Sie ein Video (Untertitel nicht vergessen!) oder ein Audio. Auch hier ist wieder wichtig, dass Tweet-Text und Medien-Inhalt aufeinander Bezug nehmen und sich perfekt ergänzen.

Abbildung 13.35 Sie haben mehr zu sagen, als in 280 Zeichen passt? Eröffnen Sie doch einfach einen Thread! Die zusammenhängenden Tweets eignen sich unter anderem hervorragend für Storytelling.

Abbildung 13.36 Tweet-Text und Kachel bilden hier eine perfekte Symbiose. Der Text auf der Kachel ist gut lesbar, da er nicht zu lang ist und einzelne Worte grafisch ansprechend hervorgehoben werden.

Abbildung 13.37 Hier wurde zu viel (und zu verwaltungssprachlicher) Text auf eine Kachel gequetscht. Auf dem Smartphone dürften die kleinen Buchstaben kaum noch lesbar sein. Im Tweet-Text wäre dagegen noch Platz gewesen!

Fünf Basics für gute Behörden-Tweets

- Auf Twitter richten Sie sich zwar vor allem an Fachpublikum, dennoch sollten Sie zu förmliche und gestelzte Behörden-Sprache vermeiden. Formulieren Sie Ihren Tweet-Text menschlich, locker und allgemein verständlich.

- Verwenden Sie passende Hashtags. Sie sind bei Twitter nicht nur essenziell für die Reichweite, sondern gehören auch stilistisch einfach dazu. Häufig verwendete Hashtags finden Sie in den Twitter-Trends oder per Recherche zu Ihrem Thema. Als Stadt sollten Sie immer auch Ihren Stadtnamen mit einer Raute versehen.

- Achten Sie bei Verlinkungen darauf, dass eine großformatige Vorschau (Twitter-Card) mit Bild angezeigt wird. Sie können dies mit dem »Card Validator«[5] vorab überprüfen. Twitter-Cards ohne Bild laden nicht zum Klicken ein und wirken unprofessionell. Twittern Sie in diesem Fall lieber ein Foto und ergänzen Sie den Link nur im Text. Falls es sich um Ihre eigene Website handelt, sprechen Sie mit Ihrer Internet-Redaktion – Twitter-Cards werden nämlich in der Website-Programmierung angelegt.

- Nutzen Sie Emojis, um den Text aufzulockern und zu strukturieren. Gerade Tweets ohne Bild gewinnen durch passende Emojis. Sie brauchen keine Sorge zu haben, als Behörde dadurch unseriös oder kindisch zu wirken: Die Bandbreite an Emojis ist sehr groß (Feuerwehrautos, Gebäude und Sprechblasen, um nur einige Motive zu nennen).

- Was oft vergessen wird: Auch bei Twitter bietet es sich an, ab und an eine Frage zu stellen, um mit Ihren Zielgruppen ins Gespräch zu kommen!

Bild-Text-Kombinationen

In einigen Social-Media-Formaten ist für klassische Captions (Bildunterschriften) kein Platz vorgesehen. Das gilt etwa für Instagram Stories, Fleets und TikToks. Hier müssen Sie den Text direkt ins Bild/Video integrieren oder attraktiv auf einer Card oder Kachel platzieren.

Die wichtigste Regel dafür lautet: Quetschen Sie nicht zu viel Text auf ein einzelnes visuelles Element! Fassen Sie sich kurz – und zwar in der Regel noch viel kürzer als 280 Zeichen.

Bei Bild-Text-Kombinationen haben Sie den Vorteil, dass der visuelle Inhalt dabei hilft, Ihre Botschaft zu transportieren. Sie müssen also nicht noch ausufernd dazu texten. Ist Ihr Text dennoch länger, verteilen Sie ihn immer auf mehrere Bilder, Cards oder sonstige Visuals.

In den Abbildung 13.38, Abbildung 13.39 und Abbildung 13.40 zeigen wir Ihnen gute Behörden-Beispiele.

---

5   Auf *https://cards-dev.twitter.com/validator* können Sie den Link eingeben, den Sie in einem Tweet verwenden möchten. Der »Card Validator« von Twitter zeigt Ihnen an, wie die Vorschau aussehen wird.

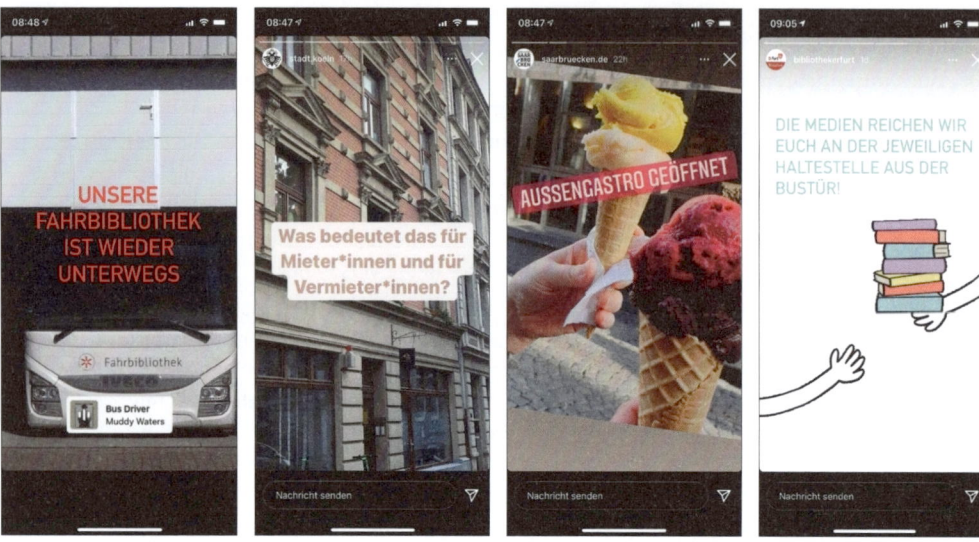

Abbildung 13.38 Ein Satz reicht: In diesen Instagram-Stories verschiedener Behörden wurden Bild/Video und Text ideal kombiniert.

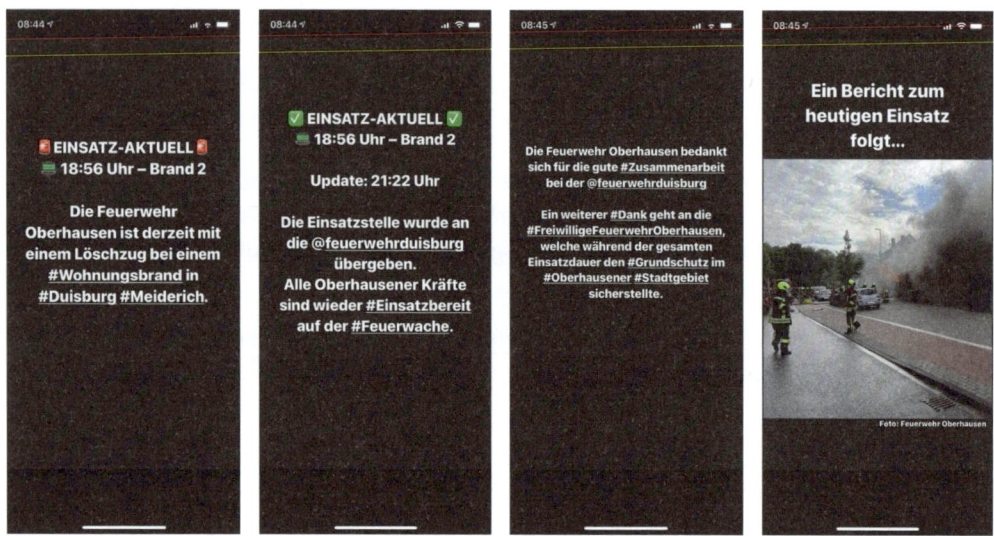

Abbildung 13.39 Die Feuerwehr Oberhausen dokumentierte ihren Einsatz auf mehreren Story-Cards. Für nur ein Story-Element wäre der Text zu lang gewesen. Das Social-Media-Team fand trotz Großlage noch Zeit, den Text mit Emojis und einem Bild aufzulockern. Gut gemacht!

Wie man es *nicht* machen sollte, zeigen hingegen die Beispiele in Abbildung 13.41. Hier wurde eindeutig zu viel Text auf die Cards und Kacheln gequetscht! Nehmen Sie davon unbedingt Abstand.

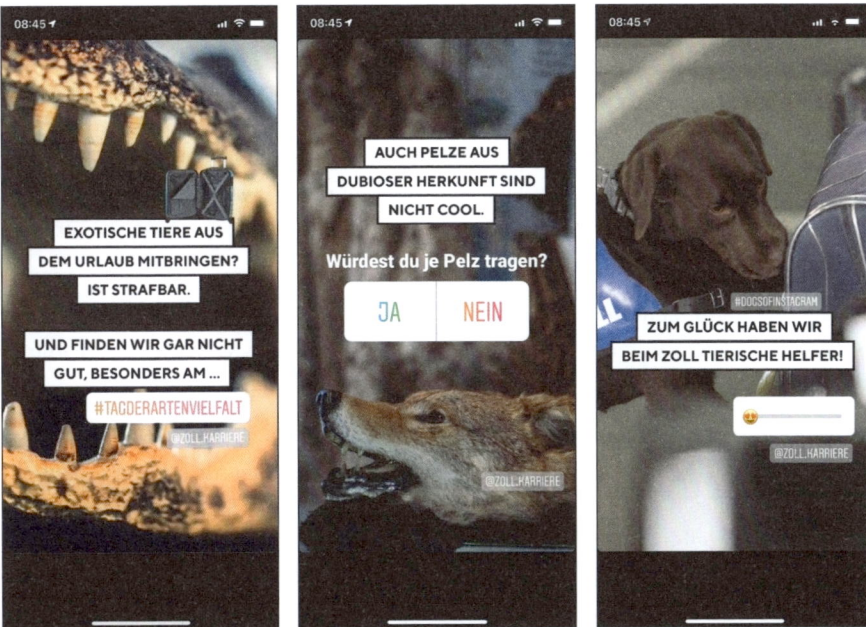

Abbildung 13.40 Show, don't tell: Das Bundesfinanzministerium lässt in seiner Instagram-Story Bilder sprechen und fügt nur das Notwendigste an Text hinzu. Machen Sie es wie das Ministerium und fügen Sie möglichst oft interaktive Elemente hinzu, um Ihre Community zu beteiligen.

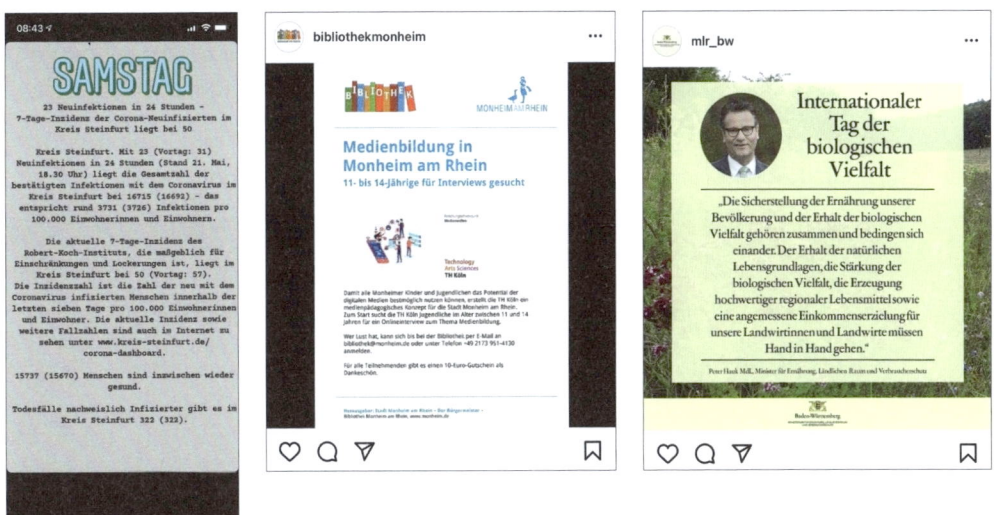

Abbildung 13.41 Zu viel Text pro Kachel oder Card bedeutet schlechte Lesbarkeit – gerade auf dem Smartphone. Mit solchen Social-Media-Beiträgen erschweren Sie Ihren Fans und Followern, Ihre Botschaften wahrzunehmen.

13.4   Wie ich einen Social-Media-Redaktionsplan aufstelle und damit Arbeitszeit spare

Ein wichtiges Hilfsmittel, um die Inhalte und den Content für Ihre Social-Media-Kanäle zu planen, ist der Redaktionsplan. Vorab: Es gibt keine festen Regeln oder eine verbindliche Vorlage dafür. Wir verraten Ihnen hier, warum Sie einen Redaktionsplan führen sollten, was dieser enthalten muss und welche technischen und analogen Tools Sie nutzen können.

Wir beginnen mit den drei wichtigsten Gründen, warum Sie als Social-Media-Team oder Social-Media-Verantwortliche*r Ihrer Behörde einen Redaktionsplan führen sollten:

1. Mit einem Redaktionsplan arbeiten Sie strukturierter und effizienter. Der Arbeitstag beginnt wesentlich entspannter. Denn Sie fragen sich morgens nicht sorgenvoll: »Oh je, was sollen wir heute bloß posten?« Sie wissen genau, was Sie tun beziehungsweise was Sie posten. Ein Blick auf den Redaktionsplan genügt: »Heute kommt das eingeplante Posting X. Für morgen brauchen wir nur noch die Freigabe unserer Chefin, dann können wir auch den Tweet Y veröffentlichen. Übermorgen starten wir mit der neuen Insta-Serie.«

2. Der Redaktionsplan hilft Ihnen, Aufgaben im Team zu verteilen und jederzeit zu sehen, wer wie weit ist.

3. Ein Redaktionsplan schafft Übersichtlichkeit und Transparenz. Sie können jederzeit ablesen: Setzen wir wirklich die Themen um, die wir in unserer Social-Media-Strategie definiert haben? Welches Thema featuren wir derzeit sehr oft? Worüber müssten wir dringend mal wieder einen Beitrag machen? Haben wir in Woche X genügend Postings für die Plattform Y?

Ihr Redaktionsplan sollte für jeden Tag des Jahres folgende Informationen enthalten:

- Welches Posting wird heute auf welcher Plattform veröffentlicht?
- Wer ist zuständig?
- Müssen Freigaben eingeholt werden – oder liegen sie bereits vor?

Der Redaktionsplan kann zusätzlich folgende Informationen enthalten:

- Wichtige Ereignisse, zu denen die Behörde etwas posten möchte (z. B. Gedenktage, Inkrafttreten von Gesetzen etc.)
- Urlaubszeiten
- Wochenend-Bereitschaften

Welches Tool können Sie nutzen? Hier gibt es keine verbindliche Vorlage und auch keine, die wir uneingeschränkt empfehlen. Sie als Team entscheiden, was Sie am benutzerfreundlichsten und übersichtlichsten finden:

- Nutzen Sie eine Excel-Vorlage (im Netz gibt es kostenlose Vorlagen zum Download, unter anderem vom Magazin t3n).

- Viele der gängigen Social-Media-Redaktionstools haben auch eine Redaktionsplan-Funktion.

- Führen Sie Ihren Redaktionsplan in Microsoft Outlook, Teams oder einem sonstigen Tool, das Sie in Ihrem Team bereits verwenden.

Und so füllen Sie den Redaktionsplan aus:

- Grundlage ist Ihre Social-Media-Strategie: Hier ist festgelegt, welche Themen Sie auf Ihren Plattformen behandeln wollen.

- Aus diesen »Grundsatzthemen« entwickeln Sie Formate, Serien und einzelne Posts (zum Beispiel mit der 1-3-9-Methode, mehr dazu weiter vorne in diesem Kapitel), die Sie in den Redaktionsplan eintragen.

- Ein aktuelles Ereignis verlangt einen ungeplanten Post? Kein Problem! Ihr Redaktionsplan muss immer flexibel genug für unvorhergesehene Inhalte sein. Sie suchen eine Lücke – oder verschieben andere Posts im Redaktionsplan nach hinten.

Teil IV

Mit Social Media sicher durch die Krise

Kapitel 14

Was unterscheidet Krisenkommunikation vom Social-Media-Tagesgeschäft?

Hochwasser, Terror-Anschlag, Korruptionsskandal – auch solche und ähnliche Lagen müssen Sie im Laufe Ihrer Karriere als Social-Media-Verantwortliche*r bei einer Behörde managen. Wir verraten Ihnen, wie!

Der Alltag als Social-Media-Manager ist strukturiert: Redaktionsplanung, Telefonate mit Fachreferaten, Meetings mit der Behördenleitung, Brainstormings mit den Kolleginnen und Kollegen, um die besten Ideen für Postings zu finden, und natürlich Community Management. Doch was passiert, wenn Ihre Behörde eine unvorhergesehene Krise managen muss – etwa eine Hochwasser-Lage oder einen mehrstündigen Stromausfall in tausenden Haushalten? Wenn ein Zugunglück oder ein Terror-Anschlag das ganze Land bewegt und Ihr Ministerium zuständig ist? Wenn ein Erdbeben eine Region erschüttert und Sie als Deutsches Rotes Kreuz oder Feuerwehr den Einsatz leiten? Dann werden auch Sie als Social-Media-Verantwortliche*r ganz plötzlich aus der Arbeitsroutine gerissen.

Wir sprechen hier nicht von sogenannten »Shitstorms«, also Erregungs- und Empörungswellen im Netz (hierzu mehr in Kapitel 6, »Müssen wir da etwa antworten?«) – sondern von Ereignissen, die im Behörden-Jargon »Lage« oder gar »Großlage« heißen. Auch Skandale können sich zu Krisen ausweiten.

Welche Art von Krise kann auf ein Social-Media-Team in einem Amt zukommen?

Auslöser für Krisenkommunikation von Behörden

- *Naturereignisse*, z. B. Erdbeben, Hochwasser, Extremwetterlagen (Stürme, Dürre), Waldbrände
- *Technisches oder menschliches Versagen*, z. B. Flugzeugabsturz, Notlandung, Bahn-Unfall, Brand
- *Kriminalität oder Terrorismus*

- *Behördenfehler mit Folgen*, z. B. Einsturz eines Gebäudes nach fehlerhafter Genehmigung, gescheitertes Großprojekt
- *Persönliches Verhalten, das sich zum Skandal auswächst*, z. B. Korruption, Amtsmissbrauch, Betrug

Bekannte Beispiele sind:

- der Terror-Anschlag auf dem Berliner Breitscheidplatz mit elf Toten (2016)
- die »Loveparade« in Duisburg (NRW), bei der 21 Menschen ums Leben kamen (2010)
- das Elbe-Hochwasser (2002)
- die verspätete Eröffnung des Flughafens Berlin-Brandenburg (2011 bis 2020)
- die Plagiats-Affäre um den damaligen Bundesverteidigungsminister Karl-Theodor zu Guttenberg (2011)
- die »Flüchtlingskrise« (2015)
- die gescheiterte Pkw-Maut (2019)
- die Corona-Pandemie (2020 bis 2021)

Natürlich können auf lokaler Ebene auch entsprechend kleinere Ereignisse große Krisen auslösen: Wenn etwa in Ihrer Stadt ein Kind wegen Vernachlässigung stirbt und Ihr Jugendamt trotz mehrerer Warnungen nichts unternommen hat. Wenn Ihre Behördenleitung in einen Korruptionsfall verwickelt ist. Oder wenn ein Gebäude wegen eines Baufehlers einstürzt und das technische Gutachten von Ihrer Behörde stammt.

Was bedeutet eine Krise für das behördliche Social-Media-Team?

Krise statt Alltagsgeschäft: Was Sie jetzt wissen müssen

- *Die Bevölkerung hat erhöhten Informationsbedarf.*
  Behörden liefern verlässliche Informationen und sind eine glaubwürdige Quelle. Auf den Social-Media-Kanälen verzeichnen Ämter höhere Reichweiten, sie gewinnen Follower hinzu. Deutlich mehr Fragen und Kommentare gehen ein.

- *Kurzfristig entsteht Mehraufwand.*
  Deshalb braucht es vorübergehend mehr Personal für die Kommunikation, eventuell auch mehr Budget. Denken Sie daran: Ihre Behörde kann von einer Krise betroffen sein, die über einen längeren Zeitraum auch an Wochenenden und Feiertagen kommunikativ begleitet werden muss.

- *In Krisenzeiten kommt es auf Sie als Social-Media-Verantwortliche*n besonders an!*
  Wer in der Krise kommunikative Fehler macht, verliert Vertrauen – was wiederum die Krise selbst verschärfen kann. Wer jedoch kommunikativ glänzt, kann großen Rückhalt in der Bevölkerung gewinnen.

Kommunikatorinnen und Kommunikatoren haben in der Krise einen noch wichtigeren Job als sonst. »Ein bedeutender Bestandteil des Krisenmanagements ist die Krisenkommunikation«, heißt es im »Leitfaden Krisenkommunikation« des Bundesministeriums des Innern, für Bau und Heimat (BMI)[1]. »Eine nicht vorbereitete oder fehlerhafte Krisenkommunikation kann die Situation unkontrolliert eskalieren lassen, das Vertrauen der Bevölkerung nachhaltig beeinträchtigen und somit die Glaubwürdigkeit verantwortlicher Stellen beschädigen.«

Umgekehrt kann besonders gute Krisenkommunikation dazu führen, dass Sie an Vertrauen und Rückhalt bei Ihren Zielgruppen gewinnen. Ein Beispiel aus der Politikwissenschaft: 2002 profilierte sich Gerhard Schröder (SPD) dank Elbe-Hochwasser als Krisen-Kanzler – und versenkte buchstäblich seinen Herausforderer Edmund Stoiber (CSU). »Leadership in Gummistiefeln«, lautete damals ein Leitartikel.

Gute behördliche Krisenkommunikation ist sachlich und faktenorientiert, niemals selbstdarstellerisch und alarmistisch. Ihre beruhigende Botschaft muss sein: *Wir als Behörde wissen, was jetzt zu tun ist, und wir nehmen euch auf diesem Weg mit*. 2021 hatte die deutsche Bevölkerung nicht immer das Gefühl, dass Bund und Länder sie gut durch die Corona-Krise führten. Das lag nicht nur, aber auch an der Kommunikation. Das Resultat: Die Regierenden büßten an Vertrauen ein (mehr zu den Learnings aus der Corona-Krisenkommunikation lesen Sie in Kapitel 15, »Was Behörden aus der Corona-Krise kommunikativ lernen können«).

Ein vorbildliches Beispiel für Krisenkommunikation lieferte dagegen 2016 die Berliner Polizei:

Best-Practice-Beispiel: Wie die Berliner Polizei nach dem Terror-Anschlag am Breitscheidplatz in Echtzeit kommunizierte

Am 19. Dezember 2016 erschoss der Terrorist Anis Amri in Berlin einen Lkw-Fahrer und fuhr dann mit dem Lastwagen auf dem Weihnachtsmarkt am Breitscheidplatz in die Menge. Mit verheerenden Folgen: 11 weitere Menschen wurden getötet, mindestens 67 zum Teil schwer verletzt. Der Attentäter, ein Islamist aus Tunesien, flüchtete nach Italien, wo er vier Tage nach dem Attentat von einer Polizeistreife erschossen wurde.

Ein Sonderermittler des Berliner Senats kam später zu dem Ergebnis, dass die Sicherheitsbehörden aufgrund zahlreicher Pannen versagt haben. Das gilt nicht für die Krisenkommunikation der Berliner Polizei – diese zählt zu den Sternstunden der Social-Media-Arbeit von Behörden.

Um 20.02 Uhr fuhr Anis Amri mit dem Lastwagen von der Hardenbergstraße in eine Budengasse des Weihnachtsmarkts und überrollte zahlreiche Besucher. Nur 39 Minuten

---

1   Der Leitfaden kann hier kostenlos heruntergeladen werden: *https://www.bmi.bund.de/ SharedDocs/downloads/DE/publikationen/themen/bevoelkerungsschutz/leitfaden-krisenkommunikation.pdf*.

später – um 20.41 Uhr – ging der erste Tweet der Polizei (siehe Abbildung 14.1) mit dem Hinweis »Eil« heraus:

»+EIL+ Soeben ist ein Lkw über den Gehweg am *#Breitscheidplatz* gefahren. Unsere Kolleg. melden Verletzte. Weitere Infos folgen hier.«

Danach informierte das Social-Media-Team nahezu im Minutentakt unter dem Hashtag *#Breitscheidplatz* – etwa über die Herkunft des Lastwagens oder die Erkenntnis, dass es sich beim toten Beifahrer um einen Polen handelte. Für die Touristen in der Stadt wurden die Tweets auf Englisch übersetzt. Die Resonanz auf die gute Krisenkommunikation war überwältigend: Bereits am nächsten Mittag bat die Polizei, wegen der Flut an Kommentaren keine Dankesmeldungen (wie in Abbildung 14.2) mehr zu posten.

Die Behörde wies ihre Follower auf den »Facebook-Safety-Check« hin. Bei Terroranschlägen oder Naturkatastrophen ermöglicht es diese Funktion, Freunden und Familie im Netzwerk anzuzeigen, dass man selbst in Sicherheit ist.

Immer wieder forderten die Social-Media-Verantwortlichen die Menschen auf, keine Spekulationen ins Netz zu stellen. »Verbreiten Sie keine Gerüchte«, lautete eine der Aufforderungen an die Bevölkerung, die über Twitter hinausging. Der wiederholte Ruf nach »Ruhe und Besonnenheit« wurde gehört: Die Transparenz, die die Berliner Polizei über Social Media herstellte, verhinderte, dass Gerüchte eskalierten. Die »*Welt*« schrieb damals: »Informationen in Echtzeit – also noch während sich eine krisenhafte Lage verändert – können effizient direkt von offizieller Seite über soziale Medien verbreitet werden. Das ist umso dringender nötig, als dass gerade über soziale Medien Gerüchte und Spekulationen mit großer Geschwindigkeit transportiert werden.«

Abbildung 14.1 Die Polizei Berlin twitterte 39 Minuten nach dem Anschlag erstmals – und gab den Hashtag #Breitscheidplatz vor, der seither für das Verbrechen verwendet wird. In den folgenden Tagen und Wochen informierte die Sicherheitsbehörde vorbildlich in Echtzeit über den Anschlag und den Verlauf der Ermittlungen.

Längst sind die sozialen Medien, allen voran Twitter, die entscheidenden Kanäle der Krisenkommunikation geworden. Sie eignen sich ideal für die schnelle Vermittlung von Fakten, den Aufruf zur Besonnenheit und die Bekämpfung von Gerüchten.

Sobald eine Krise, ein Unglück oder ein Skandal bekannt wird, trendet das Thema auf Twitter (laut Auswertung des Kurznachrichtendienstes war 2020 #*corona* der meistverwendete Hashtag unter deutschen Usern). Tausende Menschen posten dann darüber in den wichtigen sozialen Netzwerken. Wenn *Ihre* Behörde bei einem solchen Thema federführend ist, sollte sie auch social-media-führend sein. Twittern und posten Sie, sobald Sie erste Infos haben und diese verifizieren konnten (Richtigkeit geht vor Schnelligkeit). So gewinnen Sie Deutungshoheit und verhindern, dass sich Gerüchte oder Fake News verbreiten.

Abbildung 14.2 Für ihre Breitscheidplatz-Krisenkommunikation über Twitter erhielt die Polizei Berlin viel Lob von den Nutzerinnen und Nutzern.

Krisenkommunikation muss proaktiv und kontinuierlich stattfinden – auch und gerade auf Social Media. Nach einem Unglück oder einem Terrorakt reicht es nicht aus, alle 24 Stunden etwas zu posten. In der Zwischenzeit würde sich das Netz vor Spekulationen geradezu überschlagen. Sie müssen daher in enger Taktung immer wieder posten, selbst wenn es nichts wesentlich Neues gibt. Es geht darum, Falschmeldungen zu verhindern und den Menschen zu signalisieren: *Wir sind für euch vor Ort.* Beschreiben Sie, was die nächsten Schritte sind – und sagen Sie offen, zu welchem Punkt es bisher noch keine Ergebnisse gibt, etwa weil noch polizeiliche Ermittlungen laufen (ein gutes Beispiel findet sich in Abbildung 14.3).

Wichtig ist, dass Sie während der *gesamten* Krise auf Social Media aktiv und transparent kommunizieren. Ihre Botschaften sollen zielgruppengerecht, kurz und verständlich sein – womit sich Behörden oft schwer tun. Posten Sie so, dass die Follower Ihre Informationen gerne teilen: klare Worte, präzise Fakten, anschauliche Übersichts-Grafiken, kurze Erklär-Videos, FAQ-Beiträge. Verzichten Sie auf beschönigende Phrasen, sinnleere Floskeln und Amtsdeutsch-Schachtelsätze. Das Prinzip »Posten, Teilen, Liken« funktioniert nur dann, wenn sich die Social-Media-Nutzer von Ihrem Content angesprochen fühlen. Sprache (auch die visuelle) ist alles.

Abbildung 14.3 Posten Sie als Behörde in Krisen zeitnah das, was Sie schon wissen – und sagen Sie auch offen, was Sie noch nicht wissen.

Sobald Sie die ersten Infos gepostet haben, gehen jede Menge Fragen auf Ihren Kanälen ein. Denken Sie daran: Social Media ist *Dialog*! Nehmen Sie sich auch und *gerade* trotz Krisen-Stress Zeit, auf Kommentare und Nachrichten einzugehen. In Krisen brauchen die Menschen eine Art Leuchtturm, der sie durch die Dunkelheit navigiert. Genau diese Aufgabe übernehmen Sie als Social-Media-Team, indem Sie auf den Kanälen präsent sind und den Usern erhellende Infos geben können.

Wir empfehlen, eine FAQ-Liste auf Ihre Website zu stellen, die sich ständig aktualisieren lässt. Das Social-Media-Team kann die (von der Behördenleitung freigegebenen) Antworten für das Community Management verwenden und zudem auf Twitter und Facebook auf den Link verweisen. Eine solche digitale FAQ-Liste erleichtert den Job der Social-Media-Verantwortlichen und der Pressesprecher*innen (auch sie müssen nicht mehr jede Frage einzeln beantworten). Denken Sie aber unbedingt daran, dass die FAQ-Webseite mobil-optimiert (responsiv) sein muss. Denn wer von einem Social-Media-Netzwerk auf einen Link Ihrer Website klickt, tut dies mit hoher Wahrscheinlichkeit von einem Mobilgerät aus. Ein PDF eignet sich nicht gut für Smartphones. Leider haben wir in Krisen schon häufig erlebt, dass wesentliche Infos ausschließlich in PDFs versteckt waren (und damit untergingen). Wichtig ist auch: Beantworten Sie die Fragen der User trotzdem direkt auf der Plattform und verlinken Sie nur *ergänzend* auf die FAQs. Nur wenige nehmen sich die Zeit, auf einen Link zu klicken.

Eine gute Antwort könnte beispielsweise so aussehen:

> *»Liebe @lisa_hambuechen, leider ist die Taunusstraße noch gesperrt. Sie können die Umleitung über die Elisenstraße nutzen. Einen Überblick über alle Straßensperrungen & Ausweichmöglichkeiten gibt's in unseren #Hochwasser-FAQ (2x täglich aktualisiert): www.gluecksstadt.de/hochwasser/fragenundantworten.html.«*

Schlecht wäre dagegen, wenn Lisa Hambüchen konkret nach der Taunusstraße gefragt hätte und diese Antwort bekäme:

> *»Hallo @lisa_hambuechen, eine Übersicht über alle gesperrten Straßen und Umleitungen aufgrund des Hochwassers finden Sie hier: www.gluecksstadt.de/hochwasser/fragenundantworten.html.«*

Die Fragestellerin würde sich dann zu Recht denken: »Warum bekomme ich denn keine konkrete Antwort? Im Netz recherchieren hätte ich auch alleine gekonnt!« Stellen Sie sich in der Krisenkommunikation immer vor, dass Sie es nicht mit einem anonymen Follower oder User zu tun haben, sondern mit einer konkreten Person, die Ihnen im Amt gegenübersitzt und Sie um Hilfe bittet. Diese Bürgerin oder diesen Bürger würden Sie ja auch nicht mit dem Satz abkanzeln: »Gehen Sie auf unsere Website und suchen sich die Infos gefälligst selber.« Krisenkommunikation auf Social Media ist nichts anderes, als Menschen zu helfen. Community-Manager einer Behörde können sich gerade dann bewähren.

Krisen verlangen viel von Social-Media-Verantwortlichen ab, manchmal auch Dienste bis spät in die Nacht oder an Wochenenden. Stellen Sie sich vor, die Berliner Polizei hätte über den Terroranschlag am Breitscheidplatz nicht noch am selben Abend informiert, sondern sich erst am nächsten Tag auf Twitter geäußert. Undenkbar! Gerüchte wären unkommentiert stehen geblieben, Falschmeldungen hätten sich verbreitet und die Bevölkerung verunsichert. Die Social-Media-Profis der Polizei setzten in weniger als einer Stunde nach der Amokfahrt des islamistischen Terroristen den ersten Tweet ab und beantworteten bis in den frühen Morgen hinein Fragen – ein Lehrbuchbeispiel für Community Management. Auch das Social-Media-Team des Bundesinnenministeriums schob in diesem kalten Dezember 2016 mehrere Tage lang 18-Stunden-Schichten. In einer Krise darf Arbeit am

Wochenende kein Tabu sein – erst recht nicht für Social-Media-Verantwortliche in Behörden. Nehmen wir an, ein schweres Hochwasser bedroht Ihre Stadt. Häuser und Geschäfte sind überschwemmt, Wege und Straßen überflutet. Kinder kommen nicht mehr zur Schule, Erwachsene nicht zur Arbeit. Die Helferinnen und Helfer sind bis spät in die Nacht und selbst am Wochenende im Einsatz. Und auch Sie als Kommunikatorin/Kommunikator sind jetzt besonders wichtig. Wenn Ausnahmezustand herrscht, wollen die Menschen informiert werden – selbst an Sonntagen. Die Pressesprecher betreuen die Medien, und die Social-Media-Verantwortlichen informieren auf den sozialen Kanälen. Wären Sie als Behörde mitten in einer Notlage freitags ab 15 Uhr nicht mehr erreichbar, hätte – zurecht – niemand dafür Verständnis. Wie Sie sich kapazitätstechnisch gut auf Krisen vorbereiten können, verraten wir Ihnen im folgenden Kapitel 15, »Was Behörden aus der Corona-Krise kommunikativ lernen können«.

Wir, die Autoren dieses Buches, haben in unseren Kommunikationsjobs in Behörden zahlreiche Krisen durchlebt und begleitet. Es waren anstrengende, aber beruflich auch sehr spannende Tage und Wochen. Als Social-Media-Verantwortliche*r können Sie aus jeder Krise lernen und Ihre Erfahrung bei der nächsten Großlage einsetzen.

Sieben Empfehlungen für eine gute Krisenkommunikation auf Social Media

1. *Bereiten Sie sich bereits in ruhigen Zeiten auf eine mögliche Krise vor.*
»Das schaffen wir neben unserer Arbeit nicht«, mögen Sie uns vielleicht entgegenhalten. Doch – mit Hilfe unseres Musters für einen Krisenkommunikationsplan und unserer Vorbereitungs-Checkliste! Sie finden beides in Kapitel 16, »Mit der richtigen Vorbereitung sicher durch die Krise«.

2. *Wenn die Krise da ist: Informieren Sie auf Social Media immer zeitnah und aktuell.*
Manche Behörden sind mit ihrer Krisenkommunikation auf Social Media zu langsam oder nutzen veraltete Kanäle. Die Folge: Bürgerinnen und Bürger bedienen sich möglicherweise unseriöser Quellen; »Fake News« verbreiten sich. Posten Sie verifizierte Infos auf Social Media, so schnell Sie können – und informieren Sie die Menschen durchgehend bis zum Ende der Krise aus erster Hand.

3. *Sorgen Sie für hohe Reichweiten Ihrer Krisen-Infos.*
Nutzen Sie Hashtags, damit Ihre Infos gefunden und gelesen werden. Fordern Sie Ihre Partner-Behörden und Ihre Community auf, Ihre Posts zu teilen (wenn Sie vorher gutes Community Management gemacht haben, helfen Ihre Fans und Follower Ihnen in der Krise besonders gerne!). Bereiten Sie Ihre Infos »teilbar« auf: Kurze und prägnante Texte und Videos, passende Bilder, gut gemachte Erklär-Grafiken. Falls auch Zielgruppen erreicht werden sollen, die kein Deutsch sprechen, posten Sie in der Krise mehrsprachig!

4. *Beantworten Sie Fragen.*
Gutes Community Management ist niemals so wichtig wie in der Krise, denn das Informationsbedürfnis der Bevölkerung ist höher als sonst. Bleiben Sie freundlich,

selbst bei kritischen Kommentaren. Mit Empathie und Hilfsbereitschaft punkten Behörden selbst dann, wenn sie noch keine konkreten Ermittlungsergebnisse nennen können oder eine Entscheidung der Politik abwarten müssen.

5. *Seien Sie als Amt ehrlich und transparent.*
   Glaubwürdigkeit und Vertrauen sind das größte Kapital der Behörden. »Zu einer transparenten Kommunikation gehört auch, dass unsichere Informationen kommuniziert werden. Diese sind aber als (noch) nicht gesichert zu kennzeichnen. Das erhöht die eigene Glaubwürdigkeit«, steht dazu im Leitfaden des BMI. Wenn sich die Ereignisse überschlagen und vieles noch im Unklaren ist, schreiben Sie: »Was wir bisher wissen …«

6. *Im Moment der Krise interessiert nur die Krise – und nichts anderes.*
   Lassen Sie bei einer Großlage (fast) alle anderen Themen Ihrer Behörde außen vor – auch wenn diese noch so lange geplant waren. Verschieben Sie – wenn möglich – den Start oder die Bekanntgabe neuer Projekte oder Vorhaben. Es käme zum Beispiel nicht gut an, wenn das Verkehrsministerium mitten in der Lockdown-Phase die Strafen für Autofahrer erhöht. Oder der Kulturminister ausgerechnet in der Corona-Zeit, wo viele Künstler Existenzsorgen haben, einen Kunstkalender vorstellt.

7. *Was mache ich, wenn meine eigene Behörde im Mittelpunkt einer Affäre oder eines Skandals steckt?*
   In diesem Fall müssen Sie sich gemeinsam mit Ihrer Behördenleitung und Ihrer Pressestelle fragen: Kommt hier ein schwerer Sturm auf uns zu – oder nur eine leichte Brise, die bald vergeht? Können die Tumulte/die Affäre in meinem Amt zu einem bleibenden Imageschaden und langfristigem Vertrauensverlust führen – oder ist das Ganze schon morgen vergessen?

Das Bundesministerium des Innern für Bau und Heimat unterscheidet in seinem Leitpapier zwischen einer offensiven und einer defensiven Kommunikationsstrategie:

»Zu einer offensiven Kommunikation gehört, die direkten und indirekten Ursachen und Auswirkungen der Krise anzusprechen und die Verantwortung zu übernehmen sowie dies anhand von Handlungen (…) zu verdeutlichen. Der Vorteil der offensiven Kommunikation ist in der Regel, dass die Informationsbedürfnisse von Presse und Öffentlichkeit weitaus mehr befriedigt werden, als dies von einer defensiven Kommunikation zu erwarten wäre. Zudem wird die Gefahr einer falschen bzw. einer fehlerhaften Berichterstattung gemindert.

Eine defensive Kommunikationsstrategie eignet sich nur in solchen Krisen, in denen eine Behörde bzw. ein Unternehmen mit geringer öffentlicher Aufmerksamkeit rechnet. Sie zeichnet sich durch eine zurückhaltende Informationspolitik aus. Der Vorteil könnte sein, dass eine Krise als solche gar nicht an die Öffentlichkeit dringt. Der Nachteil könnte sein, dass sich Medien andere Quellen und Informationskanäle suchen. Damit verliert die Behörde selbst die Informationshoheit und so auch Vertrauen und Glaubwürdigkeit.«

Wir, die Autoren dieses Buches, plädieren in jedem Fall für Offenheit und Transparenz. Eine Behörde hat immer Vorbildwirkung, vor allem, was die Glaubwürdigkeit betrifft – erst recht in Zeiten wie diesen.

Kapitel 15

Was Behörden aus der Corona-Krise kommunikativ lernen können

Am Anfang der Corona-Krise brillierten die Behörden bei ihrer Social-Media-Kommunikation. Ab Sommer 2020 wurde es jedoch zunehmend schwieriger, die Pandemie zu erklären. Einige Ämter resignierten angesichts der schlechten Stimmung in ihren Kommentarspalten.

In Kapitel 14 haben wir verschiedene Arten von Krisen aufgezählt, die Social-Media-Teams in Behörden vor Herausforderungen stellen können. Die Corona-Krise ist jedoch einzigartig – und das nicht nur, weil sie sich über einen viel längeren Zeitraum erstreckt als die meisten anderen Lagen. Bundeskanzlerin Angela Merkel sagte 2020, die Corona-Pandemie sei die größte Herausforderung seit der Deutschen Einheit. Und UN-Generalsekretär António Guterres bezeichnete COVID-19 sogar als größte Krise seit dem Zweiten Weltkrieg.

Behörden und ihre Kommunikationsteams sind – neben Wissenschaft und Medien – seit Anfang 2020 in der Rolle der »Corona-Erklärer«. Das liegt an den zahlreichen Maßnahmen, die Bund und Länder zur Eindämmung der Pandemie getroffen haben (und die sich bis dahin nur die wenigsten Menschen hätten vorstellen können): über Monate geschlossene Geschäfte, nächtliche Ausgangssperren, wochenlang das Verbot, mehr als eine Person zu treffen. Gute staatliche Krisenkommunikation war noch nie so wichtig.

In diesem Kapitel reflektieren wir, die Autoren dieses Buches, die Social-Media-Krisenkommunikation der Behörden in der Corona-Krise und nennen die aus unserer Sicht wichtigsten Learnings.

Vorab: *Die* behördliche Corona-Krisenkommunikation auf Social Media gab und gibt es nicht. So komplex wie die Pandemie selbst ist auch die Zuständigkeit der Ämter: Bund, Länder *und* Kommunen sind mit der Krise befasst. Fast jede deutsche Behörde ist für irgendeinen Bereich der Krisenbewältigung zuständig, wenn auch einige Ämter (etwa Gesundheits- und Schulbehörden) mehr involviert sind als andere. Es ist daher nicht überraschend, dass die Bandbreite guter und schlechter behördlicher Social-Media-Krisenkommunikation der Jahre 2020 und 2021 sehr groß ist. Dennoch lassen sich ein paar generelle Dinge sagen.

Was in der Corona-Krise gut lief:

- *Viele Behörden, die bereits eingespielte Social-Media-Teams und gut laufende Präsenzen hatten, bauten ihr Engagement in der Corona-Krise weiter aus.*

  Sie investierten mehr Budget als sonst, beispielsweise für Erklär-Videos und -grafiken. Das führte dazu, dass Bürgerinnen und Bürger relevante Corona-Infos in den sozialen Netzwerken fanden. Die Posts des Bundesgesundheitsministeriums, aber auch einiger lokaler Behörden waren omnipräsent. Mitarbeitende schoben Überstunden, um auch abends und am Wochenende Bürgerfragen zu beantworten. »Seit Corona sitzt man oft um 23 Uhr noch da«, erzählte uns beispielsweise Johannes Barthel, Social-Media-Manager bei der Stadt Nürnberg (ein ausführliches Porträt finden Sie in Kapitel 22, »Stadt Nürnberg: Die Foto-Community«).

- *Zahlreiche Amtschefinnen und Amtschefs entdeckten in der Corona-Zeit (endlich) das große Potenzial, das Social Media bietet.*

  Bürgermeister, Landräte und sogar Ministerpräsidenten (die vorher alles andere als Social-Media-affin waren) posteten ab März 2020 regelmäßig Videos, in denen sie ihren Bürgerinnen und Bürgern die Maßnahmen erklärten. Landrat Martin Sailer etwa meldete sich auf der Facebook-Seite seines Landkreises Augsburg mit zahlreichen Krisen-Clips zu Wort (siehe Abbildung 15.1).

Abbildung 15.1 Seit der Corona-Krise im Trend: Persönliche Erklär-Videos sowie Frage- und Antwort-Formate von Amtsleiter*innen auf Social Media. Ein Best-Practice-Beispiel liefert der Landkreis Augsburg, der auf Facebook nicht nur ein gut gemachtes Q&A-Format mit Chef Martin Sailer bringt, sondern auch erstklassige Corona-Erklär-Grafiken gestaltet.

- *Viele Behörden verzichteten zugunsten guter Social-Media-Krisenkommunikation auf die amtliche Devise »Vorschrift ist Vorschrift«.*

Das Land Sachsen-Anhalt, das seine Facebook-Präsenz 2019 wegen Datenschutz-Bedenken vom Netz genommen hatte, reaktivierte diese im April 2020 kurzerhand als Corona-Krisenseite. Als Begründung führte die Staatskanzlei an, das Informationsbedürfnis der Bürger sei derzeit höher zu bewerten. Eine Social-Media-Managerin einer deutschen Großstadt berichtete uns: »Vor Corona hatten wir in unserem Social-Media-Team keine Tools für die Kommunikation untereinander. Wir mussten uns über E-Mails austauschen – extrem unübersichtlich – oder über WhatsApp, was aus Datenschutzgründen eigentlich nicht erlaubt ist. Jetzt haben wir Microsoft Teams, und das Arbeiten ist einfacher geworden. Was vorher angeblich immer nicht ging, hat Corona möglich gemacht.«

Was in der Corona-Krise weniger gut lief:

- *Ab Sommer 2020 unterschieden sich die Corona-Maßnahmen in den 16 deutschen Bundesländern immer stärker – und waren deshalb auch schwieriger zu kommunizieren.*

Die Unübersichtlichkeit der Pandemie-Regeln verwirrte viele Menschen, wie der folgende Kommentar auf der Fanpage einer Landesregierung zeigt: »Es werden irgendwelche wilden Regelungen erlassen, welche komplett realitätsfremd sind. Ob diese sinnvoll sind oder nicht, darüber scheint sich kaum einer der Herrschaften Gedanken zu machen. Unterschiede von Bundesland zu Bundesland. Hinzu kommen noch Spielräume für die Kommunen, welche alles noch komplizierter machen.« Einen weiteren Beispiel-Kommentar finden Sie in Abbildung 15.2.

- *Als die Inzidenzen im Sommer 2020 vorübergehend sanken, fuhren manche Ämter ihr Social-Media-Engagement aus der Anfangszeit der Krise zurück.*

Am Wochenende bekamen die User beispielsweise keine Antworten mehr, weil Krisenstäbe bereits aufgelöst worden waren und Social-Media-Teams samstags und sonntags nicht mehr arbeiteten. Ein großer Fehler! Denn auch im Sommer 2020 hatten noch viele Einrichtungen geschlossen, die ersten Verschwörungstheorien kamen hoch, die Stimmung in der Bevölkerung hinsichtlich der Corona-Maßnahmen wurde schlechter. Ein Jahr später, im Sommer 2021, schienen selbst große Behörden vergessen zu haben, was Community Management bedeutet: Tausende Kommentare blieben auf Ministerien-Accounts unbeantwortet.

- *Es gab Kommunikationspannen.*

Am 14. März 2020 bezeichnete das Bundesgesundheitsministerium Gerüchte um einen »Lockdown« auf Twitter wörtlich als »Fake News« (siehe Abbildung 15.3). Peinlich: Nur zwei Tage später, am 16. März, wurde der Lockdown beschlossen. Ab 22. März 2020 machten Geschäfte und Schulen für sieben Wochen dicht. Der Autor und Blogger Sascha Lobo twitterte dazu: »Mir ist klar, dass im Moment alles nicht so einfach ist, gerade auch für die Politik. Aber so eine supereindeutige Ansage – »Fake News!« – und dann zwei Tage später exakt »massive weitere Einschränkungen« ankündigen, das beschädigt das Vertrauen. Sehr.« Auch das Hin und Her um die Maskenpflicht sorgte für Verunsicherung: Erst hieß es, Masken seien nicht notwendig. Dann empfahl die Regierung Alltagsmasken. Später wurden FFP2- und OP-Masken Pflicht. Die Folge: ein Vertrauensverlust der Politik, was sich in Tausenden Social-Media-Kommentaren auf Behörden-Seiten widerspiegelte. Und wie wir wissen, ist Vertrauen die wichtigste Währung in der Krise.

Abbildung 15.2 Warum in den Bundesländern unterschiedliche Corona-Regeln galten, war und ist für die Menschen wenig verständlich – ein großes Thema in den sozialen Netzwerken (wie hier auf der Facebook-Seite einer Landesregierung).

Wie sich die Stimmung in den sozialen Netzwerken im Verlauf der Corona-Krise entwickelte:

- *Im ersten Lockdown-Monat waren die Kommentare auf den Social-Media-Präsenzen vorwiegend verständnisvoll und neugierig.*

  Im März und der ersten April-Hälfte 2020 hatten die Menschen in Deutschland großen Respekt vor den Corona-Maßnahmen, trugen sie mit und wollten nichts falsch machen. Auf den Behörden-Präsenzen in den sozialen Netzwerken gab es vor allem freundliche Nachfragen (»Darf ich mit dem Auto von Hamburg nach Sachsen fahren, um meinen Sohn abzuholen?«, »Darf ich meinen Eltern beim Umzug helfen?«), Aufrufe zum Zusammenhalt (unter Hashtags wie #stayhome) und Anerkennung für Menschen in systemrelevanten Berufen.

- *Im zweiten Lockdown-Monat waren die Kommentare auf Behörden-Seiten noch immer freundlich, hatten aber einen ungeduldigeren Ton.*

  Die Alltagsbewältigung wurde schwieriger (viele Social-Media-Kommentare begannen mit »Wann kann ich endlich wieder …«), Existenzängste wurden geäußert (zum Beispiel von Selbstständigen) und die Menschen litten darunter, dass sie seit Wochen kranke und pflegebedürftige Angehörige nicht besuchen durften.

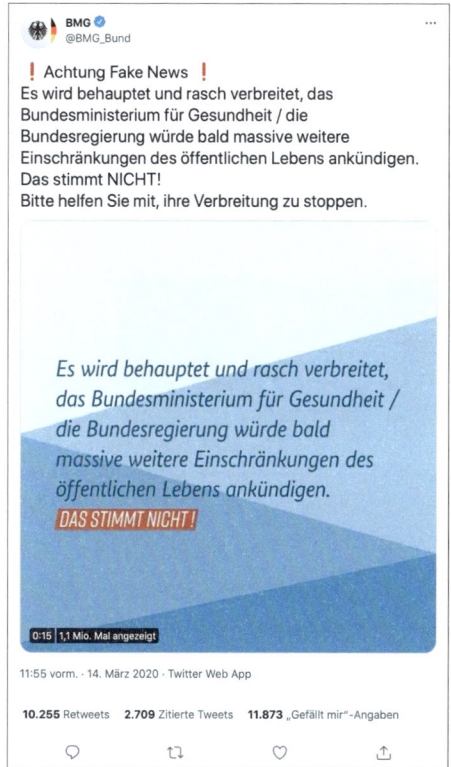

Abbildung 15.3 Diesen Tweet mit aufwendiger Grafik setzte das Bundesgesundheits-ministerium am 14. März 2020 ab – zwei Tage, bevor der erste deutsche »Lockdown« dann doch beschlossen wurde. Ab dem 22. März waren die hier angesprochenen »massiven weiteren Einschränkungen des öffentlichen Lebens« Realität.

- *Ende April und im Mai 2020 platzte dann vielen der Kragen.*

  Das betraf insbesondere Eltern, denn bisher war die Politik quasi stillschwei-gend davon ausgegangen, dass die Kinderbetreuung zu Hause geleistet werden könne. Das wurde aber gerade bei berufstätigen Müttern und Vätern immer schwieriger. Sie rebellierten lautstark in den sozialen Netzwerken (in dieser Zeit etablierte sich der Hashtag *#coronaeltern*, siehe Abbildung 15.4) und wurden gesehen: Die Politik wird seither nicht müde zu betonen, dass Schulen und Kitas so lange wie möglich offen bleiben müssten.

- *Im Sommer 2020 wurde die Stimmung nur vermeintlich besser.*

  Wegen der niedrigen Inzidenzen durften die Menschen vorübergehend wieder mehr: sich treffen, im kleinen Rahmen feiern und in den Urlaub fahren. Es gab aber auch Bereiche, die durchgehend geschlossen blieben (zum Beispiel Klubs) – und die Beschäftigungsmöglichkeiten für Kinder und Jugendliche waren weiter stark begrenzt. In dieser Gemengelage kamen Verschwörungstheorien hoch, aus denen eine ganze Bewegung entstand. Diese äußert sich natürlich auch in den sozialen Netzwerken.

Abbildung 15.4 Viele Eltern haben das Gefühl, dass sie und ihre Kinder bei den Corona-Maßnahmen »vergessen« wurden und noch immer werden. Im Frühjahr 2020 formierte sich der Hashtag #Coronaeltern, unter dem Mütter und Väter auch 2021 ihrem Ärger Luft machen.

- *Ab Herbst 2020 verstärkte sich das Corona-Stimmungstief im Land.*

  Stichworte: Zweite und dritte Welle, ein weiterer als hart empfundener Lockdown. Diskussionen über eine mögliche Impfpflicht. Angst, dass Kinder sich in Schulen ohne Luftfilter infizieren könnten. Urlaubsverbot selbst im Inland. Seit Monaten geschlossene Kultureinrichtungen. Die empfundene Ungerechtigkeit, dass »die Wirtschaft« im Gegensatz zu Privatpersonen kaum eingeschränkt werde. Zu wenig Impfstoff. Die erfolglose Corona-Warn-App. Die Social-Media-Teams in den Behörden konnten wenig entgegensetzen. Manche beantworteten tapfer und auf hohem Niveau weiterhin alle Kommentare, andere fast gar nichts mehr.

- *Im Sommer 2021 entspannte sich die Corona-Lage wieder.*

  Viele Menschen waren bereits geimpft, die Intensivstationen waren nicht mehr überfüllt. Urlaub war eingeschränkt möglich, Fußball-Europameisterschaft und

Olympische Spiele fanden statt. Kommunikativ ist die Corona-Krise jedoch längst nicht vorbei! Derzeit wissen wir nicht, wie lange wir angesichts von Virus-Varianten noch mit Einschränkungen leben müssen – und wie schnell sich Deutschland wirtschaftlich erholt. Viele Menschen äußern Ängste, etwa vor höheren Steuern. Restaurants haben infolge monatelanger Schließung ihre Mitarbeiter verloren und finden nur schwer neue. Tierheime sind überfüllt, weil sich viele in der Homeoffice-Zeit unüberlegt einen Hund angeschafft haben und ihn nun wieder loswerden wollen. Eines ist sicher: Die vielen Nachwirkungen der Krise werden die Behörden noch *lange* beschäftigen – auch und gerade bei ihrer Social-Media-Kommunikation!

Was Behörden aus der Corona-Krise kommunikativ lernen können:

- *Gute Social-Media-Kommunikation und gutes Community-Management muss über den gesamten Zeitraum einer Krise aufrechterhalten werden.*

  Das gilt auch – wenn nötig – abends, am Wochenende und an Feiertagen. Behörden benötigen bei länger andauernden Krisen Personalverstärkung für ihre Social-Media-Teams oder müssen in diesen Situationen auf Dienstleister zurückgreifen. Sie brauchen jedoch auch in Nicht-Krisenzeiten endlich mehr Ressourcen für Social Media. Behördenkommunikation in sozialen Netzwerken wird bleiben – und immer wichtiger. Ämter sollten die Corona-Krise daher zum Anlass nehmen, ihre Kommunikationseinheiten personell zu verstärken, gute Social-Media-Strategien zu entwickeln und sich beim Bürgerdialog über soziale Netzwerke weiter zu professionalisieren.

- *Bei politischen und behördlichen Entscheidungen und Maßnahmen muss die Kommunikation immer mitgedacht werden.*

  Der Staat muss sich bereits *vor* Beschlüssen stets fragen: Ist diese Entscheidung aus Sicht der Bürgerinnen und Bürger logisch? Können wir sie einfach und nachvollziehbar erklären? Sind wir bereit, in sozialen Netzwerken rund um die Uhr Fragen dazu zu beantworten, Missstimmung mit Empathie zu begegnen und Gerüchte und Verschwörungstheorien mit Argumenten zu entkräften?

- *Gute Kommunikation alleine kann schlechte Stimmung in der Bevölkerung nicht verhindern oder auffangen.*

  Die Bürgerinnen und Bürger waren in der Corona-Krise unzufrieden, weil sich ihr Leben negativ veränderte: Viele verdienten weniger oder mussten sogar den Job wechseln. Für Eltern war es noch schwieriger als sonst, Familie und Beruf zu vereinbaren. Kinder, Ältere, Kranke und Singles vereinsamten. Viele hatten Angst vor einer Ansteckung, erkrankten selbst oder trauerten um an COVID-19 Verstorbene. Und selbst, wer verhältnismäßig gut durch die Krise kam, dem fehlten Freizeitmöglichkeiten, Kultur, Feste und Treffen mit Freunden. Dass dies zu Frust führt und dass dieser sich in sozialen Netzwerken – auch auf Behörden-

Seiten – entlädt, ist logisch und verständlich. In solchen Situationen lässt sich von behördlichen Social-Media-Teams nur noch Schadensbegrenzung betreiben, indem diese zumindest gute Krisenkommunikation machen (was wiederum von den Menschen gesehen und auch geschätzt wird).

Fazit: Die Menschen erwarten von Behörden, dass Probleme im realen Leben zu ihrer Zufriedenheit gelöst werden. Erstklassige amtliche Social-Media-Kommunikation ist eine Unterstützung dessen.

Kapitel 16

Mit der richtigen Vorbereitung sicher durch die Krise

»Krisenkommunikation verlangt klare Strukturen und vorbereitete Strategien.« (Leitfaden »Krisenkommunikation« des Bundesministeriums des Innern, für Bau und Heimat)

Eine alte Behörden-Weisheit lautet: Nach der Krise ist immer vor der Krise. Social-Media-Verantwortliche sollten sich daher bereits in ruhigen Zeiten für mögliche Turbulenzen rüsten – indem sie sich mit Krisenkommunikation beschäftigen. Klarerweise ist jede Krise anders. Und Sie können im Vorfeld auch nicht wissen, ob wann wo etwas Außergewöhnliches oder gar eine Katastrophe auf Sie zukommt.

Doch auch *ohne* diese Gewissheit können Sie sich auf Krisen vorbereiten. Wir geben Ihnen hier zwei Instrumente, mit denen Sie arbeiten können:

- eine Vorlage für einen Krisenkommunikationsplan
- und eine Vorbereitungs-Checkliste.

16.1 Wie Sie einen Krisenkommunikationsplan für Social Media aufstellen

Ziel eines Krisenkommunikationsplans ist es, in ruhigen Zeiten eine Schritt-für-Schritt-Anleitung auszuarbeiten: Was macht mein Social-Media-Team, wenn eine Krise startet? Ratsam wäre, diesen Plan in Ihre behördliche Social-Media-Strategie einzubinden oder beides gemeinsam zu entwickeln.

Der Social-Media-Krisenkommunikationsplan hat den gleichen Aufbau wie eine allgemeine behördliche Social-Media-Strategie. Sie müssen für Ihr Amt folgende Fragen beantworten:

1. *Ziele*: Wie soll uns Social Media in der Krise unterstützen?
2. *Community*: Wer sind die Zielgruppen unserer Krisenkommunikation?
3. *Inhalte*: Was sind unsere Botschaften?

4. *Content*: Wie bereiten wir die Botschaften für Social Media auf?

5. *Plattformen*: Auf welchen Social-Media-Kanälen kommunizieren wir in der Krise?

6. *Organisation und Vorbereitung*: Wie verändert sich der Workflow in der Krise? Was müssen wir vorbereiten?

In Kapitel 14, »Was unterscheidet Krisenkommunikation vom Social-Media-Tagesgeschäft?«, haben wir beschrieben, welche *gemeinsamen* Merkmale Krisen haben. Ein Beispiel: Das Informationsbedürfnis der Bürgerinnen und Bürger steigt, was für die Kommunikatoren einen höheren Aufwand bedeutet. Beim Krisenkommunikationsplan sind die meisten Punkte gesetzt (weil allgemeingültig) – etwa, dass Sie bei einer Großlage auch an Wochenenden oder Feiertagen informieren müssen.

Individuell sollten Sie in Ihrem Krisenkommunikationsplan unter anderem die Arbeitsabläufe festhalten, beispielsweise: Haben Sie einen behördlichen Krisenstab? Wer gibt die Tweets oder Posts frei?

Leitplanken zur Erstellung eines behördlichen Social-Media-Krisenkommunikationsplans

1. *Ziele*

Das wichtigste Ziel jeder Krisenkommunikation ist Vertrauen. Die Deutungshoheit muss bei Ihnen liegen, Gerüchte und »Fake News« dürfen sich nicht verbreiten. Möglicherweise müssen Sie Menschen auch zur Vorsicht aufrufen oder Handlungsanweisungen geben (Beispiel: *Menschen sollen die Innenstadt meiden, da der Attentäter dort vermutet wird*).

2. *Community*

»Von besonderer Bedeutung ist der Austausch mit der Öffentlichkeit, vor allem mit Betroffenen und interessierten Bürgerinnen und Bürgern«, sagt der Krisenkommunikations-Leitfaden des BMI. Weitere mögliche Zielgruppen: die Medien, die Politik und die eigenen Mitarbeitenden. Auf die Fragen Ihrer Community müssen Sie in der Krise schnell, kompetent und freundlich antworten, auch abends und an sonst freien Tagen.

3. *Inhalte*

Ihre konkreten Botschaften hängen von der Art der Krise und der Zuständigkeit Ihres Amtes ab. Gehen Sie in Ihrer Krisenkommunikationsstrategie fiktive Szenarien durch, die Sie womöglich eines Tages tatsächlich beschäftigen: Wenn Sie eine Lebensmittelbehörde sind, könnte etwa ein Fleisch-Skandal Ihr Krisenthema werden. In Ihrer Kommune müssen möglicherweise wegen einer Bombenentschärfung zahlreiche Häuser evakuiert und mehrere Straßen gesperrt werden. Oder: Sie arbeiten im Twitter-Team der Feuerwehr. Es könnte zu einem Großalarm wegen eines brennenden Hochhauses kommen. Unser Tipp: Üben Sie die wahrscheinlichsten Szenarien mit dem ganzen Kommunikationsteam ein!

4. *Content*

In der Krise müssen Sie immer klar, verständlich und bürgernah kommunizieren. Überlegen Sie sich bereits vorher die konkrete Umsetzung für Social Media: von kurzen Texten über Erklärstücke mit Grafiken und Videos bis hin zu Live-Formaten. Die Informations-Aufbereitung für die sozialen Plattformen lässt sich unabhängig vom Inhalt festlegen und vorbereiten (eine Anregung finden Sie in Abbildung 16.1).

5. *Plattformen*

Bestimmen Sie frühzeitig, welche Social-Media-Kanäle Sie in der Krise einsetzen werden. Diese Accounts sollten bereits erfolgreich laufen. Es macht keinen Sinn, erst am Tag einer Krise einen Twitter-Account zu eröffnen. Wenn Sie null Follower haben, kommen Ihre Infos bei niemandem an. Vergessen Sie zudem nicht: Behörden haben auf Twitter üblicherweise ein blaues Häkchen (dient zur Verifizierung). Wenn Sie erst am Tag X mit Ihrem Account starten, glauben User eventuell, dass Sie keinen offiziellen, sondern einen privaten Kanal bedienen. Ein Amt *ohne* Social-Media-Auftritt kann nur auf gut laufende Kanäle anderer offizieller Stellen verweisen, die in die Krise eingebunden sind. Damit geben Sie aber Ihre Deutungshoheit ab – und sind von anderen abhängig.

6. *Organisation und Vorbereitung*

Der wichtigste Teil Ihrer Social-Media-Krisenplanung! Hier klären Sie folgende Fragen: Besteht ein behördlicher Krisenstab – und wie sind die Social-Media-Verantwortlichen dort eingebunden? Wer gibt in der Krise Beiträge und Sprachregelungen frei? Haben Sie eine Personalreserve oder eine Agentur, die das Social-Media-Team bei Bedarf verstärkt? Welche Vorbereitungen treffen wir? *Unsere Checkliste im nachfolgenden Abschnitt 16.2 hilft Ihnen, nichts Wichtiges zu vergessen!*

Der fertige Social-Media-Krisenkommunikationsplan muss von der Behördenleitung abgezeichnet sein, damit Sie die notwendigen Vorbereitungen angehen können.

Es versteht sich natürlich von selbst, dass Sie den Krisenkommunikationsplan nicht einfach allein aufstellen können. Behördenleitung, Presse, Internet-Redaktion und Social Media können (auch) in der Krise nur gemeinsam erfolgreich sein – daher planen Sie auch mit ihnen gemeinsam.

16.2   Checkliste: Mit Social Media sicher durch die Krise

Krisenkommunikation über soziale Netzwerke kann nur gut laufen, wenn die Behörde in Sachen Social Media schon vorher gut aufgestellt ist. Hat Ihr Amt schon für ruhige Zeiten nicht genügend Kommunikationspersonal oder fehlt die Unterstützung der Amtsleitung für Social Media, wird es für das Social-Media-Team schwierig, aus dem Stand heraus eine Krise zu meistern. Damit Ihr Amt stattdessen in der nächsten Krise zu den Besten gehört, haben wir eine Vorbereitungs-Checkliste für Sie erstellt:

Checkliste: Sind wir gut auf Krisenkommunikation vorbereitet?

- *Organisation:* Ändert sich in der Krise unsere gewohnte Organisationsstruktur? Sind die Social-Media-Freigaben während der Krise geklärt? Gibt es einen behördlichen Krisenstab? Ist das Social-Media-Team Teil des Krisenstabs, um nicht von Informationen abgeschnitten zu sein? Üben wir gemeinsam mindestens einmal jährlich mit allen Beteiligten ein kommunikatives Krisen-Szenario ein?

- *Ressourcen:* Haben wir genügend Personal, um die Bürgerinnen und Bürger in Krisenzeiten gut zu informieren und alle ihre Fragen beantworten zu können? Auch dann noch, wenn die Krisenkommunikationsarbeit rund um die Uhr über einen längeren Zeitraum aufrechterhalten werden muss? Wer ist wann im Urlaub? Gibt es eine Woche/einen Monat, in dem das Social-Media-Team nur sehr dünn besetzt ist? Gibt es eine Notfallvertretung? Können wir im Krisenfall personelle Unterstützung aus dem eigenen Haus bekommen? Sind diese Personen ausreichend geschult? Welche Kolleginnen und Kollegen wären bereit, während einer Krise auch Wochenend- und Spätabend-Schichten zu machen? Brauchen wir zusätzlich Agentur-Unterstützung? Ist gewährleistet, dass wir diese kurzfristig bekommen können?

- *Erreichbarkeiten:* Hat das Social-Media-Team alle wichtigen (aktuellen) Handynummern und umgekehrt? Ist die gegenseitige Erreichbarkeit auch abends, am Wochenende und notfalls nachts sichergestellt? Ist eine interne Kommunikationsplattform (z. B. WhatsApp-Gruppe, Slack-Channel oder eigene Plattform) eingerichtet, die das Krisenteam nutzen wird, damit alle auf dem Laufenden sind? Können alle die Plattform bedienen? Haben alle die Zugangsdaten?

- *Content-Produktion:* Haben wir das nötige Know-how für die Content-Produktion in der Krise? Verfügen wir über das notwendige Equipment und vorbereitete Templates?

Abbildung 16.1 Instagram-Grafiken sind anspruchsvoll und lassen sich nicht auf die Schnelle umsetzen. Es lohnt sich, in ruhigen Zeiten Templates für die jeweiligen sozialen Plattformen vorzubereiten – und sie in der Krise mit konkreten Botschaften zu füllen.

Teil V

So werde ich Behörden-Influencer

Kapitel 17

Corporate Influencer in Behörden

Immer mehr deutsche Unternehmen setzen auf Corporate Influencer. Postende Behörden-Mitarbeiter erfahren dagegen vielfach noch nicht die Unterstützung, die sie verdienen. Dabei ist es für Ämter sehr nützlich, wenn Beamte und Verwaltungsangestellte in sozialen Netzwerken sichtbar sind.

Das Wort »Corporate Influencer« stammt aus dem Englischen: »Corporate« bedeutet »zu einem Unternehmen gehörend«. »Influencer« ist jemand, der die (öffentliche) Meinung beeinflusst und dazu auch soziale Medien nutzt. Bei »Corporate Influencern« handelt es sich also um Menschen aus der eigenen Belegschaft, die ihrem Unternehmen – oder ihrer Behörde – auf Social Media zu mehr öffentlicher Präsenz verhelfen. Das tun sie entweder auf ihren eigenen, privaten Accounts oder auf solchen, die das Unternehmen oder die Behörde für sie eingerichtet hat. Und warum? Ganz einfach: Corporate Influencer lieben ihren Job und identifizieren sich zu 100 % mit ihrem Arbeitgeber! Es macht ihnen Spaß, ihren Job-Alltag auf Social Media zu zeigen, Blicke hinter die Kulissen zu gewähren und positiv über ihre Firma/ihr Amt und deren Themen zu sprechen. Der Arbeitgeber profitiert davon: Posts und Tweets von Mitarbeitenden kommen meist viel menschlicher, authentischer und spontaner rüber als die tausendmal abgestimmten, oft weichgespülten und unpersönlichen Botschaften auf den offiziellen Accounts. Die Folge: mehr Glaubwürdigkeit, mehr Beliebtheit, mehr Bewerbungen.

Dass die eigenen Beschäftigten die besten Werbeträger sind, ist in den Unternehmen hierzulande schon länger angekommen. Der Versand-Händler Otto etwa bildete 2017 mehr als 100 Mitarbeitende gezielt zu Corporate Influencern aus. Für die Deutsche Telekom (eine ehemalige Behörde) posten Angestellte unter dem Hashtag #*werkstolz* täglich über ihren Job (siehe Abbildung 17.1). Auch Microsoft und Daimler haben Corporate Influencer.

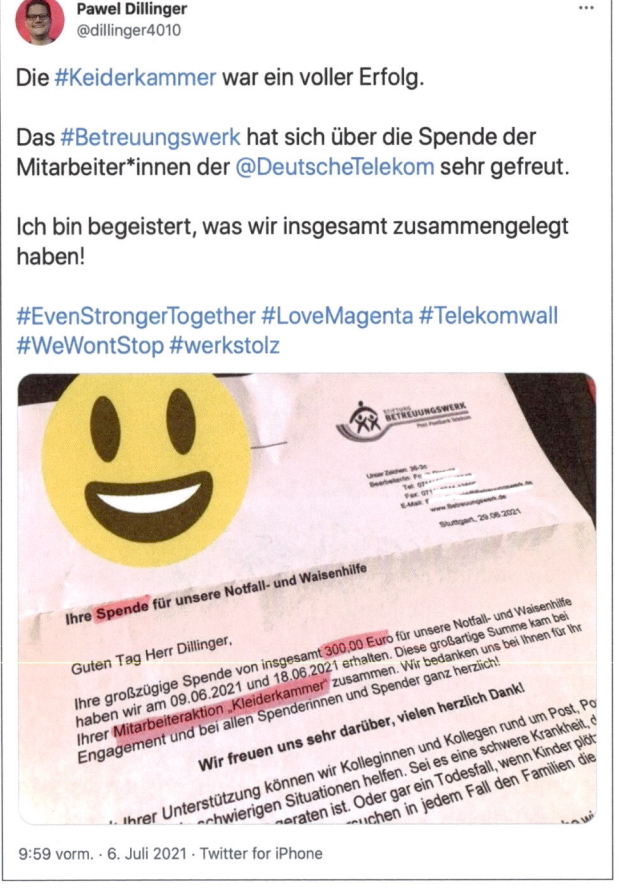

Abbildung 17.1 »Telekom-Botschafter« sind Mitarbeiter*innen, die Spaß daran haben, ihren Arbeitsalltag beim magentafarbenen Konzern auf ihren privaten Social-Media-Accounts zu zeigen. Die ursprüngliche Idee kam von einigen Mitarbeitern selbst, heute ist ein beeindruckendes Corporate-Influencer-Programm mit 220 Botschafter*innen daraus geworden.

Nur in der Behördenwelt sieht es die Leitungsebene meist nicht gern, wenn Referenten (oder gar Sachbearbeiter!) über ihre Arbeit posten und twittern. Aus diesem Grund finden sich in diesem Buch noch wenige Beispiele über »Behörden-Influencing«. Warum eigentlich? Viele Chefinnen und Chefs haben Angst vor Kontrollverlust. »Bei uns sagt nur der Pressesprecher etwas!«, scheint noch immer das vorherrschende Motto zu sein.

Dennoch haben sich auch in deutschen Ämtern mittlerweile zwei Formen von »Corporate Influencing« etabliert:

1. Mitarbeiter zeigen sich auf Kanälen des Hauses. Beispiel: Azubis des Landes Schleswig-Holstein werben auf dem Instagram-Account *@moin_karriere* für eine Ausbildung oder ein Studium bei ihrem Dienstherrn (siehe Abbildung 17.2 – mehr zu dem Projekt lesen Sie in Kapitel 20, »Land Schleswig-Holstein: Azubis als Instagram-Stars«). Diese Kanäle unterliegen meist der Federführung der Pressestelle. Es gibt klare Regelungen und Vereinbarungen, was gepostet wird.

Abbildung 17.2 In Schleswig-Holstein wurden rund zehn Azubis und Studierende ausgewählt, die als Corporate Influencer auf dem Recruiting-Kanal @moin_karriere auf Instagram zu sehen sind. Täglich können die Follower mitverfolgen, wie die jungen Frauen und Männer mit ihrer Ausbildung und ihrem Studium vorankommen – und was sie dabei erleben.

2. Daneben posten Beschäftigte in Behörden völlig eigeninitiativ auf ihren privaten Kanälen über ihren Amtsjob (nicht immer bekommen die Vorgesetzten dies überhaupt mit). Besonders häufig sieht man Polizist*innen und Bundeswehr-Soldat*innen, die sich auf Instagram gerne in Uniform zeigen. Ein Beispiel sehen Sie in Abbildung 17.3.

Abbildung 17.3 Diese Berliner Polizistin ist privat auf Instagram. Neben Bildern von daheim und vom Sport postet sie auch ihren Joballtag. Das finden viele spannend: Über 34.000 Menschen folgen @officer.mcflurry – das sind fast halb so viele wie dem offiziellen Polizei-Berlin-Account.

An dieser Stelle muss man sagen, dass kein Amt (Bundesnachrichtendienst und Verfassungsschutz ausgenommen) seinen Beschäftigten privates Twittern und Posten verbieten darf – es sei denn, sie verraten vertrauliche Daten oder Interna. Dutzende Beamt*innen der Polizei Berlin posten privat unter dem Hashtag #*instacops*. Sie zeigen stolz ihre Muskeln, ihre Waffen und ihre Schutzausrüstung. Anders als die niedersächsischen Corporate-Influencer-Polizisten (über die wir Ihnen im folgenden Abschnitt berichten) treten die Berliner »Instacops« von sich aus in den sozialen Kanälen auf. Eine Steuerung durch die Pressestelle erfolgt hier nicht. Eine Polizistin mit dem Insta-Account @*lana.glam* hat mehr als 70.000 Abonnenten. Sie ist schon so bekannt, dass sie manchmal auf der Straße angesprochen wird: »Gestern kam dieses kleine süße Wesen mit ihrer Mutter auf mich zu. Die Mutter meinte, sie würde mich aus dem Internet kennen. Sie wünsche sich, dass ihre Tochter auch mal Polizistin wird.« Ihre Kollegin Mehtap Öger (den Account @*melos.vanellope* haben 42.000 User abonniert) posiert in Uniform ebenso wie in Kleidern.

Da viele »Instacops« auf Social Media mehr zeigten, als der Führung lieb war (unter anderem Beiträge mit Werbepartnern), ließ die Polizeipräsidentin ein Papier (»Sonderprüfung Influencer«) erarbeiten. Im August 2020 bekamen die Beamtinnen und Beamten konkrete Richtlinien an die Hand:

- Die Accounts sollen als privat gekennzeichnet werden.
- Dienst-Interna dürfen nicht veröffentlicht werden.
- Polizist*innen sollen darauf achten, was im Hintergrund des Fotos oder des Videos zu sehen ist.
- Für Einnahmen über private Werbung mit dem jeweiligen Account gelten die Vorschriften für Nebentätigkeiten.
- Verboten: Werbung im »Zusammenhang mit Sucht- und Genussmitteln, Waffen und Uniformen«.
- Anfragen von Medien müssen ausnahmslos mit der Pressestelle abgesprochen werden.

Auch die Bundeswehr hat für ihre Soldat*innen Social-Media-Guidelines zu folgenden Fragen erlassen:

- »Ist Bundeswehrangehörigen Werbung erlaubt?«
- »Wie sieht es mit Fotos/Videos innerhalb militärischer Sicherheitsbereiche aus?«
- »Müssen Namen/Dienstgrade unkenntlich gemacht werden?«
- »Sind Fotos/Videos auf Truppenübungsplätzen erlaubt?«
- »Ist die Abbildung von und mit Waffen erlaubt?«
- »Darf ich Bilder mit Uniform in der Öffentlichkeit aufnehmen?«
- »Dürfen sich Bundeswehrangehörige in den sozialen Medien politisch äußern beziehungsweise zu politischen Themen Stellung nehmen?«
- »Müssen private Accounts gekennzeichnet werden?«

Solche internen Social-Media-Guidelines können sinnvoll sein, um Behörden-Mitarbeiter auf bestehende Regeln wie die Verschwiegenheitspflicht, das Mäßigungsgebot und die Anzeige- oder Genehmigungspflicht von Nebentätigkeiten hinzuweisen. Denn sie gelten im Netz natürlich genau so wie im restlichen Leben. Behördliche Social-Media-Guidelines geben Beschäftigten Sicherheit, da man jederzeit noch mal nachlesen kann: »Darf ich das hier privat posten? Oder geht es nicht, weil ich Beamtin oder Angestellter im öffentlichen Dienst bin?«

Falls auch Sie als Amt Ihren Mitarbeiter*innen Social-Media-Guidelines zur Verfügung stellen möchten, ist aus unserer Sicht folgendes wichtig:

- *Formulieren Sie die Social-Media-Guidelines ermutigend und wertschätzend.*

  Betonen Sie, dass Sie es als Behörde sehr begrüßen, wenn Mitarbeitende in sozialen Netzwerken aktiv sind und dort auch über ihre Arbeit und dienstliche

Themen posten (nicht vergessen: Beschäftigte sind ein wichtiges Aushänge-schild – und deren Follower sind dann indirekt auch Ihre Follower).

- *Weisen Sie erinnernd auf bestehende Regeln hin*

  (Beispiel: Fotos von Kolleginnen und Kollegen dürfen aufgrund des Rechts am eigenen Bild nur mit deren Zustimmung gepostet werden), aber erfinden Sie keine neuen, die übers Ziel hinausschießen! Es würde beispielsweise keinen Sinn machen (und rechtlich wohl auch nicht haltbar sein), den Beschäftigten zu verbieten, den eigenen Schreibtisch-Arbeitsplatz auf Social Media zu zeigen. Denken Sie daran: Für viele Menschen ist es heute völlig normal, ihren Tages-ablauf beispielsweise in Instagram-Stories zu dokumentieren. Ihre Arbeit als großen Teil des Lebens außen vor zu lassen, würde sich für sie unnatürlich an-fühlen.

- *Formulieren Sie kurz, klar und verständlich.*

  Wir, die Autoren dieses Buches, haben schon viele interne Social-Media-Guide-lines gesehen. Die meisten sind zu lang (vier Seiten plus liest sich niemand durch, der einfach nur privat posten möchte) und enthalten Formulierungen, die entweder unverständlich sind oder so streng formuliert, dass sich die Mit-arbeitenden nach der Lektüre gar nicht trauen, auf Social Media irgendetwas über ihren Job zu sagen. Das ist dann für beide Seiten schädlich. Für den Be-schäftigten, weil er sich eingeschränkt fühlt. Für Sie als Amt, weil Sie die Person als mögliches Aushängeschild verlieren. Und am Ende vielleicht noch mal für Sie, weil der ein oder andere junge Mensch sich lieber einen cooleren Arbeitge-ber sucht.

- *Wählen Sie eine ansprechende Form der Veröffentlichung.*

  Beispielsweise ein hochwertiges Handout mit schönem Layout, das man sich gerne über den Schreibtisch hängt oder mit nach Hause nimmt. Wenn Sie statt-dessen eine Dienstanweisung erlassen und sie in reiner Textform ins Intranet stellen, hat es für die Mitarbeitenden den Anschein, sie wollten deren private Social-Media-Aktivitäten unterbinden oder beschneiden.

Sie sehen: Interne Social-Media-Guidelines sind eine heikle Sache. Falls Ihre Leute so präsent im Netz sind wie bei der Polizei und der Bundeswehr, sind Richtlinien unerlässlich. Ansonsten können Sie darüber nachdenken, ob Sie Ihren Mitarbeiten-den die Unterstützung lieber auf anderem Weg anbieten möchten. Dazu einige Bei-spiele:

- Organisieren Sie interne Schulungen.
- Integrieren Sie das Thema in Einführungswochen für neue Mitarbeitende und Azubis.

- Kommunizieren Sie im Intranet, an wen in der Behörde man sich bei Fragen zur privaten Social-Media-Nutzung wenden kann. Das kann das behördliche Kommunikationsteam, aber auch der Personalrat sein.

Das wichtigste: Vertrauen Sie Ihren Leuten! Wer in sozialen Netzwerken über seinen Job postet, beweist damit, dass er oder sie diesen gern macht und stolz darauf ist, in Ihrem Amt zu arbeiten. Regelverstöße kommen selten vor und sind dann natürlich zu besprechen oder je nach Schwere zu sanktionieren. Wer im öffentlichen Dienst arbeitet, ist sich der besonderen Bedingungen jedoch meist bewusst und *möchte* sich – auch in sozialen Netzwerken – daran halten.

Übrigens sind Polizist*innen und Soldat*innen nicht die einzigen sichtbaren Behörden-Mitarbeiter*innen im Social Web! Zahlreiche Social-Media-Profis aus Behörden wie Anna Carla Springob (Bezirksregierung Arnsberg), Katharina Kirsch (Bayerisches Staatsministerium für Wissenschaft und Kunst), Alexander Vogel (Stadt Köln) und Sören Spoo (Stadt Dortmund) bauen derzeit über LinkedIn ihre Netzwerke aus. Marlene Neumann und Pascal Ziehm, die wir Ihnen im Best-Practice-Teil dieses Buches vorstellen werden, twittern schon seit Langem über ihren Job.

Als Behörde können Sie Ihre social-media-aktiven Mitarbeitenden unterstützen – oder sogar aktiv für Ihre Kommunikation einsetzen. Wir empfehlen Behörden das Modell der Niedersächsischen Polizei: Sie wählt geeignete Corporate Influencer gezielt aus und lässt sie auf eigens eingerichteten Behörden-Accounts auf eine persönliche Art und Weise für das Amt sprechen. Wie das genau abläuft, lesen Sie im nun folgenden Abschnitt.

17.1   Strategischer Einsatz von Behörden-Botschaftern: Warum ich meinem Amt viele Gesichter geben sollte

Die Niedersächsische Polizei ist eine der ersten deutschen Behörden, die offiziell auf »Corporate Influencer« setzt. Auf mehr als 20 personalisierten Kanälen posten Polizistinnen und Polizisten Bilder, Videos und Infos über ihren Job. »Ziel ist es, den Bürgerinnen und Bürgern auch im direkt-virtuellen Kontakt ein Ansprechpartner zu sein, die Sorgen und Ängste der Bevölkerung aufzunehmen, sie mit präventiven Hinweisen zu aktuellen Themen zu versorgen, um auch im virtuellen Raum das Sicherheitsgefühl zu stärken«, teilt die Pressestelle mit. In England und den Niederlanden besteht das Konzept des »Digital Community Policing« schon länger; hierzulande haben es die Bundesländer Niedersachsen und Rheinland-Pfalz übernommen. Die niedersächsischen Social-Media-Cops sind vor allem auf Facebook und Instagram aktiv – frei nach dem Motto: Die Polizei, dein Freund und Influencer. »Einen behördlichen Sprachgebrauch werden die Fans und Follower auf Facebook und Instagram bei der Polizei Niedersachsen daher – lageangepasst – nur im Einzelfall vorfinden«, heißt es auf der Website.

Fast schon Kultcharakter haben die Aufklärungsvideos mit Polizeioberkommissar Rene Heidergott (siehe Abbildung 17.4), der auf Facebook witzig und originell betrügerische Szenen nachspielt: »Ring (Rene Heidergott hebt den Telefonhörer ab). Wie? Ich habe 100.000 € gewonnen – bei einem Gewinnspiel, wo ich gar nicht mitgemacht habe? Das ist ja super. Wie? Ich muss Ihnen bloß 2.000 € vorher mit Paysafe-Karte überweisen? Natürlich mache ich das.« Nachsatz des Polizisten: »Leute, das wird nie passieren. Ihr habt nix gewonnen.« Oder: »Ihr surft im Internet. Ne, das kann nicht angehen: die neue Playstation statt 1.000 € hier bei eBay nur für 300 €! Die muss ich mir kaufen. Und was passiert ein paar Wochen später? Ihr bekommt gar keine Playstation. Leute, nichts ist im Leben umsonst. Und ihr werdet niemals eine Playstation im Wert von 1.000 € neu und originalverpackt für 300 € kriegen.«

Abbildung 17.4 Die Niedersächsische Polizei setzt auf »Digitales Community Policing«, das sind persönliche Ansprechpartner*innen auf Social Media. Oberkommissar Rene Heidergott von der Polizeiinspektion Leer/Emden klärt hier via Facebook-Videos über Trickbetrug auf.

Polizeikommissarin Katharina Lohrengel ist für die Polizeidirektion Göttingen auf Instagram aktiv (Abbildung 17.5) und postet dort kompetent, sympathisch und erfrischend – über eisige Nachtdienste im Winter, großen Andrang im Notruf oder

Hand-Laser-Geschwindigkeitsmessungen. Ihre Kollegin, die Diensthundeführerin Hannah Schmitz (Abbildung 17.6), zeigt ihren treuen Begleiter im Einsatz – mit viel Herz und Humor: So demonstriert der Schäferhund etwa, wie man eine Corona-Maske korrekt trägt.

Niedersachsens Innenminister Boris Pistorius (SPD) schwärmt nahezu über seine Corporate Influencer: »Die niedersächsische Polizei ist eine echte Bürgerpolizei. Dazu gehört heutzutage auch, nicht nur auf der Straße und in den Dienststellen, sondern ebenso online via Social Media präsent und ansprechbar zu sein. Ich bin beeindruckt von der Arbeit der Kolleginnen und Kollegen, die teils für mehrere tausend Follower da sind und auch mit ihnen interagieren. Diese Form der Kommunikation werden wir in den kommenden Jahren sicher noch weiter ausbauen.«

Abbildung 17.5 Katharina Lohrengel ist eine von über 20 Corporate Influencern der Niedersächsischen Polizei. Ihr Engagement ist freiwillig. Auf der Website ihres Dienstherrn heißt es: »Im Vordergrund sollte immer die Freude am direkt-virtuellen Kontakt mit den Bürgerinnen und Bürgern stehen. Denn nur in Verbindung mit einem gewissen Maß an Offenheit, Sensibilität und Vertrauen kann dauerhaft ein engagiertes, persönliches Auftreten in den sozialen Netzwerken den Bürgerdialog stärken.«

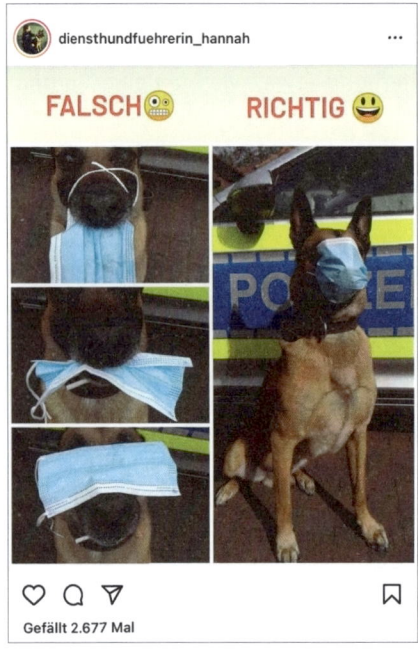

Abbildung 17.6 Diensthundeführerin Hannah hat 11.000 Follower auf Instagram – auf ihrem dienstlichen Account für die Polizeidienststelle Oldenburg/Niedersachsen. Durch persönliche Accounts wie diesen wird die Polizei nahbarer und für die Bürgerinnen und Bürger noch ansprechbarer.

Warum Corporate Influencer zukunftsweisend sind? Kommunikation darf kein Privileg der Hausleitung oder der Pressesprecher*innen sein. Alle müssen für das Amt kommunizieren können, damit die Behörde nicht nur *ein* Gesicht hat, sondern Diversität zeigen kann – und sich ein besseres (menschliches) Image zulegt statt das eines unpersönlichen und kalten Beamtenapparates. Eigene Influencer können authentisch Botschaften über ihre Profile streuen und so die Reichweite vielfach erhöhen. Die Behörden-Influencer bauen eigene Netzwerke auf, von denen der Dienstherr profitiert. Wenn sie auf den sozialen Kanälen spannende, coole und witzige Einblicke in ihre Arbeit gewähren, begeistern sie Menschen für ihren Job und das Amt – der erste Schritt, um neues Personal zu gewinnen. Nicht zu vergessen: Wahrscheinlich ist unter den Social-Media-Influencern auch ein Supertalent, das später die Kommunikationsabteilung verstärken kann.

17.2   Wie ich Behörden-Botschafter am besten unterstütze

Wenn Corporate Influencer ihre Behörde auf Social Media gut und authentisch verkaufen sollen, braucht es eine neue Behördenkultur. Die Leitungsebene muss Kontrolle abgeben, den kommunizierenden Mitarbeitenden Vertrauen und Wertschätzung entgegenbringen und Hierarchien überwinden.

Corporate Influencer twittern und posten unentgeltlich. Behörden können ihnen kein Geld zahlen. Umso mehr verdienen Mitarbeitende, die für ihr Amt auf Social Media werben, die bedingungslose Unterstützung der Hausleitung.

- Corporate Influencer sollten klare Handlungsempfehlungen bekommen, mit denen sie sich wohl fühlen und die gleichzeitig kommunikativen Schaden für das Haus ausschließen: Was darf ich – und was nicht? Welche Interna oder heiklen Behördendaten haben auf Twitter, Facebook und Instagram nichts verloren? Wie gehe ich damit um, wenn mich ein User oder Follower attackiert, beschimpft oder beleidigt?

- Corporate Influencer repräsentieren »ihr« Amt eigenständig und mit ihrer Persönlichkeit. Dennoch empfehlen wir eine Strategie mit konkreten Zielen, die auf einer gelebten Behördenkultur basieren. Ein Kick-off-Workshop kann dafür sorgen, eine gemeinsame Linie zu finden.

- Bei Fragen muss stets eine Mitarbeiterin oder ein Mitarbeiter der Kommunikationsabteilung ansprechbar sein. Zudem ist es hilfreich, wenn die Corporate Influencer bei ihren ersten Tweets und Posts von Profis Hilfe bekommen.

- Damit sie ihren Job professionell machen können, brauchen Corporate Influencer nicht nur moderne technische Geräte (Diensthandy, Laptop, Software etc.), sondern auch laufend Fortbildungen. Diese können gleichzeitig Gratifikation sein!

- Zur Wertschätzung gehört auch, dass das Erstellen von Postings oder Videos und das dazugehörige Community Management als Teil der Arbeitszeit gesehen wird. Wie viel das genau ist, hängt von der genauen Ausgestaltung Ihres Corporate-Influencer-Programms ab. In der Regel ist es aber etwa eine Stunde pro Tag.

- Die Sprecherinnen und Sprecher der Behörde sollten die Corporate Influencer nicht als Konkurrenz sehen, sondern deren Content als wunderbare Ergänzung zur Behördenkommunikation wahrnehmen.

17.3 Wie kann ich Behörden-Botschafter*in werden?

In diesem Abschnitt nennen wir Ihnen das Anforderungsprofil für Behörden-Influencer*innen. Es ist ein Irrglaube, dass alle Beschäftigten ihr Amt auf Social Media promoten wollen. Nicht wenigen Menschen ist es unangenehm, im Rampenlicht zu stehen. Wenn Sie

- für Ihren Job und Ihren Dienstherrn brennen,
- ein kommunikativer Typ sind,
- den Blick für eine Story haben (siehe Abbildung 17.7),

- voll im Stoff stehen,

- Fachwissen gut und spannend verkaufen können,

- selbst komplizierteste Sachverhalte glaubwürdig und verständlich vermitteln,

- Sensibilität für politisch brisante Themen mitbringen,

- Fettnäpfe prinzipiell scheuen,

- vor Kreativität sprühen,

- Schreiben, Fotografieren und Filmen mögen,

- aus eigenem Antrieb und mit Spaß handeln,

- Augenzwinkern und Humor lieben

dann sind Sie vielleicht schon bald das neue Gesicht Ihrer Behörde!

Grundvoraussetzung: Sie sollten Social Media beherrschen. Das Alter spielt übrigens keine Rolle: Corporate Influencer müssen nicht zwingend jung sein – aber dafür geeignet, Tausende Menschen auf ein Amt und seine vielen Aufgaben neugierig zu machen.

Abbildung 17.7 Als Corporate Influencer braucht man den Blick für eine Story! Begegnet einem als Social-Media-Polizist etwas, das sich so perfekt für einen Post eignet wie dieses Ensemble mitten auf der Straße, darf man nicht lange zögern.

Kapitel 18

Behördenleiter-Kommunikation auf Social Media

Schluss mit langweiligen Zitatkacheln und Bildern, auf denen ältere Männer in grauen Anzügen vor weißen Wänden zu sehen sind! Gute Behördenleiter-Kommunikation in Social Media folgt den Grundsätzen des Personal Branding: Schwerpunktthemen engagiert nach außen vertreten und dabei Persönlichkeit zeigen.

Die meisten Social-Media-Verantwortlichen in Behörden kennen folgende Herausforderung: Die Behördenleitung möchte nach außen sichtbar sein – auch auf den sozialen Kanälen der Behörde. Viele Führungskräfte glauben irrtümlich, dass Social Media wie die klassische Presse- und Öffentlichkeitsarbeit funktioniert. So gut wie jede Pressemitteilung und jeder Website-Artikel enthalten ein langes Zitat der Ministerin, des Staatssekretärs, des Präsidenten oder der Bürgermeisterin. Garniert wird die Bleiwüste mit einem Handshake-Foto oder einem dieser 08/15-Bilder, auf denen Menschen vor Aufstellwänden stehen, ein Band durchschneiden oder (ganz schlimm) bei Außenterminen Daumen hoch zeigen.

Für Social Media sollten Sie diese eher antiquierte Form der Kommunikation vergessen. In sozialen Netzwerken wie Facebook, Instagram oder TikTok wirkt nichts langweiliger und deplatzierter als statische Fotos von ergrauten Menschen, die vor Wänden stehen. Auch die anfangs populären Social-Media-Zitatkacheln sind schon seit Jahren out. Gute Behördenleiter-Kommunikation auf Social Media folgt heute ganz anderen Regeln – die wir Ihnen in diesem Kapitel verraten! Wir empfehlen, dass Ihre Behördenleitung selbst (also mit Personen-Account) in mindestens einem sozialen Netzwerk aktiv ist. Im ersten Abschnitt dieses Kapitels erfahren Sie, wie Sie Ihre Amtschefin oder Ihren Amtschef dabei unterstützen können. Für den Fall, dass sie oder er das nicht möchte oder partout keine Zeit für eigene Social-Media-Arbeit hat, schlagen wir Ihnen eine Alternative zum langweiligen Terminfoto vor. Alle Varianten haben das gleiche Ziel: Ihre Chefin oder Ihr Chef soll in den sozialen Medien glänzen.

Im zweiten Abschnitt lesen Sie, wie moderne Führungskräfte-Kommunikation konkret aussieht. Wir erklären Ihnen Schritt für Schritt, wie Amtschefinnen und Amtschefs sich eine eigene Personenmarke im Netz aufbauen und öffentlich für die Themen Ihrer Behörde eintreten können.

Wir verwenden in diesem Kapitel die Bezeichnung »Behördenleiter-Kommunikation«, meinen damit aber nicht ausschließlich die Person an der Spitze Ihres Organigramms. Unsere Empfehlungen gelten auch für weitere Führungskräfte in Ämtern, beispielsweise für Staatssekretär*innen, Abteilungsleiter*innen oder Pressesprecher*innen. Und warum sollte nicht auch Ihr Kämmerer via Social Media direkt den Bürgerinnen und Bürgern erklären, wie dieses Jahr der kommunale Haushalt aufgestellt ist?

18.1   Wie überzeuge ich meine Chefin oder meinen Chef, zu twittern?

Social Media funktioniert am besten über Personen bzw. Menschen. Deshalb macht es Sinn, wenn eine behördliche Führungskraft einen persönlichen Account pflegt – *zusätzlich* zu den Auftritten der Behörde, versteht sich. Beides muss unabhängig voneinander betrachtet werden: Während Führungskräfte in der Regel irgendwann weiterziehen, bleibt eine Behörde über Jahrzehnte bestehen. Im Idealfall kommunizieren sowohl das Amt als auch die Amtsspitze sehr stark in den sozialen Medien. So können sich die Person und die Behörde für die Dauer der Legislaturperiode oder der Amtszeit wunderbar ergänzen und gegenseitig pushen.

Es gibt bereits einige Beispiele für gelungene Behördenleiter-Kommunikation in sozialen Netzwerken. Bevor wir Ihnen diese vorstellen, ein kleiner Exkurs in die Welt der Unternehmen: CEO-Kommunikation ist seit ein paar Jahren ein großes Thema. Zu den deutschen Social-Media-Stars unter den Chefs und DAX-Vorständen gehören Herbert Diess (Volkswagen), Timotheus Höttges (Deutsche Telekom), Janina Kugel (Aufsichtsrätin und ehemalige Vorständin bei Siemens) und Delia Lachance (Westwing). In den USA tritt nahezu jeder Boss eines Unternehmens als »Social CEO« auf: Tesla-Gründer Elon Musk hat 57 Millionen Twitter-Follower, Apple-CEO Jim Cook immerhin 12 Millionen. John Legere, der ehemalige CEO von T-Mobile USA, verbrachte sogar sechs bis sieben Stunden täglich mit Social-Media-Kommunikation für sein Unternehmen.

Warum investieren hochrangige Führungskräfte soviel Zeit in Social Media? Durch die Digitalisierung haben sich die Anforderungen an die Chefinnen und Chefs grundlegend geändert. Noch vor fünfzehn Jahren war es nicht üblich, dass CEOs öffentlich Gesicht und Haltung zeigten oder sich in politische und gesellschaftliche

Debatten einmischten. Sie hatten für die Beschäftigten und die Aktionäre da zu sein – und nicht für ein Talkshow-Publikum. Joe Kaeser, bis zu seinem Ausscheiden bei Siemens 2021 aktiv bei Twitter, musste sich deshalb intern Kritik anhören. Seit einigen Jahren erleben wir einen Wandel der Führungskultur: Öffentliche Leader sind gefragt. Nachwuchskräfte wünschen sich Arbeitgeber, mit deren Haltung und Werten sie sich identifizieren können. Und wo informieren sich Mitarbeitende darüber, welche Position (etwa zu Nachhaltigkeit, Diversität oder zum digitalen Wandel) ihre CEOs einnehmen? Richtig, in sozialen Netzwerken! Wer dort nicht aktiv ist, findet einfach nicht statt. Die folgenden drei Entwicklungen sind signifikant und unumkehrbar:

1. Von Unternehmen und Institutionen wird zunehmend erwartet, dass sie eine Haltung haben – und diese sichtbar nach außen tragen.

2. Das macht Kommunikation zur Chef- statt wie früher zur Nebensache. Es gilt als retro, wenn ausschließlich Pressestellen mit der Öffentlichkeit sprechen. Erwartet wird, dass Führungskräfte sich persönlich äußern – und dabei authentisch und nahbar sind.

3. Wer von Digitalisierung spricht (das tun mittlerweile zwangsläufig alle Unternehmen und Behörden), muss sie vorleben! Chef*innen, die digitale Transformation predigen, aber noch nie selbst die Twitter-App geöffnet haben, machen sich bei der jungen Generation unglaubwürdig und taugen daher nicht als Vorbilder.

Behörden müssen sich dieser Entwicklung stellen und anpassen – und sich mit digitaler Führungskräfte-Kommunikation auseinandersetzen. Die Generation, die derzeit die Spitzenpositionen in Ämtern besetzt, findet es oft angenehmer, unter dem Radar zu bleiben oder sich auf Zeitungsinterviews (mit Zitaten zur Freigabe) zu beschränken. Einige Behördenleiterinnen und Behördenleiter befürchten Schlimmes, wenn sie in sozialen Netzwerken auftreten: kritische Rückmeldungen, »Shitstorms«, einen kaum zu bewältigenden Zeitaufwand und auch mögliche eigene Patzer. In einem Wort: Kontrollverlust.

Amtsleitungen, die schon »social« sind, merken jedoch: Kein Grund zur Panik – im Gegenteil, Social Media nützt mir und meiner Behörde! Beate Langhammer, Leiterin des Jobcenters im Main-Kinzig-Kreis, berichtete Ende 2020 in einem Podcast von ihren ersten Twitter-Schritten: »Ich hatte Bedenken – aufgrund der Bewertungen, die ich über unsere Behörde bei Google gelesen hatte. Ich habe mir aber gesagt: ›Das Gespräch und die Begegnung auf Augenhöhe hat noch immer geholfen. Falls ich also einen Kommentar bekomme, muss ich eben schauen, wie ich reagiere.‹ Ich habe bislang tatsächlich nur positive Erfahrungen gemacht! Es kommen interessierte Nachfragen nach unseren Projekten oder generell danach, was wir im Jobcenter so machen.« Björn Haller, Abteilungsleiter im Jobcenter Kreis Gütersloh, zieht ebenfalls ein positives Twitter-Resümee: »Ich erfahre wider Erwarten eine immer weiter wachsende Resonanz. Man erschließt Kontakte, die man auf analogem Weg sicherlich nicht geschlossen hätte. Ich kann nur empfehlen, sich mit diesen Medien vertraut zu machen – dann kann man sie auch problemlos nutzen.«

Für gelungene Behördenleiter-Kommunikation steht der Oberbürgermeister der Hansestadt Rostock, Claus Ruhe Madsen. Er sieht Instagram, Facebook und Co. als »völlig natürlichen« Teil seiner Arbeit. Madsen ist eine echte Personenmarke im Netz: Auf Instagram folgen ihm 14.000 Menschen, auf Facebook hat er 11.700 Fans. Auf LinkedIn erreicht er mit manchen Beiträgen bis zu 100.000 Menschen. Seine Bekanntheit reicht weit über Mecklenburg-Vorpommern hinaus – was an seinen Erfolgen bei der Corona-Bekämpfung, aber auch an seiner starken Präsenz in sozialen Netzwerken liegt. Madsen sieht in sozialen Medien einen »Riesenvorteil«, nämlich »den direkten Austausch mit den Bürgerinnen und Bürgern«. Er hat verinnerlicht: Wenn ich auf dem Marktplatz oder auf Veranstaltungen im Rathaus mit den Menschen spreche, erziele ich eine weitaus geringere Reichweite als im Social Web.

Wir kennen viele Politikerinnen und Politiker, die Social Media nur im Wahlkampf einsetzen und die Accounts anschließend abschalten oder verwaisen lassen. Ganz anders Claus Ruhe Madsen: Nach seinem Wahlsieg 2018 blieb er gleich auf mehreren Kanälen aktiv und ist so für die Rostockerinnen und Rostocker immer ansprechbar. Sein Posting-Stil ist locker und unverstellt. Die User sehen Videos, in denen der OB die städtische Corona-Politik erklärt und dabei auf phrasenhaften Polit-Sprech verzichtet (siehe Abbildung 18.1). Manchmal fotografiert das Stadtoberhaupt selbst (siehe Abbildung 18.2). Mal setzt Madsen witzige Posts ab (siehe Abbildung 18.3), mal veröffentlicht er kontroverse Beiträge. Perfekt ausgeleuchtete Bilder und glattgezogene Texte sucht man bei ihm vergeblich. Er hält rein gar nichts davon, sich von einem professionellen Social-Media-Team begleiten zu lassen: »Videos mache ich selbst – und poste sie mit allen Nebengeräuschen. Das ist Social Media!« Das Natürliche, das Unperfekte ist Teil seiner Marke – und macht mit Sicherheit auch seinen Social-Media-Erfolg aus.

Claus Ruhe Madsen legt weniger Wert auf Postings (er postet pro Kanal höchstens einmal pro Woche) als auf Community Management: Durchschnittlich zwei Stunden pro Tag beantwortet er Kommentare und Nachrichten, die ihn auf Facebook, Instagram und LinkedIn erreichen. Woher nimmt er als Oberbürgermeister die Zeit? »Meistens antworte ich nachts, wenn meine Familie schon ins Bett gegangen ist«, erzählt Madsen. »Momentan bin ich nämlich meist bis 22 Uhr im Rathaus – und ich fände es unhöflich, das nebenbei in Terminen zu machen.« Die Nachtstunden sind für ihn gut investierte Zeit: Madsen betont, dass er über die sozialen Netz-

werke eine überwältigend positive Resonanz erfährt – selbst dann, wenn er über
Corona schreibt. Es sei ein Vorurteil, dass man über Social Media nur jüngere Menschen erreiche. Auch 80-Jährige würden sich über diesen Weg bei ihm melden –
entweder über ihre eigenen Profile oder über die der Kinder oder Enkel. Für ihn ist
das nachvollziehbar: »Eine Social-Media-Nachricht ist so viel einfacher als eine formelle E-Mail mit den ganzen Grußformeln. Man möchte ja nur mal schnell eine
Frage stellen – deshalb nutzen das so viele.«

Abbildung 18.1 »Videos mache ich selbst und poste sie mit allen Nebengeräuschen – das ist
Social Media!«, sagt Claus Ruhe Madsen. Der Verzicht auf jeglichen Schnickschnack macht
seine Social-Media-Kommunikation authentisch.

Abbildung 18.2 Alle Rostock-Schnappschüsse auf Madsens Instagram-Account stammen von ihm selbst: »Wenn ich ergriffen bin von einem tollen Moment, dann versuche ich das festzuhalten. Ich mache keinen Plan, wann ich was poste.«

Oft schildern ihm Bürgerinnen und Bürger auch persönliche Anliegen oder Schicksale. Wer jedoch eine typische Verwaltungsdienstleistung wie eine Parkgenehmigung möchte, den verweist Madsen dann doch auf den offiziellen Weg. Er versuche, jede Nachricht zu beantworten, auch wenn das nicht immer möglich sei: »Manches muss aufgrund der Menge einfach liegenbleiben. Und es gibt auch Tage oder Wochen, in denen ich mich bewusst rausziehe.«

Abbildung 18.3 Politiker und Behördenchefs, die auch mal über sich selbst lachen können, sind auf Social Media beliebter als solche, die immer nur staatstragend auftreten.

Claus Ruhe Madsen ist ein prima Beispiel dafür, wie gute und authentische Behördenleiter-Kommunikation auf Social Media aussehen kann und sollte! Es folgen weitere Best Practices:

- Thomas Bönig, Chief Digital Officer der Landeshauptstadt München (Abbildung 18.4)

Abbildung 18.4 Thomas Bönig: Der IT-Leiter und CDO (Chief Digital Officer) der Landeshauptstadt München twittert pointiert und meinungsstark über Digitalisierungsthemen.

- Henriette Reker, Oberbürgermeisterin der Stadt Köln (Abbildung 18.5)

Abbildung 18.5 Henriette Reker: Die Kölner Oberbürgermeisterin hat nicht nur ihre Pressestelle zu einem Newsroom umgebaut, sondern ist mit Mitte 60 auch höchstpersönlich in sozialen Netzwerken unterwegs. Auf Twitter hat sie (zu Recht) über 16.000 Follower.

- Markus Richter, Beauftragter der Bundesregierung für Digitalisierung (Abbildung 18.6)

Abbildung 18.6 Markus Richter: Der Staatssekretär im Bundesministerium des Innern, für Bau und Heimat ist gleichzeitig Beauftragter der Bundesregierung für Informationstechnik (CIO des Bundes). Auf Twitter vernetzt er die GovTech-Szene. Sympathisch: Er fordert seine Follower auf, ihn zu duzen.

- Emily Haber, deutsche Botschafterin in Washington, D.C. (Abbildung 18.7).

Abbildung 18.7 Emily Haber: Die deutsche Botschafterin in Washington (23.000 Follower) berichtet auf Twitter täglich über ihre Arbeit und kommentiert zweisprachig das Geschehen. Persönlichkeit statt Langeweile!

Nicht alle hier gezeigten Persönlichkeiten kümmern sich allein um ihre Accounts: Kölns Oberbürgermeisterin Henriette Reker etwa teilt sich die Arbeit mit einem Team. Das ist absolut legitim, da nicht jede Amtschefin und jeder Amtschef so viel Zeit in Social Media investieren kann (oder möchte) wie Claus Ruhe Madsen. Wie

Sie die Arbeit zwischen Behördenleitung und Social-Media-Team am besten aufteilen, verraten wir Ihnen am Ende dieses Kapitels.

Welche Vorteile hat es, wenn die Chefin oder der Chef einer Behörde selbst auf Social Media aktiv ist?

- Mit persönlichen Social-Media-Accounts gelingt es *besser* als über den Umweg des Behörden-Accounts, sich als *Person* sichtbar zu machen und in der Öffentlichkeit mit bestimmten Themen verbunden zu werden (Personal Branding, mehr dazu im nächsten Abschnitt).

- Oftmals haben Minister oder Bürgermeisterinnen mehr Follower und eine höhere Reichweite auf Social Media als ihre Häuser. Bei Unternehmen und ihren CEOs ist es ähnlich. Der Grund dafür: Menschen folgen Menschen! Auf persönlichen Accounts werden spannendere und exklusivere Inhalte erwartet, sie wirken daher erst mal interessanter (ob sich die Vermutung dann bestätigt, ist eine andere Geschichte!).

- Das Interesse an der Person können Sie als Amt perfekt nutzen! Wenn *sowohl* Ihre Behörde *als auch* Ihre Chefin/Ihr Chef auf Social Media aktiv ist, können Sie (vorausgesetzt, beide Auftritte sind gut) hervorragend Synergieeffekte herstellen – indem Sie wechselseitig passende Beiträge teilen und auch gegenseitig auf den Accounts kommentieren. Beispiel: Ein User schreibt Ihnen auf dem Behörden-Account, daraufhin antwortet die Ministerin oder der Bürgermeister persönlich – das wird Ihre Community überraschen. Und Ihre Follower werden es goutieren.

Hat Behördenleiter-Kommunikation auf Social Media auch Nachteile?

Nein. Es gibt jedoch ein paar Dinge zu beachten, die zu Fallstricken werden können, wenn man sie vorher nicht durchdenkt und bespricht:

- Manche Behördenleitung *liebt* ihre eigenen Social-Media-Accounts, pflegt sie mit Hingabe allein – und verweigert die Zusammenarbeit mit dem behördlichen Social-Media-Team. Das kann so weit gehen, dass die offiziellen Accounts völlig ausbluten, weil der Chef oder die Chefin alles, was ansatzweise interessant ist, selbst postet. Noch schlimmer ist, wenn er oder sie das ohne Absprache oder Ankündigung tut! Manchmal erfährt das behördliche Social-Media-Team erst dann von einem Chef-Post oder Tweet, wenn dieser bereits online ist – und muss womöglich spontan kritische Kommentare abfangen. Solche Alleingänge können Social-Media-Teams frustrieren und die Arbeit der Behörde auf sozialen Kanälen qualitativ verschlechtern. Eine gute Zusammenarbeit, Planung und Absprache zwischen Behördenleitung und Social-Media-Team verhindert das.

- Einige Amtsleiter sind gleichzeitig Politiker. Auf ihren persönlichen Accounts erscheinen daher Behörden-Inhalte, aber auch parteipolitische Themen. Als Social-Media-Team der Behörde dürfen Sie nur solche Inhalte Ihrer Chefin oder Ihres Chefs teilen oder kommentieren, die aus der Perspektive des Amtschefs und nicht des Politikers geschrieben sind. Die Abgrenzung erfordert Erfahrung und Feingefühl. Auch wichtig: Das Social-Media-Personal der Behörde darf nicht für Parteiarbeit eingesetzt werden. Falls Sie Ihre Amtschefin oder Ihren Amtschef bei der Pflege der persönlichen

Accounts unterstützen, wäre eine Grenze überschritten, wenn Sie einen Parteitermin begleiten würden. Behördenleitungen, die gleichzeitig in der Politik aktiv sind, müssen entweder zwei Teams beschäftigen oder den parteipolitischen Teil ihrer Social-Media-Arbeit selbst machen.

- Es gibt aber auch den konträren Fall: Ihr Amt ist einem Ministerium oder einer anderen Stelle untergeordnet und Ihre Chefin/Ihr Chef darf keine politischen Statements abgeben. Sie/Er könnte auf die Idee kommen, dass sich deshalb keine eigenen Social-Media-Accounts lohnen oder das Ganze zu heikel ist. Das ist falsch! Auch, wenn die Amtsleitung keine politischen Entscheidungen treffen kann, lassen sich genug Themen für die eigene Social-Media-Präsenz und Personenmarke finden. Mehr dazu im nächsten Absatz.

- Social Media kostet Zeit. Wenn Ihre Behördenleitung persönliche Accounts möchte, muss sie sich auch dauerhaft einbringen. Falls sie bislang wenig Social-Media-Expertise hat, sollte sie neugierig und lernbereit sein.

Wie überzeugen Sie nun also Ihre Amtsspitze, »social« zu werden? Als Social-Media-Verantwortliche*r sollten Sie wie folgt vorgehen:

- Ihre Behördenleitung hat (noch) keine eigenen Social-Media-Accounts (ausschließlich privat genutzte zählen nicht)? Klären Sie im gemeinsamen Gespräch, ob die Chefin oder der Chef sich vorstellen kann, aktiv zu werden.

- Beraten Sie die Chefin oder den Chef hinsichtlich der Vor- und Nachteile (siehe oben).

- Wenn sie/er sich *dafür* entscheidet: Besprechen Sie, ob und auf welche Weise Unterstützung von Ihnen (oder vom behördlichen Social-Media-Team) gewünscht ist und wie die Zusammenarbeit ablaufen soll.

- Raten Sie Ihrer Behördenleitung, eine klare Positionierungsstrategie für Social Media zu entwickeln – und unterstützen Sie diese dabei. Wie man als Behörden-Chef eine Personenmarke aufbaut, erklären wir Ihnen im nächsten Abschnitt.

Falls Ihre Amtsleitung *keine* eigenen Social-Media-Accounts hat und möchte, brauchen Sie einen Plan B. Erinnern Sie sich bitte an das, was wir Ihnen zu Beginn dieses Kapitels gesagt haben: Zitat-Kacheln und langweilige Terminbegleitungs-Posts sind auf (den meisten) Social-Media-Plattformen ein No-Go! Wir empfehlen Ihnen stattdessen, für die sozialen Kanäle der Behörde ein oder mehrere Formate zu entwickeln, in denen sich Ihre Behördenleiterin oder Ihr Behördenleiter persönlich zeigt. Unser Favorit sind Live-Formate: Facebook Live, Instagram Live, Twitter Live und so weiter. Laden Sie Ihre Follower in einem festen Turnus (zum Beispiel alle zwei Wochen oder einmal im Monat) ein, Fragen zu stellen – Ihre Chefin oder Ihr Chef antwortet persönlich. Social-Media-Live-Sessions haben zahlreiche Vorteile:

- Ihre Follower finden diese spannend – weil sie spontane und unverfälschte Antworten erwarten.

- Die Algorithmen der sozialen Netzwerke begünstigen Live-Sessions. Ihre Behördenleitung bekommt damit also mehr Reichweite als mit einem langweiligen Foto-Beitrag aus einer Terminbegleitung!

- Live-Sessions kosten nichts: Einmal eingeübt, lassen sie sich mit einfachen Mitteln und wenig technischem Equipment umsetzen. Eine aufwendige Nachbearbeitung (Schnitt, Untertitel, …), wie man sie bei Videoclips hat, fällt hier weg.

- »Lives« sind für die Behördenleitung zeitsparend: Zwanzig Minuten oder eine halbe Stunde pro Session reichen völlig aus (länger als eine Stunde sollte ein Live nicht dauern). Blocken Sie diese wenige Zeit am besten weit im Voraus im Kalender Ihrer Behördenleitung.

- Live-Fragestunden in sozialen Netzwerken sind meist risikoärmer als analoge Formate wie Pressekonferenzen oder Bürgertalks im Gemeindezentrum. Ihre Fans und Follower können Fragen nämlich nur im Kommentarbereich stellen – *Sie* entscheiden, welche Sie aufgreifen und beantworten. Wir legen Ihnen aber ans Herz, auch auf kritische Punkte ausführlich einzugehen. So gewinnt Ihr Amt an Glaubwürdigkeit.

- Live-Sessions in sozialen Netzwerken sind eine großartige digitale Möglichkeit, auf Augenhöhe mit den Bürgerinnen und Bürgern zu kommunizieren. Wenn sich eine Behördenleiterin oder ein Behördenleiter regelmäßig Zeit nimmt, bei Facebook, Instagram oder Twitter Fragen zu beantworten, wird dies bei der Community einen positiven Eindruck hinterlassen.

Ergänzend zu Live-Sprechstunden eignen sich (aufgezeichnete) Videos, in denen Ihre Behördenleitung zu einem Thema Stellung nimmt oder etwas erklärt. In der Corona-Krise entdeckten zahlreiche Bürgermeister, Landräte und Minister genau diesen Weg, ihren Bürgern auf Social Media die Maßnahmen zur Pandemie-Bekämpfung zu erläutern. Es braucht dazu jedoch keine Krise! Auch in ruhigen Zeiten haben die Menschen zu vielen Themen Fragen. Unsere Empfehlungen für gute Behördenleiter-Videos auf den Social-Media-Kanälen Ihres Amtes:

- Stellen Sie Regelmäßigkeit her! Posten Sie zum Beispiel jeden Freitag ein kurzes Video (ein bis zwei Minuten reichen), in denen Ihr Bürgermeister aus seiner Sicht die Woche zusammenfasst.

- Wählen Sie ein Setting, das zu Social Media passt und Ihre Chefin oder Ihren Chef nahbar macht. Lassen Sie sie/ihn zum Beispiel auf einem Sportplatz, einer Wiese, auf dem Marktplatz oder auf dem Rathausturm zu den Followern sprechen – aber bitte *nicht* im Büro mit Flagge oder Wappen im Hintergrund! Wechseln Sie gerne jedes Mal die Location. Haben Sie beispielsweise eine Landrätin als Chefin, können Sie das Video jedes Mal in einer anderen Kommune drehen. Seien Sie kreativ!

- Anzug und Krawatte sind nicht notwendig, wenn man auf Facebook oder Instagram zu jüngeren und älteren Followern spricht. Die Kleidung darf legerer sein als bei offiziellen Terminen.

- Achten Sie auf Social-Media-gerechte Sprache: Bitte keine auswendig gelernten, staatstragenden Schachtelsätze im Schneckentempo. Stattdessen: lockere Ansprache, Emotion, Empathie. Stephan Pusch, Landrat im Landkreis Heinsberg, eröffnete 2020 eines seiner Corona-Krisen-Videos authentisch mit den Worten: »Auf einer Skala von eins bis zehn ist meine Laune gerade bei minus zwanzig!« Außerhalb von Krisen kommen aber auch gute Laune und der ein oder andere Witz gut an.

Setzen Sie Behördenleiter-Videos unbedingt auch im Community Management ein! Sie wissen nicht, wie das gehen soll? Gleich schon:

- Lassen Sie Ihre Behördenleiterin/Ihren Behördenleiter in einem Video Fragen beantworten, die Ihre User in jüngster Zeit gestellt haben. Dieses Format mag zwar nicht neu sein, kommt aber nach wie vor gut an. Der österreichische Bundespräsident nutzte es jüngst charmant genug, um einen Social-Media-Hit zu landen (wir zeigen Ihnen das Beispiel in Kapitel 21, »Der österreichische Bundespräsident und sein Team: Social-Media-Star mit 77 Jahren«).

- Posten Sie auf einzelne Tweets oder Facebook-Kommentare kurze Video-Antworten des Amtschefs oder der Amtschefin! Mit einem solchen Format überraschen Sie Ihre Follower und fallen wirklich auf. Bauen Sie dabei auf Regelmäßigkeit: drei Video-Kommentare im Monat zum Beispiel. Dies kostet Ihre Amtsleiterin oder Ihren Amtsleiter nicht mehr als eine halbe Stunde Zeit, ist aber gigantisch in der Wirkung.

Fazit: An Behördenleiter-Handshake-Fotos auf Social Media führen viele Wege vorbei. Falls Ihre Amtschefin oder Ihr Amtschef nicht selbst auf Twitter, Facebook oder Instagram aktiv ist, haben wir Ihnen hier einige Ideen geliefert, wie Sie sie/ihn ins Rampenlicht stellen können – ohne dass Ihre Behörden-Profile dabei langweilig oder oldschool wirken! Im nächsten Absatz erfahren Sie, wie Amtsleitungen Social Media nutzen können, um ihre eigene Personenmarke zu pflegen, ihre Themen und Visionen publik zu machen – und damit auch ihr Haus voranbringen.

18.2   Personal Branding: Wie ich mich als behördliche Führungskraft richtig in sozialen Netzwerken positioniere

Wer Personal Branding (englisch für Personenmarke) liest, denkt womöglich an typische Social-Media-Selbstdarstellung à la »Ich habe gerade einen wichtigen Termin im Bundestag/im Kanzleramt/im Borchardt und poste ein passendes Selfie.« Wer unser Buch bis hierhin gelesen hat, wird aber längst mitbekommen haben, dass wir gegen sinnfreie »Meet-and-Greet-Beiträge« sind – und stattdessen Inhalte schätzen, die den Usern einen echten Mehrwert bieten.

Genau hier setzt Personal Branding an: Das Wort ist eben *kein* Synonym für Selbstdarstellung, sondern bedeutet: »Für diese Themen stehe ich!« Damit Sie verstehen, was wir meinen, verlassen wir kurz die Behördenwelt und blicken auf Politik, Wissenschaft, Wirtschaft und Gesellschaft:

- Christian Drosten ist in den Köpfen der Menschen unwiderruflich mit Corona verbunden. Der Direktor am Institut für Virologie der Berliner Charité ist *der* deutsche Virus-Erklärer. Einem breiten Publikum bekannt wurde er durch den NDR-Podcast »Das Coronavirus-Update«. Auch auf Twitter ist Drosten äußerst aktiv – selbstverliebte Selfies und sinnfreie Terminfotos findet man auf seinem Account (knapp 800.000 Follower) nicht. Als Drosten im Herbst 2020 einen Kommunikationspreis gewann, sagte er: »Sobald Corona vorbei ist, werde ich schlagartig wieder aus der Öffentlichkeit verschwinden.«

- Götz Werner: Der Gründer der Drogerie-Marke »dm« ist für ein bedingungsloses Grundeinkommen in Deutschland – und spricht seit vielen Jahren öffentlich darüber, wie er dieses finanziert sehen würde. Für sein politisches und soziales Engagement (insbesondere bei diesem Thema) ist er inzwischen genauso bekannt wie für seine erfolgreiche Ladenkette (die er mittlerweile an den Sohn übergeben hat).

- Sawsan Chebli: Die Staatssekretärin für Bürgerschaftliches Engagement und Internationales des Landes Berlin hat knapp 100.000 Twitter-Follower. Laut ihrer Bio twittert sie »privat« – pointiert schreibt sie über die Themen Hass im Netz und Sexismus. Mit Hilfe von Social Media hat sie sich eine Marke und eine Fanbase aufgebaut.

Erfolgreiche Personenmarken zeichnet aus, dass sie mit *Themen* verbunden werden. Behördenleiter, die sich auf Social Media erkennbar positionieren wollen, brauchen folglich eines oder mehrere Schwerpunktthemen – zur Wiedererkennung. Das sollten die wichtigsten Behördenthemen und -ziele sein, zusätzlich darf aber auch ein persönliches Schwerpunkt- beziehungsweise Herzensthema dabei sein.

Beispiele:

- Claus Ruhe Madsen, der Rostocker Oberbürgermeister, setzt sich für Digitalisierung der Verwaltung und Bürokratieabbau ein und erlangte hierfür schon vor der Pandemie bundesweite Bekanntheit (dass er jüngst als erfolgreicher Corona-Manager gefeiert wurde, geschah ungeplant und war keine Personal-Branding-Strategie).

- Sawsan Chebli, die twitternde Staatssekretärin, ist praktizierende Muslima und Tochter palästinensischer Flüchtlinge. Über ihre Herkunft, ihre Familie und ihre Religion schreibt sie regelmäßig offen auf Social Media. Ihre persönliche Geschichte ist Teil ihrer Marke geworden.

- Peter Tauber, bis 2021 Staatssekretär a. D. im Bundesministerium der Verteidigung, erkrankte am Höhepunkt seiner Karriere (als CDU-Generalsekretär) schwer. Seither nutzt der Social-Media-Profi seine Bekanntheit und Reichweite in sozialen Netzwerken nicht mehr nur für politische Themen, sondern sensibilisiert auch dafür, was passieren kann, wenn man sich beruflich zu sehr aufreibt. Seine Botschaft (gleichzeitig Titel seines Buches): »Du musst kein Held sein.«

Ihr erster Schritt, um eine Behördenleiter-Personenmarke aufzubauen: Definieren Sie Schwerpunkt- und/oder »Herzensthemen«. Vorsicht: Es sollten *allerhöchstens drei* sein (auch nur eines oder zwei sind legitim). Bei mehr als drei Themen wäre die Personenmarke schon nicht mehr klar erkennbar. Hier gilt: Wer für alles stehen möchte, steht für nichts!

Zweiter Schritt: Entwerfen Sie eine Positionierungsstrategie. Die wichtigsten Fragen, die Sie dafür beantworten müssen:

Personal-Branding-Strategie für Behördenleiter

1. Welche *Ziele* verfolge ich als Behördenleiterin/Behördenleiter mit meinen Social-Media-Aktivitäten? Das kann beispielsweise sein: Ich möchte breite öffentliche Unterstützung für ein bestimmtes Thema gewinnen.

2. Wer ist meine gewünschte *Community*? Rostocks Oberbürgermeister Claus Ruhe Madsen hat diese fest für sich definiert: »Ich bin nicht da, um die Fachöffentlichkeit für mich zu gewinnen. Ich bin da, um meine Bürgerinnen und Bürger zu erreichen.«

3. Was sind meine (bis zu drei) Schwerpunkt-/Herzensthemen, und welche konkreten *Inhalte und Botschaften* kann ich daraus für meine Social-Media-Posts ableiten? Wie ist meine Tonalität? (Claus Ruhe Madsen duzt alle.) Poste ich auch Privates? (Claus Ruhe Madsen zeigt seinen Hund, würde aber keine Fotos von seinen Kindern posten.)

4. Welche *Content*-Formen liegen mir? Drehe ich gerne Videos oder spreche live mit meinen Followern? Schreibe ich lieber Texte? Oder liegt mir ein Audio-Format?

5. Welche *Plattform* ist die richtige für mich? Claus Ruhe Madsen: »Es gibt ganz unterschiedliche Bürgergruppen auf den unterschiedlichen Plattformen.« Er bedient daher Facebook, Instagram und LinkedIn gleichermaßen. Das wichtigste Kriterium für Ihre Plattform-Wahl: Wo ist Ihre Wunsch-Community zu finden?

6. *Organisation*: Lasse ich mir helfen oder zuarbeiten? (Claus Ruhe Madsen: »Ich mache alles komplett allein.« Sein Team überprüft lediglich die Beiträge auf Rechtschreibfehler.) Wie viel Zeit kann ich meinem Social-Media- und Community-Management pro Tag oder pro Woche widmen? Wann mache ich was?

Gleichen Sie die Positionierungsstrategie am Ende unbedingt noch mal mit den Behördenzielen und der behördlichen Social-Media-Strategie ab. Alle drei müssen zusammenpassen und sich gegenseitig befördern.

Falls das amtliche Social-Media-Team bei den Behördenleiter-Accounts mitarbeitet, legen wir Ihnen folgende Arbeitsaufteilung ans Herz:

- Die Formulierung von Beiträgen und das Community Management sollten bei der Behördenleitung verbleiben. Persönliche Accounts leben von Persönlichkeit, die nicht kopierbar ist.

- Das Team kann mit folgenden Tätigkeiten unterstützen:
  - Themen-Recherche
  - Redaktionsplanung
  - Vier-Augen-Prinzip
  - Foto- und Videoproduktion
  - Auswertung und Monitoring
  - Beratung

Teil V

Best Practice:
Von den besten Ämtern lernen

Kapitel 19

Polizei Sachsen: Verdächtig gute Kommunikation

Die Posts und Tweets der sächsischen Polizei zeigen gekonntes Storytelling. Warum der Kommunikationschef sein Team mit professionellen Journalisten verstärkt hat – und warum er TikTok eine große Zukunft gibt.

Die Polizei Sachsen ist ein Social-Media-Riese unter den Ämtern: rund 100.000 Follower auf Twitter und 31.000 auf Instagram, knapp 100.000 Fans auf Facebook und immerhin 1.100 Abonnenten auf YouTube.

Das Erfolgsrezept sind Beiträge, die sich vom Einheitsbrei der Behörden-Kommunikation wohltuend abheben:

- Originelle Grafiken wie »So laut ist es bei der Polizei Sachsen« (»Dienstwaffe: 170 Dezibel. Martinshorn: 110 Dezibel. Kaffeemaschine: 40 Dezibel«)

- Professionelle Videos wie »Versenken? zwecklos!« – Polizeitaucher bergen aus einem Steinbruch-See den VW Golf eines Mannes, der sich einer Kontrolle entziehen wollte und sein Auto hatte verschwinden lassen

- Ungewöhnliche Blicke hinter die Kulissen, etwa Phantomzeichner bei der Arbeit

Die Social-Media-Verantwortlichen finden dabei immer die richtige Balance zwischen seriöser Information (ein Beispiel finden Sie in Abbildung 19.1) und Augenzwinker-Content (ein Beispiel sehen Sie in Abbildung 19.2).

Pascal Ziehm leitet die Stabsstelle Kommunikation der Polizei Sachsen. Er hat die Präsenz seiner Behörde in den sozialen Medien stark ausgebaut. Zu seinem Team gehören (Ziehm eingerechnet) achtzehn Leute:

- sechs Social-Media-Verantwortliche,

- drei Medienproduzent*innen (eine Grafikerin; ein Fotograf, der zugleich auch Videos macht; ein Sachbearbeiter als Projektmanager),

- vier Web-Redakteur*innen (zuständig für Internet und Intranet),

- zwei Kolleg*innen für die klassische Medienarbeit,

- eine Referentin für Kampagnen und Öffentlichkeitsarbeit,

- eine Teamassistentin
- und der Boss.

Abbildung 19.1 Die Polizei Sachsen nutzt hier Twitter, um einen Einsatz in Echtzeit zu kommunizieren - und damit für die Öffentlichkeit transparent zu machen.

Schon allein an der Zahl der Stellen ist zu sehen, wie wichtig Social Media für die Behörde ist. Doch auch die Einordnung in die Behörden-Hierarchie sticht bei der sächsischen Polizei heraus und bildet das Ideal ab: Die Stabsstelle Kommunikation ist unmittelbar an die Amtsspitze angedockt, Ziehm als Social-Media-Chef berichtet direkt an den Polizeipräsidenten (siehe dazu auch unseren Vergleich der Behörden-Organigramme in Kapitel 4). »Bei uns heißt es nicht mehr Pressestelle, sondern Stabsstelle Kommunikation – weil wir eben nicht wie früher nur reine Medienarbeit machen, sondern auch für die Bürgerinnen und Bürger und unsere Kolleginnen und Kollegen kommunizieren«, erklärt Ziehm. »Dazu gehört Social Media genauso wie die klassische Medienarbeit, Internet, interne Kommunikation, Marketing und Medienproduktion.« Soziale Netzwerke bieten aus seiner Sicht die besondere Chance, »sich selbstbewusst und authentisch in gesellschaftliche Kommunikationsprozesse einzubringen. Wir als Polizei wollen nicht, dass ohne uns über uns geschrieben und gesprochen wird – sondern wir möchten aktiv mitschreiben und mitsprechen.«

Abbildung 19.2 Polizeikommunikation darf auch mal witzig sein: Anlässlich des »Matapaloz«-Festivals 2018 in Leipzig postete das Social-Media-Team Verhaltenshinweise für die Besucher*innen in Form von Songnamen der Band Böhse Onkelz. Der Humor kam gut an: Der Post ging nicht nur viral, sondern wurde auch in den Medien zitiert.

Wie der behördliche Kommunikationsprofi die richtigen Leute für seine Crew gewinnt?

»Ich halte nichts von Stellenausschreibungen, in denen nach einer eierlegenden Wollmilchsau gesucht wird. Ich suche Spezialisten: jemanden, der Social Media kann, jemanden, der gut fotografiert, jemanden, der Videos dreht, jemanden, der wunderschöne Grafiken zaubert, jemanden, der eine Medieninformation elegant formuliert, jemanden, der Veranstaltungen perfekt organisiert. Es gibt genügend Leute, die sagen: Ich kann alles. Aber dann merkst du schnell, die können alles so ein bisschen, aber nichts so richtig.«

In Pascal Ziehms Team arbeiten mehrere gelernte Journalisten: unter anderem ein studierter Medientechniker, der die Axel-Springer-Akademie[1] absolvierte und danach für »BILD TV« arbeitete, und eine frühere Radio-Reporterin, die für die Polizei Sachsen Podcasts gestalten wird. Pascal Ziehm: »Leute mit einer guten Kommunikationsausbildung haben einen kreativen und originellen Zugang und erkennen sofort, was eine Geschichte ist und was nicht.«

Abbildung 19.3 Facebook eignet sich – wie man an diesem Post sehen kann – hervorragend für Einsatzberichte im Storytelling-Format.

---

1   Journalistenschule

Ein Beispiel dafür, wie die Behörde auf Facebook einen Polizeieinsatz als Geschichte erzählt, sehen Sie in Abbildung 19.3; ein Beispiel für professionelle Fotografie in der Social-Media-Arbeit der Polizei Sachsen finden Sie in Abbildung 19.4.

Abbildung 19.4 Dass die Polizei Sachsen echte Fotograf*innen in ihrem Team hat und Bildtermine aufwändig plant, zahlt sich aus: Ihre »SEK-Serie« auf Instagram ist auch wegen ihres professionellen und einheitlichen Foto-Looks so erfolgreich.

Dank seiner Profis sieht Pascal Ziehm die Stabsstelle Kommunikation als »Inhouse-Agentur«:

>*»Wir brauchen keine teuren Agenturen, weil wir vieles selbst produzieren: Von der Grafik bis zum Video ist nahezu alles made by Polizei Sachsen. Mir war auch wichtig, dass wir selbst jederzeit Livestream-Übertragungen technisch stemmen können. Bei einer Großlage – wie rückblickend etwa dem spektakulären Einbruchsdiebstahl im Historischen Grünen Gewölbe in Dresden – sind wir in kürzester Zeit auf unseren Kanälen Livestream-fähig. Weil Bewegtbild für Social Media immer wichtiger wird, wollen wir deutlich mehr Videos produzieren und auch unseren Auftritt bei YouTube ausbauen. Darüber hinaus ist TikTok für uns interessant. Dieser Kanal hat meiner Meinung nach eine große Zukunft, weil es hier besonders viele Möglichkeiten beim Storytelling gibt – auch für unsere Präventionsarbeit. Beispiel: Welches Fahrradschloss solltest du nutzen?«*

Das Social-Media-Team ist immer up to date. Die Polizei Sachsen war die erste Behörde, die sich auf Clubhouse zeigte (mehr zu dieser Live-Audio-App können Sie in Abschnitt 12.8 lesen). Startet ein neuer Kanal, geschieht dies immer in enger Zusammenarbeit mit dem sächsischen Datenschutzbeauftragten.

Die Abläufe in der Stabsstelle Kommunikation sind wie in einer modernen Redaktion organisiert: Obwohl die Kommunikatorinnen und Kommunikatoren nicht gemeinsam in einem Großraumbüro sitzen, arbeiten sie nach dem Newsroom-Prinzip (dieses erklären wir ausführlich in Kapitel 4, »Wie organisiere ich mein Social-Media-Team?«). Pascal Ziehm:

>*»Um crossmedial arbeiten zu können, muss man crossmedial denken. Ich lege großen Wert darauf, dass sich unsere Social-Media-Leute und die Web-Redaktion miteinander verzahnen und nicht doppelgleisig arbeiten, was früher manchmal der Fall war. Darum haben wir einen Themen-Dienst eingerichtet.«*

Dieser funktioniere wie folgt:

>*»Jeden Tag um 9.30 Uhr fragt jemand aus unserem Team bei allen Polizeidienststellen in Sachsen die wichtigsten Themen des Tages ab. Jede Dienststelle hat einen Content-Verantwortlichen bestimmt, der einschätzen muss, was ein spannender Beitrag für uns sein könnte. Die Ideen nehmen wir mit in unsere Redaktionskonferenz um 10 Uhr. Dort entscheiden Social-Media-Verantwortliche und Web-Redakteure gemeinsam, welche Inhalte wo umgesetzt werden. Etwa: Dieses Thema eignet sich perfekt für eine Insta-Story, dieser Stoff ist ideal für unsere Website oder das Intranet, und aus dieser Geschichte drehen wir ein Video für Facebook. Beim Themen-Dienst – also dem Einholen von Beitragsstoff aus den Dienststellen – wechseln sich die Mitarbeiter in der Stabsstelle Kommunikation ab. Wer dran ist, agiert auch gleich als Chefin oder Chef vom Dienst.«*

Pascal Ziehm möchte das Newsroom-Prinzip aber nicht nur digital leben, sondern in naher Zukunft auch einen physischen Newsroom errichten:

>*»Ich will, dass sich meine Mitarbeiterinnen und Mitarbeiter aus unterschiedlichen Teams auch räumlich zusammenfinden für das jeweilige Projekt, das sie gerade gemeinsam betreuen. Dann sitzt beispielsweise ein Mitglied der Medienproduktion mit jemandem aus der Social-Media-Redaktion und der Web-Redaktion eine Woche lang Schreibtisch an Schreibtisch. Ich bin überzeugt davon, dass das die Kreativität weiter beflügeln würde!«*

Ihre Projekte und Aufgaben plant die Stabsstelle Kommunikation mit »Meister-Task« (ein Kanban-System mit Spalten wie »Aufgaben«, »in Arbeit«, »erledigt«, das dem Team einen Überblick verschafft, wer wann wo was macht). Pascal Ziehm:

> *»Wir sind digital super ausgestattet. Für jeden gibt es entsprechende Software-Pakete inklusive Adobe-Lizenz, einen Laptop und ein Apple-iPhone. Intern sind wir über den Messenger Teamwire[2] sowie bei Videokonferenzen über WebEx verbunden.«*

Um Rechtschreib- und Grammatikfehler in den Posts zu vermeiden, kommt das Online-Korrekturwerkzeug »Duden Mentor« zum Einsatz. Beim Community Management vertraut Pascal Ziehm auf das Tool SocialHub.

Community Management ist für den Kommunikationschef übrigens die »Königsdisziplin auf Social Media«:

> *»Der Dialog macht etwa ein Drittel unserer Social-Media-Arbeit aus. Unser Ziel ist es, auf seriöse Fragen und Anmerkungen der Bürgerinnen und Bürger grundsätzlich zu antworten. Auch positive Kommentare bekommen von uns Aufmerksamkeit.«*

Content-Produktion und Community Management stehen dabei in enger und wechselseitiger Beziehung: »Langweilige Beiträge haben wenig oder keine User-Reaktion. Je spannender und emotionaler der Content ist, desto mehr Kommentare bekommen wir.« In der Facebook-Bio steht: »Wir wollen einen interessanten, lebendigen, inspirierenden, aber durchaus auch kontroversen Gedankenaustausch führen.« Hierzu gehört auch Dialog zu kritischen Themen wie Gewalt *gegen* die Polizei (siehe Abbildung 19.5).

Abbildung 19.5 Als in der Silvesternacht 2019 ein Beamter der Polizei Sachsen schwer verletzt wurde, antwortete die Twitter-Community mit zahlreichen Besserungswünschen.

Für die Fans der Seite gelten unter anderem folgende Regeln:

- Wir wünschen uns bei unterschiedlichen Meinungen und kritischen Debatten einen respektvollen Umgang.

---

2   deutscher Messenger-Dienst

- Wir distanzieren uns ausdrücklich von Meinungsäußerungen, die gegen die Freiheitliche Demokratische Grundordnung (FDGO) verstoßen.

- Achtet auch darauf, keine gesetzwidrigen Beiträge zu verfassen, denn beispielsweise beleidigende oder verleumdende Posts oder Comments müssen wir strafrechtlich verfolgen. Dies gilt auch für Nicknames, Avatare und Profilsymbole.

- Ignoriert Störenfriede (sog. Trolle)! Es wird vorkommen, dass Einzelne bewusst Ärger auf unserer Facebook-Seite machen wollen. Geht nicht auf deren Provokationen ein.

- Respektiert Persönlichkeits-, Urheber- und Markenrechte. Auch das Recht am eigenen Bild ist zu berücksichtigen.

- Denkt an den Schutz eurer Daten! Alles, was ihr bei uns postet, ist für die Öffentlichkeit sichtbar und für unbestimmte Zeit gespeichert. Deshalb achtet darauf, dass ihr keine Fragen stellt, die sich auf Krankheiten, Vorstrafen, schulische Probleme oder andere sensible Themen beziehen.

- Wir bitten euch, diese Regeln zu beachten. Bei Regelverstößen behalten wir uns das Recht vor, Beiträge zu entfernen, den Zugang zu unserer Seite zu sperren oder entsprechende Beiträge zu dokumentieren.

Häufig haben die Community-Manager unter einem Beitrag hunderte Kommentare zu lesen und abzuarbeiten. Bei einem Shitstorm können es sogar mehrere tausend sein. Als im November 2020 Corona-Leugner zum Teil gewalttätig durch Leipzig zogen und die Lage eskalierte, musste das Social-Media-Team die Kritik am glücklosen Polizei-Einsatz ausbaden. Pascal Ziehm:

>»Wir hatten damals an diesem Wochenende 25.000 Tickets[3] – die meisten davon empörte und wütende Kommentare. Du musst als Polizei jedes Ticket, jede Reaktion, lesen und prüfen, auch auf strafrechtliche Relevanz. So ein Shitstorm mit derart viel Hass geht an einem Team nicht spurlos vorbei. Viele Hater lassen außer Acht, dass auf der anderen Seite des Kanals Menschen sind, die nur ihren Job machen. Als Chef hat man da eine Fürsorgepflicht und muss sein Team zusammenhalten. Ich habe zu meinen Leuten immer wieder gesagt, dass wir das nicht an uns ranlassen dürfen: Wir machen jetzt die Schleuse auf, lassen es durchrauschen und ziehen mal zwei Tage den Kopf ein. Danach wird alles wieder gut. Und so war es schließlich auch. In diesem Fall hätte ein kommunikativer Kampf gegen den Shitstorm nichts gebracht: Wenn du allein an der stürmischen Nordseeküste stehst und gegen den Wind brüllst, hört dich ja auch niemand.«

---

3   In einem Social-Media-Redaktionstool laufen Kommentare, Nachrichten, Erwähnungen und Markierungen aus allen betreuten sozialen Netzwerken in einer Art Posteingang ein und werden als »Tickets« bezeichnet.

Mehr zu Shitstorms und Hass im Netz lesen Sie in Kapitel 8, »Was tun, wenn ein »Shitstorm« kommt?« und Kapitel 9, »Wie gehe ich als Behörde mit Hass im Netz um?«.

Mit Ausnahmezuständen kommen die Kommunikatoren der sächsischen Polizei gut zurecht, das haben Sie in vielen Krisen bewiesen. »Gute Krisenkommunikation beginnt bereits im Vorfeld und besteht aus Erklären, Erklären und nochmals Erklären«, sagt Pascal Ziehm.

> *Bei einem Fußballspiel schimpfen die Fans manchmal, dass der Schiedsrichter blind war, weil er nicht Abseits gepfiffen hat. Genauso werden heute in Echtzeit Polizeieinsätze begleitet und bewertet. Das ist in einer Demokratie völlig okay und richtig. Aber ich nehme immer mehr wahr, wie sehr Polizeiarbeit erklärungsbedürftig ist. Manchmal siehst du eine kritische Video-Sequenz von wenigen Sekunden, und die Leute auf Social Media toben: So brutal ist die Polizei. Und wenn man sich dann das ganze Video besorgt, erkennt man, dass diese Sequenz völlig aus dem Zusammenhang gerissen ist und die Kolleginnen und Kollegen richtig gehandelt haben.*

Sollte aber tatsächlich mal ein Fehler passieren, dann ist Schönreden auf Social Media der falsche Weg: »Die User goutieren es, wenn sich jemand ehrlich reumütig zeigt und sagt: ›Leute, es tut uns leid. Wir klären jetzt alles auf und sorgen für volle Transparenz.‹«

Die Kunst polizeilicher Kommunikation ist es nicht nur, Krisen gut zu managen, sondern der Behörde auch ein sympathisches Image zu verpassen. Wie das geht? Unter anderem mit Tier-Content! Pascal Ziehm: »Natürlich kommen wie überall auch Tiere gut an. Fotos von Polizeihunden sind sehr beliebt.«

Besonders viele Reaktionen bekam die Polizei Sachsen auf den Facebook-Beitrag »Mach's gut, Lord«:

> *Vergangenen Freitag hörte das Herz von Lord, einem Riesenschnauzer der Polizeidirektion #Görlitz, nach den Folgen einer Magendrehung auf zu schlagen. Er war erst acht Jahre alt und eine treue Spürnase im Sprengstoffbereich.*

Für den Instagram-Beitrag »Diensthund Frodo hat seine allererste Prüfung geschafft« gab es auf Instagram 3.787-mal ein Herz, zum Facebook-Posting »Eddy überführt Einbrecher« sagten 547 User »Gefällt mir«. Auch Polizeihund »Cobra«, der mit dem Diensthemd seines Herrchens posierte, gefiel den Usern. Und die Facebook-Story über Mini-Hausschwein Günther, das vom Grundstück seiner Besitzer ausbüxte und stadtauswärts spazierte, amüsierte ganz Sachsen: »Also Günther! Rosa Vierbeiner sorgt für Polizeieinsatz in Chemnitz.« (Zwei weitere tierisch gute Beispiele finden Sie in den Abbildung 19.6 und Abbildung 19.7.)

Polizei Sachsen ✓
18. Juni um 16:30 · ⊙

Unsere Kolleginnen und Kollegen aus dem Polizeirevier #Dresden-Mitte haben sich einer kleinen Fellnase angenommen. Am Freitagmorgen gegen 6:30 Uhr meldete ein Zeuge einen Hund auf der Berggießhübler Straße per Notruf. Laut Anrufer saß der kleine Hund vor einer Bäckerei.

Als die Kolleginnen und Kollegen dort eintrafen, saß der Terrier immer noch artig vor der Bäckerei. Von Frauchen und Herrchen fehlte jedoch jede Spur. Auch eine Befragung im Umkreis half nicht weiter. Also nahm das Streifenteam den sandfarbenen Vierbeiner mit aufs Revier und versorgte ihn mit Snacks und Wasser. Auch ein Tierarztbesuch brachte keine Erhellung in den Fall. So konnte der Veterinär zwar einen Chip unter der Haut des Findelhundes feststellen, aber leider ist die Nummer nicht auf einen Besitzer registriert.

Offenbar ist die Hundedame beim morgendlichen Spaziergang ausgebüxt und wurde von einem Passanten vor der Bäckerei an der Berggießhübler Straße angebunden. Dieser hatte auch die Polizei informiert.

Noch am Nachmittag hat sich die Hundebesitzerin, eine 50-jährige Frau, auf dem Polizeirevier gemeldet. Sie konnte glaubhaft versichern, dass es sich um ihren Vierbeiner handelte, und Terrier-Hündin „Rella" untermauerte die Aussage und freute sich offenkundig ihr Frauchen wiederzusehen.

FINDELHUND

Frauchen oder Herrchen zu Fundhund in Dresden gesucht

👍❤️😮 ~~und 368 weitere Personen~~ und 368 weitere Personen   33 Kommentare 61 Mal geteilt

Abbildung 19.6 Viele Polizei-Einsätze haben mit Tieren zu tun – eine Steilvorlage für jede Menge niedlichen Social-Media-Content!

Polizei Sachsen ist in **Dresden**.
13. Juni um 11:28 ·

Glück im Unglück hatte neulich ein kleiner Spatz. Der Pieper war offensichtlich aus seinem Nest gefallen und hatte seine Mutter verloren. Zu seinem Glück kam eine „Drossel" des Polizeireviers #Dresden-Nord am Ereignisort vorbei und nahm sich am Dienstag des Waisenkindes an. Dazu muss man wissen: „Drossel" ist der Funkname der Polizeidirektion #Dresden.

Da die Polizistinnen und Polizisten weder das Nest, noch die Mutter in der Nähe ausfindig machen konnten, übernahmen die tierlieben Kolleginnen und Kollegen kurzerhand die Fürsorge für den Vogelmini und brachten das kleine Federknäul zum Polizeirevier. Dort gab es eine Stärkung in Form eines frisch ausgegrabenen Regenwurms. Am darauffolgenden Morgen wurde der kleine Spatz wohlbehalten an die Wildvogelauffangstation in Dresden übergeben.

„DROSSEL" KÜMMERT SICH UM SPATZ

Tierische Rettung bei der Polizei Dresden

POLIZEI Sachsen

263   10 Kommentare 8 Mal geteilt

Gefällt mir   Kommentieren   Teilen

Abbildung 19.7 Doch Tiere werden mitnichten nur präsentiert, um Likes zu generieren: Die Facebook-Fans bekommen gleichzeitig Polizei-Insights mit auf den Weg.

Vor ein paar Jahren seien auch Polizeipferde immer für einen Social-Media-Erfolg gut gewesen, erzählt Ziehm.

>>*Heute beschimpfen uns militante Tierschützer, wenn wir darüber etwas posten: ›Pferde sind doch Fluchttiere, ihr Nazi-Bullen! Wie könnt ihr diese armen Tiere gegen ihre Natur ausbilden?‹*<<

Ein verlässlicher Erfolgsgarant: Technik-Content. Pascal Ziehm:

>>Technik mögen unsere User und Fans sehr: Einmal bekamen wir neue Polizei-Motorräder, die fast genauso aussahen wie eine Harley-Davidson – richtig, richtig cool! Das war ein Social-Media-Hit und wurde auch von den klassischen Medien übernommen.<<

Der Facebook-Beitrag hieß >>Easy Rider – rollende Büros für die Polizei.<< Auch Polizei-Uniformen sorgen für viele Likes. Beispiel: >>Neue Kopfbedeckung für Polizeikräfte. Blaues Barett ersetzt Basecap.<< Folgerichtig werden in Recruiting-Posts echte, eigene Polizistinnen und Polizisten in Uniform vorgestellt (ein Beispiel sehen Sie in Abbildung 19.8).

Abbildung 19.8 Roy, der bloggende und instagrammende Polizist, ist ein Beispiel für modernes Recruiting von Behörden auf Social Media.

Und dann ist da noch die Kategorie >>Geschichten mit Humor<<! Pascal Ziehm:

>>Unsere Community liebt bunte Beiträge. Etwa als eine Streife der Verkehrspolizei bei Bautzen einem Panzertransport die Weiterfahrt untersagte, weil die Ladung zu breit und zu schwer war – und schließlich die Panzer mit einer rosa Kette lahmlegte. Warum ausgerechnet Rosa? Weil die Kollegen vor Ort in der Schnelle keine Kette in einer anderen Farbe besorgen konnten. Das ganze Netz lachte sich kringelig.<<

Die Facebook-Community mochte auch die Geschichte der Geschwister Mathieu (11) und Francine (14), die mit Blütenstaub eine Unfallflucht aufklärten.

Was Kommunikationschef Pascal Ziehm anderen Ämtern rät:

>>*Wichtig ist, dass die Hausspitze weiß, wie wichtig Social Media für die Behörde ist und sich Social Media nicht einfach so nebenbei erledigen lässt. Social Media ist Haupt- und nicht Nebenjob. Wenn die Behördenleitung nicht zu 100 % hinter dem Social-Media-Team steht und man sogar um einfache technische Equipments betteln muss, haben es die Kommunikatoren schwer.*<<

Social-Media-Debütanten sollten auf keinen Fall den Fehler machen, zu viel auf einmal zu wollen:

>>*Manche Ämter denken am Anfang, sie müssen gleich alle Kanäle mit voller Power bespielen. Ich sage: Nein, fangt klein an, am besten mit nur einem Kanal! Beginnt mit einer Person, die ihr gut auswählt und der ihr absolutes Vertrauen schenkt. Setzt nur Leute ein, die Social Media wirklich können – keine Versorgungsfälle, überspitzt ausgedrückt. Social-Media-Redakteure müssen ihr Handwerk verstehen.*<<

Ein Punkt, der Pascal Ziehm am Herzen liegt:

>>*Gute Leute bekommt man nur, wenn man sie vernünftig bezahlt. Nicht jeder muss Referent sein, aber unter einer E10 oder E11 wird es schwierig, einen Profi zu bekommen oder zu halten.*<<

Social-Media-Redakteur*innen sollten gleich viel verdienen wie die klassischen Pressesprecher*innen – weil ihr Job gleich wichtig ist. Mindestens.

Kapitel 20

Land Schleswig-Holstein: Azubis als Instagram-Stars

Wie gewinnt man junge Menschen für die Verwaltung? In Schleswig-Holstein posten Azubis auf einem amtlichen Instagram-Account Bilder und Geschichten aus Studium und Ausbildung beim Land. Als »Behörden-Influencer« zeigen sie kurzweilig und authentisch, wie viele Facetten der öffentliche Dienst haben kann – und wie Recruiting ohne Amtsdeutsch und Phrasen funktioniert.

Das nördlichste Bundesland ist seit vielen Jahren die Nummer Eins in einem außergewöhnlichen Ranking: Laut »Glücksatlas« wohnen die zufriedensten Menschen Deutschlands in Schleswig-Holstein. Wäre allerdings ein gelungener Social-Media-Auftritt der Landesregierung der Maßstab, läge das Bundesland eher im hinteren Feld. Auf Twitter folgen dem @Land_SH nur 18.500 Menschen. Kein Wunder, besteht der Account doch aus einer seelenlosen Aneinanderreihung von Pressemeldungen – und oft wird eine Woche lang gar nichts getwittert. Ähnlich uninspiriert ist die Facebook-Präsenz – sie hat den Charme eines analogen Verlautbarungsorgans.

Vielleicht fragen Sie sich jetzt, lieber Leser, warum wir das Land Schleswig-Holstein hier als Best-Practice-Beispiel anführen? Weil es eine Insel der Social-Media-Glückseligkeit gibt: den Instagram-Account @moin_karriere, erfunden und herausgegeben von der Staatskanzlei. Auf diesem Kanal berichten dreizehn Auszubildende und dual Studierende des Landes Schleswig-Holstein als Behörden-Influencer (analog zu Corporate Influencern bei Unternehmen) aus ihrem noch jungen beruflichen Alltag.[1] Alle sogenannten »Insta-Azubis« und »Insta-Studis« absolvieren im wahren Leben gerade einen Ausbildungszweig der Landesverwaltung (Allgemeine Verwaltung, Finanzamt, Justiz, Landespolizei, Abschiebungshaftvollzug, Maritime Berufe,

---

1 Anmerkung aus Gründen der Transparenz: Christiane Germann, die Mitautorin dieses Buches, hat die Landesregierung in der Entstehungsphase des Social-Media-Projekts »Insta-Azubis« konzeptionell beraten.

Maschinenbau und Konstruktion, Naturwissenschaften, Straßenbau und Verkehr, Vermessung und Geoinformation) und repräsentieren diesen auf Instagram. Jana, Ansgar, Kristina und ihre Azubi-Kollegen posten authentische Videos, Instagram-Stories und Fotos, sind mit echtem (Vor-)Namen und Gesicht zu sehen – und erzählen auch mal von ihrem Leben außerhalb der Arbeit.

Neue Follower des Kanals können sich die Instagram-Story-Highlights anschauen, um zu erfahren, wer die Insta-Azubis sind und welche Ausbildung oder welches Studium sie machen. Jonas, 20 Jahre, erzählt in seiner Eingangs-Story:

> »Moin, seit August letzten Jahres mache ich meine Ausbildung zum Regierungsfischereiobersekretär beim Landesamt für Landwirtschaft, Umwelt und ländliche Räume. Als fertiger Fischereiaufsichtsbeamter befasst man sich schlicht gesagt mit allem, was mit Fisch zu tun hat, mit den Produzenten oder mit dem fertigen Produkt. Während meiner zweijährigen Ausbildung durchlaufe ich insgesamt sechs Nebenstellen unseres Amtes. Die sechs Nebenstellen befinden sich an Nord- und Ostsee und sind Kappeln, Kiel, Heiligenhafen, Büsum, Travemünde und Husum. Den Ausgangsabschnitt Kappeln habe ich bereits absolviert und befinde mich nun bei der Fischereiaufsicht in Büsum. Für diesen sehr speziellen Beruf habe ich mich entschieden, weil mich der Fischereisektor schon immer interessiert hat und weil der Beruf mit Arbeiten am Wasser verbunden ist.«

Anschließend zeigt Jonas seine liebsten Freizeit-Aktivitäten in Form von Emojis: Boxen, Angeln, Motorrad, Gewichte und Laufen. Alle Story-Highlights angeschaut – schon ist man mittendrin im Leben und Erleben der dreizehn Azubis. Dass der öffentliche Dienst nicht langweilig sein muss, bekommt man anschließend schnell mit. So schreibt der angehende Chemielaborant Rico über die süße Seite seines Jobs, nämlich Vanilleeis (siehe Abbildung 20.1):

> »Das Beste im Frühling? Eis im Sonnenschein! Aber wusstet ihr, dass zum Beispiel zu viel Vanillin in Vanille-Eis schädlich sein kann? Damit ihr weiterhin unbeschwert euer Eis in der Sonne genießen könnt, testen wir im Landeslabor regelmäßig die Vanillin-Konzentration des Stoffes in verschiedenen Eis-Proben.«

Wer würde da nicht sofort Chemielaborant*in beim Land Schleswig-Holstein werden wollen?

Nico berichtet über die Justizvollzugsschule – und erklärt seine Uniform:

> »Die Dienstkleidung erinnert manche von euch vielleicht an die der Landespolizei. Aber aufgepasst: Wer auf die Details achtet, dem fällt schnell auf, dass wir der Justiz angehören. Im Justizvollzugsdienst Schleswig-Holstein tragen wir nämlich keine sogenannten ›Schulterklappen‹ mit einem erkenntlichen Dienstgrad, sondern führen lediglich eine Amtsbezeichnung.«

Abbildung 20.1 Eiscreme ist ein typisches Instagram-Motiv. Hier kommt es zum Einsatz, um den Ausbildungsberuf »Chemielaborant*in« beim Land Schleswig-Holstein zu erklären. In der linken unteren Ecke jedes Beitrags-Fotos verraten der Vorname und ein zur Ausbildung passendes Symbol, welche Person der »Insta-Azubis« den Post geschrieben hat.

Die angehende Studentin Miri postet ein strahlendes Foto von sich und notiert daneben »einfach happy und stolz«:

> *»Hallo ihr Lieben, im letzten Jahr habe ich mich um einen Platz für das duale Studium in der Allgemeinen Verwaltung beworben. Nach einem schriftlichen Online-Test wurde ich zum zweiten Teil des Bewerbungsverfahrens eingeladen: dem Assessment-Center. Auch das habe ich gemeistert und erhielt eine Woche vor Weihnachten den ersehnten Anruf, dass ich am 1. August 2021 das duale Studium an der Fachhochschule in Altenholz beginnen kann. Ich war happy und stolz – und ich bin es immer noch. Eure Miri.«*

Einem Insta-Kollegen von Miri fehlen nur noch drei Monate bis zum »Bachelor of engineering«. Er freut sich besonders auf seinen Job als Ingenieur in Rendsburg (siehe Abbildung 20.2).

Die »Insta-Azubis« erzählen in Ich-Form, ihre Texte erinnern an Tagebuch-Einträge. Viele Posts und Stories starten mit dem landestypischen »Moin!« und enden etwa mit »Bis dann, euer Tore« (Abbildung 20.3). Amtsdeutsch und Phrasen sucht man vergeblich, der Ton ist locker und bodenständig – genau deshalb sind die Beiträge so sehens- und lesenswert. Beispiel: »16 Monate Streamingdienst-Abo, 18 Kino-Besuche oder 25 Salami-Pizzen (und zwar nicht die tiefgekühlten) hast du im Durchschnitt mehr, wenn du eine Ausbildung beim Land Schleswig-Holstein anfängst.« Dazu der Hinweis auf eine Insta-Story, in der Louisa verrät, was sie mit ihrem ersten Azubi-Gehalt gemacht hat.

Abbildung 20.2 Die vom Land angebotenen dualen Studiengänge schließen mit dem Bachelor ab. Wie es sich anfühlt, kurz vorm Ziel zu sein? Das beschreibt »Insta-Azubi« Ansgar emotional und nachfühlbar.

Die »Insta-Azubis« und »Insta-Studis« produzieren die Beiträge selbst, bekommen aber professionelle Unterstützung von den Social-Media-Verantwortlichen der Staatskanzlei. Gemeinsam werden die Posts und Stories geplant und veröffentlicht – darunter auch Ratespiele (Abbildung 20.4) und Cartoons (Abbildung 20.5).

Auch auf das Community Management wird Wert gelegt. Das ist auf Karriere-Kanälen besonders wichtig: Junge Menschen auf Jobsuche haben viele Fragen und erwarten auf »ihren« Plattformen schnelle Antworten. Die »Insta-Azubis« reagieren auf jede Frage persönlich und per »Du«. Sie ermutigen Interessierte, sich an sie zu wenden (»Falls Ihr dazu Fragen habt, meldet euch gerne. Maurice«), gehen aber auch mit eigenen Fragen auf die Community zu (»Hättet ihr gedacht, dass so viel hinter den Wintervorbereitungen steckt?« »Habt ihr auch Haustiere?«).

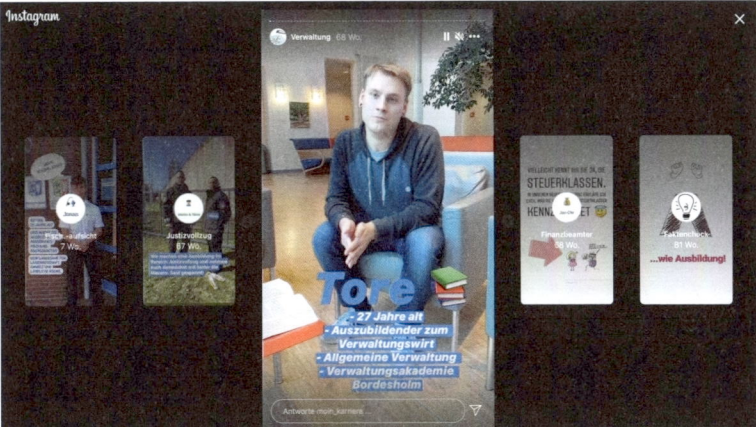

Abbildung 20.3 Instagram-Stories sind das perfekte Format, um seine Follower mit durch den Tag zu nehmen. Wie die »großen« Influencer nutzen auch die »Insta-Azubis« von Schleswig-Holstein das tagebuch-ähnliche Format, um über Regelmäßigkeit Nähe zu den Followern herzustellen.

Abbildung 20.4 Darf es auch einfach mal ein Ratespiel sein? Dieser Post imitiert den Instagram-Trend der »Flatlays« – und aktiviert durch eine Frage (»Könnt ihr die Utensilien unseren Ausbildungsberufen zuordnen?«) die Community. Dass hier niemand antwortete, lag daran, dass der Kanal gerade erst gestartet war und noch nicht viele Follower hatte. Inzwischen folgen »@moin_karriere« über 1.600 Menschen. Falls alle davon Jugendliche aus Schleswig-Holstein sind, hätte das Land eine gigantische Auswahl potenzieller Azubis!

Abbildung 20.5 Auf »@moin_karriere« lernt man nicht nur etwas über die verschiedenen Ausbildungs- und Studiengänge, sondern der Kanal hat auch nützliches Allgemeinwissen für die Altersgruppe 14 bis 19 im Angebot. In diesem Post erfährt man auf humorvolle Art: Was hat es eigentlich mit den Steuerklassen auf sich?

Influencer auf Instagram (und anderen Social-Media-Kanälen), manchmal mit Millionen Followern, sind unter anderem deshalb so erfolgreich, weil man sie mit der Zeit immer besser kennenlernt. Ihnen durch den Tag zu folgen, wird zum geliebten Ritual – es fühlt sich fast an, als würden sie zum eigenen Freundeskreis gehören. Dieses Prinzip funktioniert auch auf @*moin_karriere*: Die Protagonist*innen werden nicht etwa nur einmal gezeigt und verschwinden dann wieder, sondern man darf ihnen durch die gesamte Ausbildung (2 Jahre) oder das gesamte Studium (3 Jahre) folgen. Man bekommt auch ihre Lern- und Prüfungsphasen mit. Im Corona-Jahr 2020 erlebten die Follower mit, wie die Ausbildung auf Distanz weiter ging. So schrieb etwa Kristina: »Wie alle anderen Auszubildenden habe auch ich einen großen Umschlag mit Aufgaben nach Hause bekommen. Derzeit sieht es so aus, als wäre für mich bis 19. April Homeoffice angesagt.« (Abbildung 20.6) Diese Dauerhaftigkeit und Regelmäßigkeit macht den Kanal besonders. Es findet eine starke Identifikation mit den Azubis statt – und damit auch dem Thema »Arbeiten beim Land Schleswig-Holstein«.

Abbildung 20.6 Corona zwang die meisten »Insta-Azubis« ins Homeoffice. Aus dieser Zeit findet man auf »@moin_karriere« viele Postings vom Schreibtisch, wie dieses von Kristina. Sie zeigte mit einem Augenzwinkern: »Biologielaborant im Homeoffice – und ob das geht!«

Über die Beiträge und Stories erfahren die Follower häppchenweise: Wie und wo kann ich mich bewerben? Welche Voraussetzungen muss ich erfüllen? Wie sind meine Arbeitszeiten? Werde ich verbeamtet? Wird meine Ausbildung und mein Studium bereits vergütet? Welche Chancen der Weiterbildung habe ich? Was verdiene ich? Nützliche Allgemeinbildung gibt es noch dazu: Was bedeutet es, in welcher Steuerklasse von 1 bis 6 man ist? Wie entsteht ein eingetragener Verein? Was macht ein Gerichtsvollzieher (sehen Sie dazu Abbildung 20.7)?

Die Strategie hinter @*moin_karriere*: Das Land Schleswig-Holstein möchte sich als attraktiver Arbeitgeber präsentieren, der viele spannende, sichere und lukrative Jobs bietet – bei der Polizei, im Amtsgericht, in der Justizvollzugsanstalt, beim Landesbetrieb Straßenbau und Verkehr, beim Finanzamt, in der Steuerfahndung und und und. Der Social-Media-Auftritt soll helfen, angehende Azubis und Studierende für den öffentlichen Dienst zu interessieren und im besten Fall zur Bewerbung zu motivieren. Eine der Hauptbotschaften: Der öffentliche Dienst findet nicht nur am Schreibtisch statt (siehe Abbildung 20.8)!

Abbildung 20.7 Verwaltungsalltag kann auch sein, in Wohnungen Gegenstände zu pfänden. Als Azubi in Schleswig-Holstein darf man echte Gerichtsvollzieher*innen begleiten: »Insta-Azubi« Jana hat daraus einen Post gemacht.

Laut Social-Media-Atlas 2021 nutzen 80 % der 16- bis 19-Jährigen hierzulande Instagram. Würde das Land Employer-Branding-Anzeigen in Zeitungen schalten, wäre der finanzielle Aufwand ein Vielfaches – und das bei einer garantiert weit geringeren Reichweite in der Zielgruppe. Nun mag es Jugendliche geben, die sich auch durch @*moin_karriere* nicht dazu berufen fühlen werden, Beamt*in oder Verwaltungsangestellte*r zu werden, da sie an einer Uni studieren oder auch ins Ausland gehen wollen. An sie richtet sich der Account, der auf den Instagram-typischen Hochglanz-Look verzichtet, aber gar nicht. Wer fest in Schleswig-Holstein verwurzelt ist, durch die Familie, Hobbies und Ehrenämter ortsgebunden und sicherheitsliebend, dem/der vermittelt das Land auf Instagram: *Macht es wie Jonas, Rico, Nico und Miri! Bleibt in der Heimat und gestaltet sie mit!* Justizfachangestellte Jana zeigt in einem Beitrag ihren kleinen Jack-Russel-Terrier – und sagt, dass ihr die Gleitzeit im öffentlichen Dienst ermögliche, sich um ihn zu kümmern (siehe Abbildung 20.9). Einer der Hashtags in ihrem Beitrag: #*dortlebenwoandereurlaubmachen*.

Abbildung 20.8 Von wegen, der öffentliche Dienst findet nur am Schreibtisch statt! Einige der Ausbildungsberufe und Studiengänge sind handwerklich geprägt. Holz bearbeiten, Traktor fahren oder Straßen asphaltieren – all das erleben die Follower von @moin_karriere aus Azubi-Sicht mit.

Abbildung 20.9 Ab und zu gewähren die »Insta-Azubis« auch Einblicke in ihr Privatleben. Hier zeigt Jana ihren Hund – und vermittelt in einem Nebensatz die Vorteile einer Stelle im öffentlichen Dienst (»Es ist schön, dass ich durch meine Gleitzeit die Möglichkeit habe, früher Schluss zu machen, um mit Emma in der Sonne ausgiebig spazieren gehen zu können.«)

Schleswig-Holsteins Ministerpräsident Daniel Günther (CDU) sagt:

> *»Wir werben schon jetzt auf fast allen Kanälen für eine Ausbildung beim Land –
> von der Buswerbung über Imagefilme und Publikationen bis hin zu Messeauftrit-
> ten. In den Sozialen Medien erreichen wir mit Fotos und kurzen Storys besonders
> die jungen Menschen zwischen 14 und 19 Jahren, die sich jetzt Gedanken über
> ihre spätere Ausbildung machen. Genau hier setzen wir an und informieren – mit
> klarer, frischer und junger Sprache, authentisch und lebensnah.«*

Und wie wir finden: sehr gelungen!

Kapitel 21

Der österreichische Bundespräsident und sein Team: Social-Media-Star mit 77 Jahren

Die drei Social-Media-Verantwortlichen des österreichischen Bundespräsidenten liefern kontinuierlich originelle Lehrbuchbeispiele für Storytelling. Auch im Community Management setzen die Mitarbeiter*innen der historischen Wiener Hofburg neue Maßstäbe. In der Kommunikation gilt prinzipiell: »Digital first«.

Seit Mai 2017 sorgt Johanna Stögmüller als »Head of Social Media« dafür, dass der österreichische Bundespräsident Alexander Van der Bellen auf Instagram, Facebook und YouTube glänzt – als Social-Media-Star mit 77 Jahren! Dabei ist das Staatsoberhaupt kein Mann für die politische Show. Markenzeichen: ruhig, besonnen, unaufgeregt.

Dennoch schafft es Alexander Van der Bellen regelmäßig, auf den sozialen Kanälen virale Erfolge zu erzielen – etwa wenn er sich am »Tag der offenen Tür« eine Virtual-Reality-Brille aufsetzt und symbolisch eine Drohne durch die geschichtsträchtige Wiener Hofburg fliegen lässt (Abbildung 21.1).

Oder wenn Van der Bellen mitten in der Corona-Krise mit einer Durchsage in der Wiener U-Bahn überrascht: »Liebe Fahrgäste, hier spricht Alexander Van der Bellen. Es ist ja derzeit alles nicht so einfach. Danke fürs Maske Tragen, fürs Abstand Halten und für das Aufeinander-Schauen.«

Alle   **Beiträge**   Personen   Gruppen   Fotos   Vid

Alexander Van der Bellen ✓ ist hier:
Präsidentschaftskanzlei.
22. Okt. 2020 · Wien · 🌐

So haben Sie die Hofburg noch nie gesehen:
Bundespräsident Alexander Van der Bellen lädt Sie
zu einem besonderen Ereignis ein.

644 Tsd. Aufrufe

Abbildung 21.1 Alexander Van der Bellen legte am »Tag der offenen Tür« eine Virtual-Reality-Brille an und steuerte symbolisch eine Drohne durch die historische Hofburg.

»Der Bundespräsident kommt – so ist das Feedback, das wir bekommen – sehr authentisch rüber«, sagt Johanna Stögmüller. »Wohl deshalb, weil er einfach ist, wie er ist – nachdenklich, humorvoll, zuversichtlich.« Alexander Van der Bellen findet die richtige Balance zwischen seriöser Information und unterhaltsamem »Dog Content« (First Dog »Juli« ist meist an seiner Seite, wie Abbildung 21.2 zeigt). In der Ibiza-Affäre, dem wohl größten politischen Skandal in der österreichischen Nachkriegsgeschichte, profilierte er sich als Krisenmanager – und seine Social-Media-Verantwortlichen brillierten in der Krisenkommunikation.

Abbildung 21.2 Wo der Bundespräsident ist, ist auch »First Dog« Juli nicht weit. Kein Wunder, dass die griechische Mischlingshündin auch häufig auf seinen Social-Media-Kanälen zu sehen ist: Dog-Content funktioniert immer!

Drei Mitarbeitende setzen den Präsidenten auf den sozialen Kanälen perfekt in Szene: neben der gelernten Musikjournalistin Johanna Stögmüller eine Community-Managerin und ein Videoproduzent – alle junge Quereinsteiger*innen, die von außerhalb der Verwaltung gekommen sind. Zwei Jahre lang war Johanna Stögmüller ein Ein-Personen-Team. Manchmal war sie am Limit, wie sie sagt. Wie gelang es ihr, Verstärkung zu bekommen?

> »Glücklicherweise hat der Bundespräsident das grundsätzliche Verständnis, dass Social Media in der Kommunikation mit den Bürgerinnen und Bürgern essenziell ist. Mittlerweile plant uns das Protokoll auch für alle wichtigen Reisen des Bundespräsidenten ein. Das war natürlich ein Lernprozess im Haus.«

Johanna Stögmüllers Arbeitsplatz befindet sich in der Nähe des Präsidentenbüros, einen Raum weiter sitzen die Pressesprecherin und der Pressesprecher.

> »Zwischen den Sprecher*innen und den Social-Media-Verantwortlichen herrscht ein reger Austausch. Dass eine Pressemitteilung rausgeschickt wird, ohne dass es das Social-Media-Team weiß, gibt es bei uns nicht. Social Media ist integrativer

Teil der Kommunikationsabteilung. Grundsätzlich haben wir die Parole ausgegeben: Digital First! Im Idealfall sind Projekte und Termine so geplant, dass die Social-Media-Kanäle im Fokus stehen. Die klassische Medienarbeit darf aber nicht minder relevant sein.«

Selbst der Protokollchef lebt mittlerweile Social Media:

»Als Greta Thunberg bei uns zu Gast war, blickten sie und der Präsident aus dem Fenster seines Büros. Draußen am Heldenplatz fanden zu der Zeit die großen ›Fridays for Future‹-Versammlungen statt. Unser Kollege, der für den Ablauf zuständig und mit den beiden allein im Raum war, machte einen tollen Schnappschuss mit dem Handy – extra für das Social-Media-Team. Ein wunderbares Foto, das einen besonderen Augenblick festhielt. Der Mehrwert, den die Social-Media-Berichterstattung für das Amt und für die Präsidentschaftskanzlei an sich bringt, ist inzwischen im ganzen Haus verinnerlicht.«

Wie schafft man es, einen Chef, der schon allein altersbedingt kein Digital Native ist, von Social Media zu überzeugen? Johanna Stögmüller:

»Er ist nicht derjenige, der selbst postet oder sich stundenlang mit einem schönen Instagram Feed auseinandersetzt. Das wäre bei seinem zeitintensiven Job auch gar nicht machbar. Aber Alexander Van der Bellen ist sehr interessiert am Feedback in den sozialen Kanälen. Das ist für ihn auch eine Möglichkeit, zu sehen, wie die Bürgerinnen und Bürger über seine Arbeit denken. Manchmal kommt er auch bei uns vorbei und lässt sich zeigen, wie ein Beitrag den letzten Schliff bekommt oder ein Video geschnitten wird. Er steht zu 100 % hinter Social Media, weil er weiß, dass er so den Menschen seine Arbeit und seine Werte nahebringen kann. Er ist fast immer für uns ansprechbar, hört stets zu und bringt auch selbst Ideen ein. Ich muss sagen, wir haben da großes Glück mit unserem Chef.«

Die Mitarbeitenden dürfen den Bundespräsidenten ganz unkompliziert »Sascha« nennen.

Für Johanna Stögmüller bedeutet Social Media in erster Linie Dialog. (Ein gelungenes Beispiel finden Sie in den Abbildung 21.3 und Abbildung 21.4.)

Pro Posting müssen sie und ihr Team im Schnitt 500 Kommentare bearbeiten – wenn ein Thema die Menschen besonders bewegt, zusätzlich 200 Direct Messages pro Tag. Im Community Management kommt das Tool Swat.io zum Einsatz. Mit den Bürgerinnen und Bürgern suchen Alexander Van der Bellens Leute vor allem auf Facebook und Instagram das Gespräch: »Der Twitter-Account des Bundespräsidenten ist mehr Statement-Account für die Polit-Bubble und Journalist*innen.«

Abbildung 21.3 Beim vierjährigen Amtsjubiläum ließ sich das Social-Media-Team des österreichischen Bundespräsidenten von der neuseeländischen Premierministerin Jacinda Ardern inspirieren. Die Politikerin wurde zum internationalen Politstar – auch weil sie die Klaviatur der sozialen Medien beherrscht. Das Team Van der Bellen warf häufige Fragen der User in eine Box …

Abbildung 21.4 … und stellte sie ungefiltert dem Präsidenten, der sehr persönlich (per »Du«) antwortete. Das Video erzielte eine hohe Reichweite.

Instagram ist für Stögmüller »ein bisschen Heile-Welt-Kommunikation, ein Supportive-Kanal, wo es mehr um Zustimmung und Akzeptanz geht, wo aber auch eine jüngere Zielgruppe die Chance hat, Fragen zu stellen oder einfach mal ihre Meinung kundzutun. Junge Userinnen und User, die nie im Leben auf die Idee kommen würden, eine Mail an die Präsidentschaftskanzlei zu schicken«. Ein Beispiel: Ein 15-Jähriger schickt auf Instagram eine Direct Message und fragt den Bundespräsidenten, ob er ihn mit seiner Klasse besuchen darf. Nach kurzer Zeit bekommt er die Info, wie er sich zum »Schülerinnen- und Schülertag« anmelden kann. Johanna Stögmüller: »Der Jugendliche fühlt sich wahrgenommen und wertgeschätzt – vielleicht das beste Rezept gegen Politikverdrossenheit.«

Auf Facebook sei der Ton seit Ausbruch der Pandemie rauer geworden: »Das heißt für uns natürlich, dass wir noch sensibler im Community Management sein müssen und immer wieder auf die Netiquette hinweisen.« Wie geht die Social-Media-Chefin damit um, wenn jemand einen rassistischen Kommentar absetzt?

> »Auf unserer Facebook-Seite sind die Verhaltensregeln genau beschrieben. Rassistische oder frauenfeindliche Kommentare und Beleidigungen werden sofort gelöscht. Ist ein Beitrag strafrechtlich relevant, machen wir einen Screenshot und leiten diesen an die zuständigen Stellen weiter.«

Johanna Stögmüller und ihre Kollegen versuchen, jede konkrete Frage zu beantworten. Beim »Direct Messaging« kommen oft Menschen mit persönlichen Bitten:

> »Es geht teilweise um sehr konkrete Anliegen, von finanzieller Unterstützung über Asylfragen bis zur Weihnachtsamnestie für Strafgefangene. Wenn etwa jemand finanzielle Hilfe möchte, leiten wir die Nachricht an das Sozialwerk des Bundespräsidenten weiter, wo Juristinnen und Juristen anhand der Statuten über jeden Einzelfall entscheiden.«

Die Zusammenarbeit mit dem Bürgerservice in der Hofburg ist eng: »Die Kolleginnen und Kollegen aus den jeweiligen Fachabteilungen helfen uns oft, wenn wir fachliche und kompetente Antworten für unser Community Management brauchen.«

Am meisten hatte das Community Management nach der Ibiza-Affäre zu tun – ein politischer Skandal, der Österreich im Mai 2019 erschütterte und zum Bruch der Regierungskoalition aus ÖVP und FPÖ führte. Auf einem veröffentlichten Video hatte sich der damalige Vizekanzler und FPÖ-Chef Heinz-Christian Strache anfällig für Korruption gezeigt. Bundespräsident Alexander Van der Bellen reagierte in der Krise besonnen, setzte eine Übergangskanzlerin ein und verlieh dem Land Stabilität. Sein Satz über die Österreicher wurde in den sozialen Medien hunderttausendfach geteilt: »So sind wir nicht.« (siehe Abbildung 21.5)

Abbildung 21.5 »So sind wir nicht. So ist Österreich nicht.« Das waren die Schlüsselsätze der Rede, die Österreichs Bundespräsident Alexander Van der Bellen nach dem skandalösen Ibiza-Video an die Nation richtete. Er entschuldigte sich für das Bild, das »die Politiker hinterlassen haben«, und bat: »Wenden Sie sich jetzt nicht angewidert von der Politik ab.« Die Video-Sequenz wurde zum Social-Media-Hit: Allein auf Facebook erzielte sie über 187.000 Aufrufe. Zahlreiche Follower schrieben zustimmende Kommentare.

Johanna Stögmüller über die damalige Krisenkommunikation:

»*Der Bundespräsident hat sich in sehr vielen TV-Ansprachen an die Bevölkerung gewandt. Er hat aktiv kommuniziert, auch in den sozialen Medien. Wir haben auf unseren Kanälen die Sicherheit, die Ruhe, die Gelassenheit des Präsidenten in den Fokus gestellt – und die Zuversicht, dass auch diese Krise vorübergeht wie so manche Krise vorher auch. Wir haben die Menschen vor allem über Facebook informiert und sehr viele Fragen beantwortet. Die Rede mit dem Zitat ›So sind wir nicht‹ war – von der Reichweite her – eines unserer erfolgreichsten Postings aller Zeiten.*«

Als die Ibiza-Affäre hochkam, arbeitete das Social-Media-Team tagelang bis in die späten Nachtstunden. Aber auch in ruhigen Zeiten werden an den Wochenenden dringende Fragen der Bürger*innen beantwortet. »Social Media bedeutet, für die Menschen immer erreichbar zu sein.«

Wichtig für den Erfolg ist der kreative Zugang der Social-Media-Verantwortlichen. Leitsatz: »Am Beginn einer jeden Kommunikation steht eine Idee.« Der (arbeits)philosophische Grundgedanke ist: Was wollen wir erzählen – und wie setzen wir es um? Und nicht: Wir gucken mal, was der Präsident heute so alles macht, und dann posten wir halt ein Foto davon. Viele Posts sind Lehrbuchbeispiele in Sachen Storytelling – etwa das am Welttierschutztag gezeigte Video über Alexander Van der Bellens Hündin, wo aus der Sicht »Julis« nur die Beine des Präsidenten zu sehen sind. Oder die »Pyjama-Party«, zu der Mädchen und Jungen aus SOS-Kinderdörfern in die Hofburg eingeladen wurden. Oder Ferienwünsche, die der Präsident per Papierflieger losschickte (Abbildung 21.6 und Abbildung 21.7).

In Brainstormings überlegen die kreativen Socials, wie sich Highlights kreieren lassen:

> »Zu einem Treffen mit dem damaligen US-Präsidenten Donald Trump am Rande der UN-Generalversammlung hat der Bundespräsident den bewegenden Brief eines kleinen österreichischen Mädchens mitgenommen und ihn Trump überreicht. Mit dieser persönlichen Geschichte wurde ein abstraktes Thema, nämlich die Klimakrise und die Verantwortung von politischen Entscheidungsträgern, greifbar.«

Ungewöhnlich für ein Staatsoberhaupt ist auch der Humor in den digitalen Kanälen, die sich wohltuend von der staatstragenden Social-Media-Langeweile des deutschen Bundespräsidenten Frank-Walter Steinmeier abheben. Johanna Stögmüller:

> »Einmal hat uns ein User geschrieben: Sein Sohn habe in der Volksschule bei einem Test die Frage bekommen, wie der österreichische Bundespräsident heiße. Statt ›Alexander Van der Bellen‹ hat er ›Alexander Thunder (englisch: Donner) Bellen‹ geantwortet – so wie das AC/DC-Lied. Der Vater hat uns davon ein Foto geschickt und erlaubt, das Ganze mit einem Augenzwinkern zu posten. Der Beitrag ist super angekommen.«

Den Beitrag sehen Sie in Abbildung 21.8.

Grundsätzlich sei es immer gut, sich selbst nicht allzu ernst zu nehmen, aber »gerade in der Politik ist alles immer auch eine Frage des Zeitpunktes. Es gibt Momente in der politischen Kommunikation, wo Augenzwinkern genau das Falsche ist.«

Abbildung 21.6 Zu Beginn der Sommerferien 2019 in mehreren Bundesländern schrieb der Präsident gute Wünsche für die Schüler*innen auf einen Briefbogen …

Abbildung 21.7 … und schickte sie per Papierflieger los. Kein Wunder, dass das Video auf Instagram fast 29.000 Aufrufe erzielte.

Was die Digitalchefin anderen Behörden rät?

»Bei einem kleineren Social-Media-Team ist es wichtig, dass einerseits klar definierte Rollen und Zuständigkeiten bestehen – und andererseits jedes Team-Mitglied bereit ist, überall anzupacken und Ideen einzubringen. Die Social-Media-Verantwortlichen können nicht ständig Ideen wie am Fließband entwickeln. Da ist es wichtig, das ganze Haus kreativ anzuzapfen. Das funktioniert nur, wenn die Social-Media-Leute in der Behörde gut vernetzt und akzeptiert sind – und sich die Mitarbeiter*innen mit dem Social-Media-Auftritt identifizieren.«

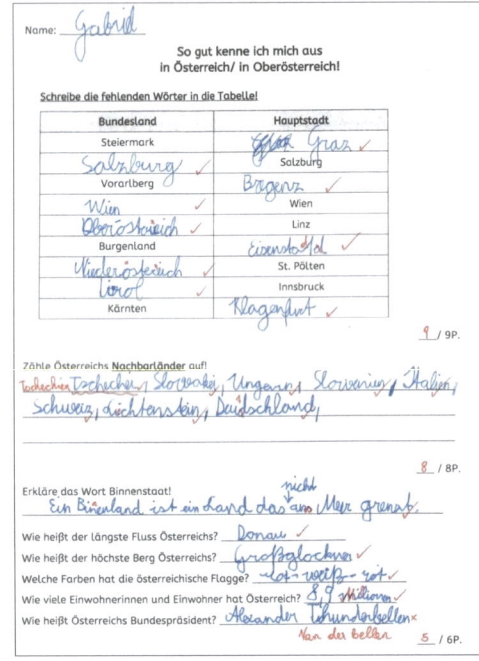 

Abbildung 21.8 Gutes Community Management ist, wenn zu Usern und Followern ein so guter Draht besteht, dass diese Stoff für lustige Beiträge liefern. So schickte ein Vater die Prüfungsfrage seines kleinen Sohnes aus der Schule: »Wie heißt der österreichische Bundespräsident?« »Alexander Thunderbellen«[1]. Die Folge: Ein viraler Hit, der es in die Presse schaffte.

Sagt Johanna Stögmüller und geht zu ihrem Chef ins Büro, das sich hinter einer prunkvollen roten Tür befindet. Diese Tapetentür beschäftigte übrigens lange Zeit die Community: »Was befindet sich dahinter?«, war eine der häufigsten Fragen an den Bundespräsidenten – bis das Social-Media-Team ein Video mit dem Chef drehte und einen weiteren viralen Erfolg landete. Sie sehen: Sogar eine historische Tapetentür kann moderner Social-Media-Stoff sein (siehe Abbildung 21.9)!

---

1   Thunder = englisch Donner

Abbildung 21.9 Auf Twitter zeigte der Bundespräsident, was sich hinter der »mysteriösen Tapetentür« verbirgt: »Es ist einfach mein Büro.«

Kapitel 22

Stadt Nürnberg:
Die Foto-Community

Die Stadt Nürnberg gehörte zu den ersten Kommunen, die soziale Medien nutzten – und zählt heute zu den erfolgreichsten deutschen Social-Media-Städten. Was hat die Franken-Metropole, was andere nicht haben? Unter anderem eine aktive Community aus Hobby-Fotograf*innen, die für spektakuläre Fotos auf Instagram sorgen. Wie man als Amt so etwas aufbaut, lesen Sie hier.

Mit einer halben Million Einwohnern ist Nürnberg die zweitgrößte Stadt Bayerns. Deutschlandweit bekannt sind die malerische Altstadt, der Christkindlesmarkt, die Kaiserburg, das ehemalige Reichsparteitagsgelände (heute Gedenkstätte und Veranstaltungsort), das Albrecht-Dürer-Haus, das Spielzeugmuseum und natürlich die Nürnberger Rostbratwurst. »Nürnberg leuchtet unter den Städten wie die Sonne unter den Gestirnen«, sagte Martin Luther. 475 Jahre nach dem Tod des Theologen und Reformators hat Nürnberg noch immer jede Menge Strahlkraft – unter anderem beim Social-Media-Auftritt.

Digital ist die Stadt schon lange Vorreiter: 1995 war Nürnberg als eine der ersten deutschen Kommunen mit dem Web-Portal *www.nuernberg.de* online. In den sozialen Medien ist die mittelfränkische Metropole seit 2008 unterwegs – und gilt seither als Musterbeispiel für Behördenkommunikation (siehe Abbildung 22.1). Einen großen Anteil an der Erfolgsstory hat Robert Hackner, Leiter des Online-Büros und Social-Media-Chef im Amt für Kommunikation und Marketing (bis vor Kurzem hieß es noch Presse- und Informationsamt). Vor allem der Auftritt auf Instagram ist außergewöhnlich. Hackner und sein Team beweisen seit 2014, dass Instagram das ideale Medium für Stadtmarketing sein kann (siehe Abbildung 22.2).

Stadt Nürnberg ✓ @nuernberg_de · 23. Juni   ···
#Nürnberg will die Bayerische Landesgartenschau 2030 ausrichten! Dies hat soeben der #ratnbg in seiner heutigen Sitzung entschieden. Das Konzept einer „urbanen Gartenschau" im Stadtgraben wäre einzigartig. Mehr Fakten: go.nuernberg.de/802208ae
(1/2)

Foto: Gerhard Illig

💬 2   🔁 7   🤍 48   ↥

Stadt Nürnberg ✓ @nuernberg_de · 23. Juni   ···
Geplant ist, die Gartenschau im Stadtgraben auszurichten. Auch vorhandene Grünverbindungen wie z. B. von der Insel Schütt zur Wöhrder Wiese werden mit in die Planung einbezogen. Ziel ist es, den Stadtgraben durch die Umgestaltung auch langfristig aufzuwerten.
(2/2)

💬 2   🔁   🤍 27   ↥

Abbildung 22.1 Auch auf Twitter gehörte die Stadt seinerzeit zu den »Early Adoptern«. Der Kanal mit seinen Politik- und Stadt-News richtet sich an Medien und Entscheider*innen. Im Gegensatz zu den anderen Kanälen wird hier »gesiezt« – trockene und langweilige Formulierungen sucht man aber dennoch vergeblich.

Heute hat der Account *@nuernberg_de* knapp 60.000 Abonnenten: eine treue Community, die einen großen Teil des qualitativ hochwertigen Foto-Contents beisteuert. Wie schafft man es, dass User nicht nur fast jeden Post tausendfach mit einem Herz versehen, sondern darüber hinaus zu aktiven Fans werden? Eine Spurensuche:

Der Weg zum Erfolg begann mit einem *Instawalk* (mehr zu Instawalks lesen Sie in Kapitel 7, »›Social Amt‹: Wie ich als Behörde Beziehungen zu meinen Zielgruppen aufbaue«). Johannes Barthel, langjähriger Social-Media-Manager der Stadt und Vollprofi seines Fachs, traf sich mit anfangs nur zwei Instagrammern zum Fotografieren.

Es waren die Anfangszeiten des 2010 gegründeten sozialen Foto-Netzwerks. Die Bilder, die auf dem Account *@nuernberg_de* erschienen, inspirierten im Laufe der Zeit immer mehr Nürnberger*innen zum Mitmachen. Johannes Barthel: »Wir organisierten Instawalks zu sogenannten ›Lost Places‹, also zu vergessenen oder verfallenen Orten, etwa zum ehemaligen Quelle-Versandzentrum, das einst das größte Versandhaus Europas war.« Sein Chef Robert Hackner ergänzt:

> *»Im Herbst 2015 kamen dann aktive Instagrammer aus Nürnberg mit der Idee auf uns zu, eine analoge Ausstellung ihrer Insta-Bilder zu machen. Wir als Stadt haben das im Künstlerhaus organisiert. Das Echo war überwältigend: Neben dem Instagram-affinen Publikum kamen unter anderem auch viele ältere Menschen und waren begeistert. Wir haben Führungen angeboten, in denen wir neben den 192 ausgestellten Fotos Instagram erklärten – zum Beispiel die Hintergründe zu den Hashtags. Auch das kam gut an. Am schönsten war die Vernissage, zu der die 65 beteiligten Instagrammer eingeladen wurden. Dieser Abend hat die Community noch besser vernetzt.«*

Abbildung 22.2 In Nürnberg sind die perfekten Instagram-Motive buchstäblich vor der Haustür zu finden: Die Altstadt, aber auch das Umland werden vom Social-Media-Team und der aktiven Foto-Community regelmäßig in Szene gesetzt. Wertvoll sind auch die Captions: Dort vermittelt die Stadt geschichtliches Wissen, Fakten und Anekdoten rund um die gezeigten Motive. Als eine der wenigen Kommunen schafft es die Stadt Nürnberg daher, auf einem Kanal gleichzeitig eigene Bürger*innen und Touristen anzusprechen.

Im Kulturteil der regionalen Medien wurde zum Teil euphorisch berichtet. Mehrere analoge Instagram-Ausstellungen folgten. Selbst in der kunstverwöhnten Hauptstadt wurden die fränkischen Insta-Meister gewürdigt: Das Berliner Museum für Kommunikation zeigte die Nürnberger Insta-Werke. Titel: »#Städte_erleben. Instagram-Fotos analog.« Statt auf einem kleinen Handy-Bildschirm waren die Fotos als 20 mal 20 Zentimeter große Reproduktion zu sehen. Die Philosophie: Bilder aus dem Netzwerk ins reale Leben zu holen. Robert Hackner: »Es gibt Nürnberger Hotels, die ihre Zimmer mit Insta-Fotos der Igers (Abkürzung für Instagram-User, Anmerkung) Nürnberg gestalten, in Zusammenarbeit mit uns.«

Mehr als 150 Insta-Fotograf*innen zählen mittlerweile zur engen Community des städtischen Accounts: »Sie stacheln sich gegenseitig an, jeder will besonders schöne Bilder von Nürnberg posten«, sagt Robert Hackner (siehe Abbildung 22.3).

Abbildung 22.3 Serie »NürnbergTopBilddesTages«: Steuert ein aktiver Follower ein Foto bei, nennt das Social-Media-Team diesen User namentlich und regt auch dazu an, dessen Instagram-Kanal zu besuchen. Ein prima Weg der Community-Pflege!

Jeden Freitag wird auf @nuernberg_de das #NürnbergBildDerWoche gekürt. Einmal im Monat gibt es ein spezielles »Nürnberger Hashtag-Projekt«, was bedeutet, dass

Motive zu einem bestimmten Thema gesucht werden. Hackner: »Wir versuchen täglich, die lokalen Igers einzubinden und zu aktivieren.« Er ist übrigens selbst ein erfolgreicher »Iger«: Auf seinem privaten Account @*huggynbg* hat der passionierte Hobby-Fotograf beachtliche 30.000 Follower.

Hackners Instagram-Tipp für andere Städte und Kommunen:

> *»Wenn ein Amt mit Insta startet, sollten sich die Verantwortlichen genau überlegen, wie viel Zeit man in das Netzwerk investieren kann. Um auf Instagram erfolgreich zu sein, muss man genügend Zeitbudget einplanen. Es ist nicht damit getan, alle paar Tage mal ein Bild hochzuladen. Wer nicht ausreichend Zeit freischaufeln kann, sollte den Insta-Auftritt lieber bleiben lassen. So einen Kanal müssen immer mehrere Leute pflegen, um Urlaubs- oder Krankheitszeiten gut überbrücken zu können. Wichtig ist auch, den Followern mehr Einblicke zu geben, als es die klassischen Tourismus-Broschüren tun. Denn Bürger und Fotointeressierte identifizieren sich auch mit den anderen – vermeintlich auf den ersten Blick gar nicht so attraktiven – Blicken auf eine Stadt.«*

Johannes Barthel assistiert:

> *»Es reicht bei Weitem nicht aus, auf Kommentare zu den eigenen Bildern zu reagieren. Viel wichtiger ist es, die Inhalte, die über Nürnberg gepostet werden, zu sichten, zu liken und zu kommentieren. Der Nutzen überwiegt dem Aufwand aber deutlich.«*

Sie sehen, liebe Leser*innen: Um einen Instagram-Kanal so erfolgreich wie die Stadt Nürnberg gestalten zu können, brauchen Sie ausreichend Personal. Im Amt für Kommunikation und Marketing arbeiten fünf Social-Media-Manager*innen, die sich drei Vollzeitstellen teilen. Einige kamen als Volontär*innen, um dann fix zu bleiben: »Der Vorteil ist, dass sie nach ihrer Ausbildungszeit die Strukturen der Verwaltung kennen«, sagt Boss Robert Hackner.

> *»Wenn Social-Media-Manager von außen in eine Behörde kommen, sind sie oft frustriert, dass sie nicht immer machen können, was sie gerne möchten – sondern dass es gefühlt 399 Verwaltungsregeln zu beachten gilt.«*

Lächelnder Nachsatz:

> *»Man kann bei uns viel machen. Und ich glaube, wir machen auch viel und erlauben uns auch viel. Behörden brauchen manchmal etwas mehr Mut. Für Mitarbeiter sind kreative Spielräume wichtig – und auch das Vertrauen der Vorgesetzten.«*

Abbildung 22.4 Da 2020 der weltberühmte Nürnberger Christkindlesmarkt Pandemie-bedingt ausfallen musste, war Weihnachts-Content auf Instagram umso wichtiger. Manchmal verpackt das Social-Media-Team in der Instagram-Caption städtische oder politische Mitteilungen – wie hier die damals aktuellen Corona-Kontaktbeschränkungen.

Neben dem Vorzeige-Kanal Instagram bespielen die Social-Media-Redakteur*innen Twitter (@*nuernberg_de*: rund 93.000 Follower), Facebook (rund 21.000 Fans) und YouTube (2.600 Abonnenten). Zudem nutzen sie erfolgreich die Messenger-Kanäle Telegram und Notify: »In nur einem Jahr haben wir damit die Abonnentenzahl unseres E-Mail-Newsletters übertroffen«, sagt Social-Media-Manager Johannes Barthel.

Es gibt wenige Behörden, die so gewissenhaft, souverän und leidenschaftlich Community Management machen wie das Nürnberger Kommunikationsteam. Ein Beispiel dafür sehen Sie in Abbildung 22.5. Seit der Corona-Krise investieren Johannes Barthel und seine Kolleg*innen etwa die Hälfte Ihrer Arbeitszeit in den Dialog mit den Bürgerinnen und Bürgern.

Die meisten Fragen kommen über Facebook – und werden selbst am Wochenende kompetent und freundlich beantwortet. Robert Hackner:

>*Wir haben auf das 24/7-System umgestellt, sind also rund um die Uhr erreichbar – obwohl wir für diesen Bürger-Service ehrlich gesagt zu dünn besetzt sind. Aber die Leute wollen, verlangen und verdienen gerade in Krisenzeiten Antworten.*

Wenn die Politik am Freitagabend eine neue Richtlinie verkündet, die Auswirkungen auf das Leben der Menschen in unserer Stadt hat, dann können wir uns nicht einfach ins Wochenende verabschieden und erst Montag früh gemütlich zu kommunizieren beginnen. Wenn ein Nachrichten-Portal eine Meldung bringt, wollen die User nur wenige Minuten später von uns wissen: Was bedeutet das jetzt für mich konkret? Oft sitzt einer von uns auch noch um 23 Uhr da, weil politische Entscheidungen häufig erst am späten Abend fallen. Manchmal müssen wir noch zahlreiche Stellen anrufen, damit wir alle Infos bekommen.«

Abbildung 22.5 Perfektes Community-Management: Für die Fragestellerin hat es sich gelohnt, sich über Facebook an die Stadt zu wenden. Sie bekam sowohl eine offizielle Antwort vom städtischen Social-Media-Team als auch wertvolle Tipps von den anderen Seiten-Fans.

Die Folge: Der Arbeitstag ist weniger planbar als vor Corona – und um vieles stressiger geworden. Robert Hackner:

> »Wir sind weit über die Belastungsgrenzen hinaus. Die Mitarbeiterinnen und Mitarbeiter müssten eigentlich längst zuhause bleiben. Aber das Team hat sich entschieden, für die Menschen stets erreichbar und ansprechbar zu sein.«

An Spitzentagen müssen die Social-Media-Manager bis zu 500 Kommentare beantworten (siehe Abbildung 22.6 und Abbildung 22.7).

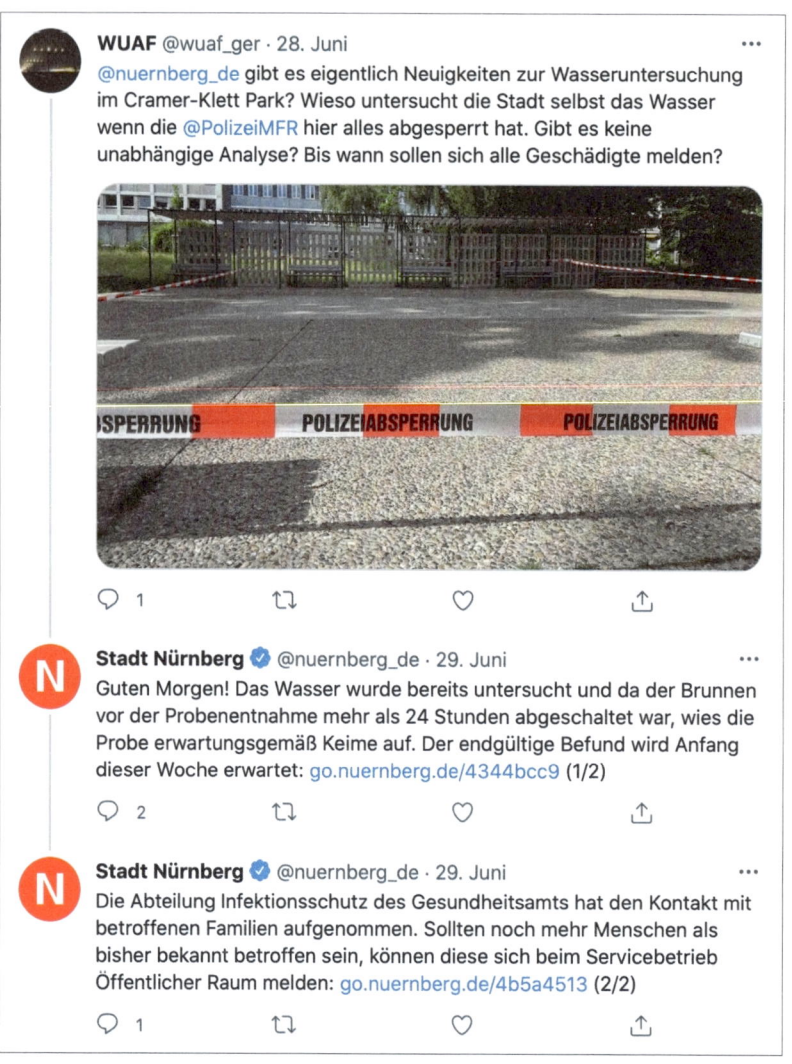

Abbildung 22.6 Auch auf Twitter leistet die Stadt vorbildliches Community Management – die hier gezeigte Antwort ist so fundiert und informativ, dass wohl keine Rückfrage mehr offen bleibt.

Abbildung 22.7 Fans, die konstruktiv-kritisch nachfragen, verdienen eine freundliche und informative Antwort – die das Social-Media-Team hier auch gab.

Johannes Barthel:

>*Community Management bedeutet auch, vieles auszuhalten. Das gehört zum Job dazu. Für uns ist es zwar nicht schön, wenn es Kritik gibt, aber es ist das Recht einer jeden Bürgerin und eines jeden Bürgers, Maßnahmen richtig oder falsch zu finden und offen die Meinung zu äußern. Als beispielsweise Schulen Pandemie-bedingt relativ kurzfristig geschlossen wurden, gingen die Emotionen der User hoch. Nur selten blenden wir einen harten Kommentar aus – und ganz, ganz, ganz selten löschen wir auch mal einen. Statt User zu blocken, versuchen wir, Dinge zu erklären, zu erklären, zu erklären.*«

Neben einer dicken Haut benötige ein Community-Manager auch »sehr viel Ausdauer«, fügt Robert Hackner hinzu:

>*Manchmal ist es mühsam, zum 400. Mal dieselbe Frage zu beantworten. Aber wir sind nicht die, die arrogant auf Bürger herabschauen dürfen. Wir dürfen niemals voraussetzen, dass Menschen etwas wissen müssen.*«

Corona habe nicht nur die Digitalisierung beschleunigt, sondern auch die Erwartungshaltung an die Kommunikator*innen erhöht, resümiert Robert Hackner:

>*Behörden werden es sich nicht mehr leisten können, am Wochenende und an Feiertagen kommunikativ abzutauchen. Innerhalb der Verwaltung ist eine völlig neue Kommunikationsnotwendigkeit entstanden.*«

Auch die interne Kommunikation in seinem Amt habe sich stark verändert:

> *»Statt in Mails sprechen wir uns meist über Microsoft Teams ab. Wir haben eigene Chatrooms eingerichtet, wo sich unsere Redaktion jederzeit mit den Fachleuten der Stadt austauschen kann – vom Jugendamt über das Gesundheitsamt bis zum Schulamt. Wir bekommen jetzt schneller Antworten aus dem Fachbereich.«*

Eines der Lieblingswörter von Robert Hackner ist *Ausdauer*. Nicht nur beim Community Management sei *Ausdauer* das A und O, sondern auch beim Start eines Kanals.

> *»Ausdauer heißt dranzubleiben, Kanäle regelmäßig zu bespielen und nicht zu sagen: Jetzt machen wir mal eine Woche Feuerwerk auf Facebook – und dann kommt sechs Wochen kein Beitrag mehr. Wenn ich einen Kanal aufmache, dann ist es wie ein Ausdauer-Lauf. Es kann ein ganzes Jahr dauern, bis es funktioniert. Bei mehreren Dienststellen haben wir erlebt, wie sie mit großer Euphorie auf Social Media anfangen: Die ersten vier Tage finden sie es cool, Posts zu machen. Am fünften Tag fällt ihnen dann schon nicht mehr so viel ein, und am achten Tag wissen sie eigentlich gar nicht mehr, was sie auf dem Kanal, den sie so klasse fanden, schreiben sollen.«*

Im Social-Media-Register der Stadt Nürnberg sind mehr als 60 Dienststellen oder Einrichtungen erfasst, die dezentral eigene Twitter-, Facebook- oder YouTube-Accounts betreiben – von den Museen über das Kulturreferat bis zum Tiergarten und Christkindlesmarkt. Das Amt für Kommunikation und Stadtmarketing, das die zentralen Auftritte der Stadt Nürnberg verantwortet, bestimmt die Social-Media-Guidelines, hilft beim Koordinieren und legt allen twitternden und postenden Dienststellen ein Social-Media-Konzept ans Herz: Welche Ziele verfolge ich auf diesem Kanal? Wie ticken die User auf dieser Plattform? Wer ist meine Zielgruppe? Habe ich langfristig die Zeit und die Ressourcen, Content zu liefern? Welche Themen will ich kommunizieren?

Elementar ist die Erkenntnis, dass jede Plattform ihre eigenen Gesetze, Eigenheiten, Fans und User hat (mehr zur Auswahl der richtigen Plattform lesen Sie in Kapitel 12, »Welches soziale Netzwerk passt zu meiner Behörde?«). Social-Media-Fehler Nummer eins: Gleiche Inhalte für alle Kanäle nutzen – frei nach dem Motto: »Ich haue meine Pressemitteilung in alle Kanäle rein.« Das Team um Robert Hackner und Johannes Barthel arbeitet deshalb stark kanalspezifisch. Der Kanal der Herzen ist für die Nürnberger Social-Media-Verantwortlichen eindeutig Instagram: wunderschöne Bilder, die unbekannte Seiten einer faszinierenden Stadt zeigen; Wohlfühl-Content, Lebensgefühl und Heimatverbundenheit statt polarisierendem Polit-Content (ein Beispiel dafür finden Sie in Abbildung 22.8).

Abbildung 22.8 In der letzten Zeit beginnt jeder Instagram-Beitrag mit »Guten Morgen/Mittag/Nachmittag aus Nürnberg« und einem zum aktuellen Wetter passenden Emoji. Auf diese Weise einen Wiedererkennungswert für die Follower zu schaffen, ist eine gute Idee!

Auf Twitter sprechen die Stadt-Kommunikator*innen gezielt Journalist*innen und Entscheider*innen an – mit allen relevanten politischen, wirtschaftlichen und gesellschaftlichen News. Facebook wiederum ist der wichtigste Dialog-Kanal – wer wissen will, wie gutes Community Management funktioniert, kann hier viel lernen.

Zwei absolute No-Gos, die für alle Plattformen der Stadt Nürnberg gelten: unscharfe Bilder und Handshake-Fotos. Robert Hackner:

> »Anzugträger A schüttelt Anzugträger B vor einer Flagge die Hand. Wer seine Follower und Fans nicht vergraulen will, muss sich von solchen langweiligen, nichtssagenden und abgedroschenen Fotomotiven verabschieden. Gute Bild- und Textqualität wird beim Social-Media-Auftritt immer wichtiger. Ambitionierte Amateure spielen fotografisch bereits in der oberen Liga mit.«

Von welchen Kommunen lässt sich Social-Media-Manager Barthel gerne inspirieren?

> »Ich persönlich bin ein großer Fan vom Social-Media-Auftritt der Stadt Wien, die ihre Kanäle originell bespielt. Und die Stadt Frankfurt war schon sehr früh sehr gut – lange bevor jemand anders in diese Liga vorstieß. Das sind kommunal meine Favoriten.«

Wenn das Social-Media-Team einen Wunsch frei hätte, wäre dies eine Planstelle für einen kreativen Videoprofi. Außentermine können Johannes Barthel und seine Kolleginnen nicht wahrnehmen – keine Zeit für unterhaltsame und informative Clips oder emotionale Bewegtbild-Storys. Für Filme oder Livestream-Übertragungen müssen externe Agenturen beauftragt werden. Die einzige Schwäche des ansonsten so großartigen Nürnberger Social-Media-Auftritts: zu wenig Video-Content.

Von den Videos abgesehen, arbeitet das Amt für Kommunikation und Marketing wie eine Inhouse-Agentur: »Von Design über Technik bis zur Redaktion – wir machen alles selbst«, sagt Robert Hackner. Vielleicht wirkt die Social-Media-Performance Nürnbergs deshalb so authentisch, weil Menschen dahinter stecken, »die in Nürnberg wohnen, die Stadt in- und auswendig kennen, sich mit ihr zu 100 % identifizieren und ihren Job mit sehr viel Herzblut machen.«

Kapitel 23

Land Brandenburg: Mit Herz und Humor auf Facebook

Die Staatskanzlei Brandenburg startete relativ spät mit Social Media – und zählt heute dennoch zu den Klassenbesten. Das Erfolgsrezept: Gutes Community-Management, die richtige Mischung aus Information und Unterhaltung – und viel Humor.

Marc Melan ist Social-Media-Verantwortlicher in der Staatskanzlei Brandenburg – und war bis vor Kurzem eine One-Man-Show. Das ist umso erstaunlicher, da die sozialen Kanäle Brandenburgs ein Musterbeispiel für gute Behördenkommunikation sind:

Sie sind die ideale Mischung aus Information und Unterhaltung, Seriosität und Witz, zudem haben Sie ein feines Gespür für den richtigen Ton und häufig eine leichte Prise Selbstironie (was auf Social Media besonders gut ankommt). Gelungene Beispiele dafür finden Sie in den Abbildung 23.1 und Abbildung 23.2.

Mittlerweile gibt es eine weitere Referentin und zwei Sachbearbeiter*innen im Social-Media-Team. Marc Melan:

> »Wir versuchen uns so aufzustellen, dass jeder die Hauptverantwortung für einen bestimmten Kanal trägt. Wichtig ist uns die Einstellung, nicht alles komplett vorplanen zu können. Social-Media-Arbeit erfordert ein hohes Maß an Flexibilität, um spontan auf relevante Entwicklungen reagieren zu können.«

Um sich untereinander gut abzustimmen, nutzt die Staatskanzlei Trello (ein Online-Tool, das es einem Team erleichtert, alle Aufgaben immer im Blick zu haben, Projekte zu organisieren, Posts zu planen etc.).

Abbildung 23.1 In der Facebook-(und Instagram)-Serie #AufBrandenburgisch nimmt das Social-Media-Team der Staatskanzlei das Bundesland liebevoll aufs Korn. Die Grundbotschaft der zahlreichen kreativen Posts: »Wir haben zwar langsames Internet, dafür aber tolle Natur.« Da Selbstironie auf Social Media immer gut ankommt, erfreut sich die Reihe seit Jahren hoher Like-Zahlen!

Die Staatskanzlei Brandenburg startete im Frühjahr 2017 auf Facebook (siehe Abbildung 23.3). »Wegen der begrenzten personellen Ressourcen haben wir uns am Anfang bewusst nur für einen Kanal entschieden«, sagt Marc Melan. Die Devise: Lieber einen Kanal voll und ganz mit Herzblut bespielen als mehrere Platt-formen halbherzig. 2018 kam Twitter hinzu, um auch Entscheider*innen wie Jour-nalist*innen, Institutionen, Verbände und Vereine zu erreichen. Ende 2018 folgte der Instagram-Auftritt (Abbildung 23.4).

Das Social-Media-Team gehört laut Organigramm zum Referat »Presseamt, Online-Kommunikation« und ist dem Staatssekretär in der Staatskanzlei (Beauftragter für Medien und Digitalisierung) unterstellt. Die Social-Media-Verantwortlichen arbeiten eng mit den klassischen Sprecher*innen zusammen. Zu anderen Referaten wie »Landesmarketing« oder »Ehrenamtliches Engagement« stehen sie ebenso in engem Kontakt wie zu den einzelnen Ministerien.

Staatskanzlei Brandenburg ✓ @Stk_Brandenburg · 23. Juni
Es sieht vielleicht so aus, als sei er in den Finger gestochen worden, aber keine Sorge – er hat nur probegeschleckt: MP #Woidke bei der ersten #Honigernte des Jahres an der Beute unserer fleißigen Staatskanzlei-Bienen. Wie immer unter fachkundiger Leitung von Imker Ackermann. 🐝

💬 2   🔁 1   ♡ 23   ⬆

Abbildung 23.2 Auf Twitter ist die Staatskanzlei unter ihrem Namen aktiv und richtet sich vor allem an Medien. Deshalb ist – anders als bei Facebook und Instagram – auch regelmäßig Ministerpräsident Dietmar Woidke zu sehen. Angenehm: Die Tonalität ist trotzdem nicht zu staatstragend.

Welche Ziele verbindet Brandenburg mit den Social-Media-Auftritten? Marc Melan:

»*Brandenburg ist das größte Flächenland Ostdeutschlands – mit dem nicht untypischen Phänomen, dass sich die Einwohnerinnen und Einwohner stärker mit den Regionen als mit dem Bundesland selbst identifizieren. Man ist eben Lausitzer, Uckermärkerin oder aus der Prignitz, aber nicht unbedingt Brandenburgerin oder Brandenburger. ›Potsdam ist weit weg‹, hört man hier oft. Ein Wir-Gefühl, wie es Bayern stolz vor sich hertragen, ist hier nicht sehr stark ausgeprägt. Als es 2017 mit der Social-Media-Arbeit für das Land losging, hat der damalige Chef der Staatskanzlei deshalb bewusst das Vermitteln von Heimatgefühl und das Stärken des Zusammengehörigkeitsgefühls als wichtige Ziele ausgerufen. Das spiegelt sich nicht zuletzt im Namen des Kanals wider – ›Unser Brandenburg‹. Wir versuchen, diesem Anspruch mit ganz unterschiedlichen Inhalten gerecht zu werden: Beiträge über Brauchtum und Natur gehören ebenso dazu wie unsere Reihe ›Auf Brandenburgisch‹, die Lifestyle-Begriffe aufs Korn nimmt – und auf die bodenständige und*

naturverbundene Brandenburger Art interpretiert. Die Standard-Ziele der Behördenkommunikation in den sozialen Medien dürfen im Zielkanon natürlich auch
nicht fehlen: Bürgerinnen und Bürger schnell informieren zu können, ist wichtig
für uns. Und wir wollen eine niedrigschwellige Anlaufstelle für Fragen und Anregungen sein.«

Abbildung 23.3 Oft und gerne nimmt das Social-Media-Team das Nachbarbundesland Berlin
aufs Korn – wie in diesem Facebook-Post. Schädlich ist das nicht: Den Social-Media-Präsenzen
der Staatskanzlei folgen auch viele Berliner*innen.

Abbildung 23.4 Die Schönheit Brandenburgs kommt auf den Social-Media-Kanälen der Staatskanzlei – hier Instagram – keinesfalls zu kurz.

Gute Social-Media-Manager wie Marc Melan wissen, wie ihre Zielgruppe auf den jeweiligen Kanälen tickt, was sie bewegt und wo ihre Interessen liegen:

- *Facebook*

  »Unsere Absicht ist, möglichst viele Einwohner des Landes zu erreichen – derzeitige genauso wie ehemalige, also Fortgezogene, die sich immer noch mit ihrem Heimatbundesland verbunden fühlen und sich über Neuigkeiten auf dem Laufenden halten wollen. Wir erhalten viel Zuspruch von Brandenburgerinnen und Brandenburgern, die es nach Berlin oder weiter weg verschlagen hat, aber auch von Berlinerinnen und Berlinern, die Brandenburg für Wochenendausflüge nutzen. Allerdings ist Facebook nicht mehr die jüngste und angesagteste Plattform. Auffallend ist, dass den aktiven Teil der Community dort zunehmend ›Late Adopter‹ bilden, was automatisch einhergeht mit konservativeren Einstellungen.«

Besonders gelungen finden wir den Facebook-Post in Abbildung 23.5.

Abbildung 23.5 Hier kann beweisen, wer wirklich Brandenburger*in ist! Lösung des Facebook-Rätsels: Gemeint ist das Fürst-Pückler-Eis, das aus den Eiscreme-Geschmacksrichtungen Schokolade, Vanille und Erdbeere zubereitet wird.

- *Instagram*

»Jüngere Nutzerinnen und Nutzer und solche, die ermüdendes Gezänk unterschiedlicher politischer Lager leid sind, finden sich eher bei Instagram. Während einige Landesregierungen auf Instagram recht erfolgreich Neuigkeiten präsentieren (auch überraschend textlastig), fällt in unserem Kanal auf, dass die bildstarken

Impressionen aus dem Land deutlich stärker rezipiert werden als informative Text-tafeln. Wir schauen also noch, wie wir eine Mischung finden können, die der Platt-form und den Vorlieben unserer Nutzerinnen und Nutzer gerecht wird. Bildstarke Posts und Neuigkeiten zu verknüpfen, ist eine Möglichkeit – wobei das bei einem Thema wie ›Waldumbau‹ natürlich deutlich leichter fällt als etwa bei einer ›Kom-munalverfassungsänderung für mehr Bürgerbeteiligung‹. Diskussionen auf Ins-tagram stellen wir weniger häufig fest. Sie verlaufen gemäßigter und ausgewoge-ner als auf Facebook.«

Ein Best-Practice-Beispiel sehen Sie in Abbildung 23.6.

Abbildung 23.6 Instagram ist der jüngste Social-Media-Kanal der Brandenburger. Auch hier werden Lifestyle-Begriffe humorvoll bodenständig interpretiert – #AufBrandenburgisch eben.

- *Twitter*

  »Für unseren Twitter-Kanal, der nicht unter dem Label ›Unser Brandenburg‹ be-trieben wird, haben wir professionelle Zielgruppen wie etwa Journalistinnen und Journalisten im Blick. Die Kommunikation ist dort vom Ton her offizieller. Raum für Kreativität und Heiterkeit soll trotzdem bleiben, sofern es das Thema erlaubt. Bei Bürgerfragen fällt auf, dass die Community im Vergleich zu Facebook im poli-tischen Spektrum tendenziell eher mittig-links zu verorten ist.«

  Der Tweet in Abbildung 23.7 ist ein Lehrbuchbeispiel für Humor und Schlagfer-tigkeit.

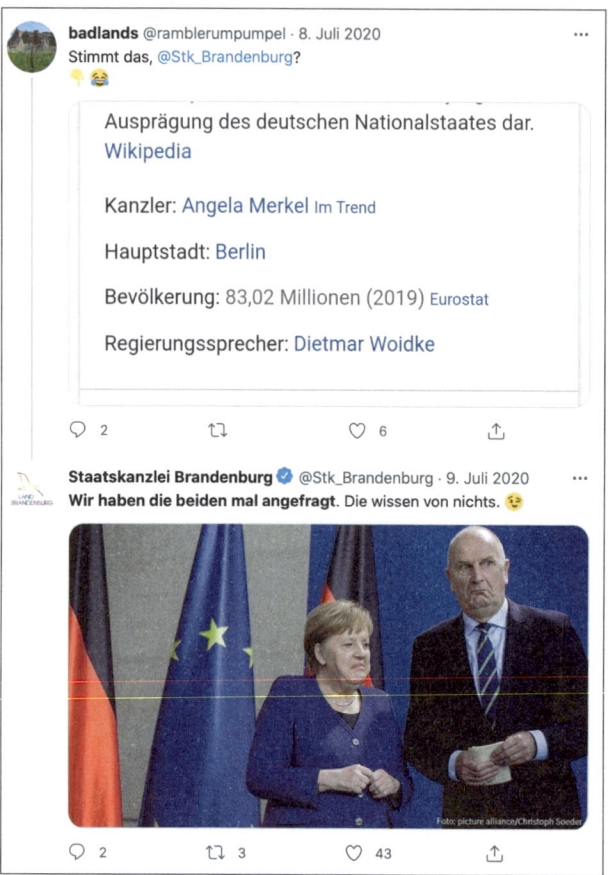

Abbildung 23.7 Diese witzige Antwort auf Twitter schaffte es sogar in die Landespresse.

Welche Inhalte kommen bei den Usern besonders gut an?

Die Staatskanzlei Brandenburg stellte Facebook und Instagram bewusst als Kanäle des Landes (und nicht der Landesregierung) auf. Die Social-Media-Verantwortlichen können auch auf Inhalte aus dem Bereich Landesmarketing zurückgreifen. Marc Melan: »Wir versuchen, weniger den Fokus auf die Frage zu legen, was wir mitzuteilen haben, sondern vielmehr auf die Frage: Welche Erwartungen haben unsere Follower?« Die meisten User nutzen soziale Medien nebenbei – unterwegs in der Bahn, parallel zum TV als Second Screen, zur kurzen Pause im Büro, um den Kopf frei zu bekommen. Der Wunsch nach Zerstreuung überwiegt.

»Für unsere Inhalte bedeutet das: Sie müssen kurz und prägnant sein. Wir achten auf eine aufmerksamkeitsstarke Gestaltung, auf unterhaltsame Headlines und blickfangende Bilder, die nicht zu sehr nach ›Stock Photo‹ aussehen dürfen. Wir wollen authentisch bleiben.«

Abbildung 23.8 »Brandenburg macht sich locker«: Auch politische Botschaften kommen auf der Facebook-Seite der Staatskanzlei bunt und in volksnaher Sprache daher.

Handshake-Fotos kommen gar nicht gut an – wer möchte schon sehen, wie sich graue Herren in grauen Anzügen vor einer grauen Wand die Hand schütteln? Das Social-Media-Team der Staatskanzlei verwendet hochwertiges Material von Bildagenturen oder der brandenburgischen Tourismus-Gesellschaft. Im Rahmen des Landesmarketings gibt es auch professionelle Shootings. Grafiken erstellen die Social-Media-Manager selbst. Videos spielen eher eine untergeordnete Rolle:

»Obwohl vielerorts die gute Reichweite von Video-Content hervorgehoben wird, stellen wir diesen Effekt bei uns nicht fest. Videos nutzen wir daher selektiv für ausgewiesene Highlights, zum Beispiel die Eröffnung des Tages der Deutschen Ein-

heit in Potsdam 2020. Dann greifen wir in Regel auf professionelle Unterstützung zurück.«

Welche Themen toppen, lässt sich auch nach langjähriger Social-Media-Erfahrung nicht hundertprozentig planen oder voraussagen, aber: »Letztlich hat der Erfolg wohl immer mit dem Nachrichtenwert zu tun – Neuigkeitsfaktor, Nutzwert, emotionale Aufladung wie Stolz oder Heiterkeit.« Und was guten Humor betrifft, ist Brandenburg deutschlandweit ganz vorn – zumindest auf dem Facebook-Account.

Community Management liegt Brandenburg am Herzen (siehe Abbildung 23.9), obwohl das Social-Media-Team klein ist. Gerade die Corona-Krise verlangte den Social-Media-Managern viel ab:

»Wir nehmen insbesondere auf Facebook wahr, dass sich die rationalen und argumentierenden Stimmen mehr und mehr aus der Diskussion heraushalten. Sie haben im Laufe der Corona-Krise gelernt, dass sich mit den oftmals als ›Schwurblern‹ bezeichneten Nutzern ohnehin nicht diskutieren lässt. Als Social-Media-Manager wollen wir uns diese Zurückhaltung nicht erlauben und begeben uns jedes Mal aufs Neue in den Dialog. Das würde ich auch anderen Behörden empfehlen. Wir versuchen, Fragen zu stellen, mit Links und Fakten zu antworten, auch wenn es manchmal anstrengend ist. Leider sind Gegner der Corona-Maßnahmen sehr kreativ, was das Zitieren ohne Kontext oder das Hervorkramen älterer Aussagen angeht. Dass sich Erkenntnisse über ein neuartiges Virus im Zeitablauf ändern oder konkretisieren können, dürfte die meisten Menschen nicht wundern, Gegner der Corona-Maßnahmen nutzen dieses Voranschreiten wissenschaftlicher Arbeit aber gezielt, um Zweifel zu säen und alles komplett in Frage zu stellen. In vielen Chat-Verläufen wird eine tief verwurzelte Grundskepsis gegenüber einem politischen, medialen, wirtschaftlichen und wissenschaftlichen ›Establishment‹ deutlich. Und gegen dieses schlichte Unterteilen in Gut und Böse kann auch das beste Community-Management der Welt nichts ausrichten. Wenn der ›Schwurbler‹ sich argumentativ zu sehr bedrängt fühlt, stiehlt er sich einfach mit dem für ihn unwiderlegbaren ›Ich weiß ja, ihr müsst das schreiben‹ davon.«

Wer Meldungen zur Arbeit der Landesregierung veröffentlicht, muss auch mit emotionalen und negativen Reaktionen rechnen. Marc Melan und seine Kolleg*innen versuchen oft bis in den späten Abend, Entscheidungen zu erklären, und für jeden User, der eine Frage hat, eine fachliche Antwort zu organisieren.

»Wenn Nutzer inhaltlos schimpfen, wird es schwierig. Manchmal hilft es, über Rückfragen ins Gespräch zu kommen: Was stört genau? Was könnte man konkret ändern oder besser machen? Es kann etwas bewirken, wenn Leute merken, dass Interesse da ist. Wer allzu derb poltert, kann bei ›Unser Brandenburg‹ auch mal einen Spruch zurück erhalten. Beleidigend sollte es selbstverständlich nie werden – aber sich alles gefallen zu lassen, muss man eben auch nicht.«

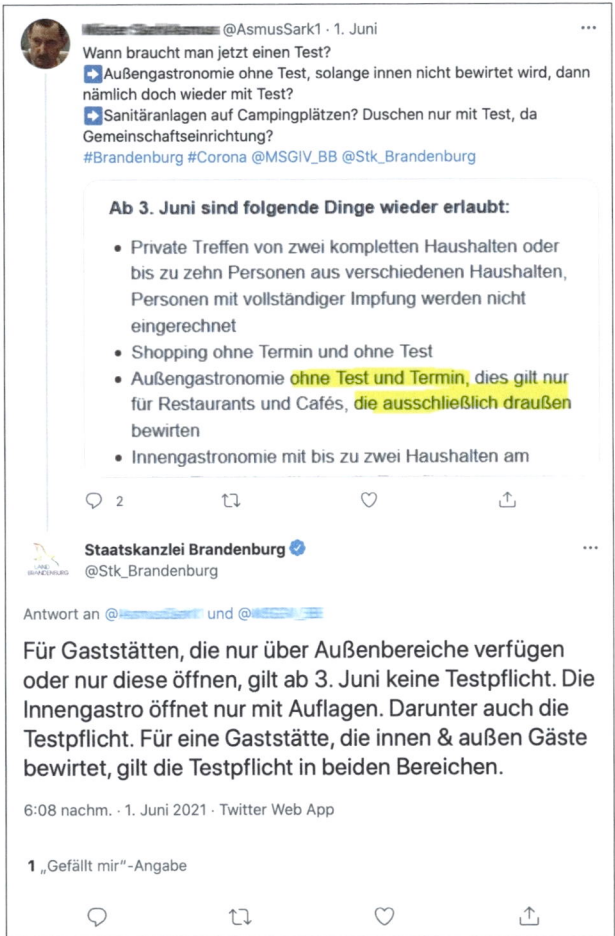

Abbildung 23.9 Corona-Eindämmungsverordnungen können kompliziert sein. Das Social-Media-Team der Staatskanzlei nimmt seinen Auftrag als »Krisenerklärer« ernst und ist zur Stelle, wenn – wie hier auf Twitter – konkrete Fragen aufkommen.

Die Reaktionen sind in solchen Fällen sehr unterschiedlich: Schon häufiger kam es vor, dass Nutzer ihre wütenden Kommentare entfernten – etwa wenn die Community sich über die pointierte Replik der Social-Media-Manager amüsierte. Gelegentlich entschuldigt sich ein Follower auch per Direktnachricht für den unangemessenen Ton.

Destruktive User wiederum weichen bewusst vom Thema ab, wenn die Social-Media-Manager Fakten und Argumente liefern: »Da wir bei ›Unser Brandenburg‹ die Nutzer duzen, ist eines der beliebtesten Ablenkungsmanöver ›Wann habe ich Ihnen eigentlich das Du angeboten?‹.« Sollen Behörden Bürger*innen auf Social Media duzen oder siezen? Marc Melan:

*»Bei uns war das Duzen eine ganz bewusste Entscheidung: Als Kanal des Landes –
und nicht als Kanal der Landesregierung – wollten wir das oben beschriebene
Zusammengehörigkeitsgefühl stärken und Kontakthürden im Fall von Fragen
geringhalten.«*

Was tun, wenn dem Social-Media-Team mal ein Fehler oder eine Panne passiert?
Marc Melan:

*»Wo Menschen arbeiten, passieren Fehler. Das lässt sich nicht verhindern. Bei uns
waren es zum Glück eher Kleinigkeiten, ein Tippfehler im Tweet, eine falsch gege-
bene Auskunft, ein Beitrag, den man im Nachhinein anders aufgezogen hätte. Ein
transparenter Umgang gehört dazu, dann finden die meisten Nutzerinnen und
Nutzer das nicht weiter tragisch.«*

Fazit: Die Staatskanzlei zeigt, dass selbst mit einem kleinen Team und einem geringen Budget (bewegt sich im mittleren vierstelligen Bereich) eine erstklassige Per-
formance auf Social Media möglich ist. Die Brandenburger Kanäle vermitteln den
Followern ein positives Grundgefühl – selbst in schwierigen Zeiten (siehe Abbildung 23.10).

Abbildung 23.10 Politische Botschaften wie die Lockerung von Corona-Regeln werden auf
Instagram in Wohlfühl-Bilder verpackt. Wer fühlt sich bei diesem Post nicht direkt wie im
Urlaub?

Kapitel 24

Stadtbibliothek Erlangen: Idee schlägt Budget

Als kleine Behörde ohne Vollzeit-Social-Media-Personal und hohes Budget lässt sich auf Social Media ohnehin nichts erreichen? Dieses Gerücht entkräftet die Stadtbibliothek Erlangen bereits seit 2010 erfolgreich. Das Erfolgsrezept der städtischen Einrichtung: Kreativ sein und sich immer wieder neu erfinden!

Haben Sie schon mal etwas von Bookfaces (auch: Corpus Libri) gehört? Ein Mensch, manchmal auch ein Gegenstand, verschmilzt mit einem Buchcover zu einem kunstvollen Foto. Oder von Flatlays (übersetzt: flach hinlegen) – schönen Dingen, die sorgsam angeordnet von oben fotografiert sind? Beide Social-Media-Trends kennt man von Influencern und Instagram-Profilen aus dem Lifestyle-Bereich. Doch dass eine Behörde sie derart virtuos beherrscht wie die Stadtbibliothek der 114.000-Einwohner-Stadt Erlangen, ist etwas Besonderes! Da posiert etwa ein Mitarbeiter auf einer weißen Felldecke – und der Umschlag eines Tierbandes ist so geschickt auf das Foto montiert, dass daraus ein spektakuläres Eisbären-Motiv entsteht.

Die Bildsprache der Stadtbibliothek auf Social Media: großes Kino. Wer den Franken auf Social Media folgt, darf sich außerdem immer wieder auch von originellem Content und Sprachwitz überraschen lassen – etwa dann, wenn sie sich mit folgendem Buchcover vor dem Gesicht fotografieren lassen: »Unter Kollegen. 44 Überlebensstrategien fürs Büro.« Oder wenn eine Bibliothekarin optisch demonstriert: »Perfekte Männer gibt es nicht.« (siehe Abbildung 24.1)

Wir, die Autoren dieses Buches, hören häufig von Behörden: »Wir haben zu wenig Budget und Personal, um Social Media richtig gut zu machen!« Dass es speziell auf ersteres nicht ankommt, beweist die Stadtbibliothek seit vielen Jahren auf Instagram, Facebook, Twitter, YouTube und einem eigenen Blog. Die städtische Einrichtung gehört zu den besten deutschen Social-Media-Behörden – obwohl sie keine Vollzeit-Social-Media-Beauftragte beschäftigt, keine Agentur beauftragt und auch kein großes Budget beansprucht. Stattdessen: kluge Ideen, viel Leidenschaft und mittlerweile auch langjährige Erfahrung.

Abbildung 24.1 Zu ihrem heutigen Erkennungsmerkmal, den »Bookfaces« (auch unter Corpus Libri bekannt), kam die Stadtbibliothek 2014: »Unsere ehemalige FSJ'lerin schnappte die Idee auf.« Seit 2015 gibt es nahezu wöchentlich ein neues Bookface auf den Social-Media-Kanälen der Stadtbibliothek.

Bereits 2010 brachte die Diplom-Bibliothekarin Marlene Neumann »ihre« Bibliothek auf Facebook und Co. – zu einem Zeitpunkt, als manche Ämter noch nicht einmal eine eigene Website hatten.

> »Die Stadt Erlangen startete schon 2009 mit Twitter. Das hat uns als Stadtbibliothek motiviert. Unsere Homepage und unser Newsletter liefen ja nur in eine Richtung, ohne die Möglichkeit des Dialogs. Das wollten wir ändern. Das Jahr 2010 war ein guter Zeitpunkt, mit Social Media zu beginnen, denn wir zogen gerade in unser saniertes Gebäude, vergrößerten uns, wurden bekannter.«

Eine Kollegin und eine Auszubildende unterstützten Marlene Neumann in der Anfangszeit. Neumann erinnert sich:

> »2013 hatten wir ein großes Social-Media-Seminar, das für alle 40 Mitarbeiterinnen und Mitarbeiter unserer Bibliothek verpflichtend war. Diese fünfteilige Seminarreihe war enorm wichtig für das Verständnis im Haus, warum wir eigentlich posten und twittern. Seitdem wird unsere Arbeit anerkannt und wertgeschätzt.«

Während des Seminars entpuppten sich mehrere der anwesenden Kolleg*innen als Social-Media-Talente, die mitposten und mittwittern wollten. »Sie betreuen unsere Kanäle mittlerweile mit viel Herzblut.«

Das Prinzip »Wir machen Social Media neben unseren anderen Aufgaben« funktioniert in der Stadtbibliothek Erlangen sehr gut. Marlene Neumann selbst ist nicht nur für die gesamte Online-Kommunikation verantwortlich (Website, Newsletter, Social-Media-Kanäle), sondern auch für die digitalen Angebote (Ausleihe von E-Books, Streaming-Angebote, Datenbanken etc.). Zudem arbeitet sie im Auskunftsdienst in der Bibliothek. Bleibt da noch Zeit für den Job als Social-Media-Managerin?

> *»Ja! Etwa 20 Minuten pro Tag investiere ich in Community Management und rund eine halbe Stunde in die Produktion von Beiträgen. Dazu kommt noch die Zeit für Meetings und Organisationsarbeit. Wir sind ja ein größeres Team und haben die Verantwortlichkeiten verteilt: Es gibt einen Hauptverantwortlichen für Instagram, der von zwei Kolleginnen unterstützt wird. Ich habe bei Twitter den Hut auf und bekomme ebenfalls von zwei Kolleginnen Hilfe. Facebook machen wir alle zusammen. Wir haben auch noch einen Blog, wo wir alle unter unseren eigenen Namen schreiben.«*

Insgesamt sieben Mitarbeitende (»von der FSJ-lerin bis zur 60-Jährigen«) widmen einen Teil ihrer Arbeitszeit Twitter, Facebook, Instagram und YouTube. Auch die restlichen Kollegen engagieren sich: »Mich freut, dass auch Bibliothekare, die nicht Social-Media-affin sind, mit Ideen auf uns zukommen«, so Neumann. Auf die Hilfe einer Agentur verzichtet das Social-Media-Team: »Wir machen alles selbst« – auch die preiswürdigen Bookfaces:

> *»Der Kollege, der dafür verantwortlich ist, sammelt verschiedene Buchcover und überlegt sich: Welche Utensilien brauche ich dazu – und wen brauche ich dazu? Blonde oder dunkle Haare? Groß oder Klein? Manche Bookfaces sind bereits in 10 Minuten im Kasten, andere wiederum dauern 45 Minuten. Unser Fotograf produziert immer bis zu drei am Stück.«*

Auf diese Weise sind bereits mehr als hundert der Kunstwerke entstanden, darunter »Ballett« (siehe Abbildung 24.2) und »Tal der Illusionen« (zu sehen in Abbildung 24.3). Eine Bookfaces-Schritt-für-Schritt-Anleitung haben die Erlanger übrigens auf ihrem Blog veröffentlicht.[1]

---

1   Zu finden unter: *https://www.stadtbibliothek-erlangen.de/blog/2018/01/09/instagram-bookface/*

Abbildung 24.2 Die Vorbereitung für ein neues Bookface beginnt manchmal erst knapp vor dem Shooting, manchmal aber auch bis zu zwei Wochen vorher. Was es außer einem Buchcover braucht: die richtige Kulisse, passende Kleidung und natürlich eine Kollegin oder einen Kollegen als Model.

Warum die sozialen Medien für ihre Bibliothek so bedeutsam sind?

»Wir sind ein Ort der Kommunikation. Unsere Nutzerinnen und Nutzer kommen zu uns, leihen Medien aus, setzen sich in den Lesesaal, sprechen miteinander und mit uns über Literatur, stellen Fragen. Social Media haben wir als Chance erkannt, dieser Kommunikation eine zusätzliche Ebene zu geben und uns als Bibliothek virtuell zu vernetzen – mit unseren Nutzern, mit der Politik, mit Kooperationspartnern, der lokalen Netzgemeinde und Kreativszene, anderen Ämtern und Einrichtungen. Zudem erhöhen wir mit Social Media unsere eigene Sichtbarkeit. Man muss sehen: Der Betrieb einer Bibliothek gehört zu den freiwilligen Aufgaben einer Stadt. Wir müssen die Bürgerinnen und Bürger, unsere Partner und auch die Politik also mit unserem Angebot überzeugen. Auf unseren sozialen Kanälen kann jeder, der uns folgt, täglich sehen, was wir bieten.«

Die Stadtbibliothek Erlangen verfügt über 160.000 Bücher, E-Books, Zeitschriften, Zeitungen und Musiknoten (über 900.000 analoge und digitale Ausleihen jährlich): Auf den Social-Media-Kanälen erwachen sie zum Leben. Bei den Buchtipps sei dem Team wichtig, nicht nur Neuerscheinungen zu zeigen, sondern vor allem Werke,

»die wir selbst gelesen haben und empfehlen möchten. Unser Ziel ist es, unser gesamtes Wissen über Bücher weiterzugeben – und dabei auch einen Bezug zum Stadtgeschehen, zur Kultur und zur Technologieentwicklung herzustellen«, sagt Marlene Neumann.

Abbildung 24.3 Die meisten Bookfaces werden in der Bibliothek fotografiert. Ab und zu darf aber auch die wunderschöne Erlanger Altstadt als Kulisse dienen. Über die passenden Instagram-Hashtags erfolgt anschließend die Vernetzung mit Corpus-Libri-Fans und Kreativen auf der ganzen Welt.

Was die Social-Media-Kanäle ebenfalls ausmacht: Persönlichkeit. Das Social-Media-Team, aber auch die restliche Belegschaft, ist regelmäßig auf den sozialen Kanälen zu sehen. Da werden etwa langjährige Mitarbeitende in den Ruhestand verabschiedet oder Screenshots aus Videokonferenzen während des Lockdowns gezeigt. Wer der Stadtbibliothek auf Social Media folgt, hat schnell das Gefühl, das Personal persönlich zu kennen. Nahbarkeit, die sympathisch macht (siehe Abbildung 24.4).

Vielleicht folgen der Einrichtung auch deshalb auf Twitter, Facebook und Instagram insgesamt 10.000 Menschen. Wichtig sei natürlich, den guten Eindruck beim echten Bibliotheksbesuch aufrecht zu erhalten: »Social Media bringt nichts, wenn die Mitarbeiterinnen und Mitarbeiter nicht auch in der Realität höflich und hilfsbereit sind«, betont Neumann.

Abbildung 24.4 Social-Media-Chefin Marlene Neumann und ihr Team zeigen sich regelmäßig persönlich auf den Kanälen. Wer von ihnen gerade postet oder antwortet, erkennt man an den Namenskürzeln (hier: mn).

Wie unterscheidet sich die Arbeit auf den einzelnen Plattformen?

- *Instagram*

  »Unser erfolgreichster Kanal, was die Abonnentenzahl und die Interaktionsrate anbelangt. Wir wollen hier unser Image und unseren Bekanntheitsgrad stärken und uns als Expertinnen und Experten für Literatur präsentieren. Wir sprechen vor allem die Buch- und lokale Insta-Community in Erlangen und der Region an. Instagram gibt uns die Chance zu zeigen, wie kreativ wir sind, wie beeindruckend Literatur dargestellt werden kann – und wie viel Liebe dahintersteckt.« Ein Beispiel für ein tolles Flatlay sehen Sie in Abbildung 24.5.

- *Twitter*

  »Unser überregionaler Kanal. Hier geht es gar nicht so sehr um unsere Dienstleistungen und Angebote, sondern eher darum, dass wir sichtbar sind – für die Menschen, die sich für Technologien, Literatur und gesellschaftsrelevante Themen interessieren und einen Bezug zur Bibliothek haben. Auf Twitter vernetzen wir uns überregional mit Kolleginnen und Kollegen anderer Institutionen.«

- *Facebook*

  »Hier sind nach wie vor die meisten Menschen aktiv. Auf diesem Kanal erreichen wir besonders gut die Entscheidungsträger. Wenn zum Beispiel der Oberbürgermeister und die Stadträte unsere Beiträge wahrnehmen, dann ist das sehr wichtig für uns. Facebook funktioniert gut als Inhaltsverteiler. Und wir nutzen auch das Dialog-Potenzial von Facebook. Konkret stellen wir manchmal ein Diskussionsthema in den Raum. Sehr erfolgreich läuft unsere Reihe ›Welches Buch lest ihr gerade? Kommentiert doch mal!‹ Jeder, der gerne liest, freut sich, wenn er erzählen kann, was er gerade liest.« Der Austausch ist groß, wie Abbildung 24.6 zeigt: bereits nach kurzer Zeit gab es 90 Kommentare.

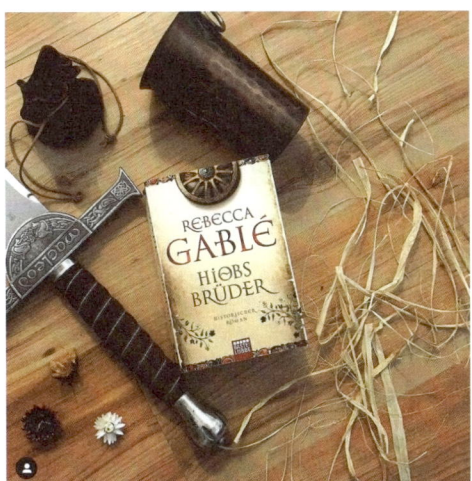

Abbildung 24.5 Ein weiterer Instagram-Trend, den die Stadtbibliothek Erlangen für sich adaptiert hat: Flatlays. Dabei werden zueinander passende Gegenstände auf einer sorgsam ausgewählten Oberfläche arrangiert, von oben fotografiert und dabei leicht angeschnitten.

Abbildung 24.6 Mit einfachen Fragen (hier: »Was lest Ihr gerade?«) lässt sich die Community am besten aktivieren.

- *YouTube*

  »*Wir veröffentlichen schwerpunktmäßig Tutorials – also Ratgeber – mit dem Schwerpunkt E-Book und Onleihe. Beispiel: Wie schaffe ich es, ein E-Book auszuleihen und auf meinem Gerät zu installieren?*«

- *Blog* »Wir bloggen für euch«

  »*Hier gibt es Lese- und Musiktipps, Geschichtliches und Interviews. Wir wollten, dass unser Content auch langfristig in den Suchmaschinen auffindbar ist – und dass wir ein stückweit unabhängig vom Facebook-Algorithmus sind.*«

Kanalübergreifend gilt:

»*Bei uns geht Qualität vor Quantität. Wir sagen nicht: Jeden Tag muss ein Facebook-Beitrag raus. Wir sagen: Etwas Gutes muss erscheinen, und zwar am besten regelmäßig.*«

In der Osterzeit punktete die Bibliothek mit Rezepten für Game-of-Thrones-Keksen (siehe Abbildung 24.7).

Abbildung 24.7 Kreative Idee: Zu Ostern gab es auf dem bibliothekseigenen Blog ein Rezept für eierförmige »Game-of-Thrones-Kekse«. Viele Behörden scheuen den Aufwand eines Blogs, doch für Marlene Neumann lohnt sich dieser: »Blog-Content wird auch von Suchmaschinen gefunden.«

Wer auf Social Media erfolgreich sein will, braucht Bewegtbild:

»Mit Video kann man kreativer und ein bisschen emotionaler arbeiten als mit reinem Bild- oder Textmaterial. Derzeit wird Bewegtbild von den Algorithmen der Plattformen priorisiert: Als Instagram die Reels einführte, haben wir sie schnell ausprobiert und eine Wahnsinnsreichweite damit geschafft.«

Zum Erfolg führt auch gutes Community Management:

»Das wird oft unterschätzt. Ein großer Fehler! Manche Ämter lassen den Kontakt mit ihren Usern und Followern völlig außen vor. Mir persönlich tut es weh, wenn ein User bei irgendeiner Behörde etwas kommentiert und dann keine Antwort bekommt. Ich weiß, dass nur die allerwenigsten Menschen im Social Web aktiv werden. Wenn jemand etwas kommentiert, zeigt er damit auch ein Stück seiner Persönlichkeit. Ich finde, dann gehört ihm Wertschätzung entgegengebracht. Der Service-Aspekt ist uns wichtig. Unsere Fans und Follower können uns direkt anschreiben und direkt nach einem bestimmten Buch fragen, das wir dann für sie besorgen und auch gleich reservieren. Sie müssen nicht extra anrufen oder vorbeikommen. Für unsere Nutzerinnen und Nutzer ist das ein echter Mehrwert. Die Leute schreiben statt Mails immer öfter eine Direct Message und finden es gut, dass wir auf den verschiedensten Kanälen ansprechbar sind. Wir wurden schon oft dafür gelobt, wie schnell und kundenfreundlich wir antworten.«

Ein Beispiel für exzellenten Social-Media-Kundenservice finden Sie in Abbildung 24.8.

Abbildung 24.8 Eine Leserin sucht ein Buch, hat aber den Titel vergessen: Das Social-Media-Team hilft. So geht Community Management!

Wie aktiviert man die Community am besten?

>>Fragen stellen – aber bitte nicht in jedem Post und nicht zu krampfhaft. Unsere Erfahrung zeigt, dass niedrigschwellige Fragen, wo die Leute nicht allzu lange nachdenken müssen, am besten funktionieren.<<

Da Bücher positiv besetzt sind, bekommt das Social-Media-Team der Stadtbibliothek nur selten kritische Kommentare. Ein echtes Reizthema sei nur die Frage gewesen, »ob man Neuauflagen von historischen Kinderbüchern ändern sollte, etwa wenn bei Astrid Lindgren Ausdrücke wie ›N****könig‹ vorkommen, die heute nicht mehr als politisch korrekt gelten. Das führte zu einem Schlagabtausch bei den Kommentaren – was aber der absolute Ausnahmefall ist. Man darf Kommentare nie im Raum stehen lassen, auch wenn sie noch so unangenehm oder kritisch sind.«

Ein befreundeter Social-Media-Manager habe zu ihr einmal gesagt:

>>Keine Angst vor Shitstorms! Themen oder Beiträge, die kontrovers kommentiert werden, sorgen letztendlich dafür, dass man sichtbarer ist. Darauf kommt es an. Und jeder Mensch weiß inzwischen, dass in sozialen Medien natürlich auch Leute unterwegs sind, die auf Krach und Krawall aus sind. Das ist aber alles nicht so schlimm. Unser Erlanger Oberbürgermeister ist ein gutes Beispiel dafür, wie man in solchen Situationen cool bleibt, auf alles Sachliche eingeht und alles andere ignoriert. Ich finde, das ist ein guter Weg.<<

Was ein Social-Media-Vorzeige-Amt braucht?

>>Am wichtigsten sind Mitarbeiter, die für Social Media brennen – und eine Leitung, die ein Faible für Social Media hat und Strukturen dafür schafft. Es braucht Professionalität. Es braucht Richtlinien, damit ein Amt in einer Sprache spricht. Es braucht eine Strategie. Viele Ämter schlittern relativ kopflos in Social Media hinein und richten Profile ein, die dann nicht gepflegt werden. Oder Interaktion ist nicht erwünscht und die Bereitschaft zu antworten ist nicht gegeben.<<

Was Marlene Neumann abschließend Ämtern rät:

>>Man darf sich nie auf Erreichtem ausruhen, sondern muss sich weiterentwickeln, wenn nötig auch mit neuen Kanälen. Bleibt flexibel und hinterfragt ständig Aufwand und Nutzen eurer Aktivitäten. Habt den Mut, Dinge anders zu machen und einen eigenen kreativen Weg zu gehen!<<

Index

Der Podcast-Ratgeber: Begeistern Sie Ihre Zuhörer!